中國思想史資料叢刊

藥地炮莊

上

〔明〕方以智 撰

趙鋒 點校

中華書局

圖書在版編目(CIP)數據

藥地炮莊/(明)方以智撰;趙鋒點校. —北京:中華書局,2022.10
(中國思想史資料叢刊)
ISBN 978-7-101-15601-0

Ⅰ.藥… Ⅱ.①方…②趙… Ⅲ.①道家②《莊子》-研究 Ⅳ.B223.55

中國版本圖書館 CIP 數據核字(2022)第 009796 號

責任編輯:石 玉
責任印製:陳麗娜

中國思想史資料叢刊
藥 地 炮 莊
(全二册)
〔明〕方以智 撰
趙 鋒 點校
*
中 華 書 局 出 版 發 行
(北京市豐臺區太平橋西里 38 號 100073)
http://www.zhbc.com.cn
E-mail:zhbc@zhbc.com.cn
北京新華印刷有限公司印刷
*
850×1168 毫米 1/32 · 22⅞印張 · 4 插頁 · 470 千字
2022 年 10 月第 1 版 2022 年 10 月第 1 次印刷
印數:1-3000 册 定價:80.00 元

ISBN 978-7-101-15601-0

整理説明

藥地炮莊，九卷，總論三卷，方以智撰。

本書係作者晚年解讀莊子的一部重要的哲學著作。「藥地」，方以智之號；「炮」，讀 páo，謂醫家用烘、炒、蒸、煮等方法對中草藥進行加工，以消滅藥物毒性，增强治病療效；「莊」，即莊子。方氏學術贍富，視野閎闊，尤擅長在更高層面上會通不同學派，提煉出思想的統一性。炮莊一書，廣集自兩漢迄明末諸家注莊之「藥」，以儒家思想、禪宗論説、道家哲理，與莊子彼此映照，反復磨勘，更融入己意，以發莊子憤世嫉俗之「毒」，而取其救世濟人之旨，從而助成「三教歸易」的學術建構。四庫提要評論此書，謂「以莊子之説爲藥，而己解爲藥之炮，故曰炮莊。大旨詮以佛理，借滉洋恣肆之談，以自攄其意。蓋有託而言，非莊子當如是解，亦非以智所見真謂莊子當如是解也」。

本書卷首總論分上、中、下三卷。上卷集漢、唐、宋、明諸家論説，中卷選輯明季高僧評莊之語，下卷收列向子期與郭子玄書、惠子與莊子書兩文及作者對莊子內七篇的總論。書中於莊子正文多對應有「訓詞」、「諸家議論」和「別路拈提」諸項，林林總總，或開或闔，託意淵微，汪洋恣肆，生動地展現了本書烹炮百家的特色。

本書始撰於方以智閉關南京高座寺時（一六五三）；修改於江西禪修期間；定稿於康熙三年（一六六四）之前，是年蕭伯升決定刊刻此書；書刻成則在康熙五年或六年，因爲康熙四年方以智曾焚炮莊稿（而非書）以祭其師覺浪道盛，而余颺亦於是年方爲此書作序，之後又有康熙五年竺菴道人大成的題辭和康熙六年苗蕃的炮莊詠二十四韻。本書或在江西刊刻，捐資人蕭伯升是江西泰和人，刻工曾玉祥是廬陵高唐人，其時方以智正主持青原山淨居寺，其子方中通亦隨侍左右，這一切都爲本書的編校和刊刻提供了極大便利。

從版式、字體等觀之，此書仍延襲桐城方氏此藏軒版體式。該本分上下欄，上欄長四十毫米，下欄長一八五毫米；下欄正文，單頁十行，行二十字，「刻詞」等作雙行小字，亦行二十字；上欄眉批文字，單頁二十行，無行綫，行六字；白口，無尾，左右雙邊；版心標書名、卷數、頁碼、書版名（此藏軒）。卷首依次有何三省、張自烈等八篇序言，方以智炮莊小引，方以智弟子興月謹録的炮莊發凡，藥地炮莊目録，目録末頁上標「康熙甲辰」，下標「廬陵高唐曾玉祥刻」。正文分兩大部分，第一部分總論上、中、下，實即三卷。總論上、中首頁首行皆標「墨歷山樵集，春浮行者蕭伯升孟昉較」；總論下首頁標「浮山愚者之子中德、通、履謹編」。第二部分即炮莊正文九卷，各卷首頁首行皆標「天界覺杖人評，極丸學人弘智集，三一齋老人正，涉江子陳丹衷訂」，上欄小字則標「春浮行者蕭伯升較」。炮莊一書意在發揮，作者小引及發凡皆未言及莊子版本，然據點校者觀之，該書所用似爲明世德堂本，書中異同與宋張君房本亦頗多相合。

「別路拈提」四字，原本所無；所隸内容，原本在書眉，爲獨立之一欄。炮莊發凡謂「訓詞，注之於下；諸家議論，彙之於後；別路拈提，列之於上」。據此，此次整理，將原在書眉而無標識之文字，統以「別路拈提」爲目附於各段文字之後；若文字有標識（如後之「平叟雜拈」、「閒翁曼衍」等），則各以其目統之，亦附於各段文字之後。

方氏著述清時多遭禁毁，炮莊一書亦僅有此「此藏軒」本傳世。該本安徽省博物院、四川省圖書館、中國社會科學院歷史研究所、臺灣「中央研究院」歷史語言研究所等有藏。四川成都美學林一九三二年有排印本，然全書序跋、發凡、總論等重要内容被無端删去。臺灣廣文書局一九七五年曾據「中研院」藏本影印，分上下兩册，列入中國哲學思想要籍叢編。餘如上海古籍出版社續修四庫全書（第九五七册，道家類）、齊魯書社四庫全書存目叢書（子部第二五七册）、巴蜀書社藏外道書（第二册）、臺灣新文豐出版公司中華續道藏（初輯第一四册）等，或全或不全，亦曾收録該書。

本次整理，即以臺灣「中研院」史語所藏本（廣文書局影印本）爲底本，並參校了安徽省博物院藏本（大集堂本）和中國社會科學院歷史研究所藏本（天瑞堂本），底本缺頁處並頁内殘損漫漶處亦據補正。校點中，謹將原目録、跋文等移至卷末作爲附録。「訓詞」原作雙行小字，改單行。「集評」原無提示，唯較正文低一格，今加「集評」字以標識。原上欄眉批文字（原書體例中總稱爲「别路拈提」），皆移入對應的段落正文（原文並「集評」）之後，復在與正文各行首相應位置上，編碼標識原各條眉批的起始之處（個别之處則按眉批内容與正文的意義對應標識），以與移後的各條眉批相對照。眉批之作者、出處，原書有的可見（如「閒翁曼衍」、「平叟雜拈」），有的則屬不可知，今可見者仍其舊稱，不可知者則用「别路拈提」統括，俱爲標識。原書中異體字、俗體字、簡筆字，因多與本書「訓詞」之體例及釋義相關，故多保留原貌。莊子各篇分段，並參炮莊原書以存其舊貌。「校記」中所云集釋本莊子，如無特別説明，即指中華書局一九六一年版郭慶藩莊子集釋。另，華夏出版社於二〇一一年出版有張永義、邢益海校注本藥地炮莊，二〇一三年出版有張永義注釋之藥地炮莊箋釋總論篇，本書點校中均有參考，特此説明，並致謝忱。

二〇二〇年五月

目録

上册

下册

藥地炮莊序一

紫柏老人刻覺範冷齋之書，表其行如嬰杵，不惜飼虎餧鴿，故犯忌以明綱宗，留救後世。夢筆杖人提莊託孤，亦猶是也。末世學者不發願力，不究實用，則或以倍譎標新，或以椎拂裝面，相率逃學嫉法，而以道爲掠虛鬬勝之技，煉佷護短，無當中和，不可憫耶？詩曰：既之陰女，反余來嚇。噂沓背憎，自有肺腸。莊生悲其漸毒頡滑，離跂好智，爭歸于利，早刺破矣。藥地大師之炮莊也，列諸病症，而使醫工自飲上池，眎垣外焉。將謂夢筆以藥地爲下宮耶？藥地以夢筆爲下宮耶？將謂不可莊語而蓏理，以巵寓爲下宮耶？將謂鹵莽不可而養生，以鑿死爲下宮耶？綺中之祝，早已無言，本不求知，又何用白。天下竟無知者乎哉？可惜許。

雍茂孟陬，天界學人大中陳丹衷題。

藥地炮莊序二

因論曰：立言者至當，寓言者至適。吕皓曰：合性情之正，其言近理；即性情之安，其言近道。善讀書者，知人論世，觀所感耳。莊子知世不可莊語，寂感何如耶？今欲決千古疑而直告，不信也。炮莊製藥，列諸症變，使人參省而自適其當焉。夢筆、藥地立寓雙冥，其寂感何如耶？東坡曰：此意只憂兒輩識，逢人休道北窗涼。和靖曰：百千三昧無人見，説向吾師是洩機。將憂狼藉乎？何憂焉？人不讀，讀猶不讀也。遇善讀者，叫絶有分，但曰佛説法四十九年，不曾説一字，猶是冒例。

夢筆學者大幬何三省題。

閲炮莊與滕公剡語

余泝江千里，訪宓山愚者於汋林，適閲炮莊，謂公剡曰：寓言十九，綜百家，貫六經，周易外傳也。試合潛夫先生時論求之，道在是矣。公剡曰：若知希何？余曰：然。宓山厲甄蘇之節，不有其名；發濂洛之藴，不有其功；探竺乾之奧，不有其迹。三者皆不有，皆寓也。撲諸時論藏一旋四之環中，豈有二哉？鄉者宓山谿瘴徼羈長干竹關，會失怙奔喪，廬墓三年。比出遊，好學不倦。或私余曰：出世盍一切泡影寘之？余曰：否。昔人從遠公事佛，養其父瓦官寺；守亮精易理，文饒資益爲多。盡其在我，塗殊歸同，世出世間一也。聞者爽然。以余觀泰伯、夷、齊，得孔子而後論定；胡氏以沐浴之舉，當先發後聞；董穀謂事敬王，西周可復，藥爲帝耳。甚者廬陵、慈湖，則疑繫辭；臨川則詆斷爛；涑水、盱江則譏孟子；考亭則以通書精深過語、孟。知人知言之難，孔孟且不免訾議，而況後儒哉？子思曰：百世俟聖人而不惑。俟聖人，非俟衆人也。孔子曰：知我者，其天乎！猶言知我者我也，非求天知也。宜公剡今日致慨於知希也。桐自伯通公泊本菴、君靜、潛夫三先生，世傳正學。宓山蒙難正志，孑身紹衣如一日，可不謂艱且劬？較之本穴紀運，十空著經，抑又深隱矣。知不知，何損於宓山？余自信知宓山者，卒亦未能盡知，以其寓而不有故也，尚無徒以炮莊測之哉！故次其語，俟後世論定云。

芑山瘖道人自烈書。

題序〔一〕

庸生譾劣，晚欲早服，遍歷諸家門庭，畢志天界座下。杖人常謂庸曰：世出世本妙叶也。法幢不少，猶屬艸創，傳訛莽蕩，且不返矣。此時弘道，在集大成，非精差別，豈能隨物盡變？可公具一切智，而絶不驕妬，物宜至賾，如數一二間出之人也。今已洞徹底源，三教總持，渠自無避，椎拂錚錚，以本分草料，殺活不妨，衝破青霄。若舍身集法，慰雙選之孤者，其一麟乎！杖人言之縷縷，庸之肌骨沁入深矣。甲午之夏，自靈巖來爲兩宗修和，杖人令聞之大師。走晤高座，師曰：省一事勝多一事。今既明矣，更何求焉？庸心服之。迨淮上先師歸寂，合尖無縫之後，未可坐無事也，發願給侍杖人終身，而杖人飄然去矣。余馳訃壽昌，會大師于藥地，痛愜宿志，托孤在此矣。願以事杖人者事之，中心悦而誠服，古人衹是不欺耳。暇讀炮莊，歎曰：超一

〔一〕原本無「題序」二字，據版式並序例補。

切法而遊一切中，其自得也；申本來之法位，共享中和，其公願也。師承三世淵源，時乘易中神無方，襍不越，而外祖吴觀我太史早提如如當當，平天下之譎逞，夙緣相續，固已奇矣。感天地之鑪鞲，刀鋒萬里，歷盡坎窞，狹路托孤，有誰知其同患藏密之苦心者乎？當此末法，鬬諍堅固，非愚即蕩，直告不信。杖人評莊，正欲别路醒之；藥地炮莊，合古今之評以顯杖人之正，玅在聽天下人各各平心，自吞吐之。果平心乎各當其分，各竭其才，物論本自齊也。予小子畢志於天界者，將畢志于此矣。

龍飛辛丑，檀度學人弘庸敬題。

補堂炮莊序

昔醫王遣二童子視地，一見遍地無是藥者，一見遍地無非藥者。余遇必呵，皆邊見也。農皇一日而遇七十二毒，豈百草皆有毒哉？唯此一莖草，能殺人，能活人，毒氣之所鍾也。夫能勝是氣者，必生於是氣之中，此以毒治毒之法，而非炮則藥不爲功。三古以來，道德仁義、禮樂刑政之説，蘊毒於人心深矣，莊子以冷語冰之；千載而下，藥地大師又以熱心炮之。譬如服五石者，不從嚴冬之節以寒泉百斛通體淋漓，則其熱性不發；熱性不發，則其毒根不死。石中有火，木中有火，大海之中有火，是其熱處爆着，即其冷處澆着也。莊之藥，師之炮，同一發毒作用耳。浪杖人燈熱一書，十方始知是火，師即傳以爲炮，岐黄不在父子間乎？雖然，古人之病，病道少；今人之病，病道多也。須炮卻始得。蓋醫能醫病，藥地能醫醫，是曰醫王。

廬山補堂居士文德翼拜譔。

炮莊序

南北二帝遇於中央，謀報渾沌之德，日鑿一竅，七日而渾沌死。古今之書，號稱渾沌，未有過於莊子者。堯舜之精一，孔之一貫，先王至精至微，寓於大經大法，至戰國而鑿裂盡矣。當時有憂之者，唯孟軻、莊周二人耳。孟子反之於懼，懼不足，而以怒罵申之，攘鷄、播乞，比於毒矣。莊子不然，以爲此不返之渾沌，則支離割裂，終歸洸決。故幻其指趣，空其事類，變其名目，腐中庸之正道，娸大聖之緒言，或戹之，或寓之，正言十一，旁言十九，其真塵垢糠粃陶鑄堯舜者乎！予常謂天下之道，不舉兩端不能見一端，不舉外景不能見内景。莊生好游衍於兩端，而以一端歸其覺；屢逍遥於外景，而於内景返其源。背負青天，息養天池，生爲懸附，死決潰之。以爲兩端，則中端見矣；以爲外景，則内景全矣。以天下藏天下，而不以一身遺天下，此莊生之旨也。後之註者多矣，不爲雷同，則爲枘鑿。然得其一端，則失之兩端；求之景内，則遺之景外。千載郭象尚未夢見，況其餘乎？自天界老人發托孤之論，藥地又舉而炮之，而莊生迺爲堯、舜、周、孔之嫡子矣。其與孟子同功而不與孟子同報者，孟子以正，莊生以反；孟子以嚴，莊生以誕。嚴與正者，其心易見，而反與誕者，其旨難知也。此莊氏之書所以萬古獨稱渾沌者乎？今無端被浪老人一鑿，又被藥地再鑿，椎鉗鍛竈，不多乎哉？

莆田蘆中人余颺叙。

炮莊詠二十四韻

栞閏十三徽，易羣龍無首。緊誰變化之？但見南華叟。
逍遥怒而飛，六息摶于九。樽浮江海中，出此不龜手。
萬世旦暮遇，蝴蝶混奇偶。緣督養丹基，善刀藏已久。
世出人間世，支離復何有？相視而莫逆，三人相與友。
倏忽鑿渾沌，心醉壺止酒？東陵望西山，臧穀盡駢拇。
聖若見胠篋，折衡且掊斗。在宥天地寬，任運靜而壽。
刻意仍繕性，秋水清無垢。至樂原達生，不記樹生肘。
夔憐至風憐，騰猿咲芻狗。狂屈拜特室，神奇換腐朽。
象罔赤水珠，洛誦空二酉。庚桑楚近名，无鬼魍魎走。
外物不可必，雪子心如藕。讓王寧説劍，孔遘兄弟柳。
呵佛罵聖人，千古選蹠口。漁父拏音去，六經孰與守？

杏壇若下宫，藏山尚嬰臼。托孤有炮莊，白日雷霆吼。無可大師與賁皇苗裔奇遇也，閬閣引之于前，荷山訂之于後。寫湖光在龍門橋上，寧擣空拳；談瀑布則虎溪寺東，將投白足。去八閩而歸止，入三江以來之。炮莊乎藥地，君臣羅睺焉。田伯兄弟賦律十首，擬古一章，敢冀拈花，虔望飛錫云爾。

丁未純昜月閏之朔，楞華狂屈蕃具草。

讀炮莊題辭

藥地主人不知何時窺見神農黄帝斆百艸的消息〔一〕，集諸褋毒，到處試人。竊見杖人以莊子爲尼山托孤，人多不信，輒以其毒攻之，謂之炮莊，不嫌五百里寄棲霞一讀。棲霞時客盱江景雲，謂侍僧曰：莊子當時夢爲蝴蝶，自云不知有周，又豈知有今日炮莊者乎？然莊子開頭便説個逍遥游，想是他眼中不曾見有一個快活漢也。他似看得世間人，大者不能忘大，小者不能忘小，不獨不相忘，且全身墮在没溺風浪中，而又彼此相笑。鵬與斥鷃，相去幾希？或云莊子之言多出杜撰，杖人、藥地大驚小怪，引許多宗門中語去發明他。那人且不識莊子語，又如何明得宗門中語？不亦隔鞾搔癢耶？不見道不怕疑殺天下人；苟無人疑，就是宗門中語，也成杜撰。秖如他道北溟有魚，其名曰鯤，遮個話頭從何處得來？他得之老子「非常」一語，故纔説個魚，就

〔一〕黄帝，原作「皇帝」，據文意改。

化爲鵬去矣。鵬之背又不知其幾千里，豈是那道學先生認定個無極太極耶？侍僧曰：和尚平日説未常讀書，不曉莊子，於今又安可妄論，得無使藥地主人噴飯乎？你會麽？不讀書人，他把書送來你看，也要説幾句淡話兒，博那讀書人一笑纔是。不然，一生口挂壁上去也。呵呵，饒舌，饒舌！

康熙丙午，栖霞竺菴道人大成書於景雲丈室。

炮莊序

三家聖人皆大醫王也，不惟諳病，亦善炮藥。慧日本草、泐潭炮炙，同一鼻孔出氣也。周孔之藥，其味純王。不善服者，謂食色名利外，人生別無事業，陳腐壅滯，俗入膏肓。蒙莊氏出，以曠達高放炮之，蕩洗塵俗，知形而上死生夢覺，有廓天大路，眼孔一豁矣。耳食者議漆園左儒，非杖人托孤創論，千年闇室，誰則破之？此一炮大快也。我大雄教至，包羅精觕，刮磨凡聖，以浮幢華藏爲大生藥鋪，以人天十類軟中上解脱、十地等覺爲病人，以大藏琅函、止觀施戒等法爲藥方，八邪四倒諸症，觸之立愈。然膠名相、滯偏權者，算沙畫地，執藥成病。釋迦、老子以拈華炮之，五家諸老又炮之以綱宗，塗毒一擊，聞者皆喪，真藥現前矣。此一炮又大快也。至今日藥肆糅雜，醫師氾濫，或以毒井誤爲上池，贋藥殺人，不可指數。藥地愚者憂焉，假毛錐子大施鍼砭，先舉莊而炮之，阿伽善見、陳甄竈土，能作除病利益者，漁獵殆盡。傾潢倒海，拆骨刷髓，諸門黴腐，不留剩迹。吾故曰炮儒者莊也，炮教者宗也。茲帙雖曰炮莊，實兼三教五宗而大炮之也。耆婆國手、時縛藥人，愈出愈奇。向秀、郭象噤口咋舌，非千百載下又一大快乎？雖然，莊則炮矣，誰其炮炮？炮之一字洗脱不下，猶是癡人前説夢，青原室中痛棒，喫未得在？

黄梅破額晦山樵者戒顯拜稾。

炮莊小引

子嵩開卷一尺便放，何乃暗醷三十季而復沾沾此耶？忽遇破藍莖草托孤竹關，杞包櫟菌，一枝横出，曝然放杖，燒其鼎而炮之。重翻三一齋稟，會通易餘，其爲藥症也犁然矣。讀書論世，至不可以莊語，而巵之寓之，支離連犿，有大傷心不得已者。士藏刀於才不才，背負青天，熱腸而怒，冷眎而笑。筍之干霄，某之破凍，直塞兩間，孰能錮之？天以戰國報漆園之天也乎哉！厭常駭新，偏勝媮快，中道腐矣。直告不信，故寓之別身焉。繙谿髁之波瀾，熏游子之耳目，使盡情僞，自觸痛耶？吹影鏤塵，販其敝帚，曾有外于生死有無者耶？推墮溟涬，喪其是非，使人怒不得，笑不得，聽其自已，而享中庸上天之載，此固剛柔四克之奇方耶？自莊生後數千季，評者衆矣，或詆娸，或擊節，抑揚壿壿，疑始頡滑。「火與日，吾屯也；陰與夜，吾代也。」此固剥爛彌縫、旁通正變之冷竈耶？浮山藥地因大集古今之削漆者，芩桂硫磺，同置藥籠。彼且羸糧揭竿，與之洒濯；彼且踉位聞跫，與之謦欬；彼且屠龍削鐻，與之作目；彼且犗餌爨冰，與之伏火；彼且甘寢秉羽，與之消閒。隨人自嘗而吞吐之，愚者不復一喙。果有鼇粉唐、許、藐姑者，不容聲矣。或問：古人云大地火發始得，與逍遥游進一步乎？退一步乎？曰：炮。

浮山愚者智識。

炮莊發凡

格外微言，何例耶？正爲本無精粗，而曲爲今時垂手也。訓詞，注之於下。諸家議論，彙之于後。别路拈提，列之于上。然時有互見、重言者，此筌蹄也，所貴切己勿欺，徹首徹尾耳。聖學、宗教各各會通，且得平心，面面可入。如或各得所近，各執師説，一任世出世間，大小偏全，幢旛飯盌，莊子祇是本色閒人，不來攙行奪市，但可憐神明國土多被熱謾。雖然聾啞隨緣，不覺旁觀冷齒。

先輩云：讀書須得配法，方不偏執。即以莊子一書自具兩端之言，配之三層未始有，而曰不原其所起；欲廢斗斛權衡，而曰不隨其所廢；孰肯以物爲事，而曰議止於極物：曾疑其反覆否？天下篇舉六經、明數度，天運篇提九洛、陳理序，莊子固讀書博物而反説約者也。戰國急功利而附會仁義之名，其膠禮迹者迂腐，生當世之厭，漆園憤激而以超曠化之，誰得其解乎？流離降罔，讀此喪我而遊焉，安于所傷，感恩多矣。嗟乎！千季紛辨，口不可禁，不如聽其誠然。我常遊於萬物之表，回首眎之，因邪撥正，以物付物，此即一參、兩行、因是、以明之旨也。正論奇論、反語隱語、兩末兩造兼通，而中道自顯矣。對待流行，襍而不越。一致二中，猶不信耶？既不可與莊語，時峭、時平、時迂、時瑰，究不免乎怒笑，且率吾真。

晁文元作法藏碎金録，晁景迂曰：讀此者何人乎？儒不肆胸臆，禪不私宗派，道人能厭飛鍊者；得意垂翅，懼無以勝憂患者；謝事得歸，豪習難忘而杜門者。此書畜蘊淵塞，尤非粗浮所能受用。盡古今是病，盡古今是藥，非漫説而已也。醫不明運氣、經脉、變症、藥性之故，爭挂單方招牌，將誰欺乎？嬰杵血誠，不容輕白。既已嘗毒，願補圖經，在此藥籠，即此是事。采者、炮者，自須歷過方知。

就世目而言，儒非老莊，而莊又與老別；禪以莊宗虛無自然爲外道。若然，莊在三教外乎？藏身別路，化歸中和，誰信及此？杖人故發托孤之論，以寓彌縫，闡其玅叶。嘗曰：道若不同，則不相爲謀矣。是望人以道大同於天下，必不使異端之終爲異端也。鄒忠介云：纔欲合三教，便是妄想。或曰：不必引彼證此。且近裏，且放下。此過關者截人語。若肯切己深參，自有咷笑時節。向上不傳，如何是了？淹人虀瓮不甘，半橛頑狂堪痛，寧將道聽謷鈴作參學事畢耶？蓮池曰：圓機之士，分合皆可。郭象曰：事稱其能，各當其分，逍遥一也。塞壑填溝，何消氣急？

陽明曰：今皆説性，不是見性。三一曰：真見性者，止有一事。古公曰：性之一字，吾不喜聞。是其人則得，誰是上根，好來冒昧耶？且問坐斷情見，作得主否？把捉得定，如隔日瘧，顛拂困坎，權當硝黄，直至不爲物惑，不爲我惑，不爲天惑，始是真不動心。死甦不疑，遇緣即宗，尚有三教耶？無三教耶？盡大地一隻眼，尚兩橛耶？尚有一橛耶？世誰肯竭力此事，而勝氣乘權，强之不信，但使苟求其故，久亦化矣。即因此同異激揚之幾，以鼓其疑熏向上之興，不亦善乎？水窮山盡，自然冰消，不在按牛齕草也。願力任其大小，善刀批導，各用所長，隨分不欺，本乎泯矣。皋比噬膚，白椎土苴，忽出此種别調，亦堪鼓舞日新。閒翁曰：大可憐生！

皖桐方野同廷尉公與吴觀我宫諭公激揚二十年，而潛夫中丞公會之於易，晚徑作時論焉。虚舟子曰：貞一用二，範圍畢矣。至誠神明，無我備物。中和之極，惟此心傳。慾忿蔽之，生于憂患。困通損益，習坎繼明。以公因、反因爲深幾，以秩序變化、寂歷同時爲統御，午會大集，誠然哉！浮山大人具一切智，淵源三世，合其外祖，因緣甚奇。一生寔究，好學不厭，歷盡坎坷，息喘杖門。向上穿翻，一點睛而潛飛隨乘矣。寓不得已，天豈辭勞？

杖人莊子提正久布寓内，正以世出世法代明錯行，格外旁敲，紗叶中和，亦神樓引也。末法變症，藥肆尤甚，借此冷竈，暗寄彌綸，豈如昧同體者笑芸田乎？燒不自欺之火，舍身劍刃，求傷盡偷心之人，時乘大集，縱衡三墮，天行無息，苦心大用，何必人知？在天界時，又取莊子全評之，以付竹關。公宫之托，厥在斯歟？薛更生、陳旻昭時集諸解，石谿約爲莊會，兹乃廣收古今而炮之。適同此緣，相隨藥地，因爲發凡，以啓讀者。

枹山行者別記，藥地學人興月謹録。

藥地炮莊總論上

墨歷山樵集　春浮行者蕭伯升孟昉較

①史記傳曰：莊周嘗爲蒙漆園吏，與梁惠王、齊宣王同時。著書率寓言，無事實。然善
②屬書離辭，指事類情，用剽剥儒墨，雖當世宿學不能自解免也。洸洋自恣以適己，故
自王公大人，不能器之。楚威王幣迎爲相，莊周笑曰：不見郊祭之犧牛乎？養食之
數歲，衣以文繡，入大廟，欲爲孤豚，豈可得乎？我寧游戲汙瀆之中自快。

【别路拈提】

①張天如曰：莊子説主客有無以反正，梗概見于史遷一傳。後世善言莊者，無以加也。

②愚曰：蠶室暢其父志，正是忍辱菩薩。覽此游戲汙瀆自快，悲何如耶？又曰：子長以寔事殺活自適，子休以虚言剽剥自適，都是傷心人，所以一語道破。

①司馬談愍學者不達而師誖，乃論六家要指，曰：天下一致而百慮，同歸而殊塗。夫陰
陽、儒、墨、名、法、道德，直所從言之異路，有省不省耳。陰陽拘而多畏，然序四時，不

可失也。儒者博而寡要，勞而無功，其事難盡從，然序君臣父子之禮，列夫婦長幼之
②別，不可易也。墨儉而難遵，其彊本節用，不可廢也。法家嚴而少恩，然正上下之分，
不可改矣。名家苛察繳繞，然控名責實，不可不察也。道家無爲無不爲，其術以虛無
爲本，因循爲用，無成勢，無常形，究萬物之情，不爲物先，不爲物後，故能爲萬物主。
③有法無法，因時爲業；有度無度，因物與合。故曰聖人不朽，時變是守。虛者，道之
④常也；因者，君之綱也。羣臣並至，使各自明也。其實中其聲者謂之端，實不中其聲
⑤者謂之窾。窾言不聽，姦乃不生，賢不肖自分，黑白乃形，在所欲用爾，何事不成？乃
合大道，混混冥冥，光耀天下，復反無名。神者生之本，形者生之具，不先定其形神，
而曰我有以治天下，何繇哉？談以老、莊、楊爲道家。此段已盡莊子之旨。夫道德、陰陽、
⑥名、法、儉，皆聖人之用也。一陰一陽之謂道，惟明于繼善成性者能用之，豈拘日者占忌耶？聖
人兩端用中，表其貫混闢之公理而已。人情勞之乃安，安乃肯勞。備萬物而載以熏之，隨人自
用其長短，而不能逃其範圍，功至大矣，治最要矣。諸子或偏言內，偏言外，大抵緩于表明正理，
而急于自受用，利時勢耳。執還手曰：周衰，孔子修舊起廢，至今五百歲。有能紹明之，
正易傳，繼春秋，本詩書禮樂之際，意在斯乎！還序春秋而表禮立極。至備，情文俱

盡；其次，情文代勝；其既，復情以歸太一。天下從之者治，不從者亂。堅白同異之察，入焉而弱；擅作典制褊陋之説，入焉而望；暴慢恣睢、輕俗爲高之屬，入焉而墜。繩衡規矩，則不可欺，然而不法禮、不足禮，謂之無方之民；法禮、足禮，謂之有方之士。禮之中，能慮能固，加好之焉，聖矣。故尊孔子世家，而老、莊、申、韓同傳。其作孟荀傳有云：亡國亂君，不遂大道，而信機祥。鄙儒小拘，如莊周等，又滑稽亂俗，不可訓。故曰莊子散道德、放論，明其有正論在也。

【別路拈提】

①文中子曰：史談善述九流，知其不可廢而各有弊也。安得長者之言哉？通其變，天下無弊法；執其方，天下無善政：故曰存乎其人。安得圓機之士與之共語九流哉？安得皇極之主與之共叙九疇哉？

②鄧潛谷曰：漢人質，學各有從入，即父子異同不諱。觀談受道論于黄子，故六家要指宗道，而遷宗春秋。論者以先黄老後六經訾遷，非其質矣。

③三一曰：遷若得父旨，可免蠶室。

④施下之曰：周南病泣之命，紹明六經。人之將死，其言也善。

⑤虚舟曰：談欲論著舊文久矣。古人無執見，所謂儒，指漢初之儒；所謂道，正指神明之聖。

⑥愚曰：遷既尊孔子世家，而以許由入伯夷列傳，非信莊子乎？中以顔夭跖壽問天，正是莊子遺放。而末收顔淵附孔子，知遷之心乎？匹夫統君師之道，六家歸于素王，明矣。然各容專門，而統於中正。談執遷手，何嘗不尊孔子哉？

⑦履曰：象、數、詩、書、禮、樂，皆禮也，中皆易也。無方有方，各執一見，聖人合易、禮而貫之。遷以禮、春秋，用勤儉名法而載陰陽自然之道，非感蠶室鉗鎚之恩，詎能舍命根而發揮，以畢其孝思耶？

①嚴君平作老子指歸，引莊曰：任車未虧，僮子行之；及其傾覆也，顛高墮谷，千人不能安。卵之未剖也，一指摩之；及其爲飛鴻也，奮翼凌雲，罾繳不能達也。胎之能乳也，一繩制之；及其爲牡也，羅網不能禁也。虎也執羣獸，食牛馬，劍戟不能難也。故漣滴之流，久而成江海；小蛇不死，化爲神龍；積微之善，以至吉祥；小惡不止，乃至滅亡。又曰：我之所以爲我者，豈我也哉？我猶爲身者非身。身之所以爲身者，以我存也；而我之所以爲我者，以有神也；神之所以留我者，道使然也。又曰：道之

②所生，天之所興。始始于不始，生生于不生，存存于不存，亡亡于不亡。又曰：夫饑

③而倍食，渴而大飲，熱而投水，寒而入火，所苦雖除，其身必死。胸中有瘕不可鑿，喉
④中有疾不可剥也。蚔虻著面，不可射也；蟣蝨著身，不可斫也。又曰：夫日月之出入也同明，人之死生也同形，春秋之分也同利，玄聖之與野人也同容，通者之與閉塞也同事，道士之與赤子也同功。凡此數者，其中異而外同，非有聖人，莫之能明。又
⑤曰：夫陰而不陽，萬物不生；陽而不陰，萬物不成。天地之道，始必有終，終必有始。
⑥又曰：夫嬰兒未知，而忠于仇讎；及其壯大有識，欺紿兄嫂。三軍得意，則下亡虜。窮貉之獸，不避兕虎。其事非易，事理然也。以上諸語，皆今書所不載。按：漢藝文志：莊子五十二篇。郭象去其巧雜，定爲三十三篇。則今之所存，特十之四耳。

【别路拈提】

①愚者曰：得老莊至深者，其君平哉！觀其簾游寓卜，化人臣子，此所謂通一不用而寓諸庸者乎！别峰玅高，仰止者誰？

②「始始于不始，生生于不生」四句，非反因耶？既曰我猶爲身者非身，又曰神留我者道使然，亦反因耶？且問如何是公因？

③既然如此，何以折中？若不折中，早是鑿胸剥喉了也。

④其中異而外同，緇素得出否？

⑤當返初耶？當錮之使返耶？不能錮之，遂聽之耶？當明其初、中、後善之事理耶？

⑥莊申大戒，非罔君臣。衍非無知，乃慎到耳。温公、子固取揚，正謂折衷孔子。平子、康節服之，謂其知易故也。簡紹芳、焦弱侯辨其不仕莽，何嘗不與紫陽同護宫牆哉？骨髓得深幾，皮毛亦須護。各取其所長，平心乃知故。

揚雄曰：老子之言道德，吾有取焉耳。及搥提仁義，絶滅禮樂，吾無取焉耳。又或問：莊周有取乎？曰：少欲。鄒衍有取乎？曰：自持。至周罔君臣之義，衍無知于天地之間，雖鄰不覿也。

①阮籍曰：人生天地中，身者，陰陽之精氣也；性者，五行之正性也；情者，游魂之變欲也；神者，天地所以馭者也。言生則物無不壽，推死則物無不夭，小則萬物莫不小，②大則萬物莫不大，故以死生爲一貫，是非爲一條。別則鬚眉異名，合則體之一毛也。③彼六經之言，處分之教也；莊周之云，致意之辭也。大而臨之，則至極無外；小而理之，則物有其制。世之好異者，不顧其本，各言我而已矣。殘生害性，還爲讎敵。目視色，耳眊聲，而不待心之所思；心奔欲，而不顧性之所安，故疾萌而禍作矣。至人

恬于生，則情不惑；靜于死，則神不離，故能與陰陽化而不易，從天地變而不移，生究其壽，死循其宜，心氣平治，不消不虧。笑翁曰：籍悼魏晉而薄湯武，猶之歎廣武也。司馬昭宜不喜此歎，而乃護之，何耶？正惟其寓莊以達生，而大語藏怒笑，故遮得人眼耳。沈作喆寓簡曰：司馬昭歎阮籍至慎，蓋諷在位，使不敢言也。擅國者皆深畏天下士議論長短發其機。

【別路拈提】

①嗣宗登廣武曰：遂使豎子成名。將謂笑項王耶？未夢見在。將謂笑沛公耶？更未夢見在。

②性、神、生、死，寔從易來。不標惟心，便掃之耶？今人不能夢見廣武意，何能夢見一條非一條？

③合溪曰：不知物有其制，而偏夸至極無外，則窮大者失其居。孔叢子曰：自大而不知其所以大，不大矣。笑翁曰：處分致意太分明，廣武枯樁獵犬尋。生死性情平治否，不消建鼓説惟心。

① 郭象曰：通天地之統，序萬物之性，達死生之變，而明内聖外王之道。上知造物無物，下知有物之自造也。莊生雖未體之，言則至矣，無會而獨應者也。泰然遣放，放

② 而不傲，上掊擊乎三皇，下病痛其一身，則寄言以出意耳。係生故有死，惡死故有

生；無係無惡，無死無生。或謂莊子樂死惡生，謬也。莊子之旨，生時安生，死時安死。生死之情既齊，則無爲當生而憂死矣。緣于不得已，則所爲皆當。故聖人以斯爲道，豈求無爲于恍惚哉？君臣、父子，雖是人事，皆在至理中來，非聖人之所能爲也。人生七尺，而五常必具，故雖區區之身，乃舉天地以奉之。一體之中，知與不知，闇相與會而俱全矣。

【別路拈提】

①遺放盡莊矣。莊多忿設溢巧、自責自毀之詞，而郭註平和，恰是賢智消心用中之妙藥。造物無物，與易無體、緣生無自性同參。

②無係無惡，無死無生，三乘有出此者乎？人生七尺，五常必具，知與不知，一體闇會，緣不得已。所爲皆當，理窟萬言，有如此易簡者乎？特地拈出，何更求無爲于恍惚哉？正恐未過絶蘇，依然恍惚。

①

戴安道深以放達爲非，曰：儒家尚譽，本以興賢也。既失其本，則有色取之行，以容貌相欺，至于末僞。老莊去名，欲以篤寔也。苟失其本，則有越簡之行，情禮俱虧，至于本薄。夫僞、薄非二本之失，而弊者託以自縱也。道有常經，而弊無常情，將如之何哉？自竹林放達，晏衍波靡，晉好談莊，遂成故事。庾征西曰：雖云談道，寔長華競。干令升亦恨清談。故下望之、范武子、范宣子對症作藥。惟戴安道達士高隱，而深惡放達，以禮自處。此其和平之上劑乎！王右軍曰：一死生爲虚幻，齊彭殤爲妄作。此所以破放達之根也。

【別路拈提】

① 戴逵深于老莊，而彈琹履禮，此真彌縫杜漆于杏壇者乎！不則禮士、達士爲仇矣。謝玄修虎丘以栖安道，迄今劍池儼然，琹音如在，誰能于此觀戴謝之禮意哉？張元長曰：吾見人作達輒欲嘔，見野老則忘。此深于讀莊者。愚謂安道具決法眼，右軍具超宗眼，有人託否？

陸希聲曰：老氏道以爲體，名以爲用，無爲無不爲，而格于皇極者也。楊朱宗老氏之體，失于不及，以至貴身賤物。莊周述老氏之用，失于太過，故欲絶聖棄智。申韓弊於苛激刻急，王何流于虚無放誕，皆老氏之罪人也。①

【別路拈提】

① 閒居曰：天降雷雨，山川出雲。耆欲將至，有開必先。才智日生，烏能禁其不標新以鼓舞耶？流弊不免，識破無妨。日日梳頭猶有垢，時常櫛沐亦風流。

①李習之復性書曰：喜、怒、哀、懼、愛、惡、欲，循環交來，故性不能統，非性之罪也。沙②不渾，水斯清矣；煙不鬱，光斯明矣；情不作，性斯統矣。性者，天之命也。聖人，性之不惑者也。寂然不動，廣大清明，昭于天地，感而遂通天下之故，行止語言，無不處其極也，豈其無情？雖有情也，而未嘗有情也。百姓者豈其無性？情之所昏，相攻相取，未始有窮，故雖性與聖人不殊，而終身不自覩焉。聖人知人之性皆善，可以循之③不息，而至于聖也，故制禮以節之，作樂以和之。安于仁，樂之本也；動而中，禮之本也。故在車則聞和鑾，在行則聞佩玉，無故不去琴瑟，視聽言動，循禮法而動，所以教人忘嗜慾而歸性命之道也。誠而不息則虛，虛則明，明則照天地而無遺，此盡性命之道也。顔子得之，其餘升堂者蓋皆傳也。一氣之所春，一雨之所膏，而得之者有淺深，不必均也。子路結纓，心不動也。曾子得正而斃，斯已矣。孟子曰我四十不動心，蓋其傳也。自是廢缺，學者莫能明，是以皆入于莊、列、老、釋，至謂夫子之徒，不足以窮性命之道，悲夫！問方，曰：情不生爲正思。正思者，無思無慮也。此齋戒其心者也，猶未離于靜也。方靜之時，知心無思，是齋戒也；知本無有思，動靜皆離而寂然不動，是至誠也。問：聖人不復爲嗜慾渾乎？曰：不復渾矣。妄情滅息，本性

清明，周流六虚，覺則無邪，邪安自生？伊尹曰：以先覺覺後覺。如復爲嗜慾所渾，是尚未能自覺也，安能覺人？

【别路拈提】

①翱之責裴晉公也，曰：居相位，道不行，忍耻不引退。告退之曰：公好士，惟于能文章兼附己者無所愛。翱惟其賢，以是不同，可謂清直矣。退之所聞，先以動定〔一〕，後以智拔，何如耶？晉公云生老病死，時至則行，何如耶？類不齊，混不得，圓覺無取覺者。尚未過此，何能豁然于法住法位之無内外耶？如或茫然，雖覺亦渾。

②涉江曰：此是克復真詮，總持佛法正令。晉公、昌黎不妨才力闊步，若是入理深談，終讓習之合竅耳。會元曰：李翱謁藥山，山執經不顧。李曰：見面不如聞名。拂袖便出。山曰：何得貴耳賤目？李回拱謝，曰：如何是道？山指上下曰：會麽？曰：不會。山曰：雲在青天水在瓶。李欣然作禮，且問：一雨所膏，得有深淺，本無有思，動静皆離，莫是雲在青天水在瓶麽？不如拂袖便行，猶是超宗種艸。愚者曰：渾。

③董子曰：仁，人也；義，我也；禮，中；樂，和也。足于心爲得，非仁義禮樂之要歟？或以信統

〔一〕動定，據五燈會元卷五，當爲「定動」。

四端、歲扭四時耶？將謂空之于環耶？折攝一場矯亂，但請自炮。

①王介甫曰：罪莊好莊者，皆未嘗求其意也。戰國譎詐陷溺，質朴並散，誰知貴己賤物者乎？莊子思矯其弊，過慮仁義禮樂不足以正之，故同是非，齊彼我，一利害，則以足乎心爲得也。既以其説矯弊矣，又懼來世之遂寔吾説而不見大體也，卒篇舉六經以②明之曰：耳目鼻口，皆有所明，不能相通，猶百家衆技，皆有所長，時有所用。明聖人之道，其全在彼而不在此。而亦自列其書於宋鈃、慎到、墨翟、老聃之徒，俱爲不該不徧、一曲之士，蓋欲明吾之言有爲而作，非大道之全云耳。身處昏亂之間，窮無所見其材，引犧辭聘，危言以懼衰世，孔子所謂隱居放言者。夷清惠和，皆矯天下者也。矯枉欲其直也，過則歸于枉矣。莊亦曰：墨子之心則是也，其行則非。莊之言獨何異于墨哉？不以文害詞、詞害意，善其爲書之心，非其爲書之説，則可謂善讀矣。此亦莊子之所願於後之讀其書者也。今挾莊以謾吾儒，悲夫！中人所及者，聖人詳説而謹行之；説不詳，行不謹，則天下弊。中人所不及者，聖人藏之而言略；不略而詳，則天下惑。且夫曉曉而後服者，豈可以語上者哉？惜周未通此耳。其老子論曰：夫輪轂軫輻，備而成車，而不患無之不爲吾用也。今欲廢禮樂政刑而爲道，何異

廢輪轂軫輻而爲車乎？

【别路拈提】

①半山詠孟子曰：何妨舉世嫌迂闊，故有斯人慰寂寥。詠商鞅曰：今人未可非商鞅，商鞅能令令必行。歸金陵，作龍説曰：嘗出乎害人，而未始害人；嘗至于喪己，而未嘗喪己。其自解乎！或曰：見宋病弱，諸儒庸泥，欲以富强捄之，故資桑孔耳。

②愚曰：欲收青苗錢，而縱民私鑄，豈能及桑孔之善計乎？李愚公曰：介甫，宋之忠臣也。諸公毁之太過。黎美周曰：介甫若善莊子，自不如此。愚曰：彼正竊得莊子，以破諸儒之執，而寔用管商，以圖一世之功，勿爲所謾。然而不達物理，不知因物，毋乃究竟爲挾莊者謾耶？若遇聖人，當如何炮？

①蘇子瞻留侯論曰：圯老人知一椎可教，故墮履挫之，三期半夜；而子房之器，近乎道矣。其韓非論曰：重無爲，則輕天下國家，是以仁不足愛，而禮不足敬。韓非氏得其所以輕天下之術，遂至殘忍刻薄而無疑。其莊子祠堂記曰：莊子助孔子，要不可以爲法耳。楚公子微服出亡，門者難之，其僕揉箠而駡曰：隸也不力！門者出之。事固有倒行逆施者，以僕爲不愛公子則不可，以爲事公子之法亦不可。其讓王、盜跖、

②

③説劍、漁父，則昧者剿之。又讀莊子曰：吾有見于中，口不能言。今見莊子，得吾心矣。其擬對御策曰：爲莊老之言，曰聖人不仁，以萬物爲芻狗。人主，天下之父也，爲人父而不仁其子，可乎？其判官告院上神宗議曰：性命之説，自子貢不可得聞。而今學者，耻不言性命。讀其文，浩然無當而不可窮；視其貌，超然無著而不可挹，此豈真能然哉？中人之性，安于放而樂于誕，憚禮義拘束之耳。陛下亦安所用之？帝得議，悟曰：吾固疑此，得軾議殊釋然。孫升言大用蘇軾，當以安石爲戒。朱子言東坡罵介甫，使坡作相，引少游一隊，其壞更猛。黄鄮山曰：考亭愛介甫，憎東坡，迹若有之，特激于汪玉山一時往復書爾。薛方山曰：子瞻出治，民皆祀之，不亂天下明矣。若理學未融，奚特子瞻？徒以叔孫通制禮之言逢怒伊川，而兩門攻擊，亦吕陶輩未盡事師之道也。愚曰：程爲東郭順，蘇爲温伯雪，豈有蜀洛黨哉？可知莊子正是甘艸。

【别路拈提】

①留侯論是讚老子，韓非論是棒老子。一讚一棒，知東坡所以炮製老子乎？既曰見莊子而得吾心，其擬策、院議則又破其弊矣。一讚一棒，知東坡所以炮製善用之乎？學者欲悟玅叶真宗，請急着眼。

②胡元瑞曰：僕箠公子之喻，東坡愛才而暢此論耳。左藏一曰：坡才太俊，正藉莊以閎肆恢奇。先嫌伊川之矜持，故小試無趾之天刑。後惡安石之銲戾，故仍揮其看破之吹毛耳。果是超宗種艸，請急着眼。

③忿欲之動，非忍不能平；生死之關，非輕不能豁，在人善用之。涣其躬而入水火，善藏刀而無死地，果兩橛歟？

①②

王雱曰：莊子通性命之分，而不以死生禍福動其心，自非明智，不能及此。明智矣，讀聖人之說，亦足以及此。不足以及此，而陷溺于周之說，則其爲亂大矣。又曰：鼓舞萬物者，神也；與萬物同憂者，聖也。神不聖則不行，聖不行則不藏。莊周之言，尚神而賤聖，矯枉之過也。

【別路拈提】

①安石行新法，其弟安禮持異議。雱能爲此正決，毋亦陳咸之觸屏風乎？當時若善引莊以諷新法，豈非應症湯頭？

②如何是聖不行則不藏？曰：流水不腐，用器不蠹。便如此行時如何？曰：河水烹茶，須礬澄過。

邵子曰：莊子大辨才。呂梁蹈水，四顧善刀而藏，至言也。

楊龜山曰：逍遥遊，無入而不自得也。養生主，行其所無事也。

朱子語録言莊生見道體，又言淵明從老莊入。楚望曰：其異而呵之者，爲其洸洋自恣，弔詭者廢禮法，不可訓耳。禮本于大一，克己復禮而致中和，洋洋優優，合外内之①道也。隨人深淺而視之者，亦有爲言之耳。王純父曰：孔子懷先進之野人，人而不仁如禮何，玉帛云乎哉。老莊激言之。嵇阮感時事而避亂陸沉，嵇以傲殺，豈莊之旨乎？太平遭遇，縱欲敗度，而以放達宗莊者，又嵇阮之罪人也。

楊慈湖曰：莊周惡生而樂死，與貪生而惡死何異？其曰神守形，乃長生，是貪生本術也。正曰：敬仲明傌莊生以扶儒，暗取莊向上之意以掃朱，有覷破者否？單標無意，亦取禪宗。至詆大學之正心誠意、孟子之存心養性、繫詞之窮理盡性皆非聖人之言，則禪家冷笑久矣。

【別路拈提】

①孫登以用光得薪示嵇，以半山之嘯示阮，將謂嵇必喪身，阮能苟全乎？鍾伯敬曰：兩人度量同，而嵇才高于阮，故不能免。袁中郎曰：籍語栖神導氣，在山水間爲俗談，宜勿答也。呂錫侯曰：世語言嵇應毋丘儉，誣也。然絶交書非湯武，高士傳取龔勝，正是意中。笑曰：叔夜

是莊子功臣，宜孫登猶與嵇語，而不與阮語。

①王世長曰：莊子言物物者不物于物，荀子言精于道者物物，一也。韓嬰曰行不貴苟難，辨不貴苟察，惟其當之爲貴，莊子亦曰有爲也欲當，此中節之符也。凡夫物而已，賢者惟求不物于物，智者并不爲不物于物者所物。聖人徹上徹下，依然止是物物已耳。表物之則，即節物之用，即適物之用。知之乃能用之，乃知其養于不知而用之。聰明睿知之臨十六法，而固達時出也，神哉！

【别路拈提】

①未學道時，茶是茶，飯是飯。專精迸翻時，茶不是茶，飯不是飯。究竟茶是茶，飯是飯，有深淺否？教止言當，我見自便，當果當乎？必無我，無無我，而後知當其當者，即如其如也。請過三關。

①劉須溪曰：當世厭儒，儒者取厭，故莊生别路謦欬引之，苦其心以爲筌蹄；又自疑筌蹄之誤來者也，自毁之。然猶證于經，質于理，玩其文字而自謂得意者。其寺記曰：

②世教滅亡，而山間林下，以西笑興。官師禪衣夾馳，舞經斥戒，混色空以爲達，吾豈敢

復望大乘氣哉？能仁堂沖以攻苦出願力，起廢寺。雖歲增千柱，日食萬指，亦以爲吾道蓋是無能名、無賞功〔一〕、無盡分也，則能言者愧是矣。驛傳傾，田賦陷，貨來積，府藏虛，徒飛書倚牘，瀆上聽，市衆援，死之日，墓有誄，史有謚，知者以爲民賊，而論者以爲人才。吾非厚自毁而尊異彼也，言之何及？將以泄吾心之所甚憤，而激來世以所可羞，庶幾虛僞省而真實見。如沖才，與人間事，豈憂凋乏哉？一廢一興，必有痛③壞千古者，而後識吾言之悲也。盡大地皆佛心，則皆能仁也。所陳者能，而無能爲難。無能者，無不能也。虛舟記曰：莊子：虛舟善矣，而未免于觸也。江湖之舟，爲④牛馬走，建旗鳴鼓，亦與無異。其臨流願濟，飄泊何限？問其爲舟，則如漁者往矣。願君藏之，有二戒焉。刻舟募載，罅生衂苴，實則漏也。赴急徬徨而不能濟，爲之仰天太息。非無舟也，而未有能操之者也。是又以虛舟爲恨矣。

【别路拈提】

①世道交喪，道有窊隆。儒不知時，況陳陳相因乎？别路罄欬，猶張涼州之于晉也。杖人搕

〔一〕賞，劉須溪須溪集作「實」。

孥，動引六經。蕭尺木咏鍾山梅下僧，將譬慕容之獻捷、安樂之謚愍耶？自毁自玩，不妨西笑。

②倪瓚曰：復以憒憒從彼榛榛乎？便命扁舟，少抒磊磊。後百世而不及見古人，則求古跡，觀以自解。子長過大梁，嗣宗登廣武，昌黎弔望諸，所見略同耶？無病而呻吟耶？笑翁曰：若不呻吟，通身不仁。

③風憐目，目憐心。雖有跛牂，見便則疾。知無能而後能仁，知虚舟而後操，亦是藏矣。悲恨者誰？飄泊何限？

④張孟浩贈須溪，有義熙漉酒之句。黄文旦曰：須溪野隙，旁出手眼，以遺後人，猶不虚度此殘生者。

①合溪曰：荀子言莊子蔽于天而不知人。其言曰：由用謂之道，盡利也；由俗謂之道，盡嗛也；由法謂之道，盡數矣；由勢謂之道，盡便矣；由天謂之道，盡因矣。道體常而盡變，一隅不足舉之。不知貫，不知應變，貫之大體未嘗亡也。亂生其差，治盡其詳。故道之所善，中則可從，畸則不可爲，匿則大惑。水行者表深。禮者，表也。千萬人之情，一人是也；天地始者，今日是也。苟將以不用人力謂之天乎？人力即天

②也。善用者行無事，莊所謂開天之天也。儒言性必尊德性，言天必言天理。諸子或執縣象言天，或執運數言天，或執兩間之氣言天，或執上帝言天，或執物言天，或執理言天，故齟齬耳。將合象、數、氣、理、帝、物以言天乎？象一理也，氣一理也，理一理③也。然曰天命之謂性，可曰理、命之謂性乎？莊曰君道天也，臣道人也，曾知君臣道合于臣力乎？時而曰全人、全天，時而曰天不是人，時而曰盡人享天，將何以折中之？或以格致盡分爲人，則責重人；或以本來公平爲天，則奉事天；或以禮法爲人④而賤之，以食色爲天而任之，可乎？故曰先天弗違，後天奉時。荀曰從天而頌之，孰與制天命而用之？思物而物之，孰與理物而勿失之？錯人而思天，則失萬物之情。⑤莊曰精而又精，反以相天。豈無謂耶？不可知之謂天耶？曾知致其可知，而不可知者自致耶？由此論之，泥分别者固矣，倚混一者病更不小，又況綴旒天人之外者耶？

朱震青曰：凡欲因乎人，故殺人；人多委之天，故殺天。殺天者殺其殺之本爾，故曰天人師。凡天之一形一氣，油然皆生，天之所以爲天，窈然獨死。故曰天嘗自殺，政不須人之殺之也。蕭伯玉曰：世謂李斯禍天下，皆荀卿性惡、法後王諸論開之，是殆不然。戰國儒術閔缺，競辯之徒鬨責互起，卿不惜爲危論，意存矯枉，不辭傷當，其亦惟敵是求乎？夫爲環釧者金也，彼執爲環，此爭爲釧，環相既虛，釧義亦墮，各爭其半，則互舉其全矣。故折獄者單辭弗讞也，必合辭以聽之。對簿之家，護此之意益甚，則尋彼之訟益力。荀保殘守缺，挾恐見破之私意，將隱情惜己之不暇，敢以其身輕試於吏議哉？卿之爲法受惡也，君子惜之而不聽也。蒙首惡之名者，實皆以爲善而爲之。競其始者不能盡其終，己亦不能無罪焉耳。

【别路拈提】

①荀亦知道，而言性惡，何也？陳巨源曰：學者見地有真入處，毋雷同，毋耳食。一似今世講良知學，陳陳相因，即陽明子復起，未有不唾而走。章大力曰：孟以權與性而貴仁義，荀以權與人而貴禮。人不信孟，則荀遮其後而爲功。農父曰：荀言立禮，莊言成樂，合用以安其性命而已。互盡其詳，非爲畸匿。

②曰維皇降衷，曰上帝臨汝，不可度思，矧可斁思，誠不可掩如此夫，直下言語道斷矣。故曰以理言天可也，以理字代天字則不可。

③孟曰：莫之爲而爲者，天也。以此不可知而消心，則怨尤無所用矣。駭此不可知爲影事，而造詭廢法，可乎？

④愚者曰：以二論言，荀莊竟一致矣。荀乃譏莊，又復譏孟。昌黎、濂、洛取荀，明眼人斷看。

⑤季蘆余子曰：荀卿危論，莊子寓言，同是救援拯溺，一樣心事，被春浮主人一眼覷破，方知孟子闢楊墨，即是收楊墨，俱從本無是非處透出者也。君相知而化之，風艸現成矣。奇才必欲

開花，若人將錯就錯。知己感恩，百倍尋常。世界爲我作爐，諸家爲我驅魚。原自不混，何妨綴旒？

①李士表曰：道在有耶？在古無古，在今無今；在陰非陰，在陽非陽；在遠不離眉睫，在近獨高象先；在聚而流出萬有，在散而收斂一毫。道果在有哉？在無耶？在天而天，在地而地，在谷滿谷，在坑滿坑；有在于螻蟻，有在于瓦礫。道果在無哉？無不在無，名謂之無，而真無不無也。有不在有，名謂之有，而真有不有也。而在在者，有無不可得而名焉，不敢以形數擬，不敢以畛域睨。即其互古今而自成、入散殊而皆一者，强名之曰古人大體。是猶萬水一月，萬竅一風也，不可謂之心術、智術、機術、技術，道其該遍者也。或以獨任不堪而滯道，或以强聒不捨而滯道，或以死生之説而滯道，或以博大之域而滯道，計其術猶礨空耳。然一石之微，與太山均體。没百家無大全，離大全無百家。故曰終日大全而不知大全者，百姓也；欲至大全而未及大全者，賢人也；已極大全而泯迹大全者，聖人也。

馬樞曰：貴位者以巢由爲桎梏，山林者以伊吕爲管庫，貴名寔則芻芥柱漆之言，翫清虚則糠粃席上之説，要亦各從其所好也。蕭伯玉曰：鍾石非禮樂之本，纓葛豈朝野之謂？

正以體公識遠，出處同歸耳。今東名實而以巢由爲桎梏，翫清虚而以伊吕爲管庫，限局以疑遠，拘玄以硋素，俱非致一之論也。時乘六龍者誰？周海門曰：問其龍不龍耳。管東溟曰：能以巧説圓六龍之義，誰以深心盡一龍之性？

【别路拈提】

①横渠曰：聖人言幽明，諸子言有無。何晏夸無，裴頠崇有。胡寅之言，當有當無也。宗鏡曰：無非龜毛，有非株兔。關尹曰：言有無之弊，又言非有非無之弊，又言去非有非無之弊。邵子曰：不可以有無言，而未嘗離有無也。曾疑此否？蔡氏曰：天生聖人，而道在聖人矣。天何言哉？吾無隱爾，就人事物理而學誨不厭云爾。然中庸曰可一言盡，請别道看。

①

高叔嗣曰：世以莊周所録古巢許之徒，譏堯禹，薄孔公，其辭不雅馴，學士大夫棄不信，謂其人無有。然孔氏書載接輿、沮、溺諸公，其姗笑仲尼已甚，惡可言無其人？顧其風淳至，不可用詩、書、禮、樂之際責者。余始至于野，受父老之詰，乃無以應，悵然久之。其序薛蕙老子解曰：自古言仁義禮樂，有過于老子者乎？言陰陽剛柔，有過于孔子者乎？夫知人而不知天者近乎愚，知天而不知人者近乎誣。學者不知天人之一，奈何以此議聖人也？知言鑑曰：陰陽剛柔，物理也。仁義，宰理也。所以爲物、所以爲宰者，至理也。三而一也。申明宰理以宰物，而至理不違也，知之乎？宰理、至理即在物理中，知之乎？通而言之，理明于心，心一物也。天地性命，總爲一大物理而已矣。天人本不相離，知其故者，始能前用不惑。

【别路拈提】

①嘗疑荷蕢聞磬，門外閒談，夫子何以具飛耳而急答耶？不悟化身酬唱，難免痴蠅鑽紙矣。接輿、微生諸人原無褒貶，猶悵然耶？

薛文清曰：老莊于道理非無所見，但不勝其避害自私之心，遂鄙薄事物而不爲，是豈聖人大公至正之道乎？

函史曰：深乎深，老得易之體，莊盡易之變。蓋潔靜精微也而賊，應于化，解于物，而甚媚于辭，故閎肆恢奇如此。

李衷一曰：商鞅、韓非之去老莊也，百有餘年。至其嚴刑峻法、殘滅誅夷，則商韓自爲之。人固有生而惠和者矣，有生而苛察者矣。騶虞不殺，鷹隼必擊〔一〕，皆生使然。

①

〔一〕「隼」，原作「準」，據文意改。

商韓之督責斬艾，以爲必出於道德、南華之書而後有，則齊有權書矣，鄭有刑書矣。老莊以爲無有其心，而人則以爲無有天下也。謂老莊之道豐於衛生而嗇於爲人則可，非害於人倫世教也。人間世大戒發揮忠孝至矣，精之可以養生，高之可以御氣。得其意而善用之，驕者可使下，薄者可使厚，煩法令者可使簡，多嗜欲者可使淺，初亦何害於吾身與吾民？苟不原其得而索其所以失，將六經之書、孔孟之道，有用之一再傳而失者，何論老莊哉？

【別路拈提】

① 老、莊、申、韓同傳，史記果藏揭書之意耶？虛無者道之至體，名法者道之事用。若以互救，名法、虛無猶茶飯也；若體其固然，名法即虛無也。聖人中和正用，豈淪荒唐而流憯礉哉？莊子正卷卷于中和，特其詞鋒矯異耳。若是巧販虛無，横馳險詐，正賴的彀、徙木；一核名寔，始以大戒發揮人間。甘蔗曰：圉人尚有三當死，鍛客休誇七不堪。

焦氏筆乘曰：聖人之業，成變化，行鬼神，而責之膠膠擾擾，可乎？老子曰：執古之道，以御今之有。蓋謂有物者不可以物物，而覩無者斯足以經有。舜無爲而治，非不治也；禹行無事，非不行也，昧者遂至清談廢事，斯失之矣。莊曰：水不襍則清，莫動則平。鬱閉而不流，亦不能清。夫以廢事爲無爲，是鬱而閉之，而幾水之清者也。又曰：扁鵲見垣五藏而製爲方。學者或不見五藏，而第執其方；或見垣五藏也，而以意爲方，不必出于師也，扁鵲將孰賞歟？釋氏之論訓恩者，必呵佛詈祖之人，曾知呵詈之爲皈依讚歎乎？秦佚之弔，嘗非老聃矣；栗林之遊，又嘗自非矣，而亦謂詆訾聃周也，可乎？

【別路拈提】

①羅泌曰：爲者敗之，而無爲之禍復不小。陽明扶醉人之歎，豈不哼哼？而泰州再傳，僇民成隊矣。澹園老莊翼彌縫漊心，其一澄一流者乎！杖人曰：若不互相補救，安能使正法久住于世？它山之石，可以攻玉，珊瑚枕上，豈惜兩行？事心當如事仇，事仇當如事佛，激揚呵詈，門外難知。苟非大死破家自迸胸襟，亦未許依樣胡盧，算無事漢也。

①李贄曰：成大功者必不顧後患，故功無不成，商君、吴起是也；顧後患者必不肯成天下之大功，莊周之徒是已；而儒者皆欲之。又有居朝廷則憂其民、處江湖則憂其君

②之論，非兩頭馬耶？　正曰：憂君、憂民，正是一貫。禹、稷、顔子，易地皆然。素其時位，心則一也。故君子既知其素，又知其位。偏才使鋒，但快意耳。温陵官不稱意，憤激庸俗，偏宕潑嫚

有之。而後此效嚬，羣托隱怪，以罵名而捷轟矣。蓮池、鼓山掃之，所以炮藥。履曰：氣化自圓，至理自同，各人各事、各位各時自別也。出世偏言自受用，經世言公受用，判然兩端，而自心總持則一也。理學閑邪存誠，但言義制事、禮制心，而心之所以爲心，自受享矣。兩忘則火候也，又何硋學事、治事之本忘乎？

【別路拈提】

①王介甫慕商鞅矣，何以無成功耶？謝安石好談莊，何以能勝秦耶？禿翁成何大功，而不顧後患，以剃刀終耶？請禿翁答。

②宏甫註莊，此其寔落主意耶？抑止欲翻案見奇耶？中郎曰：吾于卓老，有五不能學，有三不願學。杖人答焦弱侯曰：厚責于人偏薄己，然猶血性逼人寒。

①

詹東圖曰：老子與孔子同時，管子在前二百季。其内業篇所言，皆老子道德之旨也。老聃其取諸管子乎？管子曰：天不一時，地不一利，人不一事。是以著業不得不多，名位不得不殊。方明者察于事而通于道，無上無窮，運乎諸生。宙合槖天地，天地苴萬物。君子繩繩，慎其所先，本乎无妄之治，運乎无方之事，應變不失之謂當。使民于不爭之地者，各用其所長也。老子但取先幾自警，莊子略于事而標化以匿高耳。

【別路拈提】

①東溟曰：孔子得位，必取管子之政，但居德不同耳。幼宰曰：武侯比管，尊王也；比樂，復仇也。張燧曰：武侯出于申韓，豈知其寧澹出于道，而治出于管乎？因名法家以管爲祖，而自了漢遂以老莊爲祖耳。風雨無鄉，抱蜀不言，鳥飛準繩，小曲亦何傷哉！

① 熊文直曰：爲物不二之宰，至隱不可推見，而費于氣則有象，費于事則有數。人身天地，二而一也。明乎天地之爲物，與物身者不悖，斯進于格物矣。神聖所以範圍曲成，若方圓之有規矩，罔或外焉。世運遞降，聰明日繁。戰國狙丘、稷下，譚天雕龍；鄭圃、漆園，纂玄標异，轉相郵效，邪説飆興。舉兩間之真象數，悉掩于恢奇要渺，寧復見真天地哉？誣天罔聖，彝倫斁而舊章缺矣。又曰：老莊濟六經之窮，窮于世運
② 也。卷之則爲老莊，放之則爲五霸。又曰：色厲盜天地之清氣，鄉愿盜天地之和氣，
根局原大。鄙夫亦有才氣者，非苟而已。三皆世所趨尚，只是全無真氣，故取古者三
疾以敵之。楊朱非從軀殼起見，自待甚重，有不屑天下意。

【別路拈提】

①質測、通幾，後儒艸艸。捉個冒總，禪便嚻嚻。核真象數，讓痴子矣。然秩序端幾，費隱一

際。在齊靈素，律曆同符，一石一艸，物則歷然。夫豈可以掠虛昧滅哉？熊魯子曰：漆園不得其故，難安蛙井，故寓言焉。愚曰：莊亦言極物而止，只是不遇地上菩薩與他交盤。②前半殺人刀，後半活人劍。色厲、鄉愿、鄙夫，俱爲開一地步，而三疾之本色愈高。然何如趙州布衫打發耶？

①袁石公廣莊逍遥遊曰：言大山、大海則信，言鳥大于山、魚大于海則不信；小言螻蟻、焦螟則信，言蟻有國，有君臣少長、是非爭讓之事，焦螟睫上有無量虫，虫有無量郡邑、都鄙即不信。何也？以非情量所及也。拘常見聞，以定法縛己縛人，一丘之貉耳。聖人豈有三頭九臂，迥出于人與蟲之外哉？惟能安人蟲之分，不以一己之情量與大小爭，斯無往而不逍遥矣。

②齊物論曰：天地間未有一物無是非者。凡夫、文士、潔士、法家、儒生、道、釋，異途分門，海墨難載，六根常執而已。空中之花，可以道無，亦可以道有，故聖人不見天高地下，亦不言天卑地高。波中之像，可以言我，亦可以言彼，故聖人不見萬物非我，亦不言萬物是我。物本自齊，非吾能齊；若有可齊，終非齊物。雖萬釋迦，何處着脚哉？

③養生主曰：無一物不養生，無一刻不養生。道曰外其身而身存，則内其身可以亡身。釋曰無生，則生本不待養矣，而貪生利生以害之

④耶？儒曰立命，順受其正，故不欣長生，不悲夭折，修身以俟，順生之自然耳。人間世曰：易善藏其用，處人間世之第一書也。以道得禍者十一，以德十三，以仁十五，以才十七，以節十九。患莫大乎見長于人，而據我于扃。堯無我，故能因四岳；禹無我，故能因江河；泰伯無我，故能因夷狄；迦文無我，故能因人天三乘菩薩諸根。今夫父母之養嬰也，探其饑飽，逆其寒暑，啼者令嘻，嗔者令喜，兒口中一切喃喃不字之語，皆能識而句之，何則？無我故也。同舟遇風，十百人一心，惟三老所命，呼東則東，呼西則西，何則？無我故也。夫使事君者而皆若父母之求其子，處世者而皆若同舟之遇風，何暴不可事，何亂不可涉哉？肥遯者，非遯山林也，遯我也。德充符曰：⑤根者諸濕之聚，如蒸菌也；識者六緣虛影，如蕉卷也。蕉落識亡，熱謝菌枯。向非覺明，客于其中，一具白骨，立見僵仆矣。經云：汝身汝心，皆是玅明真心中物。狂者尊古卑今，尚能眼空一世，糠粃形骸；至人脱卻浮漚，通身是海，又惡有淨穢大小之見哉？大宗師曰：⑥釋老之爲生死，人皆知之；孔學之爲生死，雖鉅儒未有遽知之者。嗟嗟！聖人之道，止于治世，即一修齊已足；而談性與天，窮極微眇，得無迂曲之甚？夫天命者，不生不死之本體也。天者非人也，非耳目，非口鼻，非心意識也。

⑦我相盡即道，無我而天下之耳目意識俱無矣。人相盡即教，位天育物，總是教體。心静土静曰位，胎卵滅度曰育。嗟嗟！衆生墮地，死案已立，鶩利趨名，頭白面焦，信有死者，當如是耶？文士以立言爲不死，神仙以留形爲不死，二乘以寂滅爲不死。捨生趨生，焉知大道？夫道何物也，而可以己意趨捨之哉？聖人即生無生，故不捨生、不趨生。善我者無體，諸法同體也；善行者無時，古今一時也。伏羲、神農，至今猶在。善因者無果，無因非果也。此非識心分别可知，智證乃見。應帝王曰：聖治法天，天法嬰兒，嬰兒法鵠卵。西郭先生曰：臣能知諸國雨點、禽獸之情狀。臨淄七萬户，起一念，臣能悉知，可撫四夷。齊王大駭，齋戒跪請之。先生曰：霖雨可千里，猛雨不數十里，分龍塊雲，知其不隔轍，是以知雨點之數也。翼者飛，角者觸，逸者走，是以得鳥獸之情狀也。百姓貧欲粟，賤欲爵，鰥欲婦，曉起知其營業，入夕知其晏眠，是以悉知其所念也。操簡而用博，故可以撫四夷。王憮然曰：先生休矣。

【别路拈提】

①唤甚麽作魚鳥？又唤甚麽作心？一覤見之，則不必説矣。一身三萬六千虫，各有日月國土、父子君臣，則一切秩序，現成歷然。虫盡虫分，而人不能盡人之分耶？飯蒸于甑而後可食，

將嫌甑爲縛乎？收空于屋而後可居，將嫌屋爲縛乎？聲度樂節而後可聞，將嫌節奏爲縛乎？祇是撞着麪糊盆，須與倒倉一洗。

②關尹曰：天不能冬蓮夏菊，是以聖人不違物所長；身不能手行足持，是以聖人不違我所長。愚曰：謂此爲齊物，可乎？空花波像，猶爲贅語。

③將以死爲養生之藥耶？將以本無生死爲解藥之藥耶？冬湯夏水，今乃知味。醫病不假驢駞藥，千年故紙亦堪醫。必求番質汗始活血哉？

④敔亭曰：但論利害，又何須説？公甫曰：民所好惡，非利害耶？心易曰：易原憂患萬世，忘身入水火，遯世無死地，豈兩橛乎？共處此世，同舟遇風，四我未能，如保赤子。無我即無利害，無我乃知利害。屈伸相感，而利生焉。天下何思何慮？喚作有利無害，得麽？

⑤眼空一世，益發硋此形骸；淨穢不分，依然一具白骨。將謂兩間總是濕熱耶？乘正之符，卻在何處？

⑥一條爛貫索子，本不曾離，卻爲桶子撮弄，流作短販金矢。自非斬新正語，申明教體，共致中和，幾能障輕慢之狂瀾，令奉重耶？已而歎曰：幸是無瘡，勿傷之也。

⑦諸法同體，則法不可壞明矣；無因非果，則無果非因明矣；古今一時，則舍今無古明矣。識即是智，猶欲舍樹而執核哉？然而不用便死，一用便差，當用何法以調御此日用耶？嬰兒鵠

卵，豈惟堅瓠填溝？諸國雨點，販作燕石行户矣。祇爲暱庸者不好學，故以最親切一句提撕之；又爲好奇者不歸寔，故以最爽快一句呼醒之歟！智證傳云：人誑李豐以一石中有天子璽，後祭遵獲之。臨殺，椎破其石，始豁然驚。偷心乃死，重閲廣莊七篇，惟有「先生休矣」一句，不知誰能憮然？

①石公晚悔，與陳正甫曰：行起解絶，弟輩未免入解坑。所以但知無聲臭之圓頓，而不知洒埽應對之皆圓頓也。答黄蘗無念曰：貪嗔，識也。貪嗔不行，即是意識行不得。且將起信、智度論理會一番，近時老宿尚遠遠在。鄧定宇未必悟，然修行不墮落。若生與公全不修行，我慢貢高，泥犁無疑，但當慟哭懺悔而已。

【别路拈提】

①中郎之酒，貪醉且六十年。特取其晚悔語，亦良劑也。或曰：快意已過，晚年留此困人耳。清涼于莊，但取其文。愚則曰：聰明人還從聰明人折肱路入。留此懺悔，原自投機。

①袁小修以莊子爲貝葉前茅，消世間是非，故曰導莊。逍遥遊言自在也，自由也，不生不死，歸寔于善吾生。

李湘洲作説莊曰：莊子揭大小以立論，借大鵬與神人以廓開世界眼翳，蕩滌學人情量，而我自有用大之方。然鵬飛能高而不能下，豈若神龍之變化無方、大小不測乎？神人能居于姑射山，而不能居于人間，能小堯舜，而不能爲委吏、乘田，豈若不壞世間相而證寔相者乎？雖然，莊子之説，亦直寄焉，故是一奇書。

【别路拈提】

①湘洲、二袁，皆以佛法談莊。中郎眼快超宗，老悟回互，柬湘洲曰：兄有才、識、胆，獨道念未切，或爲眼中粗惑所轉。弟往亦有青娥之癖，近稍勘破，暢快無量，始知不能寂莫，決不能徹底受用也。以寄爲樂，不知寄不可常，縱幽崖絶壑，亦與清歌玅舞等耳。愚曰：亦直寄焉。是常耶？不可常耶？

①

何宗彦君美曰：人皆知錯綜變化、環應無窮者爲易，而不知易之繫表象先，有一定不可移轉之消息。人皆謂虚玄幻窈、河漢無極者爲莊，而不知摭寔崇有、三界之内横出豎出者皆是也。故曰莊達于治經，而急于明道者也。何不舉莊以明易，而學易以解莊？其貴神而賤聖也，使夫分門别户、學一先生之言者，固可破其藩籬，而拘瑣刻厲之徒，執成法而擾擾、日趣多事者，亦足休其伎倆。知變化者知神，而何疑莊也？

【别路拈提】

①環應、繫表，猶兩橛耶？不則橫出竪出者，能免認賊爲子耶？愚曰：學易解莊，亦直寄焉。曹梁父寄詩曰：不待當機方架箭，只宜説法免彎弓。

①包鴻逵儀甫曰：魏晉好莊，掇膚遺髓。詭託虛夷，我人方熾；侈譚玄勝，嗜慾更酣。故嘗妄謂世間止許二種人説莊：一者能用莊之所長，一者能訓莊之所不足。又惟有能爲莊又不必且爲莊，而後可以説莊。

【别路拈提】

①儀甫曰：王太尉之營窟，殷揚州之書空，荀中郎以燕婉自喪，子期解義，大暢玄風，而中歲不免屈節，則所稱解莊之祖者猶若是，況下焉者乎？笑翁曰：與其二千年後打雲門，何若據款定案？

①馮時可曰：楊朱言焦苦其形神，邀數百年之餘名，豈足潤枯骨哉？莊子汪洋浩肆，自謂達道；若恃以作達，其弊傷教。

【別路拈提】

①馮開之言少時得讀莊力，與世無忤。善用皆藥，明眼原希。不能善用，蔡謨蟛蜞，害人不小。

①陳蝶菴云：「巧言令色，鮮矣仁」，指老聃也。「古者民有三疾」章後仍有「子曰巧言令色」，則記者發明老子之流禍也。「肆、廉、直」，猶不失老子面目；「狂而蕩，矜而忿戾，愚而詐」，直是莊周、韓非矣。②馬遷序論語，接以「惡紫、惡鄭，若利口覆邦家」，則前知韓非之解老，而繼之曰「予欲無言，天何言哉」，隱示莊輩多言數窮。

【別路拈提】

①老子曰：多言數窮。莊子曰：道無問，問無應。何爲知而故犯耶？杖人曰：孔子聖不自聖，難在忍俊。後來摸壁者，直不俊耳。

②愚曰：蝶菴既然厭莊，且問自號蝶菴，又是何意？

①見聖編曰：莊子天下篇不列孔子於百家者，明乎甚尊孔子。列老聃于關尹之下，明乎夷於諸子百家，未嘗獨崇老聃，又自剖別其道術。而世謂莊周以老聃爲宗，甚無謂也。跡其方術之論，於小道泥遠之解，彷彿得之者也。韓嬰云：飾邪說，文姦言，混

然不知是非治亂之所存者，范雎、魏牟、田文、莊周、慎到、田駢、墨翟、宋鈃、鄧析、惠施十子也。順非而澤，持之有故，足以欺惑衆愚。此語同荀，而正謬處不同。

【別路拈提】

①剔出莊子不宗老聃，大似劉裕實是漢裔卻不號漢；又似司馬懿晒書，爲操逼出，不免將錯就錯。如此彷彿，亦是尋滑葉以嚼艸耳。且看韓詩外傳椒湯殺虫。

野同録曰：莊生墮聰黜明，寔是鑿聰鑿明，人都被其所謾。一見文情菁峭，頡滑自恣，便護之矣。巧矣哉！亦其時不同，隱逸消心可也。

①譚友夏曰：閲莊有法。藏去故我，汎然而遊，昧昧然涉，我盡莊現。循視内外，其有不合者，聽於其際與其數，因而遇之，芒昧何極？口弄物外之言，手弄世間之事，稽厥②行藏，伊可耻也。龜櫝枯魚，心迹超然，因而遇之，情染一洗。於物中爲人，人中爲男，豈如木梗隨水遷流？豈如落英隨風近遠？不發大寤，自同蟲豸，何往何來？念之悲動，因而遇之，鷄鳴不已。洞天綦散，雲霞周身，竇不可塞，關不可扃，扃而塞之，魂魄焉宅？吾瞑目恬氣，伺厥升降，因而遇之，廣成面語。傷物者傷，菑人者菑，鵬飛蝶

③息，不出人間，因而遇之，其老、易之旨乎？寧晦勿宣，寧誤勿鑿，寧斷勿紉，紉刺我指。如夢古人，語半分手，因而遇之，空牀不寐。文理潦倒，莊、騷同思，我愛天問，灌灌如訴，薄暮雷電，即記其事。前絲後絲，總不相連，兹談羊蟻，胡乃及魚？見魚書魚，想亦如是，因而遇之，以破吾拘。至巧者化工，仰而思天，寧不怪絕？瞻彼小草，葉葉染采，小虫跂跂，其殼青黃。天地大文，亦既工此，海入其塘，嶽入其牖。無小無大，愛玩終日，因而遇之，字句我師。彼笑且侮，此怒而爭，侮者又笑，我寓言耳。父前不拜，抱頸以嘻，大親則已矣，因而遇之，詆誹何有哉！景純有筆，人夢求還；輔嗣玄理，出冢相告，直化爲莊矣，不問後來之遇不遇也。

【別路拈提】

①徐伯調曰：陳玄晏治安著本義，而友夏本之。喚作郭象註向秀、友夏註玄晏，得麼？愚曰：雖然贓症現在，特例註銷。

②御冷氏曰：莊子初有所見而驚喜也，人作此態，吾亦憐之，只是不可坐住此處。中郎曰：東坡説禪，作意失之。吴興小兒，語便態出。昔坡對歐公誦與可詩：美人却扇坐，羞落庭下花。公曰：此非與可詩，世間原有此句，與可拾得耳。愚曰：此是何態？

③權德輿送靈徹歸沃洲序曰：廬山遠公、鍾山約公皆以文章廣心地，用贊後學，得非玄津之一派乎？元長曰：蘇氏父子爲文，未嘗有作文之意，純是消遣，所以當家。易曰：不畊獲，不菑畬，則利有攸往。以文章廣心地，其旦暮遇之矣。涉江曰：友夏當太平而自慰解，我輩顛沛而自慰解，又何如乎？遺世雖偏，放言雖恠，其情真矣，原不願人之效之也。

①

張天如曰：戰國紛爭，先王道喪，仁義禮樂，其言充耳，莫若説之以齊得喪、忘死生，禍或少息。止殺人者曰殺人者死，有司敗之禁在，悍者不顧也。語之曰子即殺人，無所見雄，若人即死，於子何益？則將拔刀而歎。攫財于市者，訓以廉讓，羣歎爲迂，語之曰子即多財何爲，則唾而去者有之。聖人之教窮，而達人之説起，此亦處衰世、救末流之無可如何者也。至于薄楚相，笑郊犧，終身不仕，游戲快志，漆園之高風，又曷可少乎？

蕭伯玉曰：學者不能通知聖賢之意，忠而妨清，仁而疑智，何異乎執方而治，如寶躍冶金之中地凝滯者，似鉤環、似璧珪耶？聖賢無非應病予藥，然藥能愈病，服之失當，而反以增病。宋儒之平寔，足以藥狂；或失則陋，醫家所謂土鬱也。餘姚、盱江之超脱，足以藥錮；或失則蕩，醫家所謂水鬱也。以易之道器觀之，苟因其固然，天地萬物俱爲妙道之行也；味於其所以然，則仁義禮樂皆屬餘才，而俱足以自累。故上下者，舉一形而精粗言之，非德成而上、器成而下，截然兩物，可容意致取舍於其間也。②以佛之教義言之，天台四教，慈恩五位，兩家守其師説，不敢以私知相高。惟賢首宗藉圓融，遺節奏，如教義章，類皆束而不觀。譬醫者不讀靈樞，扣以藏俞、府俞及諸經絡，茫然不知，乃傲然自號於衆，而曰醫者意也，豈不悖哉？法絶待以標宗，人對真而莫覺，非攝相歸性之難也，不賓無而壞相，方爲識法根原耳。後學功乏尋微，意樂自便，義路不涉，互爲枝葉，同味其本而競治其末，羣迷暗爭，失得無準，情長則申，意短則詘，撮摩虚空，秖益自勞。道之循器，猶器循空，余憂其無害於空，而不能不損於瓶③也。其評莊曰：讀書之妙，貴在尋味。遵途循夷而往，讓險而還，亦有何樂？故須水窮山盡，别資一境，所云送君者皆自厓而返，君自此遠矣，此尋之之妙也。食魚而美，得全於鱗。封鰣刺鱗，入口甚適，而風味頓盡。凡書皆然，而莊騷二書尤不易讀。彼其天機獨行，肆隱流漫，委折微至，原不以工力學問爲長，故讀之者亦不容以意匠經④營於其間也。雖間有未安，不必强與之合，蘊諸懷抱，日相尋味，待其自遇，冰解凍釋，自能得之耳。昔支公註逍遥，雖云能拔理於向郭之外，要須賞神駿則可，直以之註莊，未免道人畜馬，不韻也。

【別路拈提】

①道、器既非截然兩物，而土鬱、水鬱各以藥爭，果皆躍冶之金乎？執躍冶爲固然，非矣。不從躍冶，知有病之爲貴，豈悟「因其固然」者乎？因有雋鉤環、圭璧爲躍冶，而以毁器、毁冶、還鑛販高者，又可謂之玅道之行乎？郭象曰：事稱其能，各當其分，逍遥一也。古德曰：舍究竟無程途，舍程途無究竟。是註郭象否？

②半山題畫册曰：不可以有心求，不可以無心得，不可以言語造，不可以寂然通。如參禪，將金剛王寶劍一截截斷四路葛藤，使計較中無商量，在得失中出生死，方得暢快，領其天然。平嶺曰：元長見陳白陽意到之筆而歎曰，此等畫出，今人愈不如古人矣。石牀曰：此道亡于雲林，快哉！超宗種艸，賞鑑者誰？

③遜志集清泉記曰：遊者必至，必樂而歸，豈非高遠者難悦于俗，而卑近者常情所喜乎？其記桐廬壽昌見山堂曰：山皆見也，吾蔽于所嗜，幸無它嗜而見之。又病于窮極險恠，而所得者狹矣。然則何從？

④自崖而返，何如開卷便放？春浮記曰：一丘一壑，聊極余情。法華曰：經行及坐卧，常在于其中。有何家可到哉？

①

億略曰：人惟不勝其情，而後求釋于情。凡天下忘情之至者，皆不能忘情之甚者也。竹林宗莊，人見其放曠矣，其志非也。居喪飲啖，而鷄骨嘔血，于親而至情，必無之而不至者也。無之不至，當爲情死。逃生于寄，忏其情，所以忏其死，豈得已哉？諸賢惟有餘于情，故不勝而逃于其外。天下本不足于情，又便其易而樂入其中，此當日之風所以頓變也。天下盡囿于風氣而不覺，惟王謝識其微，因借之以縻士；敦温喜其隙，亦高之以悦時，故彼此無如何也。操知文舉不爲己用而殺之，温知安石不爲己用而不忍殺，安亦知温不忍殺己，故用温爲藩籬，而以己之寬爲天下淵藪。天下畏温，而不敢叛晉；愛安石之優容，益不欲叛晉也。均之放達，嵇阮借之以釋其累，王謝資之以成其能，此其有本也。

【别路拈提】

①遯叟曰：易不説壞情字，惟盡情僞。故人之真僞，皆以情知之。夫舉世皆以訓詁販貨驕其妻妾，便欲以尋行呫嗶稱儒業，以圈鹿攔牛稱淳謹，反訾世外之高潔、出格之奇才，謂非中庸。或且皋比，戲倣椎拂；象數物理，搗爲技藝。古今學問早已掃除，叩其性命切己，則容成、黄冶而已。路見不平，投袂天下，愛才好學，落落晨星，況其上乎？庸庸多福，本自如此。高

才、博學、潔行，自累耳。郭象曰：安于所傷，物不能傷。故須以化自遣，即吞靈藥。

①梅惠連曰：謹慎曠達，狂狷别路也。澹于利欲，迹可略矣。將以躬修謹慎乎？鄙吝謹慎乎？孤高曠達乎？貪淫曠達乎？肆蕩直詐，六蔽明矣。我見護短，安能肖物？從人見轉，則無真宰。言僻言拂，蓋難之也。作好作惡，因有非好非惡之横議。眼空一世，動引蒙莊，蒙莊痛名利之累，是第一謹慎人，知之乎？

【别路拈提】

①徐楚白喜僻拂者，矯俗有力量人。沈長卿喜簡傲，取狂狷也。無忝曰：武侯自言謹慎，故能盡瘁而曠達其死生。是則真曠達即真謹慎，誰能識此？

藥地炮莊總論中

墨歷山樵集　春浮行者蕭伯升孟昉較

憨山影響論〔一〕

憨山老人曰：姚秦時，鳩摩羅什譯經，有生、肇、融、叡爲徒。肇善老莊，遠公引莊破難，支公注莊，與人接機，故世以莊子爲禪。圭峰以莊宗虚無自然，便屬外道，宗鏡亦闢之。清涼疏華嚴，亦引老莊，曰取其文，不取其意。有從余海上，問及莊子者，因而歎曰：學佛而不通百氏，不但不知世法，而亦不知佛法；解莊而謂盡佛經，不但不知佛意，而亦不知莊意。余故曰：不知春秋，不能經世；不知老莊，不能忘世；不參禪，不能出世。彼原教破敵者，發藥居多，而啓膏肓之疾不少〔二〕。診病紗投，須善自他

①
②
③

〔一〕此題正文中原無，據原目次補。以下二篇同。

〔二〕不，德清觀老莊影響論作「者」。

宗，不可安孤陋、昧同體也。法華純談寔相，至玅法，但云如是而已。悟玅法者，但云治世資生，皆順正法。華嚴五地，善能通達世間之學，陰陽醫數辭賦該練，故能涉俗利生。等覺大士現一切身，而應度之。佛法世諦，由人不悟道玅而自畫内外也。老莊，婆羅門類也。法華應現婆羅門身。至於玅莊嚴二子，則曰：汝父信受外道，深著婆羅門法。夫應爲現身，何又斥爲外道耶？著與不著耳。據其釋智淪虛，則二乘也；出無佛世觀化，則獨覺也；所宗虛無自然，則外道也；觀其救世之心，人天交歸，④有無雙照，則菩薩也。以權論，正現婆羅門身而説法者；實判之，蓋精脩入空定者乎？當羣雄吞噬，舉世顛瞑，處士横議，得孟氏起而大闢之；又得莊子崛起，糠粃塵⑤世，解脱物累，高風興起，始不受軒冕桎梏，超世之量、濟世之功均也。蓋用功由靜定而入，文字從三昧而出。後以一曲之見而窺其大，以濁亂之心而讀其書，茫然不知所歸趣，宜乎驚怖不入矣。具無礙辯，遊戲廣大，真破執之前矛乎！世人於彼尚不知，安能知佛法？又曰：十界者，四聖六凡也。五教者，小、始、終、頓、圓也。五乘者，人乘、天乘、聲聞乘、緣覺乘、菩薩乘也。佛則最上一乘矣。夫能聖能凡者，豈聖、凡所⑥能哉？據實而觀，總持人道爲能，一切無非佛法。若人若法，統屬一心；若事若理，無障無礙，是名爲佛。故圓融不礙行布，行布不礙圓融。因人愛慾而生，愛慾而死，由財、色、名、食、睡，起貪搆鬬，以致君不君、臣不臣、父不父、子不子，雖先王賞罰，不足以禁，適一己無厭之欲，結未來無量之苦。佛愍之曰：諸苦所因，貪欲爲本。若滅貪欲，無所依止。故與民同患，説離欲出苦之要道耳。吾人爲佛弟子，與論佛法，則⑦儱侗顢頇，論教則曰枝葉，四諦則曰小乘，四禪八定則曰外道，六度則曰菩薩之行，非吾所敢爲也。與言人道，則茫不知人倫之分、禮義之行，觸事面牆，幾如檮昧。嗟乎！吾人不知何物，而好高慕遠，動以口耳爲借資，豈知佛教出世，以離欲行爲第一⑧乎？以宗趣言，孔子毋意、毋必、毋固、毋我，據菩薩乘而説法，嚴於治身。老莊深觀造化之原，精於忘我。但執世法者涉因緣，執老莊者墮自然。華嚴地上，於塗灰事火、卧棘投鍼，靡不現身其中，與作師長。吾意老莊之大言，非佛法不足以證嚮之。若以惟心惟識觀之，皆影響也矣。吾體曰：初以世法無常、佛法有常，後以佛法無常、世法有常，六祖之言也。畢竟誰是影響耶？説影響者誰耶？以過去、未來消現在，則現在亦消矣；積一息成萬古，則一息歷然，而萬古之過去、未來，皆現在歷然也。理無斷滅，但有顯晦。如人晦不見物，而物原歷歷于晦中也。「首楞嚴」三字，譯曰一切事究竟堅固。法華舍權歸實，曰「是法住法位，世間相常住」，又將如何會耶？故曰一不壞，二亦不壞。莊子曰：靈臺者，可持而不知其所持，而不可持者也。議之所止，極物而已。以心窮心，愈窮愈倏忽，迅不停幾，故謂如幻，而心所造之事物，反自森明。物中之則，事中之理，毫不亂也。譬如目眎日則炫，以水暎之，則日之五色可辨；以勾股測表影，則日輪大小高低皆準。人聲本具五音六律而不自知也，聖人絃之而明，因以信吾心之本具矣，貫混闢而不變者，可以合參。

【别路拈提】

①支道林曰：天地者，萬物之總名也；堯舜者，世事之名耳。看天地不當作天地，看堯舜不當作堯舜。愚者曰：你道此老，是放隺？是愛神駿？

②客問不至之旨於樂令廣，令直以麈尾柄确几曰：至否？客曰：至。令又舉麈尾曰：若至者，那得去？劉辰翁曰：此禪在達磨前。

③淨因謂善義虎曰：小乘教者，有義也；大乘始教者，空義也；終教者，不有不空也；頓教者，即有即空也；一乘圓教者，不有而有，不空而空也。如我一喝，非惟入五教，百藝百家，一動一靜，悉皆能入，猶是建化門頭，未至寶所。須知有千聖不傳向上在。善問如何，曰：汝且向下會取。善問寶所，曰：非汝境界。善望慈悲，曰：任從滄瀣變，終不爲君通。且如憨山、鼓山、天界，判莊各别，有通者否？古今無變異，一喝爲君通。

④石老曰：一掌翻覆，亦兩頭忙。向上向下，葫蘆按水而已。千聖不傳，千聖不然。知者不問，疑則別參。

⑤或曰：禪以多一句爲勝耶？曰：未到縣崖，從何撒手？不曾一歇，從何轉身？未折攝至羅紋結角，尚無入處，豈有破處？法界尚膜，惡能説法界量滅之禪？捉擔柴漢問中書事，不如且去擔柴，猶救一半。

⑥子以四教：文、行、忠、信。子不語怪、力、亂、神。以此例之，當云：子絶四，意、必、固、我。而今多四毋字，何也？毋者，禁止之詞。四毋是大賢地位。老莊，巧言四毋者也。曾知孔子爲絶其四毋者乎？三一曰：江漢以濯之，四毋也。秋陽以暴之，所以去濯也，絶四毋也。

⑦心易曰：倫物有恒法，心法慎未發而節自中矣。消心善巧，以無化有，以有化無，以不落化有無，以事事化不落，應病予藥耳。若執影響，尚爲藥誤。

⑧寶印對宋孝宗曰：老莊，是佛法中小乘聲聞以下人。蓋小乘，厭身如桎梏，棄智如雜毒，化火焚身，入無爲界，即莊子所謂「形固可使爲槁木，心固可使爲死灰」。若大乘人則不然。度盡衆生，方證菩提，正伊尹所謂「予天民之先覺者，予將以斯道覺斯民也」。一夫不被其澤，若己推而納諸溝中。帝大悦。迂莽曰：聲聞以下，莊子服否？憨山謂其精入空定，莊子服否？莊子曰：議之所止，極物而已。中道成章，君臣道合。是豈聲聞比丘棄天倫者乎？是豈入空

定者睬一切爲泡電者乎？莊子遊世不僻，是戰國之遠害涣血者。語多遺放，欲醒賢智之過，歸于中和。而深憂日出多僞，則莊且豫捄禪病矣。今之禪悟者，無非莊也，將以掃莊而自掃耶？宋末有智緣，以僧行醫，嘗曰：世法今成局方矣。莊子，猶麻黄湯也；别傳，承氣湯也。所謂空藥醫世病，玅藥醫空病者，岐伯用毒藥，衰其半而止，調其飲食而已矣。此中庸所以歎知味也。

鼓山寱言一則

鼓山永覺老人曰：老莊祖昔之無，是未能超無也；厭今之有，是未能超有也。繇是隳肢體、絶聖智，以修混沌之術，皆生滅法。雖曰無爲，非真無爲也；止離人而入天，未可以離天而入聖。或曰：莊非墮于無也。曰：「未始有物者，至矣，盡矣，不可加矣」，非局于無而何？且論性而必索之于未形未氣之先，則必失之于已形已氣之後，是偏認寂莫者爲性也。或曰：推極于先，性體始見耳。曰：悟性者，物即是性，何妨見于有物之後？雖有物，未始有物也。迷性者，性即成物，何能窮于無物之先？雖無物，是亦物也。智者即影以識鏡，識鏡則不論影之有無矣。迷者執影以爲鏡；或聞影之非鏡也，則執無影以爲鏡；或聞無影之亦非鏡也，則更執無影之前以爲鏡。若

①是，可以得鏡乎？夫三界惟心，萬法惟識。謂天地生于無極，謂一氣生于空界，遂執此空以爲萬化之根源、一真之寔性。殊不知此空從前壞劫而成，是有生也；天地生後，遂失其空，是有滅也。夫此一氣，非生于空也，乃從無始劫來，生生不息，闔闢不窮者也。學人于此達其生生之本，則三界萬法寔非他物，今古可以一貫，有無可以不二矣。或問：庚桑子篇是禪，然乎？曰：宋儒之禪也。夫道超有無，離于四句，則虛無者非道也，乃其境也。彼欲習虛無以合于道，而虛無翻爲窠臼矣。道無有自，云何有然？隨緣而然。然而非自，則言自然者，非道也，乃其機也。彼欲習自然以合于道，而自然翻爲桎梏矣。此莊生所以爲外學也。道不以有心取，不以無心合，要在圓悟一心。悟此一心，則主宰在神機之先，不必言順其自然也；運用在有無之表，不必言返于虛無也。聰無不聞，而非駢于聰也；明無不照，而非枝于明也；智無不知，而非傷于鑿也；聖無不通，而非淫于藝也。豈局局然守其昏默，一以是終云乎哉！

野同確辨曰：有體質之體，有主統僕之體，有無體之至體。設喻難于恰肖，彼錯認者不少矣。鏡以光明爲體，以照爲用。以用鏡言，則有鑄鏡、磨鏡、藏鏡之用，而照物之用乃其事也。凡物之樞本曰極，對有則曰無極，故指其不落有無之所以然者曰太極。混闢一氣，而所以然之理在其中焉。急口難明，何妨質論？理因事物時位而顯，因心而知，其實心與理來，知則能用。心外無法，法外無心，此冒總也。聖人與民，明其善用而已，泯是本泯，證者自知。

【别路拈提】

①虚舟曰：凡一切學，先苦法不成，後苦法不化。人無紗悟，徒執死法用，安能善耶？不見輪扁曰：斲輪甘苦，父不能傳之子。

天界提正托孤論

①夢筆杖人曰：莊周隱戰國，辭楚相，憤功利而别路救之，以神化移人心之天者也。世儒拘膠，不能知天立宗，諸治方術者，離跂尊知，多得一察，以自爲方，終身不反。乃慨然撫心曰：惡乎可！又惡可使若人終不知道德性天之宗乎？夫如是也，又何所藉之以自明吾之所存、自行吾之所主乎？於是仍借羲皇、堯、舜、孔、顔，與老聃、許由、壺、列、楊、墨、惠施諸子，互相立論而神化之。其中有主有賓，有權有實。至于縱横殺活，隱顯正奇，放肆詭誕，嘻笑怒罵，直指天真，曲示密意，其爲移出人心之天，豈可以常情臆見領畧之耶？内七篇已豁然矣，究不外于慎獨、致中和，而與人物冥聲

②

③

臭，歸大宗師于孔顔，歸應帝王于堯舜也。世人不知，以爲詆毁聖人，孰知稱贊堯、舜、孔、顔，無有尚于莊生者乎？天下沉濁，不可莊語，爲此無端崖以移之，使天下疑怪以自得之，莊真有大不得已者。莊且自言矣，執淺者，拘迹者，宜其未達也。偷心未死，吾亦不願其襲達也。大道若辱，正言若反。六經，正告也；莊子，奇兵也。惟統奇正者乃能知之，乃善用之。或謂莊子别行于六經之外，余謂莊寔輔六經而後行。使天下無六經，則莊子不作此書，作六經矣。噫！吾於是獨惜莊子未見吾宗，又獨奇莊子絶似吾宗。④

【别路拈提】

①馬培原曰：杖人無一不是創語活機，無一不是痛心刺骨，尤于君臣主賓、關聖學王道處加意發明。使天下無此名教，則不成天下；古今無此宗旨，則不成古今矣。師詩云：吾人性所全，用舍有獨至。其存萬世謀，惟一知己地。是何宗旨之妙密乎？孤哉，孤哉！

②李夢白曰：内聖外王，先佛後祖，殺活縱横，隨處妙叶。你道杖人真骨血，托在甚麽處？

③毛燦尊素曰：清淨法身毘盧遮那，是爲十方法界之主中主矣。如何毘盧尚有師，法身更有父？杖人作盤今斧子吟，所謂法身向上事乎？拈起也，擲三教于波斯海外；放下也，集千聖

于糞艸堆頭。諸方豎拂拈鎚，到者裏降眉斂手；向來銅頭鐵額，撞着渠吐氣翻身。青牛翁出紫氣關，空存玄牝；尼丘父掀木鐸口，活似蓮花。文殊致劫外之知，普賢格性空之物。善財離其法界，龍女喪其寶珠。奪軒轅皇帝之神符，坐釋迦、觀音之命府。雖則爲法求人，磨礪有待，究竟儘諸公提刀入鞘，展拓愈難矣。愚者曰：猶是囫圇吞個棗，磨斧直須切碎了。遇緣即宗混不得，打瞎頂門方可說。

④石谿莊會曰：天道即性道，出世間法也；人道即君臣父子，世間法也。人道從天道生，故曰嗜欲深而天機淺。天道常無，人道常有，三皇五帝相傳，不立文字，謂之道統。後王則尚霸矣。春秋時得孔子續之，以人道合天道，定六經禮樂爲萬世則。下世人心益變，即六經禮樂，亦虛爲塵腐矣。莊子于是呵佛傌祖，抑揚此道，良工苦心。世以學道爲離過出苦，下世以學道爲欺世盜名之具矣。必得無師智之上根，乃能變通而不倦也。莊善繼老而變通者也，孔子善繼皇帝而變通者也，五宗繼佛祖而變通者也。善讀莊者，又當變而通之可矣。開口也大奇特，將丈六金身作一莖艸用，又貼著，又不貼著；是活句，不是死句；是圈子內意，卻向圈子外說：祇要明得大本，心外無法，不怨不尤，各安生理。苟不會此，物作麽齊？但有是非人我而已。生作麽養？嗜慾戕生而已。人間作麽世？名利奔走而已。德符作麽充？榮耀軒冕而已。宗師作麽大？巧談雄尊而已。帝王作麽應？詭詐殘刻而已。如庸醫以艸

方得效，自命岐黄，殺人可勝計耶？曲彔牀兒孫滿天下矣，真道真法，不知安在。杖人拈出真孤，亦自道也。莊子偶得路便，如糞埽明珠，可惜無人爲渠擊碎。余曾有偈曰：一二二一枉分張，九鼠三蛇也自忙。祇者髑髏乾未得，莊周胡蝶廢商量。

託孤説曰：死節易，立孤難。立孤者，必先忘身避讎，使彼無隙肆害，乃能轉徙深渺，託可倚之家，易其名，變其狀，以扶植之成人，然後乃可復其宗而昌大其後。予讀莊子，乃深知爲儒宗别傳。夫既爲儒宗矣，何爲而欲别傳之乎？深痛戰國名相功利之習，竊道術以殺奪，仁義裂于楊墨，無爲墜于田彭。即有一二真儒，亦未深究性命之極，冥才識而復其初，遂使後世不復有窮神知化之事，而天下脊脊，不能安性命之情，則所學皆滯迹耳。此滴血之正脉，孤而不存，莊生于是有托孤之懼矣。莊生孤哉！二千季知者固少，賞音不絕，未有謂其爲孤，又孰能親正其爲真孤哉？予笑曰：萬世之下一遇大聖，知其解者，猶旦莫遇之，誠危其孤而快其遇耳！豈惟莊生危之，孔子思託寄于狂狷，蓋不啻危之矣。即顔子不夭，猶危其孤，況并顔子死矣。「喪予」之慟，萬世猶當共悲，痛而思其故，雖尊聖不乏守道之賢，而殫其藴，抉其微，精義入神，符乎大道，合乎大方，恐難其人。予何敢與大聖？幸今已知其解，故快其遇而轉危其孤，願與萬世共認此嫡脉也。夫論大易之精微，天人之妙密，性命之中和，位育之自然，孰更有過于莊生者乎？予之表系，不得不亟推之，正懼儒者之心印太孤也。曰：向以老莊並稱，莊譏諸聖，獨于老無間言，稱爲吾師，非老聃之真嗣乎？曰：此託孤之神也。孔子嘗問禮于老聃，亦嘗屢稱曰「吾聞諸老聃」，則孔老通家也。莊子目空萬古，捨老不托，更欲托誰以自全此寓言乎？夫既謂之寓，則相似而非真也，豈可忘其真出處哉？使天下萬世無人知莊子爲堯孔真孤，而以嗣所托之老聃，亦復何愧！然此一副真骨血之爲大宗師、應帝王者，又何所歸焉？或曰：何不并老而歸儒乎？曰：老未曾言及堯、舜、文、武、周公、孔子，何必爲堯孔之嗣？五千言渾雄簡樸，真無爲自然之宗，莊子取之。然闡揚内聖外王，曲盡天人一貫，其縱横抑揚，奇倔痛快，能①以神化移人心之天，而歸于中和處，即老子亦有所未逮也。既已正其真孤矣，仍稱老莊何硋乎？如儒、佛原不同教，而道本妙叶，亦可同稱。圓機之士，分合皆可。吾嘗②曰：道若不同，則不相爲謀矣。是望人以道大同于天下，使天下之不同者，皆相謀于大同之道，必不使異端之終爲異端也。即有謂予借莊子自托孤與自正孤，予又何辭！陳涉江曰：一即一切，一切即一，襲此冒語，今比比矣。誰能于一切中吹毛烹髓，叶五圓

③三，重破其破而切脉如神，使人潛者潛、躍者躍、啼者啼、笑者笑，有如杖人者哉？嘗憫膠法而踐迹者，不肯深參，終縛生死，孤負大易之潔靜精微； 出鄽而執總者，不悟差別，不肯偏參，孤負一寔之法住法位。 畫少必迷槧株，傳訛必開僭竊，徒勞生死，舛馳鬪狠，無當于中和，亦可悲矣。幬覆代錯，雙選托孤，舍身于刀兵水火，求真性命人，傳真宗旨，爲萬世燒不自欺之火，有真不容已者。 三參四與，以未發之獨爲主，以戒懼爲幾，有不負貧、病、死之三大恩人者乎？五行尊火，無體傳神，前人所未發也，誰傳之乎？易潛飛于二元二用，精一其習坎出險之心亨，而乘風雷以出，麗化文明。 一針既正，滿盤任用，説易未有切要如此者，誰繼之乎？孟、莊、屈同時，屈礪人之惟危，莊礪天之惟微，孟合天人危微而以一懼礪萬世，有不負此三礪，會宗而得無上者乎？天地無古今，人心生治亂，不啻痛聲疾呼，有醒者乎？杖人偶以壽昌、博山、東苑，示法眼之因緣，寔是乘夙願力，得無師智者也。

【別路拈提】

①晦山曰：郭象若見石谿潑墨點眼，卻當下拜。 參學者痴蠅撞窓，何如讀此一過，勝買百緉艸鞋。

②程青溪曰：幾篇閒文字，愛殺多少人，謗殺多少人，都被此老謾過。 識得石溪意、莊子意、西來意，去説道理，無不可也。 不則走樣矣。

③幽源曰：盡萬劫是一個樣，向何處走？正爲弄成禍胎，裝面高尻棒喝的樣子。只求一個走出者，我便禮拜。

黄林合録

黄林學者左鋭録

①或問：易與莊、禪分合，可得聞乎？平公曰：萬古攝于一息，八紘攝于一毫，此燧之取火也。而一息之攝宙，一毫之攝宇，皆具圖書之秩序變化焉。人蔽于驕妬鄙吝之我，詎能親見？生後之習气日熾，萬法之賾動繁然，自非畫前畫後，剥爛復反，安能神明會通耶？平心乃能精一，折攝乃能深參。倘信不及，不妨以疑凝之。李伯紀曰：大易、華嚴，和盤一本，當處歷然分別，當處寂然無分別也。楞伽偈曰：一切法不生，②我説刹那義。初生即有滅，不爲愚者説。老子曰：三生萬物，變化無窮；萬物皆作，吾以觀其復。莊子曰：萬物皆種也，以不同形相禪，始卒若環。禮運曰：禮本于大一，分而爲天地，播五行于四時。是三層耶？一物耶？伏羲止畫方圓圖，不標太極也。箕衍禹之皇極，孔子乃聳太極于兩儀上；又曰一陰一陽之謂道，繼之者善，成之者性也；又曰惟幾、惟深、惟神。莫將中庸「天命之性」作三句耶？中庸首標三謂，足

③矣；又曰可一言盡，何耶？或言三極，或以極與無極相奪相泯而太之，果有此圈，無④此圈，曾參之乎？黄元公曰：凡有定體，不能變爲諸體。易無體，故變變不窮。六十四卦變爲四千九十六，始卒若環，重重無盡，而一卦有一卦之義，一爻有一爻之義，不⑤襍不亂，各循其方，與華嚴法界符合至矣哉！

【別路拈提】

①噓曰：大則荒冒，細則忽遺。一毫中之秩序，鮮有信者。既不能死盡偷心，親見核仁之具全樹，又安能遇緣中節，享全樹之全仁哉？一菴曰：大易以對待流行而衍之，華嚴以圓融行布而衍之，一似專綴率，一似桶子法。繫傳曰：神無方，雜不越。曹山曰：類不齊，混不得。生滅無生滅，智者不待說。若肯同參，看何時節！

②道攝善、性，性統善、道，善宰性、道。非三非一，信得及否？且問中庸一言盡，則首三句有遺旨耶？後云自誠明謂之性，自明誠謂之教，第一句天命竟不提起矣，此處何不起疑？

③宗鏡曰：一外無多，多外無一。古德曰：多處添些子，少處減些子。此又一別調耶？

④黄林曰：雨日雷風收百穀，琴簫柷敔享元聲。

⑤兩間行布森森，教必正名立字。所以然處，本自忘言。只如河洛卦策，無語言文字，而萬物萬理在其中，士夫尚信不及，何況于一芥一塵舉出秩序變化耶？何況單提畫前一句？何況

蹋倒畫前一句耶？自非舍卻名字，大死一回，徹此良難。或問徹後如何，曰：東南西北。

或曰：佛於人倫政事何略耶？曰：天竺外明，爲治世、資生、象數、聲明之學；内明，則身心性命之理也。憫人世貪欲爲生死，故説離欲出苦之藥。法華曰：是法住法位，世間相常住。原不壞倫倫物物也。内外本合，有時分言，以專而後通耳。如莊子者，亦以中庸有物有則之事人所熟稱，而無聲無臭之神人所未窮，蓋偏言内明者也。①若執名字不能會通，則伏羲於倫物理事亦太略矣。文、周、孔子不破天荒耶？周子、邵子不破天荒耶？異域尚鬼，十仙之上乃有八定，佛於此彈偏而褒大乘焉。雖分五教、五乘、十界，而實則一心總持，人道爲能也。聖人各因其地，因其時，舉而表之，皆本具者。孔子遇迦文，必移猶龍之歎；迦文入中土，必通周孔之書。但因才因俗，各②極其致；時位所宜，各通其變。既悟遇緣即宗之大乘，何礙二乘之清涼藥耶？既悟一多相貫之心學，何礙治事之米鹽簿耶？莊子之旨，堯許同一藐姑。然堯既治世，許亦不妨挂瓢。苟毋自欺，隨分皆至足也。佛法不限定爲乞士，而專門所以煉藥也。③羅什答遠公曰：五備者，福也，戒也，博聞也，辯才也，深智也。仁者備之，善弘其事。遠公引莊子連類曉客，難寔相之惑，故安公令慧遠不廢外書。遠公曰：如來與周孔，

發致雖殊，所歸一也。不兼應者，物不能兼受也。莊至于晉，流爲豁達，佛乘既入，兩
家互取。世説曰：沙門束于教，不得爲高士。此王與支之激難也。永嘉曰：豁達空，
撥因果，莽莽蕩蕩招殃禍。非正對此症耶？一菴曰：謂之高士，謂之至人，謂之大
④人，有別無別耶？夫佛在菩薩中，捨身明法，以轉風力者，是束于教不束于教耶？草
孝其根，肢忠于首，是束于教不束于教耶？商英曰：生死、幽明、鬼神，易言之矣。莊
子發揮朝聞夕可，取痛快耳。佛始盡死生之變，而明其不生不死之神。大慧與張太
尉曰：佛不壞世間相而談實相。寶藏論曰：上則有君，下則有臣，父子親其居，尊卑
異其位。又何嘗只談空寂？如俗謂老子説長生，正如硬差排佛談空寂之法無異。戀
⑤着皮袋，聞人説空，便生怕怖。愚謂三教雖異，而道歸一致，此萬古不易之義。然雖
如是，無智人前莫説，打你頭破額裂。蓮池嘗言佛道人倫兼盡，其答王忠銘曰：喜怒
哀樂之未發，靜時中也；發而皆中節，動時中也。故曰隨時中也。使有定體，終無發
⑥時，則偏於枯寂，云何名中？中也者，非動非靜，常動常靜，不可思議之極致也。首
云「天命之謂性」，未發，故屬天，不屬人；其曰性者，中也，不妨隨時發爲率性之道、
修道之教；末云「上天之載，無聲無臭，至矣」，至者，中也，而不妨隨時發爲三德、五

⑦

道、九經。此中三教至理，無不貫徹。今欲即儒即釋、即俗即真，只須向這裏具一隻眼。其答張心虞曰：楞嚴非老莊所可並論，濂洛所未及道，非艮卦所盡也。又曰：經世，大學足矣。言太高深，則諸法不成安立。出世自應窮高極深，乃能解脱。圓機之士，分合皆可，否則執分固非，强合更病。抱一語曰：莊子由外天下、外物、外生，而朝徹見獨，無古今，乃入於不死不生，何故如許階級費力耶？疑始無始，推倒三層未始有，則曰善吾生，所以善吾死。尼山答子路，只曰未知生，焉知死，不更直截耶？凡言生死者，二也；不生不死者，一也。然不生不死之一，即在生生死死之二中。止爲因循汩没，直須層層剥爛，親過莊子疑始無始之關。知言鑑曰：君子了生死以盡人道，不荒人道以超生死。涉江曰：生死，疑城也。疑至不疑，則微危精一過關，而知命造命矣。故常隨生死無生死，而即以生死煉天下之生死，豈徒坐無事窟耶？

【別路拈提】

① 无咎曰：世教期成人，仙定欲成神。若悟惟心，豈有神人齟齬之見哉？笑峰曰：雪山苦行，豈非精進？若不知非便捨，祇成得個妄想執着。可見不肯自欺，尤爲精進正眼也。或展兩手，或垂一足，會麽？莫被風吹別調中。

②五種中道，花葉歷然。今既茫茫，反以悟爲了事，將謂穿一鼻孔而脱去爲快耶？將謂遮得世眼便爲名家耶？若言五備，痴子痴子！

③端叔言坡詞應東而西，因其錯而終之，頗見宗門相似。荒遺造迷，冷覰笑倒，激難豈有了日耶？西院召從漪，漪舉首，院曰：錯。漪進步，院曰：錯。漪近前，院曰：是上座錯？西院錯？曰：從漪錯。院曰：錯錯。杖曰：錯！趙州石橋是略彴。錯！右軍鵝非支遁鶴。若問上座何似西院錯？但道春至花開，秋來葉落。

④李端愿問金山觀曰：死後心歸何所？觀曰：未知生，焉知死？李曰：生則某已知之。觀曰：生從何來？李罔措。觀揕其胸曰：更擬思量甚麼？李曰：會也。曰：如何會？曰：祇知貪程，不覺蹉過。笑曰：既會了，還有世出世否？

⑤儒禮既嫌偏袒，不許混同攙行。禪用小乘飯盂，正以迥别顯勝。晁文元曰：説禪之家，名爲起諍。公武曰：止有一悟，又復何言？浮山曰：不妨五臟相生尅，飲食終須大小溲。

⑥袁中郎謂蓮池一無所悟。愚曰：曾知一無所悟之大悟乎？藏一曰：蓮池開無上眼，而行聲聞行，卻能忍俊及此，是狠人也。愚曰：蓮池正是忍俊不禁。白笴曰：初憤世法之弊，求道太高；後憤狂禪之弊，而藏道于愚，亦是將錯就錯耳。愚曰：曾知將錯就錯以救錯之苦心大願乎？哀哀！

⑦涔堂曰：小學大學，安蓺樂業。循序强立，乃能行藏息游。佛令持戒聽教，然後參禪究竟之。無聞無慧，是曰人牛。空腹高心，溈山所悼。但舉本來，直下便了；若言保任，須盡今時。莊子曰：語道而非其序者，安知道？又曰：極物而止。物序森森，自然差别。不見道涅槃心易曉，差别智難窮。宗鏡曰：今人偏愛遮非之詞，全昧差别之智，觸途成滯，極不自在。硬作主張，早是煩惱。粥飯氣力，何不一消？

虚舟子曰：柱漆無所不包，而意偏重于忘世；曇宗無所不攝，而言偏重于出世。聖道統天御天，百物不廢，而語不離于經世。儒言公受用，多陳體用兼備之日用。二氏①言自受用，嘗指無體無用之至體，或以夜通晝夜，或以晝通晝夜。此其槩也。言恬淡自然者，不廢因應；言清淨無爲者，應無所住而生其心。歸寔于治世、資生，一乘不悖。通人一心會之，何不可化合時中者乎？特彼自相推倒，疑憤煉人自得，層層翻剥，而後消其翻剥，東流神道設教，借小乘之飯盌，安得不護？世士何能識之？上根者少，任其分門攻玉可耳。蘇子由筠州注老子，語道全曰：中者，佛性之異名；和②者，六度萬行之總目也。致中和，而天地萬物生於其間，非佛法歟？然君臣父子之間，非禮法則亂。知禮法而不知道，則俗儒也；居山木食，而心存至道，雖爲人天師可也，而以之治世則亂。古之聖人中心行道而不毀法，而後可耳。全作禮曰：此至論也。而蘇子由古史云：子夏教人，始于灑掃、應對、進退，而不急于道。使其來者自盡于學，日引月長，而道自至。譬農夫之殖艸木，別爲之區，溉種而時耨之。風雨既至，小大甘苦莫不咸得其性，而農無所用巧也。異哉今世之教者！聞道不明，而急于夸世，非性命道德不出于口，雖禮樂政刑有所不屑矣，而況洒掃等事乎？教者未必知，而學者未必信，務爲大言以相欺，天下之僞，自是而起，此子夏所謂誣也。東坡云：問蜜曰甜，問甜曰不知也。無舌人聞之，愈不知也，而聽此以言蜜。後之言者，相承以爲實然，而實皆不知以相欺也。往往匿形以備變，設械以待敵，有急則推墮滉洋不可知之中，如是而已矣。張魯以符水教病人，曰：飲此則愈，不得言不愈；若言③不愈，則終身病矣。其叙楞伽曰：若出新意而棄舊學，以爲無用，非愚無知，則狂而已。近歲學者務從簡便，得一句一偈，自謂了證，至使婦人孺子爭談禪悦，高者爲名，卑者爲利，餘波末流無所不至，而佛法微矣。辟如俚俗醫師，不由經論，直授方藥。世以之療病，非不或中，至于遇病輒應，懸斷生死，則與知經學古者不可同日語矣。世見其一日之功或捷于古人，因謂難經不學而可，豈不誤哉！李端叔曰：是非邪正，亦可移于好惡；至黑白曲直，不得而移也。乃有以曲爲直、以白爲黑者，蓋不得而詰。非詰之難，知所詰爲難。虛舟子歎曰：不惑者幾人哉！惟以易爲鏡，以莊接機，則方內方外可通，而亦各安其分矣。

④

【別路拈提】

①楞嚴超越世出世，得二殊勝，何不曰得一殊勝？大集經曰：一切法皆佛法，若言我異佛異，即魔弟子。又曰：須善自宗他宗。揀邪辨異，不與無別相違耶？知所詰否？何期自性本自清淨，雞卵中間縣骨印。何期自性本自中和，樵夫下嶺風唱歌。別區溉種風雨好，農夫無所用其巧。道全作禮，亦是洒埽。

②謝康樂曰：道與俗反，因權以通。權雖是假，旨在非假。智雖是真，能爲非真。非真不傷真，本在于濟物。非假不遂假，濟物則反本矣。日衂曰：病目而燥〔一〕，藥多不效。神醫診之，驚曰：左足上當生疽，疽發必危。其人惶懼。醫曰：靜坐，盂水置左足而視之，如此可救矣。其人從之，而目愈。醫曰：足何嘗有疽哉？嬰兒躓啼，父責之不止，母箠地曰：何以躓吾

〔一〕燥，疑爲「燥」之誤。

兒？兒泣乃輟。宋文摯怒以登牀而齊王痊，告敖叙澤鬼而桓公霸，何謂非權奇耶？然正權、奇權宜別，惟發正願者用之。看破蜫麻舞神像，莫將螳臂殉空輪。

③楞嚴曰：即俗即真，非即非離。而又曰：是即非即。又曰：離一切相，即一切法。曾悟其中道耶？又曰：以先習迷心而自作息，大妄語成。則今之未證謂證、作鬬勝會以名家者，何以救之耶？生處熟，熟處生，化習銷心，不妨別路。古德云：明體則暗用，明用則暗體，雙明則雙暗，互泯而互存。過此關否？正好煎茶洗盌。

④黄元公曰：有足無眼，有眼無足，皆偏病也。既曰脱體無依，又曰依法而住；既曰歸無所得，又曰止一事寔，曾透此耶？禮爲之明，易爲之幽，盡大地一切處，皆是三拜依位而立，更復何用安排？

①石塘子曰：經世詳于事物，即用以爲泯心之薪火；出世巧于消心，故嘗設此繫解之項鈴。聖人何嘗不爲我？但以公受用爲自受用；何嘗不兼愛？但即差等爲平等。寧澹語曰：大人以天下萬世爲心，故無其身；大人以天下萬世爲身，故無其心。公則無私，私亦是公。利貞者，性情也。節情率性，則挈矩即是平歸；適情養性，則好學即是和順。損益盈虚，與時偕行，神明茂者，性其情矣。紫柏曰：以四大觀身，有

②

身用而無身相，所謂無身有事之雙超也；以前境觀心，有心用而無我執，所謂因物付物之本空也。法外無心，即是心外無法。而法位之秩序，物則之差別，其可茫然混用乎？心本無體，神自無方，何更空勞穿鑿乎？銷鑛成金，必資知識；比量盡時，乃享現量。安得絶甦發願，與定綱宗？

吴亞侯曰：仙定，出世之死法也；莊、禪，出世之圓機也。長沙岑曰：佛是三聖之體，三聖是佛之用，固已明矣。離一切而見體，即一切而得用也。別傳權立頓宗，奪下情見，究歸圓常，由中道行。止爲捩馬難調，加諸毒苦，方乃降服，故專門設方便耳。有知莊自破莊、禪自破禪者乎？人知莊爲佛之破執前矛，曾知莊爲雲門棓佛之先幾乎？

【別路拈提】

① 莊子曰：匿爲物而愚不識，重爲任而罪不敢。民智力竭，以僞繼之；兩容頰適，偷拔其所欲，不早鑄此秦鏡耶？天如則曰：具超宗眼，方見釋迦、達磨無地可容。然雖千了百當，怎奈金剛王未歸寶匣在。

② 芝穎曰：亞父疽發，豈爲羽不用其言耶？直爲自己失卻一隻眼，不堪再轉從漢耳。何如安期

生不受項羽封耶？雲門偃曰：上不見天，下不見地，塞卻咽喉，何處出氣？笑我者多，哂我者少。愚者曰：破。

①錢緒山曰：王子龍場悟後，每談二氏津津。蓋將假前日之所入，以爲學者入門路徑。辛巳經變，獨信良知，百家異術，無不具足。師在越時，有用功懇切、泥舊見、鬱不化者，時出一險語以激之，如水投石，于烈焰之中，一擊盡碎，纖滓不留，亦千古一大快也。聽者于此多好傳誦，而不究其發言之端。辟之用藥對症，雖硝黃立効；若不對症，未有不藥殺者。故聖人立教，只指揭學問大端，使人自證自悟，不欲以峻言隱語立偏勝之劑，以快一時聽聞，防其後之足以殺人也。

【別路拈提】

①祖心曰：陽明一輩明呵暗揚，有笑者乎？、、莽曰：糖霜入粥，誘人上口，有笑者乎？適菴曰：一則喜人擔板，須打瞎爲先着。一則怕擔板漢，故巧留此一機。躳菴曰：世間人眼毒，𬤊得誰過？閒翁曰：各用所長，同在不自知中，又何暇相𬤊耶？笑曰：藥殺了也。

①沈長卿曰：聖門有修後之悟。不惑、知天命，從能立而進者也，猶禪以智爲上首也。

知行序進，是下一層，猶教家之漸修也。至于即麤即精，即上即下，合不容分，往往借玄以影響自遁矣。莊子散人，則語不犯正位。

【别路拈提】

①既云修後悟，獨無悟後修耶？曾悟得本無迷悟，而悟同未悟爲大悟耶？陳普謂朱子棹歌第一，言道無大小精粗，何嘗不即粗即精耶？借玄者諱卻中節以疑人耳。時乎正位則申明堂，時乎散位則遊櫟社，何嘗不中節耶？然看是何人。

羅念菴謂龍溪曰：本體工夫，固當合一；源頭與見在，終難盡同。若識得者，愈加着①到，愈無執着；愈加照管，愈無掛帶。兄今言出，便爲輕重，人品工力不等，未可盡以解縛語增它人之縱肆也。但曰知無不良，不可少有加于良之外，説似精義，然幾微倏忽，便落見解，其不良者果孰爲之？動曰破除毁譽，不爲小廉曲謹，絶不聞破除醲釅，而求動心忍性之資。憫來學之溺，續繼往之業，而又力犯人言，强顔蹈可疑之迹，而②望豪傑之不我疑，猶羣飲而禁人飲也。陽明子爲聖學，有煅煉未久而許可太早者。今公等不能究竟，以求先生之所未至，尚何諉哉？龍溪瞿然起曰：惠我至矣！其三論論二氏之異同，大人取其長而遺其短可也。

①所以午即所以子，則源頭與見在，不得贅疣。若論寔事之時位不同，則偷靠現量，即成白誤。謝翱曰：不知甲子之民，顛倒五行，亦爲民害，詰得着否？笑翁曰：現有曆本，何礙分蜂？斗斛從來欺不得，莊生挑激鼓三通。

②白笥曰：反本爲中節之先幾。若倚空劫而抹摋禮義，縱醲釅而曰心不見心也，危哉！詰得着否？同安曰：返本還源事亦差，本來無住亦無家。萬年松逕雪深覆，一帶峰巒雲更遮。愚曰：遮則不無，靠則不許。

【別路拈提】

葉樹聲曰：陽明直捷指出本體，而傳其説者，往往詳于講良知，而致處則略，坐入虛談名理界中。如禪家以無言遺言，欲掃窠臼，而後人復向無言中作窠臼。雨航雜録①曰：子靜求心，而其徒棄經典；紫陽窮理，而其徒泥章句：學者之失也。令相下，不益哉？四教六藝，學者優游漸漬其中，上者達，次者立，此萬世不易也。王文成之即心即性、即心即經，本爲支離針砭，然末流虛而失實，糟粕其經，脱略于教矣。

鄒忠介公與吳觀我公曰：吾輩學惟光天化日，匹夫匹婦可由，不是闢奇逞異。其柬方本菴公曰：惟翁行方學粹，不佞得之耳剽者久。頃荷翰教，儼然濂洛家法，竊爲浣②服。昔先輩執名象而拘器數，有洞徹道源者一爲點破，蓋閔其勞而罔功。今道體既明，末學未嘗致力，一旦以小聰明攙和冒認，其賊吾道不淺。宜翁之有同心也。何善③山曰：學務無情，斷滅天性；務縱其情，緣情起釁，不識本心，二者皆病。信所謂識本心者，即程伯子之所謂識仁。薛河東以復性爲宗，後儒以見性爲宗，要之惟在復禮，萬物皆己；惟在知仁，萬念皆融。而駕言悟者，卒至藩籬撤、大防潰，但曰不慮而知者良知也，業已蔽矣。慮也者，所以復其不慮之知也，但曰不學而能者良能也，業已失矣。學也者，所以復其不學之能也。荷薪義曰：慮而後能得，所以享其不慮之知也；學而不厭，所以享其不學之能也。

【别路拈提】

①劉侗記首善書院鄒先生元標曰：如何是撼不搖、吹不折、古今不動的？若言闢異，但自勘所謂無君無父之實。方先生大鎮曰：洛蜀相爭，我見爲祟耳。周謂無欲、程謂大公者，無我也。楊先生東明曰：有教無類，則門户不立。鋭曰：問同異者，請急着眼。

②吴公聞鄒公與無念禪師盤桓，故挑之耳。不知其連架打，本菴公以真寔叩，故甘露遍于此

方。適在合明，墓廬同覽，不覺通身汗下。左銳記。

③鹿湖潛夫子曰：賢智求于無過之外，而奇病生矣。然奇在天地，豈能禁奇才之與庸俗伍乎？聖人收以礪俗，又因而化之，故曰藏悟于學，藏奇于庸。天無先後，即邊即中。只爲世好畫龍兼畫鬼，電光石火鈍追風。

①陳錫玄經言枝指曰：纂以循本，菀以集流，釋以合軌，概以知人，攷以博物。總之，不薄宋人而荒穢其大經，不隘宋人而闕四通九達之逵，用以推明孔子之道。趙孟靜復王敬所曰：欲别爲書表白諸子，以繼鄒魯縉紳之論。此因莊子天下篇，見古人大體而廣之也。莊弘甫云：朱子所著，正欲破先儒專門之弊。其徒不知此意，但欲推尊，不復更加研究，黨同伐異不免矣。陳公甫曰：宋儒太嚴，適成其陋。且陳兩造，中道自顯。

②陶歇菴取理出新，不爲前人所掩，學陽明而不辨説，得禪深而一秉鐸于孔氏，莊子所謂「精而相天」者乎！休翁曰：讀六經後，徹莊透宗；再讀六經，即非向之六經矣。竗在怒笑之餘，别路旁通，乃享中和之味。

【別路拈提】

①范景文西湖詩曰：湖邊多少遊觀者，半在斷橋烟雨間。盡逐春風看歌舞，幾人着眼到青山。黄林曰：立脚未定，隨境波靡。深造不欺，何妨遊戲？趙州曰：正人説邪法，則邪法亦正。杖人曰：將三世諸佛來供養六道衆生，式歌且舞，誰人着眼？

②鄧止仲曰：層巒急湍之言，但寫孤往，不與世相抹殺。愚曰：尚不達此，何知代錯？動成鬭諍，止讓一個閒人。

①

管東溟閲華嚴世主妙嚴品，頓悟周易乾元統天、用九無首之旨。大概理則互融，教必不濫。或庸德庸言，隨順衆生以示同；或特智特勇，首出庶物以示異。時而潛，則韜光以磨性種，舉朝野而莫識其威音；時而亢，則違衆以冒譏嫌，通古今而難白其心事。位在，則闕實而彰權，又或不純任夫權，而以實終之；道在，則廢權以明實，又或不純顯其實，而以權參之。應濁世之機緣，則大聖或修偏行，而迷心者反裁以胡廣之中庸；當逆行之變局，則至仁徑發殺機，而執見者將責以宋襄之仁義。孔子無可無不可，師老聃而友原壤，何損于聖？而其志在春秋，行在孝經，教在素位而行，粹然不可雜也，此祖述之所在也。我聖祖攬二氏以通儒，而各理其條貫，以儒治儒，以釋治

②釋，以老治老，與其相參而不相濫，此憲章之所在也。教理不得不圓，教體不得不方。見欲圓，即以仲尼之圓圓宋儒之方，而使儒不礙釋、釋不礙儒，極而至于事事無礙，以通並育並行之轍；矩欲方，亦以仲尼之方方近儒之圓，而使儒不濫釋、釋不濫儒，推而及於法法不濫，以持不害不悖之衡。

③知至至之，知大始也；知終終之，見天則也。聖學不達於知命從心，則至之之果未結；不達於大明終始，則終之之果未結。唐宋以來，人主出奴，皆於乾元性澥中自起藩籬，故以乾元統天，一案兩破之。晦翁晚悟因地，豈後於五宗？程朱殆修道位中人，末乃歸根耳。以孔眼合佛眼而參照之，則一切訶佛罵祖、稱單傳之龍象者，未必非行未起、解未絶、新發意之衆生；而純臣碩士，具大人相，迥出凡流者，即不參禪、不講學，安知非行起解絶之大士也？單論大事因緣，則綱常且緩；而當下所植忠孝因緣，纔起一毫躲閃，則人生之功行虧，而多生之業債重矣。其在今日，必不以大慧、中峰之見地易程子之修持，蓋宗風易入，孔矩難遵也。所痛疾力挽者，則在狂、僞二端。今日當拒者，不在楊墨，而在僞儒之亂真儒；當闢者，不在佛、老，而在狂儒之濫狂禪。孔子圓千聖以立極，其後爲曾爲思；

④周子圓三教以標儒，其後爲程爲朱；皆以圓宗倡、以方矩承。姚江拈出無善無惡之

本體，重新周子之太極，而承學者以圓應之，三傳而刑僇之民出矣。此指何心隱爲張江陵殺，李卓吾下獄，以剃刀自殺。

【別路拈提】

①登之曰：操三重之聖王，出三界之法王，同入乾元，其現相有勝劣，現教有權實。固一生之時位，亦多生之願力。有善世之中庸，有遯世之中庸。孔子任文統不任道統，居臣道不居師道。而後儒有據統之雄心，立幟之霸心，故毁書院亦他山也。寧澹曰：中土主儒客釋，正以即器是道。尼山得究竟之一實，更直捷也。禮樂宫牆，安得不尊？而乃以霸氣抑孟子以下耶？李見羅尊孟，正爲東溟抑孟耳。高顧往復，誰歎睽孤？南皋一語，暗藏包決。

②石公與東溟曰：見若定圓，見必不深；教若定方，教必不神。夫見即教，教即見，非二物也。曾知所詰否？

③廷俊曰：朱子深明別傳，曰顧盼指心性，名言超有無。達磨盡翻窠臼，比義學爲高玅。但今學佛不做他工夫，説道不做此工夫，只虚飄飄地沙囈過世眼。陸光祖曰：六朝談名理而不達心體，故達磨直指，而周程亦闡心宗。四明曰：宋末禪喜繁興，而日用無節，故朱子扶教勸學，蓋通宗通塗，行起解絶者也。浮山遠曰：聖人成佛後必爲菩薩，利導衆生。或以爲回互彌縫，或以爲和蜜引飯。不知裁成政府，宰民並以宰君。坎離主乎乾坤，早已返擲太極矣。

汾陽以拄杖送龍潭出三門，這回全體分付。愚者曰：不如拗折。

④善學柳下者魯男子，而趙括以父書取敗，病在抵圓角方與毀方爲圓，而不悟大圓藏方、即方是圓之中道也。靠聖凡平等，則詆好學爲痴狂；靠現成躲跟，則呵勉强爲假僞。買古鏡者，盡爲賣主所愚，誰能打破？直饒打破，照物無光。悲夫！

①寓林曰：卓吾以怪破天下之常而自殺，來瞿唐以常滅天下之怪而執常。彌近理而大亂真，羅文莊獄究繩批矣。莊子曰：名相反，實相順。並行不悖，化歸中和。袁石公答石簣曰：竗喜云，士夫悟得容易，便不修行，久之爲魔所攝。龍樹智度論、馬鳴起信論、永明萬善同歸六卷，此救宗門極弊之書也。兄試看與近時毛道所談之禪同否？近代陽明以儒而濫禪，既則谿渠諸人以禪而濫儒。禪者見諸儒汩没世情之中，以爲不礙，而禪遂爲撥因果之禪；儒者借禪家一切圓融之見，以爲發前賢所未發，而儒遂爲無忌憚之儒。周海門于此事有入處，弟許之者，非謂其止此而已。若自以爲足，則尚是觀場之人。

②先儒一二相似語，今時作舉業者往往有之，此何足貴？且與生死何干？又曰：兄做大官討便宜，又斷緣寡欲，而兄猶以爲不了耶？世自有平易質

③實與道近者，自視道高而不敢學。清士名流，矯厲太甚，終成自欺，與道背馳。羅近

溪曰：聖人者，常人而肯安心者也；常人者，聖人而不肯安心者也。近溪少亦撇清務外，已登進士，爲僧肩行李；已行取，猶匿山中。後經煅煉，乃返故吾，而真聖賢、真佛子出矣。此别傳正脉也。弟徇外之根盤據，故再變而爲苦寂，非若歸山六年，反復研究，追尋真賊所在，亦將爲無忌憚之小人矣。徇外豈欺世哉？源頭不清，致知未到，不自覺其心本爲性命，而的然日亡也。

【别路拈提】

①世有以假道而傳其真才者，必無有假才而轉其真道者。莊子于惠施，曰反人爲實、勝人爲名；于墨子，曰才士也夫。今皆傍三聖人，擇便自餬耳。久無奇才，安能撥亂天下、自立一宗乎？勿憂勿憂！

②才人中毒，還須才人之藥解之。世酣花譜久矣，試取其晚悔一自問乎？段和尚一曲自製涼州，且得康崑侖十年不近樂器。

③笑曰：業緣迴避不及，實無一衆生滅度者，將以此安心耶？寒徹骨則梅香，應濁世修偏行，謂非所以安心耶？田必畊耘，莫呵努力爲僞；官肢盡職，管帶即是天然。將謂明宗護教兼帶耶？空機實事兩橛耶？猶違不決，是何故耶？何不疑此？

①袁小修曰：往年悟佛法，離言説相，離心緣相，不消動轉絲毫，亦無一毛頭道理可得，止是一切放下，當放下時亦不作放下之解，以爲極則矣。然八風五欲，正爾熾然，與世上俗情更無有異。逢色則愛，見利則取，六根門頭，鬧如市朝，繁華之想，日以益甚。靜而馳求，動而取捨，胡猻攀緣，更無斷時。圓悟語大慧曰：妨自己三業忽起。張無盡云：十二時中，不曾照管，生大我慢，業鬼借宅者也。達磨專提悟門，破執著戒定之見，良以顯此故遮彼，而非以戒定爲駢贅，遂一切寘之也。圓融行布，本不相離，十信滿心，即與佛同一知見。而位登等覺，猶不知如來舉足下足之處，横謂一超直入，即同極果，偏執圓融，盡廢行布，痴矣。未悟當參究，既悟當保任。一入之後，即思歇手；未得放下，先成放逸矣。

②大儒啓人以良知，後傳偏重了悟，將爲善去惡之旨撥斥太過，曾不知不爲善去惡，將爲惡去善乎？樂者心之體，惕者樂之衛。常惕則常樂，生死不在它日。今聲色順逆轉不去、打不徹，生平知見毫無得力處，又安能去來自由、生死如門開相似耶？世有不信悟門現成本體者，固小根器，然誤認宗門一切皆遮之説，而作越分過頭之見，其害亦非小也。

【别路拈提】

①不分雷同面目，頓求别出一頭。及乎賊入空房，依舊各還業債。中間一條大路，當初不肯循巡，後來滿面慚惶，索性遮掩慢罵。中郎、小修，所歷蹉路，説示後人，一片婆心，猶且知恩者少。適菴曰：盲修狂悟，誤盡今時；生理各安，原無離即。枹公曰：大海不宿死尸，虎口能活雀子。非到水窮山盡，那能行興都消？笑翁曰：飛猿嶺上人煙絶，過者踢出玄沙血。懡㦬三句箭鋒别，射中人間好時節。愚曰：且問雲居所云尊貴一路自别，亦是懡㦬耶？

②中郎云：日間捱得饑，夜間打得坐。誑人供養，反呵古今。若知懡㦬，猶可救得一半。或曰：人太多生，不妨誤殺，又讓伶俐者臨深爲高。愚曰：亦是誤殺。

①

吴觀我宫諭曰：有其善，喪厥善，況迷惡爲善乎？況假善濟惡乎？況倚無善無惡而無忌憚乎？故性不可不親見也。言有，爲瞪目見華之病；言無，爲失志健忘之病；言亦有亦無，爲寒熱交攻之病；言非有非無，爲陰陽俱脱之病。執善惡俱息，是告子也；執善惡不分，則無忌憚矣。吾謂生而善者性，彼亦謂生而惡者性；惟原其初之無我，然後知善之爲順性、惡之爲拂性也，而性善之説伸矣。吾謂習于惡非性，彼亦謂習于善者非性。惟要其歸于無我，然後知至善之爲盡性、窮惡之爲賊性也，而爲善

②之説伸矣。深幾極之，無我者，無始之性，至善之體相也，赤子之心不與也；有我者，無始之習，不善之依止也，物交之引不與也；觀其無我，以去其有我者，復性之習，一善之拳拳也，步趨之學不與也；忘其有我，併忘其無我者，合性之習，止善之安安也，忠恕之道不與也。通而決之，莫非父之子也，而繼父者必孝子。新建四句，三根飲食也。汝中標四無，倒持太阿以授人酖毒，將無爲新建之戎首哉？大人不失其赤子之③心，非韞火于不鑽之木，而藏金于不銷之鑛也。赤子之長而七尺也，天也；然而乳之、穀之、襁之、衣之、提攜之、作息之，雖聖人養子，不能廢也。以學爲人益而訶之，何異于惡乳襁之爲人益而卻之，以聽赤子之自壯乎？赤子不自知其私，而未嘗不私；可以公，而不自知其公者也。及長而聞道，以己之私絜人之私，而後公性昭焉；以性之公節情之私，而後同德普焉。私者病也，公者藥也；德普而化，則病去而藥除矣。且夫損之極而無所損者，恒性之大人也，雖盜賊亦有之，而況于赤子？益之極而無所益者，盡性之大人也，雖豪傑猶難之，而況于赤子？室中之空，俄而鮑肆，俄而香④臺，而空之性無損益也。以空之無損益，而安鮑肆以爲香臺，則人皆掩鼻而過之矣。深山野人，不知學，不知慮，耕鑿含哺，如赤子之無機械者有之；皋比之師，言不學，

⑤言不慮，拂人從己，廢理任情，如赤子之無覆藏者有之。大人者屬此二種耶？倡是説者，始激于妄學妄慮之因藥增病，而過直之矯，爲廢食之懲，不自知其神，爲博者所假，欲驅盜而反借之以刃也。致良知，醍醐也；恃良知而廢學，即酖毒矣。性者君也，心者六官也，氣者土地、人民、政事也。將使六官者棄其土地，舍其人民，廢其政事，坐嘯畫諾，而曰吾以事其君乎？是以莊子之蘧廬爲告子之桎梏也。

【别路拈提】

①吴宫諭受戒蓮池，祈教憨山，於博山處脱桶底。博山示曰：一口氣不來，畢竟甚處去？血肉身心非常住，勘破緣生緣不生，根塵即是大寶聚。百艸頭邊親祖意，毋拘路滑恣遊戲。漫將佛法當真參，沾着些兒成垢膩。本來無古亦無今，肉髻明珠豈外尋？黄鶴樓前伸轉語，方知居士問頭深。愚曰：且看此一篇問頭。

②清涼言儒止見及六識，老莊見及七識，佛始破八識也，將以虚空破八識乎？以空爲宗，佛云外道，有疑者否？此論銷鑛成金，繼父必孝，可信政府宰君民，財成收化育。破識用識，君臣道合，所貴家督，全在兒孫。止有一寔，何更嘵嘵生死有無支蔓哉？須信腐麪可成美醬，莫將燒酒强灌醉人。

③理家嚴核無已，苛法拘膠繩縛，一乘谿刻死浸，知非便叫奇哉。爲淵敺魚，毋乃都歸莊子也

乎？不踐迹，亦不入于室。狂簡思裁，文以禮樂。聖人砍額，未免挂懷。近日倚現成良知以呵學，與狂禪畫少不肯徧參，相和教猱，識法者懼。得此一篇，炮製之功大矣哉！五更摸摸胸堂，口强早已心折。

④應病予藥，不執古方，原用古方；病去藥止，不得執藥，原自畜藥。今不知病症藥性，而以掃去古方爲奇；諱疾忌醫，而以廢藥殺醫爲能，乃曰甕裏何曾走鱉，冤哉！看破由别路行，須是其人始得。

⑤寓林曰：落衣冠，識皮骨；剥皮骨，識性靈，斯已神矣。孰知衣冠、皮骨皆性靈也？杖曰：本末盡歸宗，可惜不悟。你道分皮肉、分骨髓，成得個人麽？

①確辨曰：言豈一端而已？亦各有所爲也，况微言乎？人情畏難樂縱，而妒能護短；苟偷求捷，而厭常喜新。聞一秘指，不以深造，而曼口雄訟，于是微言流爲巧言，善巧流爲惡巧矣。不辨似是之莠，安能護中正之苗？朱子曰：晉尚清談，寔慕官爵。假無心以蓋行之不掩，倡糟粕之贅以掩其學之不精，此崔後渠、羅整菴所歎也。念菴曰：但即百姓赤子，以證聖人之同然，不知反小人之中庸，以嚴君子之戒懼。請爲暢之：反身爲己，即以爲人。今之言爲己者，利在畫少自便，以剽剥之酷禁，芟理賤學，

②

托天絶事，以楊朱獨尊而快欲耳。善世爲人，即以爲己。今之言爲人者，假出入生死之説，綱望蒙面，以籠世資，其誰識之？剛以礪志，非凌人也；柔以化燥，非媮懈也；獨立以拔俗，非忍于棄親也；忍辱以卑牧，非縱其苟猥也。不立文字，讀真書也。將以埽除，廢經典而鄙倍傲人乎？黑路網民，受其愚弄，又儼然拔本之論也。呵博學爲遂過飾非之具，知獨尊之神于遂過飾非乎？譎智設機，謂煉心如煉將也；今借煉心以逞譎智，亡俚市偷霸門庭矣。言天地未分前者，將以窮混闢而知其貫也，非以匿鑛而廢事也。言生後即生前者，所以消贅疣而泯于當務也，非以荒忽而自便也。舉平等而人我無爭，非以長其越分躐等之傲怠也。委化之説，謂其俟命，非恣其藐法滅禮之荒狂也。重内者，對治騖外之藥語也，非撥倫物爲有象也。兩忘者，謂入道之自受用，不爲埽外迫内之藥語所苦也，非爲守昏默而昧品節也。疑者欲其憤悱也，今則騎屋棟、便脂轂，利在使人煩懮不決而委之，則彼已公然賈肆矣。曰無所得，消滿假矣，乃倚無所得以滿假乎？曰不蓋覆，消飾詐矣，乃倚不蓋覆以飾詐乎？人必有事，事必有當否，德行才學，出于誠然，享其寔長，真僞自見。托寓藏身，不離表影，非可以心之爲物全真全妄而混掩也。酷言死心，心果死乎？如灰覆火，一緣即炎；反以官不容針之苛條，爲私通車馬之捷徑矣，安得不榜中節而提適當乎？君子圓而不同，方而不礙，直而不抵，曲而不侮，濁而不穢，清而不皎，動容中禮而不拘急，胸懷瀟洒而不誕肆。過涉之不可咎，廢之中權，則時位然也。古人豁然生死，而或抱關、或寓一藝，和光同塵，其中自別，莊子所謂遊于世而不僻、順人而不失己者也。達人才人，玩世時有之，然有善藏者，亦有取禍者，固何如言忠信、行篤敬之行于州里蠻貊哉！

③

【別路拈提】

①當汗下，當扶陽，則麻黄、大黄、硫黄任之。而世執甘艸、陳皮爲平穩，則因循病死而已。一種以輕粉收惡瘡，可以立愈，而輕粉毒發，遂不可捄。嗟乎！世不肯明運氣、經脉、病症、藥性之常變，而但執海外單方，自夸應病予藥，可乎哉？確辨一篇，是今日真對症也。往年黄蘗痛罵諸方，中郎亦切責黄蘗。他山不資攻玉，反互借以顢頇，竊冒總而荒狂，不安當人法位，比比然矣。止爲專科繆刺，未免啞子苦瓜。而蘭臺掌印者，卻自昏眵不辨，其有循牆干掫，挈瓶義襲，又豈能服畸人、達士之心乎？倘有人焉，看破世間，又看破出世間，翛翛獨行，則合取兩片皮已矣。其或寓秇以遊，隨場賣藥，何嘗不時發悲憫，旁觀指點也耶？非希知己

之恩，一付不欺之力。莊子曰：不忘待盡，緣不得已。飛花不記前生雨，古木惟知此日聲。

②一曰此心休之則深，心不知心，便謂無思，若能隨緣平懷，即是入寂樂定。一曰此心置之則淺，實無無思時，惟有讀書窮理，當作無厭足王。合此二者，可謂因物用物而不徇物者矣。黄林曰：流水不腐，用器不蠹。曾知山水枕籍，即是寂定隨緣；時習朋來，所以不知不愠。猶計較兩橛耶？有無詰難，譬水麪離合耳。今惟饅餡、香餿、椒鹽之中節，何爲影子所謾？

③層層剥之，又剥其剥，乃適當其固然，猶是以一重破一重也。大人統天從類，任物物之相待，而又何破哉？僧問睦州：不以一重破一重時如何？曰：昨種茄子，今種冬瓜。

藏一曰：世道交喪矣。拘方約結，終縛生死；荒冒廢學，差别茫茫。英傑不甘心于猥腐，爲淵敺魚，飈去鷹擊，而畫鬼掠虚者飛箝詭隨矣。夫才辨勇力，無以統御，子瞻所謂縱虎狼饑渴之也。隨物見身，因法捄法，任此者誰？獨往寄傲，決絶流遁，强作主耳，詎云徹上徹下自在者乎？吾人生得秩序變化之易，足以深幾神明，而情慾意見蔽之，不肯虚心，何能立大本，知化育，成位乎中，而時出經綸，以化異同、歸中和哉？吾桐方廷尉野同先生大鎮。與吴宫諭觀我先生應賓。激揚二十年，而王虚舟先生宣。合之。廷尉本諸本菴先生，學漸。傳之中丞潛夫先生，孔炤。三世研極，徧徵百家，而愚者大師承之。觀廷尉公命名曰「蓍圓而神，卦方以智，藏密同患，變易不易」，畢矣。庚辰通籍，即遭中丞公獄，及父冤白，而天崩矣。北爲甄濟，南爲韓渥，數歷封刀，轉側苗獞。以祇支歸，印心杖門，窮變通久，時乘自盡，豈非天以奇緣資此大集哉！大師廬墓合明，幸得朝夕，剥爛復反，乃歎曰：大道易簡，私黠亂其神明。備物無我，善刀無敵；學問飲食，享其性天。消息時行，何用躍冶乎？因合録之，時自省覽云爾。自有仁智夙願者，總持幸甚。

圉噩歲涂，黄林學者左銳識。

藥地炮莊總論下

浮山愚者之子中悳通履謹編

向子期與郭子玄書

①世皆以君竊僕書，補秋水、至樂，易馬蹄行世，或譽君，或訴君。君將謂有功于莊子乎哉？爲此言者，將謂有功于僕乎哉？請爲君釋冤，以釋吾之冤。

莊子者，可參而不可詰者也。以詰行，則漆園之天蔽矣。莊子歎世之溺于功利，而疚心其始，又不可與莊語，爲此無端崖之詞，巵之寓之，大小重之，無謂有謂，有謂無謂，使見之者疑憒；疑憒不已，乃有旦暮遇之者。鵬之與鷽也，椿之與瓠也，豕零也，髑②髏也，虫臂鼠肝也，會則直會，不煩更僕。豈特天道、天運爲正論，未後叙六經而悲一曲爲本懷乎？不見天地之純，古人之大體，雖曲爲之解，亦終身駢拇而不反者也，況以註名，膠膠然曰我莊子知己也，冤哉冤哉！當莊子之瓌瑋連犿其書，非以爲名也；即欲傳其書，欲傳其純者、大者耳，非欲傳莊子也；即傳莊子，傳其所以爲莊子，非必蒙城之叟也。鴻蒙拊髀雀躍，河伯望洋而歎，北遊服隱弅之默，童子指七聖之迷，老

③

龍死矣，嚗然放杖，支離無脤，攘臂全人，何處非華封，何處非新沐？以爲堯則皆堯也，以爲孔則皆孔也，天皆天也，人皆人也，莊子猶向子，向子猶郭子，不知千載上，果有莊子否？果有蒙城否？而且辯詁莊之爲向耶？郭耶？僕固不受矣，君胡爲乎受之？

世之以莊子解莊子者，非知莊子者也。不知者以爲逃此自樹畸辯耳，知之者以爲欲人之混沌也。果如此乎，是徒以上古之塵垢塗輓近之耳目，莊子之冤愈不可解矣。人生天地間，當立天地之前，回天地之後，以其前後擿之俄頃，反而自問：何以謂之我？何以問我而我遂我其我？何以爲官天地、騎日月之我？天地何以有我？我何以即天地？何謂無我之真我？久而一覫，我還我，我不自知其我，又何容所謂無我、真我者哉？號爲混沌，我不應也；無物而物物者，誰與遊乎？物物無物，乃與物冥，循乎大變，故無待而常通，又順有待者使不失其所待。指正屈時，屈無待也；指正伸時，伸豈有待哉？齊生死者，無死無生者也；齊小大者，無小無大者也；以齊爲冥者，非冥之至者也；冥之至者又冥其冥。無所謂無生死也，無所謂無大小也。不聞其言乎？師天而無地，其不可行明矣；果蓏有理，人倫相齒；天地之行，聖人取象

④焉；非曰靜也，善故靜也；不生不死之攖寧；疑始無始；用心若鏡；重閬天遊；乘物以遊心，託不得已以養中，得主矣。恢詭憰怪，道通爲一；爲是不用而寓諸庸；適得而幾矣；因是已；是之謂以明；照之以天；參萬歲而一成純。未始有，即庸有者也。以明者，即止其不知者也。吾故曰：莊子者，殆易之風，而中庸之魂乎！⑤方圓同時，於穆不已，森羅布濩，即無待之環中也。雖不可詁，何碍乎詁？不見天地⑥之詁混沌乎？卦策之詁太極乎？文王飜轉伏羲之環而錯之，孔子顛決文王之環而雜之，老子塞無首之環而黑之，莊子恣六氣之環而芒之。此與子思以代錯妙反對之環，孟子以浩然充時乘之環有以異乎？庖丁桑林，真中節者也；蝴蝶栩栩，真踐形者⑦也。問禮柱下，服其猶龍，何乃退草春秋，遵譏議近死之訓？此非尼山善學青牛者乎？可以知櫟社、曳尾，非怖死苟且之謀矣。以刑爲體，誰解此刀？以禮爲翼，誰怒而飛？寓宅而致心齋，無所逃于大戒。此莊子新發繫辭齊戒之硎，以利用春秋之獄也。其抑墨胎、申屠也，特欲安庸人之地步，誘人勿貪名利，乃可曲全耳。豈謂白刃不可蹈乎？入水之丈人何稱焉？

嗟乎！伐木殺鷲，材不材之間，久歎之矣，將安免乎？將求免爲人乎？天地不能免爲

⑧天地，聖人不能免爲聖人，人奈之何求免人乎？ 謂路免行，迂矣，謂路免塵也乎哉？謂海免波，迂矣，謂海免水也乎哉？ 知必不免，不得不言求免；不許苟免，免何非苟？委蛇者，直塞之夫橈劍也。 以徘徊爲委蛇，是亦魯遽鼎冰、瑟絃也，蹢闔夜半舟鬬也。 有不必免而免免者存，曾知之耶？自掃其材不材之間者，適得之寓庸中節也。

⑨備物以將形，藏不虞以生心，敬中以達彼，不厭其天，不忽于人，欲當則緣于不得已。春之有秋也，不得已也。 無累更生，是秉神武；無郤可塗，是爲至常。 如此自洗，如此自慎，庶幾倘佯乎無所可用之鄉。 隱不自隱，藏天下于天下，無所可用，則無所不可用者也。 由此論之，莊子其洗心慎獨之真傳捷徑乎！

⑩末學紛拏，難以悉數。 故先曠之以天，蕩之以海，怒之以風，深之以息，示之以機，適之以虫，爐之以火，養之以刀，刳之煅之，反之滑之，符其主而物于世，而宗應逍遥極矣。 龍雷倨堂，不張皆備，南榮遂忘其問，温雪不可容聲，參逍遥之先者誰乎？吾友

⑪阮嗣宗，合處分致意之真，率之于巢、由、喬、松之醉草，識者稱爲至慎。 叔夜讀莊子而增放，卒以不免。 然則世之不善讀莊子者，皆詰莊子者之過也。 僕固不受矣，君胡爲乎受之？冤哉子玄！

【平叟雜拈】

①莊子註郭象，然哉！莊子使才放憨，郭則正語，此真向秀筆也。劉孝標云：秀與嵇康、呂安爲友，康傲世，安邁俗，而秀雅好讀書。李禿翁言向秀七賢中最可鄙。沈幼宰曰：秀佐康鍛柳下，注意依附，叔夜許之，正如幼安不絶子魚耳。愚則正喜子期平心，不作放曠詭態也。其容迹也，張衡之對、謝瀹之飲也。此處不識，何用看莊？

②郭之竊向，亦是山谷换骨法耳。老子不竊管子之内業篇耶？黄帝、周公，集天下之智者，上也。呂覽、淮南亦巧矣，奈何以法盛、齊丘爲例耶？正言若反，莊是賊魁。既非其才，套更可厭。向郭皆以正語三昧出之，更覺中和相忘不爭，亦以此故。

③虚舟曰：古人各有獨至，不必雷同耳食。邵子最賞呂梁四顧爲至言，楊中立賞逍遥遊爲無入不自得。王元澤曰：道問無應，然不言無以明。迫而後起，駕其所説，冀得象而忘言也。李性學曰：莊子，易之變。辰翁以爲曼衍窮年，其情真也。蔡毅中曰：九經若江海，莊子澼濼洪濤，蜃市宵燈，然誰能出江海外乎？文湛持曰：知命而不甘爲命所限，樂天而不肯爲天所囿，遯世無奈何而托之洸洋恢憰、疑神疑帝，莊非爲清談而清談可，非爲文章而文章可。張二無曰：有莊子之操履，與莊子之手筆，乃明得莊子之眼孔。知人須論世，讀書須忘我，方能善取之。李北海曰：似吾者死，莊子亦不願人似之。農父曰：荀言立禮，莊言成樂。讀春秋

如讀律，讀莊如歌詩。請合觀之，然後許讀此書。

④天朋曰：我還我，乃能物物。我不知我，乃能物物無物。究竟即物即我、無物無我可也，我則放在一邊。大盌濁醪，聊且塞口。

⑤蟫窠曰：漆園滴髓，不覺狼籍矣。手筆揮洒到此，方是廢心踐形。

⑥易之風，中庸之魂，誰開此眼？然我更要問他，轉風招魂，四維上下都徧矣，畢竟在甚麽處？

⑦朋曰：今古只此一環，如何容得許多翻弄耶？茫茫宇宙，俱在白刃中矣。可爲浩嘆！可爲恭喜！

⑧有不必免而免免者存，解此刀否？自掃其材不材之間者，解此刀否？曰備物，曰藏不虞，曰敬中，始是不厭天、不忽人，當緣于不得已，始是寓庸中節，解此刀否？

⑨合山樂廬與戴无忝大笑曰：孟子特地驅使虞舜，抛一隻敝屣，奇恠極矣；畫一幅直塞天地之間，郎當極矣。莊子費力鑿空，止是孟子註脚。只爲厭常喜新，時行别路，故須側調三絃子，唱山坡羊。

⑩擡阮搊嵇，不可作是非會，各予三十棒可也。

⑪閒窗土苴曰：蝶夢兩翅蓋天，而告我曰：諸公寐語，我本意不及此。漁父、天問，是何節拍？此老直是怒不可忍，而造適不及笑耳。

惠子與莊子書

[1]施頓首子休足下：自僕著書五車時，足下從不以所著見示也。待僕死而乃布之，快口辯耳，以其友爲聲悅，又使後世影響之流，揣子休汲汲傳其死友如此，又不苟誇其[2]死友如此。嗟乎！古今渺渺，若是沉誣，豈可量哉！鼻上有堊，吾拭之耳，不勞君之運斤也。謂僕相梁，恐君代其位而三日搜，聞鴟得腐鼠之嚇，而後以魚解之，僕不白冤，此乃足下自遺醜耳。曾有畏好友奪位之人，而能爲君質，又來唁君妻喪者乎？揮斥天地之士，一當富貴而色室怒市，尚曰達士之友，鄉人齒冷矣。

以君所叙僕語，大一小一，方生方死，皆非妄也。正反相伏，對而舉之，適得其常，人自不悟耳。即僕之舌漉漉此者，又何獨以擁腫據梧，堅白無用，偏送足下臨深以爲高乎？不得已而生，生不得已而用，喘耎肖翹，莫不用其所用，無用則不必生矣。無用[3]固有無用之用，而有用者詎可廢乎？擁腫者，欲以不材終其天年，忽遇野燒，忽有伐[4]山通道者，忽龍取大木巢海以禦虫，不知能終天年否？且君既齊壽殀矣，安所見夷比之非大全其天者乎？貪生畏死者，天地之情也。君實畏之，猶夫人耳，乃爲此藐生

⑤死之説突梯自解，因以排刀鋸如飴者，貶之爲名。君獨不好名，而著書何爲？著書而⑥刻意爲奇陗淵藻之文何爲？大宗師終倚户之哀歌何爲？望知其解者，萬世猶旦暮也何爲？

本不知聖人喜用生機之故，名空不避名之故，未嘗不欲功名事業也。惟恐功名事業之爲世所忌而豫避之，以保其電光石火之革囊，乃竊最高之門，顛倒日月江河之規矩而逃之諱之。混則易掩，鬼則易畫耳。有物有則之倫倫理理也，猶日月江河也，即未有天地前所畢具者也。聖人因時衍之，以濟民行。後此千百世有聖人起，必有以補救鼓舞之，時也，適也。君罪聖人耶？何不罪天地？不得已而有天地，乃混沌之所爲也，何不辠混沌？君之言曰：竊鉤者誅，竊國者侯；侯之門，仁義存。吾亦曰：竊仁義者，道德之賊；竊天地者，混沌之賊；竊混沌者，非古今之大賊乎？竊仁義與竊混沌，其竊一也。詬盡世之名，以自爲高不可及之名，誰容君詬？君何不混沌而姓莊？何不混沌而名周？何不混沌而字之子休？將誰稱之？

世之凡士千而才士一，才士百而精禮樂者一。凡士安于不知，而才士求知。才士之巧剽剽劫劫，而禮樂之家原原本本，此所以逾少也。中和中節者，則又千不得一矣。

惡拘而樂放，惡難而樂便，君之言高矣，而放者遁之；簡矣，而便者遁之。不煩終年考究，不煩終日操持。向也力不能徧，心若惡之；行不能合，夢若遜之；今有此掃鄙一切之詞，而乃傲然惟所欲爲而莫敢難，世更有最便最放、最不可窮詰之術，如足下⑦之門者哉？足下得計矣！以爲後世之情，必樂我而奉我，我足以駴古今而得不朽之⑧名；即有正色隄防，起而責我，終不勝才士之内憐而外護之。足下得計矣！雖然，足下苦矣！足下寃矣！世之愛足下者，皆不能學問，不能事業，不能人倫，而詭托者耳。足下有至性存，托乎托乎，豈復有至性乎？幸有惠施爲告世曰：義精仁熟，而後⑨可讀莊子；蒸湆六經，而後可讀莊子。則莊子庶幾乎飽食後之茗荈耳。不然，君既寃聖人以寃天地，而終以自寃，遂爲混沌天地之大賊矣。誣一死友，何足雪哉？所太息者，以可以救世者而竟誤世也。

僕之厤物，物本自厤，舍心無物，舍物無心。後世必有希高眇，厭當務，專言汪洋之⑪心，而與物二者矣。道何道？謂其由焉耳。由之謂用，通乎晝夜。四分用三，其不用也，所以善其用也。衆人苟用，君子正用，聖人皆用皆不用，畸人惟鑿無用之用，而不⑫顧天下有用之用。别墨有專守不用者，死人也。無始予天而天不能用，則不肖天也；天予我而我不能用，則不肖子也。苦縣大耳兒、守財虜耳，君反執之以訾治家好施、與人同用者乎？

卵有毛，雞三足，郢有天下，犬可以爲羊，馬有卵，丁子有尾，火不熱，山出口，輪不蹍地，目不見，指不至，至不絶，龜長于蛇，矩不方，規不可以爲圓，鑿不圍枘，飛鳥之影未嘗動也，鏃矢之疾而有不行不止之時，狗非犬，黄馬驪牛三，白狗黑，孤駒未始有母，一尺之棰日取其半萬世不竭，此吾激天下之辯，而辯吾之所不辯耳。日新之天地，必且以此等爲迷世奪人之奇方，而自吾開之。吾不以爲功，吾又何辠耶？
⑭物既隨天，天亦隨物，天且不能自主，吾又何得不隨？吾自信吾者，有口斯食，有口斯
辯。食還其食，不以累腹；辯還其辯，不以累心。偶爾著書，不必傳不傳也。人生此
⑮世，貴不虛生；士不讀書，而免虛生乎？寓而不居，即有而無。用光得薪，莫若書；
⑯伐毛洗髓，莫若書。士一日不讀書，猶一日不食也。書獨簡册也乎哉？上古以來，乃讀混沌天地之書者也，仰觀俯察，且坐混沌之西席，授天地以章句，而謂其不肯讀書乎？世鈍且怠，或匿不言，以爲沉靜，寔未能通，故囁嚅不敢言；言復爲人所難，不如以不言難人。自吾五車者論之，均不與道相涉，而公道有大分數，不可讓衆盲盲萬世

也。辯不可匿，絲毫對簿。默容巨僞，非草木虫螟，則姦宄耳。
⑰ 至人無情，無不近情。既以蜕俗蜕空，而不娛詩書，土苴也。乘物以遊心，不游何
寓？且何塵垢非神明乎？不者壽其肉，不者煉其靈。明者笑曰：聚終歸散，存終歸
亡，適得怪焉。以數千年爲數日，狼籍人間之歲月，蜉游之暮，即稱彭祖，何苦五十步
笑百步耶？

道本無得無不得，生斯世也，不知亦然，知之亦然。知之乃受用其不知，而不爲談生
死者所惑耳。生如是生，死如是死；生即不生，死即不死。人寓于世，世寓于人，吾
⑱ 隨吾之所寓以自適焉。適然語，適然默，才與不才，能暢皆暢。其不可易者，草孝其
根，肢忠其首，知命俟之，素其時位，與世痌癢，以濟民行耳。人或不能如聖人之所
⑲ 爲，又不知聖人之所爲，爲即無爲，遂專廢其當爲，爲其不當爲，而苟曰無爲。然皆聖
人之所養，而食聖人之天者也。乃敢輕唾聖人，遂使小人藉口縱恣，爲天下害，則見
⑳ 破者未破此矣。急于自受用者，倚混沌而掃天地耳。倚一氣乎？一氣中有理焉，如
主統僕。倚一身之外無餘乎？官骸經絡，秩叙歷然不紊也，天下猶一身也。

子休自云，以有形者象無形者而定矣，皆本然即皆當然。止有當然，是爲本然。無當

然之本然，本然又安寄乎？天地間之芸芸也，凡有一物，必有其故。人不知故，而皐其生後之治生、安生者，何不罪其無故而生乎？宮室之有囱霤，囱霤之有交疏，以取明而斫木者也。人知其由，則信而忘之，鸜鵒疑而詰之矣。山甿見錦繡，告爲虫吐，又鍼黹而縷綵之，宜其驚矣。賢知之不知聖人，猶山甿之不知錦繡、鸜鵒之不知囱霤㉑也。好以生死有無曼衍乎？生以死爲歸，死以生爲歸，生死以無生死爲歸，無生死以生生死死爲歸。未始有始，今日是也，善吾生也決矣。君惡天地，則何不聽人之費聰明，以速死其天地而成混沌哉？然且不能，則何如各樂其天地四時之本業而聽之？必欲以鴻荒之本然罪中古之當然，以冬春之當然罪夏秋之本然，豈不悖哉？道問無應，即器是道；象數徵理，數以度用。夫度其數而中節者，即不墮諸數者也。權衡者，貫混沌天地之髓也；仁義者，貫混沌天地之神也。政府立，而宰民并宰君矣；學問傳，而辯之即養之矣。使其獷獷不知古今，以受足下之黥劓，而獨容足下之㉒單詞，是禁草木不花、江湖不波之條約也。謂吾五車窮天地者累，則以寠室窮混沌者，其累無以異；謂吾治耳目以適心者累，則屠耳目以剜心者，其累無以異。曾知不㉓累之累也耶？曾知累亦不累也耶？卉必不能不華，華必不能不芳，而人免生死乎？

㉔

自謂生死自生死，足以免生死，則五車窶室，免同一免，不免同不免。聖人之空空，聖人之富有日新也，五車何累焉？

都亭有造冕者，詑于織屨者曰：我尊汝卑，何不拜我？我方耻以道貸監河之粟，以一藝自食其力，何必金顏此市肆，以與足下爭姓名哉？吾愛子休者，真才也。子休所以爲子休，惠施不與之爭耳。萬世誠可愚而不可直告，吾故容子休以絶世聰明愚萬世，而萬世亦竟不知其愚之。才真才矣，真道不以没真才，而假道敢傲之乎？吾傲之而容之者，學適其學，才適其才，道適其道。不必世之知，不必世之不知。吾聽吾，世聽世。然不忍使世之終愚，爲黠者所魚肉至此，又冤我子休教之也，故以辯聽後人之辯。

此愚者大師五老峰頭筆也。佛以一語窮諸外道，曾知佛現外道身，以激揚而曉後世乎？苟不達此，不須讀莊，又何能讀炮莊？大醫王詳症用藥，横身劍刃，申此兩噓，苦心矣，豈問人知？壬辰孟秋，玉川學人傳笑識〔一〕。

〔一〕笑，原作「关」，據浮山文集後編改。

【平叟雜拈】

①招隱曰：以殺青竹簡言之，莊子亦五車矣。天生戰國，以煉正人，以縱奇才，以放達眼，何不可者？惠莊豈有軒輊耶？小同異，大同異，寔是快論。

②或曰：請荀子與莊子辨，必有可觀。或曰：韓非宗老子，請與莊子辨，必定更可觀。笑翁曰：惠施與莊最善，不如請來激揚。姚康伯曰：僞曹操，讚曹操，皆嚼蠟矣。石勒曰：大丈夫當磊磊落落，終不效曹孟德、司馬仲達欺人孤兒寡婦，狐媚以取天下。痛哉！見僞于其黨，此真所謂齊物論也。莊不幸爲世所僞，又爲世所讚，故不妨不幸而有此比。

③此辨甚琦，請社樹再診其夢。

④李夏曰：真能好莊子，乃能恨莊子；能罵莊子，乃能用莊子。有知雷公炮製之苦心者乎？

⑤迂話，說得如此稀奇。

⑥法言曰：吾見諸子之小禮樂也，不見聖人之小禮樂也。蘇門曰：灼然捨多無一，自當即薪泯火。觀會通以行典禮，制數度以議德行，此所以享何思何慮之神化也。只爲畏難樂便，故放言逃之。藏一曰：溫公祖揚斥莊，猶是入主出奴之循牆見也。不達錯行，何能招苙耶？程子曰盜賊亦有禮樂，將何解耶？夫禮樂者，中和也。此話且置。讀書已難，攷究又難。跛挈一生，無出頭處。不如逃之虛空，信口顛倒，立刻便踞堯舜周孔之上，何況濂洛關閩、班馬韓

蘇？又得拔本塞源之要旨，又得峻峭奇特之大名。司馬談曰博而寡要，勞而無功，豈偏詞耶？禮樂數度，廣大精微，若非神人，即是痴人耳。三宜老人講經畢，自發笑曰：喝兩喝，打兩棒，急忙摸摝不着，豈不便宜？何故要如此條分縷析，空費觜脣，絲毫不到，又被簡點？痴人痴人！

⑦定二竊之爰書，天地亦畫招矣。只是中間分數，不可冤枉。

⑧夏曰：若要福報，必須修行；若要通方，必須學問。悟個甚麼，慙惶殺人；硬作主張，枉費氣力。將以无一長而潑騙躲跟，亦曰赤子，亦曰毋自欺，不並赤子、毋自欺而竊之耶？

⑨天刖曰：誰能以混沌心鑿混沌夢，方說得混沌透關若此？自便自放，從何著脚？

⑩須看莊子是何操履，是何天才，誰人敢學。

⑪惠子當時只是玩弄當世，未必徹見至此。

⑫前人說不出者，忽然一句說出，真正快活。即此遺放，是才人達士欲忘其情之至情也。不見道「石壓筍斜出，懸崖花倒生」？

⑬大其小，小其大，長其短，短其長，虛其實，實其虛，此掩二見一之巧也。惠施非始創耶？然此處倚不得。正公曰：凡人指東爲東，指西爲西；智者知東不必爲東，西不必爲西。惟聖人明于定分，以東爲東，以西爲西。毋乃三番山水，方許受用也耶？

⑭大慧云：識得知解起處，即與知解爲儔侶。兒孫得力，室内不知，曾一伐毛洗髓否？

⑮一向被石壁踏翻盤子，今日方才出氣。

⑯蜕形見氣，蜕氣知神，蜕神歸空，蜕空信理，蜕理還物，果可離乎？更蜕其蜕。

⑰無病是神仙，不爲談生死者所惑。開眼讀書，更是神仙。劉輿父曰：追送達磨重上學，不妨石壁作行窩。

⑱説到此處，毫毛乍起。且問此乍起者，是誰作主耶？

⑲統類豁然，始能不廢其所當爲，足以生其歲月在千古中，不成虛度。如或瞎撞，被人惑亂，一條性命，噬臍無及，反作倀鬼，豈不哀哀〔一〕？

⑳人只知子得其母，不知父在母子之上。且問上孝父母，何以不反順愛兒孫耶？一身中之主僕尚且不明，何能信得秩序之一切現成乎哉？只得倚靠斷見，自解荒田已耳。噫！

㉑四番消歸，不如直言一理。然理語陳陳，世人猒聽。若不離奇，誰肯側耳？

㉒天刖曰：五車窮天地、治耳目以適心，不特炮莊，直可炮性理矣。

㉓吴舫曰：中庸大孝、無憂諸章，皆不爲舜文作解。然則此處讚儁，與莊子何干乎？讀書必與

〔一〕下「哀」，疑當作「哉」。

古人作仇敵，然後精義入神。即此變化火候，知不自知，但曰一喝不作一喝用，哄豆腐喫，冤誣多少。

㉔與晊堂往復曰：古人鍼砭古人，原爲後人下藥。偏詞冷語，都是中和。後人偷去，冤賢躲跟，勿謂五衢之人不能判斷。

逍遥遊總炮

藥地愚者曰：天下爲公，其幾在獨。獨也者，貫先後天而冒乎宙合者也。彌下綸上，旁費中隱，圖書秘本，龍見雷聲，誰能礴天地爲毫末，而屋漏見之，顯此發即未發之仁，而致此中和藏用哉？古今蔚氣，膠擾久矣。教養立法，法弊而救，名實淆亂，藥病轉變。曾疑其所自來，而思所以息之耶？人情畏難而護短，好奇而暱庸，各矜所知，呲所不知，乘人而搆其捷，造駭以行其教。閉距危熏，防川大決，因以捭闔飛箝，鬬諍堅固。不辨則正法不明，生心害政；辨之則直告不信，苦强不返。不如且與之遊，曠以天海，引之於無何有之鄉，榮辱不及，名實皆忘，同人于野，暫息塵埃，不覺羲皇之風從耳後生，灑灑淅淅，冷然平善哉！斯時也，藐姑艮許由之背，而行唐帝之庭，不避塵埃，莫之能滓，而腹果然者知之耶？交南北而冥之，轉消息而旋之，乘正御六，而無

①
②

待藏待，誰信之耶？鯤鵬蜩鳩，犛牛偃鼠，鷦鷯蟪蛄，大椿瓠樗，冰雪河漢，晦朔春秋，皆在蒼蒼中，動者動，植者植，忽而怒，忽而笑，代錯無窮，培風乘雲，從天視下，豈不③怪哉！ 因而告之曰：此獨也；此無已而無所不已者也；此先天地而生，後天地而不死，嘗在乾坤之外，而遊水火之中者也；此無所可用，而用用者也；此無功無名，而萬古功名皆定於此者也；此不可以有知知，不可以無知知者也。 聞之者怪，求之者喪，依然還其寢卧之所，曰曲肱如故，一瓢如故。 誠自反乎？樂莫大焉。 然而不免乎恠且喪者，何也？暱庸者失其鼓篋之常語，則從而怪之；好奇者黜昆吾之跡，而一旦歸實，則又廢然喪矣。 藥地愚者唾此糠粃，一怒一笑，且三十年。 五十衍易，而占之曰：用九，見羣龍無首。 其伏卦曰：用六，利永貞。 方圜寂歷，是謂冐濬，肩問齧問，④乃炮四子於汾陽，曰：一不可用，而寓諸庸。 故參兩之以君臣佐使之方。 製法神秘，其解在後。

或問：本體至樂乎？藥地曰：內經心主喜，肺主憂，肝主怒，脾主悲，腎主恐。 五志約兩端，則憂、怒、悲、恐一類，而喜一類也。 猶之精水神火，一氣而交濟也。 不昧同體之仁，善用差別之智，一理而互化也。 本體爲哀樂所不及，而端幾則喜懼也。致中和，而享其哀樂所不及之性，非至樂乎？凡言敬慎戒懼、屈蟄精入者，北冬表之；凡言好學悦樂、飛躍鼓舞者，南夏表之。漆園以怒笑而遊焉，逍遥者何物耶？炮曰：悟同未悟，正有事在。小子中悳録。

【别路拈提】

①夢筆不芸其田，卻向漆園提正。浮廬既安易寓，藥地又來炮莊。何乃攙行奪市耶？姚康伯曰：巧于度生，莫佛若也。天龍人鬼間，皆有佛焉，然不佛名也。昔少伯以蠡霸越，而以朱公居陶，毋亦不以隋珠彈雀也乎？

②不爲物惑，即爲我惑；不爲人惑，即爲天惑。安能真不動心而逍遥遊乎？雖曰超越世出世間，栖心無寄，猶暗痴也。杖人曰：世法如竹絲籠，猶易跳出；而出世法如金絲籠，誰跳得出耶？即使跳出，坐在無事甲裏，正好喫棒。徐師川曰：不學混絶學，無記好躲跟。未致中和而倚豁達空，豈真逍遥耶？怎怪莊子托夢叫冤。

③世人怠學而流便，厭正理如餿餲矣。一見逍遥遊，猶可以養喜神。莊子其煮此爲薑棗乎？可憐抄者、念者，依前業識茫茫，然其功德亦自無量，何以故？辟如念佛者，雖不能即事念佛，寔相念佛，而一持名時，人我煩惱，早忘卻矣。莊子者，漱口者也。蓮池專幢念佛，而亦刻香山、西涯之詩，殆將逍遥漱口耶？若有一個聞之恠、求之喪者，我便請坐大樹下，呼出藐

姑射來，貼體供養。

④大慧成大衍曆而歎曰：乾隱于龍戰中，不見其首。神哉遊乎！今日登黃龍背，飲南谷茶，誦逍遥一過。四圍蒼翠欲滴，白雲西來，平浮竹檻，萬峰在下，出没有無。忽憶張濁民拈鄭億翁句曰：天下皆秋雨，山中自夕陽。

齊物論總炮

①藥地愚者曰：常無常有，不觀玅、徼于籥，則直塞兩間，亦坳堂之膠盃也。物論紛然，言出如風，怒者誰邪？不能轉風力，是折翼而摶羊角也。窮兩末之是非，相刃而厭之，不明公因而定公是，此洴澼不知勝越，而尸祝驕蹇庖人也。聞語曰：大人因，君子復，衆人循。視聽自民，揚遏順天，烏孝蟻忠，鬼神奉命。弊垢之驕妬，毒藥之爭奇，彼亦自相制服，豈患賢者守死之不自適乎？臯表權衡，康衢本具；孺子入井，路人齊之；嘑蹴不受，乞人齊之。公因公用，直道自不爲習氣所昧明矣。聖人作而萬物睹，燥濕風雲，統類自齊。謂以無我齊物乎？無物齊我乎？格物轉物乎？皆物論也。因物知則，論倫歷然。兩行一參，無所逃于代明錯行。謂以不齊齊之，可乎？齊與不齊且置，何謂公因？獨問天根，五官俱竭；喪貝躋陵，一日敦復；不關冬至，安

有三時？道一物也，物一道也。以物觀物，安有我于其間哉？聖人輪天地之成壞而彌之，縷天地之經絡而綸之，萬古如斯而不能言也，治、教其桴鼓耳。不死而蘇，能嗒然耶？通一不用而寓諸庸，環中四破，無不應矣。析中庸爲兩層而暗提之，舉春秋之②雙名而顯懷之，一二畢矣。必幡幡乎掃事掩法，離緣出世，爲是層累而聳之天外乎？唶夫終身由之而不知其故者，負中庸之天載矣；汗下調補，不識變症，恣人犯忌，火③馳焚和，更連累中庸之天載矣。故不妨別路飛躍，傳周鼎銜指之巧也。成連之於伯牙，琴已授矣，未也？與訪子春而棄之，重溟孤島，歍欽澒洞，乃移其情而操水仙，傳不傳之神，然後成連刺船而迎還之。恩大難酬矣！以喜懼不及者爲歍欽，亦一大懼大喜之險關也。今者藥地其刺船者耶？將更覆其船耶？天無寒暑而定四時，此天之中庸也。經世之書，不名冬夏而名春秋，豈非南北冥于東西之風轉乎？豈非酷寒酷④暑之日少，用和平之日多乎？是春秋之環中也。大而元會，近而旦暮，親言生死，切言夢覺，皆春秋也。知春秋之二，爲無春無秋之一乎？覺矣！子休卷卷欲蒸世以中和，而先反之，乃費汝焚澤沍河、疾雷破山之力，而爲此風吹蝶語，以覺鯤鵬之夢，亦良苦哉！猶故分罔兩之行止，疑未始之三竿乎？是殆寢臥大樹之下，祈夢而覺，覺而尋夢者耶？華胥遊還，酒未清、餚未胇也。藥地歘欽，正望據梧者來，取芥盃而酌之。若問生死旦暮之解，則吾不知。次男中通較。

【別路拈提】

①儒、墨、楊、秉，周末殽然。史記六家，誰分主僕？程子忽然悟得反對，一夜舞蹈不已。只是中旁統類宜明，不能學隨立隨掃之滑疑耳。欲齊物論，易準現在，當下歷然，當下寂然，即差別是大本，始享仁智之一。不則樂山樂水，難免蜀洛相爭，夷惠門人亦如朱陸齟齬，又況世法、出世法之舛馳哉？遮易表難，愛逃雲霧。不會固好，終爲所謾。中郎晚悟曰：小即是圓，何必揀小？圓亦是權，何必取圓？蓮池曰：舍行布而夸圓，早不圓矣。不見既、未濟之終于慎、辨乎？唐豹嵓以高念東之言，千里見訪，偶因舉子思之代明錯行，忽然大叫：誰想陳糟爛醬中，有此靈丹！可惜人人蹉過。

②李元仲曰：洋坑養鱗，殊非九萬。然得息老遊談其間，尺水便是天池。每笑伯牙從海水澒洞間乃知悲嘯，是不善移情者也。且道藥地剌舩覆舩，是悲嘯耶？請問子春。

③春秋繁露曰：冬至北中產陽，得東方春分之和而生；夏至南中萌陰，得西方秋分之和而成。如此縱橫交午，中邊皆甜，以天說書，非大奇特耶？莫若以明，亦因是也。頌曰：赤道腰輪看日月，青天習氣轉春秋。時時三不齊中定，旦暮風雷種者收。

④秋至山寒水冷，春來樹緑桃紅。一點動隨萬變，江村烟雨濛濛。有不有，空不空，爪籬撈取西北風。此淳祐張即之書酒僧詩也。吳匏菴曰：寒山子之詩，朱子亦賞之。太白曰：但得醉中趣，勿爲醒者傳。且問藥地芥盃，同此意否？曰：不知。

養生主總炮

①藥地愚者曰：曠與慎相反，誰能解之？其惟見獨者乎！養生、殺生相反，誰能解之？其惟見全者乎！見全，則知古今之大獨矣。進而曰：未嘗見全牛也，又相反矣，蓋有間焉。督不欺身，物自供狀，此天之獻其理也，而猶不肯信耶？適因其經，兩旁不可謂當；適中其節，前後不可謂當。何乃分别如此？夫礪矢而妄射，其端皆中秋毫，然而不可謂之善射者，無常的也。紀昌縣一蝨而視之三年，蝨如車輪，正貫蝨心而縣不絶；出與師遇，箭鋒相拄，此神之中節也，而猶不肯信耶？震無咎者存乎介。介，間也。不名則刑，微哉危哉！以刀養生，懷刑其樂天乎？一動一静之間，邵子一刀，碎其四顧，土委地矣。中猶彌也，間言其幾。聖人見天下之動賾，而象宜會通，以神武不殺之刀，遊藏密同患之間者也。

②官止神行於不落動静，而後砉然，左不得，右不得，

後不得，前不得矣。進而曰：旁不得，中亦不得也。狹門無門，是誰出入？開一綫③日，幾先知生，生從何來？是誰主之？生其生者，主其主乎？彌空皆火，而薪以續燧，主中之主，果何在乎？以世爲樊而逃空，空一樊也；以薪非火而欲除之，火亦盡矣。親生我身，事予以名，薪火之緣督，何避焉？以一日萬古盡其年，而以萬古之天報其親，種種之民，誰不觀桑林乎？關尹曰：聖人以可得可行者善吾生，以不可得不可行者善吾死。此雙解之刀也。公和曰：用光在乎得薪。此解倒縣之刀也。子休曰：善刀而藏，神王于善，善故靜也；善統善惡，爲而無近，豈習俗之所可名乎？善吾生，所以善吾死。此縣而解、解而縣之刀也。易曰：鼓之舞之以盡神。因生生而傳長生之指以爲鼓，因長生而傳無生之指以爲舞，乃盡其生生之神。批郤導窾，戒之藏之，出樊荷薪，原無所硋，適足以安其養親全生之時，處其哀樂不入之順焉爾。人所不解，是曰縣解。末後一語，謂之解縣可乎？子曰仁者壽，老曰死而不亡者壽，佛曰無量壽。作如何解？知解解之，不善也。肩倚足履，便請下刀。

子光曰：在險而運奇，孰如宅平無爲？公理欲居清曠，不受世責，永保性命，則可以淩雲霄。貞白曰：不爲無益之事，何以悦有涯之生？元章〔一〕、大痴八十餘烟雲供養，士安、雲禎隱于讀書，逸少田里拊掌，蘇子美遊觀真趣，未嘗不兼樂壽也。莊子捏合堯許而養，一瓢窮年耳，不用夸高；病夫咀片世出世而養，一鼎薪火耳，亦是自解。季男中履較。

【别路拈提】

①養生曰：身中一輪，督脉從背而上，任脉從胸而下。緣督者向上耶？且放下着。艮背行庭，本現成也。見獨知幾，理出于問。浴風中節，善解其縣。牧牛拽轉之後，吹笛而已。且問騎飛龍者莫動火耶？何似孟家老實話，傳此浩然，不知其盡？向有句曰：水火同一竈，善刀析薪光可照。還是徼？還是玅？看破時以哭爲笑，天何言哉萬古弔。

②林确齋言種茶宜西南山坡，夕陽蒸濕，夜露更飽，朝復處陰，養其餘潤。愚者曰：苟得其養，無物不長。見大全者，何妨有偏得之用耶？确齋又言：搗青宜烈，畜瓶宜固，烹水宜潔，涉二及三，有火候焉。愚者曰：造化在乎手矣，保任顧可忽諸？

〔一〕章，疑當作「暉」。

③梅子長言沸泉烹岕，楚客一口覆之，主人悼甚。夫善知飲者，不飲之以口，而飲之以氣。既受用其气，先受用其光。白玉冰壺，月潭同色。幽澹沉曠，山骨皆香。斯時也，五官同享，天機不張。良久盡之，遊華胥矣。及乎入胃，與浮梁何別？然則急口電拂，一莽消之，何如咀嚼之善養其味耶？莊子可謂耐咀嚼者。愚曰：正惟知味者少，反以一杓惡水爲奇。

④茶罵飯爲滯貨，飯罵茶爲掠虚，況以大黄、硫黄下痞者乎？物論不齊，可以解矣。火害元氣，而氣即是火。督脉瘜瘀，亦自生病。然則養萬世生生之主者，茶飯藥方，何以解之？

⑤磬曰：仁智偏言，靜者壽矣。寔則形靜氣動，旋通不息而生機流轉者也。山川枕籍，吞吐古今，其户樞流水乎！滿空皆火，一悟而已，養在鼎薪。

人間世總炮

①藥地愚者曰：人間險阻場也，誣人間乎？心若不生，何險何阻？然以有心無心之播爭雄妙禍之門，裨販利器〔一〕，甚則誣天，流涕久矣。迷陽迷陽，郤曲郤曲，三陳九卦，懼以終始。憂患之密，何其不得已也若此！子休知不可以莊語矣，奈何復以崩蹶妖

〔一〕裨，疑當作「稗」。

孽，創奇巧之詬厲，犯人間之忌耶？刀頭天理，迂而不信；閉而防之，激流大潰。汝之師曰：人不畏死，奈何以死懼之？嗟呼！無所逃之齋戒，望誰受之？吾則述蓍龜之語曰：草木必孝其根，肢骸各忠其首。虛而待物，致命自忘，庶有背觸于肯綮之間者乎？②治國也，出使也，傅太子也，皆折軱觸樊之族也。孰藏鋒於福羽戢地之歌，以密傳忠恕之淚者乎？託不得已以養中，而成物不諜矣。名實不軋，先達人氣，無傳溢言，入于無疵。③以支離爲易簡，未易言也，有接其轍而稱其衰者，語稍異己，顔色蹴蹴，況覿面而詬厲之，何能虛舟？古之人，不見我，不見人，不見世，而翛然遊于其間。苦心哭笑，不望人知，當亦竟無知者。子休之以哭笑寄萬世也，怒激乎？遣悶乎？忍不得乎？舜、禹、文、周之筴精，夷、惠、泰伯之針綳，挫之者誰？播之者誰？後世有以醫卜之間爲世者，有以牆壁之間爲世者。北窗木榻，亦商丘之隱籟也。黄石、衡山，亦直寄之社木也。④鳳自能行鳥道，龍亦化爲蝘蜓，虎可鷗狎，馬當驢墮。藥樹息蔭，呼六極之風來，垂兩褎袖以爲翼，何天之衢，是亦天間之世乎？何妨指南爲北。

石公言學道四種：有玩世者，莊列是也。上下千載，數人已矣。出世者，達磨以下是也。其人一瞻一視，皆具鋒刃，以狼毒之心行慈悲之事，行雖孤寂，志亦可

⑤

取。諧世者，一派措大，立定脚跟，講道德仁義者也。學問亦切近人情，但粘帶處多，不能迴脱蹊徑之外，用世有餘，超乘不足。適世者，其人甚奇，亦甚可恨，禪則戒緩，而儒不堪務，于世無忤，而賢者斥之矣。此外浮泛憑樣，取潤餘沫，妄自尊大，欺己欺人，此孔門之優孟賊，後世有述焉，吾弗爲之矣。三一曰：莊子隱戰國而放言。同時屈平、王蠋是致命者。魯仲連是遯世遊放，而旁出手眼者。孟子少隱壯遊，了其七篇，超然百二十歲，豈非夙願淑艾，而肥遯自由者哉？論事聽兩造，勿爲一往兩末所誤也。石公生長太平，作縣受屈，而才俊難忍耳。其暗中莊、禪之毒乎？亦舉世庸人激之也。

【別路拈提】

①鶡冠曰：賢人之于亂世也苦哉！吾黨未入世，先學忍。或以寂忍，或以曠忍，聖人以中和忍。大舜忍泣，牖里忍囚，雷首忍餓，閔損忍凍，皆一宅而寓不得已者也。嗔炎畏水，是兩險關。特設詬厲，正以自煉。人間一紅爐也，既皆不能，不如先幾事外。不見道靈龜不舍，俗累自消，玄鶴高翔，弋人何篡？且問子路之和雉噫，與楚狂之歌衰鳳，有以異乎？

②五老曰：恕之一言，涉世之大祥神也。笑翁曰：恕之一言，毒哉！看得人不是人矣。果大丈

夫，誰要你恕？

③南背曰：別路之中，又別路焉。異類行矣，豈下注脚？只爲血性難降，未免藏頭露尾耳。讓木鐸爲正位，而行窩、垂簾可也；聽三車之尊幢，而鐵門、下符可也。象數醫藥，何非瘖聾？世所不爭，道寓一綫。有接此孤行不正坐者乎？不望人知。

④藏一曰：孔子食乎清而遊乎濁，非所謂出乎世而遊人間者乎？出世者出意也，出意者無我也。無我，乃能因一切法，以制用一切矣。奇才難忍，嘗佚中和；時勢逼人，必須晦道。或乘遊以遺放，或一藝以藏身，皆涣血儉德之方也。或談天，或豎拂，亦是着我向青雲中，無由得論地上事耳。紙衣問曹山：如何是妙？曰：不借借。

⑤楫曰：中庸汨于俗，而奇英欲超之，李覯所謂乘其饑渴時也。標季衝波，愈激愈變，誰知中庸遯世具無用之用耶？人自盡其本分之事耳，必無所逃也，寓不得已，天地一簾，三陳九卦，原自超乎禍福。

德充符總炮

①藥地愚者曰：支離之爲易簡也，世目不見，天目亦不見。反復其道，中理旁通，嗒然蘧然，火候沸止，乃作此別峰指點耳。人間世之末後，突出支離其形、支離其德，使接

輿者畫一圓光，有知莊生以掃轍轉輪之用，閉此剥廬得輿之關，而造此充塞不可以已之虚符乎？王駘、申徒嘉、叔山、哀駘它、無脤、甕㼜，以一支離而化身者也。論語之儀封、達巷、荷蕢、接輿，皆孔子之化身支離，互相酬唱。豈特此哉？揖讓、征誅、接②履、負扆、采薇、三黜，無非化身，其支離何如也？絶迹易，無行地難，故現兀者身，以化跬步索塗之執。彼不動步而周遊天下，將以何者爲轍環乎？修武曰：能外形骸，以理自勝，猶常季之常也。本無形骸神理之交敵，敵不勝而爲此摧山乾海之形容耳。祇爲鄙夫田地，肝膽殺爭，門户角爪，轂中塗炭，躓垤覆車，死人無數。誰是蹈淵乘雲、屈伸尊足者乎？孟桃師弟支離一場，不過擿一虞氏之敝屣，而從此登假矣。黄石③支離於圯橋之一履，所以鬻古今運椎之手足。嵩壁支離于葱嶺之一履，所以駭中分斷臂之脰肩。天刑桎梏，踊貴屨賤，不可甘死無趾之語下也。碧落學人戴逡孝較。

【別路拈提】

①太極自知其不可見，而化身爲二老、六子、八八卦、七七蓍，其支離何如也？直下舍萬無一，巧銜指者未免屋裏層樓。中庸以時節爲權，味盈虚者難怪立脚不定。此處不徹，爲人所眯，那能乘得醉車？徒然墮坑斷骨耳。若問掃轍轉輪之用、剥廬得輿之關，但請學易，易不

欺人。

②龔聖予畫鍾馗，題曰：人言墨鬼爲戲筆，是大不然，豈有不善真書而能作艸者？涉江曰：丁香鬼笑千里癖，中山出遊是帝勑。支離形骸人不識，咸淳宮中吹玉笛。有知德充符爲張顛之濡墨、鍾馗之出遊者乎？

③韓修武賊營能涣其躬，佛骨自可碎擲。然猶笑晝夜一百八，復爲叩齒之形骸所勝。

大宗師總炮

藥地愚者曰：天以生死煉人乎？人以生死自煉其天乎？往來、動静、好惡、得失，凡相敵者皆生死也。要且以魂魄之生死，緣督而條理之，由畏而盡心焉，由知而定志焉。屋漏之衮鉞，邦家之應違，陽有刑賞，陰有鬼神，此四懼也。存亦樂，亡亦樂，以放而委生死也；聚則有，散則無，以氣而憑生死也；立而不朽，没則愈光，以名而輕生死也；安時俟命，力不可爲，以數而任生死也：此四勝也。莊子本謂極物而止，以有形者象無形者而定矣，乃復嗷嗷生死，自廣耶？真知生來死去者耶？形化心然，亦原反之哀勝耶？成心而師之，不成乎心而師之，孰乘正而辨耶？人有白刃可蹈，而富貴貧賤之關不能過者；富貴貧賤可輕，而憎愛之關不能過者，可謂知生死歟？枯槁

③

塊然、至親陌路者，可謂無生死歟？縱脱横行、冥悍不顧者，可謂生死無生死歟？舍之則勝，空之則舍，險之則空，誘上縣崖耳。以畏死而養生，以外生而達生，餓之而甘⿰金冓耳。於是儃儃然曰：本無生死也，無心而無無心可得之心，又有何處爲容受生死之地乎？倏忽覢覢耳。關尹當關，而解出關之牛曰：超生出死，如牛之翼。何必如是？而吹影如是？請問之天。天何言哉？天從何來？以何爲天？知我其天乎？無可奈何，而相與天之我之耳矣。大人曰：天無先後。時其時，當其當，明倫從類，各正性命，貞夫生死好惡之一矣。元會朝夕，薪火並傳，虫鼠牛馬，皆自古以固存。裁成盡職，勠無所避，旦宅所共，固如是也。以刑爲體，七層剥而攖寧；滑疑以明，九轉復而無始。忘其坐忘，乃適還其歌哭；駒隙鞭影，前邪後許云爾。方分内外，欲逃生死，黥劓也乎哉？離人夸天，蔽天謾人，躍冶也乎哉？苗揠莠驕，沃瘠皆荒，途中剽矣。故曰：出生死者，生死本也；執生死不可出者，生死本也；執生死本無生死者，生死本也。非無此故，而言不必言。萬物皆備於我，去來皆備於今。善吾生，所以善吾死。聖人之編曲鼓琴也，聽民化之可也，聽民執之可也，生死本天地本矣。中告曰：慎獨未發，以炮其實；格物中節，以炮其虛。秩序即變化，變化即秩序。所以炮無實無虚之莽脱也，安用逞誒詒之肆，以壞人耳之耕耘乎？未知生，焉知死，正用以煉天下之生死，藏天下於天下，好不好也一矣。僅乃汗出，知之猶無知也。女偶若來，愚者更化其道曰：死無不可，道即不聞。若歌若哭，吾許爲邪許之友，切忌稱大宗師、應帝王。邪許，舉大木聲。

【别路拈提】

①日袾曰：晉以莊子爲上頓。蘭亭絲竹，且説生死，其頮弁之遺乎！謝安曰：萬殊渾一象，安复覺彭殤？孫綽曰：曖昧中瑩拂，豈復覺鵬鷃？逸少則曰：一死生爲虚誕，齊彭殤爲妄作。百尺竿頭，更進一步矣。史遷歎鵩賦之一生死，王逸曰：無聊自誑耳。欣而暫快，倦隨事遷，亦足以徵變異生死矣。知不免而遺放焉，桑户結大宗師，此一真乎！大人與萬世泯于當務，原不作此計較也。知道易，勿言難。茶飯且塞口，弦歌聊一彈。

②法隨法行，法幢隨處建立麽？料掉没交涉。若不傳法度羣生，畢竟無有報恩者麽？料掉没交涉。不是兒孫無料理，要見冰消瓦解時麽？料掉没交涉。此話人人會説，便是宗師耶？藥地聽説料掉，即與一頓苕帚。何故？混沌無記，最好寃賢護短。虫臂、鼠肝、矢溺，一總偷作窩家。所謂以恬養知，正己素逝，開天之天，反以相天，幾個實證者乎？寃枉寃枉！

③劉郇伯曰：人生分外愁，且説生死以解生死。楊龍友曰：吾身亦天地之涕唾，隨地置之。孫

克咸曰：如不可求，從吾所好，何有生死可說？張元長曰：不忘溝壑，此語尋常，但少人跡不到之溝壑。眉公曰：西子入五湖，姚平仲入青城山，他年亦死，直是不見末後醜耳。此與顧仲瑛宴金粟冢，歌哭有殊耶？戴安道曰：冥外旁通，閒遊泰素。總順巢尚〔一〕，兼應夷惠。然玄契罕遇，輟斤寢絃久矣。湯若士曰：鹿門一輩人，不識語何事。愚者曰：若歌若哭。

應帝王總炮

①藥地愚者曰：即器是道，帝王相傳之鏡也。運器者天，姑舍器而密會通之，有破鏡、鑄鏡、磨鏡之幾焉。不獨親其親，不獨子其子，天下爲公，公此寂感而已。敢問情田②畜靈本大一乎？大一何所本乎？吾恐衣王，亦四問而四不知也；吾恐壺咸，亦三遮而一逃也。天下之故，本自寂然。同患深機，明藏于神。莫淡漠于日中，莫壙埌于天下。聖人物格，而以物佑神；知至，而以知還物。經天下以中邊四旋之圖書，度天下以三達五達之道路。物物自旋自達，聖人何所事哉？無爲垂拱之舜，即命官勤死之

〔一〕尚，藝文類聚卷三十六引作「髙」。

③舜，要不出於深山決河之舜也。大同小康，時宜一致。且置博施之業，而揚其有而不與之神，神于應而不藏之鏡耳。不見下篇之斗斛權衡乎？一回盤錯，愈放神光，然後知斗斛權衡乃大鏡中不知不識之渾沌髓也。七日半提，未免左袒儵忽；視聽食息，必耕中央之田。四畜統類，乘以周遊；一元午會，人法俱彰。此一元之日中，即萬萬元之日中也。灌漆園爲禮田，以此報德。

④禮運曰：人情以爲田，禮畊之，義種之，學耨之，仁聚之，樂安之。漆園播樂耳，即此是灌。學人滕楫較。

【别路拈提】

①七篇開頭怒生，末後鑿死，總是一杓惡水，未免噀血污唇。藥地撞見蒙叟，只與碾碎，做胡蝶麪，供養牛馬。

②倪文正曰：泥範武穆，金鑄檜卨，人之欲不朽檜卨，甚于存武穆也。祁世培起蘇衛于當場，宫商鑄之，不愈于金乎？此帝王照胆之鏡也。鏡須燒鑄頑空質，磨出雞鳴兩路光。時合旁觀閒處立，權將四問一壺藏。

③坡曰：節慎在未病之前，服藥在已病之後。今憂寒熱，而先服商鞅之烏喙、王衍之甘遂乎？

闟茸者曰：行所無事。鄙倍者曰：無可不可。將騎驢赴不求聞達科耶？且問炮藥何爲？曰：切須忌口。

④莫愁平地起千峰，卻笑空桑難僱工。還以荒田鞭水牯，不妨求雨倩痴龍。

藥地炮莊卷之一

天界覺杖人評　極丸學人弘智集
三一齋老人正　涉江子陳丹衷訂

内篇

①無内外而有内外，故先以内攝外。内篇凡七，而統於遊。愚者曰：遊即息也，息即無息也。太極遊於六十四，乾遊於六龍，莊子之御六氣，正抄此耳。姑以表法言之，以一遊六者也：齊、主、世如内三爻，符、宗、應如外三爻，各具三諦。逍遥如見羣無首之用。六龍首尾，蟠於潛、亢，而見、飛于法界，惕、躍爲幾乎？六皆法界，則六皆蟠，皆幾也。姑以寓數約幾言之：自兩儀加倍至六層，爲六十四，而舉太極，則七也。乾坤用爻亦七也。七者，一也。正表六爻設用而轉爲體，太極至體而轉爲用也。本無體用者，急口明之耳。曰六月息，曰御六氣，豈無故乎？用九藏於用六也，參兩之會也；再兩之爲三四之會，故舉半則示六，而言七則示周。曾有會來復周行之故者耶？寓數約幾，惟在奇偶方圓，即冒費隱。對待者，一也；絶待者，一也。可見不可見，待與無待，皆反對也，皆貫通也。一不可言，言則是二；一在二中，用二即一。南北也，鯤鵬也，

有無也，猶之坎離也，體用也，生死也。善用貫有無，貫即冥矣。不墮不離，寓象寓數，絶非人力思慮之所及也。是誰信得及耶？善寓莫如易，而莊更寓言之以化執，至此更不可執。

【間翁曼衍】

①炮藥者曰：蒼蒼滿地，嘗毒者希。咀片破塵，水火自熟。只如息陰大樹，是葛藤樁。開手生風，怒號作恠，少不得夢此恠環，提此恠刀，接此恠輿，變此恠貌，藏此恠舟，逃此恠壺。相緣弄眼出神，恠猶不了，不如且埽土堦，權教洗耳。登峰不見，一片迷雲。南北幸賴磁針，屋脊常騎日月，鱗羽面前寄信，水旱不憂粃糠。飯龍飲鼠，總塞咽喉，説甚鐘鼓文章？潑此瓠樽墨汁，望而止渴，笑後還悲。且道藐姑射山在甚麽處？乾峰畫一畫曰：在這裏。雲門曰：扇子踍跳三十三天，觸着帝釋鼻孔。東海鯉魚，打一棒，雨似盆傾。恠猶未了，放在一邊。今日三脚鐺中，如何下個注脚，免得訛傳耶？莊不可莊，旦暮遇者勿怪。

逍遥游古作「消摇」。第一

①

支公曰：逍遥者，明至人之心也。

郭子玄曰：大小雖殊，而放於自得之場，則物任其性，事稱其能，各當其分，逍遥一也，豈容勝負於其間哉！

劉須谿曰：莊子一書，其宗旨專在遊之一字。老子曰：吾遊於物之初。能識其所以遊，則大略可覩矣。林鬳齋曰：遊者，心有天遊也。論語形容夫子，只一樂字。詩形容周南、召南，如「南有樛木」、「樂只君子」等，亦止一樂字。至茉苢一詩，形容胸中之樂，并樂字亦不説出。此詩法之玅。

② 楊升菴曰：逍遥，盡性也。

弋説曰：人知有所域，則動有所礙；礙則不能遊方之外，安得逍遥乎？子曰：知者樂。

③ 杖人曰：遊于未始有之初，則己亦無有，又安有人？又安有萬物之相待？又何有小大、動靜、長短、得失之爲累？始于鯤鵬之化，終于大樹之塊然極不能化者，亦能自得於無何有之鄉，如神人之自神。視此，又何物不可化，以共遊于未始有無之天哉？

④ 虚舟子曰：聖人遊於未始有無之中，故隨萬物之相待，各無相待，而即以擊之、怒之、培之、徙之、笑之、悲之，即以遊之、息之而化之矣。是隨大小、長短、得失之代錯，而本無累也。仁智交圓，從容中道，是真逍遥。

正語曰：篇首兩端表法，而圓中、正中、時中可悟矣。似乎舉大化小，實是本無大小，而大小時宜各適也。無己而無所不己。喪其天下，即藏天下于天下。曾知不落有無之提宗乎？乘天地之正，御六氣之辨，以遊無待，曾知不落其不落之正旨乎？

【閒翁曼衍】

①愚曰：莊生自下註脚云：樂未畢也，哀又繼之。俔然怒起，笑且傍徨。有知哀樂所不到者，方許言智者樂。然雖如此，作意以無礙爲樂，早礙殺矣。左邊揮手云：仁者見之謂之仁。右邊揮手云：智者見之謂之智。魚在淵，鳥戾天，問他不得，依然嘆一口氣曰：鮮。

②一僧問趙州：狗子有佛性也無？曰：有。一僧又問。曰：無。向在浮山，有客語狗子佛性有無話，一曰喜莊子藐姑射，謂是不落有無。時正犬吠，愚曰：狗子吞卻藐姑射久矣。

③客曰：北溟魚，何故化鳥？愚曰：謂是魚耶？客擬議，愚曰：謂是鳥耶？客曰：不是魚，不是鳥，畢竟是何？愚踏狗子作聲。

④或問藥地曰：大有人怕無字，何以炮之？曰：塞乎天地，謂之無天無地也可乎？惟天下至誠爲能化，謂惟天下至誠爲能空也可乎？以無而空其有，以有而空其無，以不落而雙空，以法位而空其不落，有知一用二、二即一之妙叶本冥者乎？笑破漆園老叟，不得走索捕風；化作金山鳥王，衹是一番怒笑。

① 北冥有魚，其名爲鯤。鯤之大，不知其幾千里也。化而爲鳥，其名爲鵬。鵬之背，不知其幾千里也。怒而飛，其翼若垂天之雲。是鳥也，海運則將徙于南冥。南冥者，天

② 池也。冥，海也。嵇康云：取其冥冥無涯也。東方朔十洲記云：水黑色謂之冥。愚曰：鯤本小魚之名，莊用大魚之名。鵬即鳳也。𦐔，古鳳字，楷作朋。鳳飛，衆鳥朋從。約幾曰：怒飛形容其鯤化，海運描寫其冥徙。此表一收一放，兩端用中，體用雙冥，何分小大？

【集評】

③ 管見曰：怒而飛，與齊物論萬竅怒呺、外物篇艸木怒生，亦此意，老子謂萬物並作是也。於此以觀其復，則六月息之義可知。世人見其怒，而不見其息；知其作，而不知其復。欲免於二气所役者，請於冥魚未形以前求之。正曰：安知不爲冥魚未形以前所役耶？西天有自然冥諦外道，莫將莊子承招。

④ 薛更生曰：冥非海。上天之載，無聲無臭，易之冥豫、冥升，太玄拈出冥字，知之乎？莊生亦怕人錯認，急忙指注一天字來。夫既已化矣，又何以徙？分明印出後天坎離，豈非剖心瀝膽之言？

石谿曰：忽然道個北冥魚，不過如乾象龍，以譬廣大妙心。楞嚴曰：無邊虛空，生汝心内，猶如片雲點太虛裏。然不變化，徒溺法身死水，乃化鳥而怒飛。怒字是大爐鞲，不肯安在生死海中。有過人底憤𢡖，方能破此生死牢關，從自己立個太極，生生化化去也。南冥者，離明也。唤離明作南冥，可參。

⑤ 愚者曰：素王之孫，家縣一幅天淵圖。莊生竊而裝潢之。七篇之終，以南帝儵、北帝忽冥其混沌，可謂善收藏者乎！玄黄未剖，龜馬已具坎離倏忽之毫毛矣。何至龍生金鳳之句，始來描邈鯤鵬耶？且言背翼，不見首尾，衝破琉璃，果然儵忽。

【閒翁曼衍】

① 恕中舉鯤鵬云：若道有分別，本出一體；若道無分別，又是兩形，畢竟如何評論？擊拂子云：竿頭絲線從君弄，不犯清波意自殊。

② 杖人云：看他南北兩冥，换出一天，不妨視下蒼蒼。難測亢潛首尾，曾見吞龍劈翅。七金剩一明珠，波斯能獻，龍女能舍。儘你齊諧志恠，何如一句奇哉？

③ 愚曰：死水浸透，噴出南華。天亦是池，依然甕甕〔一〕。因視下而太息曰：是甚東西，指南爲北？不知其幾千里，猶是焦冥睫上，怒作甚麽？

④ 林鬳齋曰：鳥飛下一怒字奇。周五老曰：後邊小鳥下一笑字更奇。大中曰：杖人求天下大傷心人，來總擔去，往往笑傌，令人痛哭，直是常啼菩薩一片血，濺此蒼蒼耳。法至今時，非一怒字，如何肯切骨入道？然非一笑字，如何能化其道？蒼天！蒼天！笑不得時，也是

〔一〕甕，疑當作「罋」。

一怒。

⑤新歌再唱，更妙前腔。諧自可齊，重言不恠。

① **齊諧者，志怪者也。諧之言曰：鵬之徙於南冥也，水擊三千里，摶扶摇而上者九萬里。去以六月息者也。野馬也，塵埃也，生物之以息相吹也。天之蒼蒼，其正色邪？其遠而無所至極邪？其視下也，亦若是則已矣。**齊諧者，書名。爾雅云：扶摇謂之飆。

② 野馬，天地間气也。塵埃，气蓊鬱以塵埃揚也，佛言陽燄。生物，猶造物也。何孟春曰：齊諧無是書，是其劇耳。愚曰：看兩「息」字，自心消息、休息之幾也，後以息踵發之。道藏以九萬里配周天，三千乃三十分之一。六月乃十二之半。南北配坎離。此一合皆然，但不可執説耳。謂用九用六者，一説也。奇偶竗叶而已矣，方圓竗叶而已矣，上下竗叶而已矣。

【集評】

③ 劉云：不識其自喻所得，則是篇與紙鳶何擇？纔説鵬飛幾句，便依稀恍惚，入於野馬塵埃、生物之息，此豈爲鵬翼作注脚耶？其視下，謂天也。己與造化爲人，而出於萬物之表，方知蒼蒼之非色，方知人世是非起滅、生死去來不過如此。此心此目，豈爲鵬視下耶？用心之

④ 苦，甚於子思之引鳶魚。又曰：息相吹語最精。雖植物於枝葉，皆感也。不隨人觀物，故自

有見。

⑤陶石簣曰：扶摇而上，形容其高。視下蒼蒼，卻以視上比之，又突入野馬、塵埃，此倒插⑥法。無端一物，以往來爲遊，鵬飛迅速，六月乃息，世界亦大遼廓矣。譚友夏云：野馬、塵埃，⑦以無所指而玅。郭註謂鵬之所憑，則失之矣。奇人仰天荒唐致想，又代天向下一看，更想得荒忽。

集曰：六月息，非一去六月，亦非一住半年，而息字拈得奇，正兩相照。人以一呼吸爲一息，六月息又與海運相照。六月天地之氣相遇，如呼吸，故云息。謂乘此大塊氣機轉盪時候怒飛也，乃見動靜不失其時。

⑧杖云：蒼蒼言遠，非言天也。形容九萬里之上，非人所見；所可見者，野馬塵埃耳。世人徒見塵埃糠粃，又孰見神人之遊于天機自然乎？有此鯤化，乃有此海運；有此鵬飛，乃有此風培。形容其大而神，又不可得見如此，真筆端造化也。人只去解天解風，何曾夢見？

【閒翁曼衍】

①杖曰：以海運乃見其鯤化，以馬、埃乃指其鵬飛。扶摇天風，即大塊之噫氣也。兩間惟是風力所轉，氣化所移。遠通近取，誰能若是？生物即指鵬妙。愚曰：現千丈身猶嫌其小，顛倒看來，何等自在！

②嗒曰：華嚴毛刹，覺亦是塵。般若色空，野何非馬？惟視下者知之。

③觀我氏頌曰：鯤鵬變化一身中，大塊焚來恰負風。憐目憐心都罷卻，滿溪流水落花紅。

④嗣宗曰：寧與燕雀翔，莫隨黄鵠飛。黄鵠遊四海，中路將安歸？嗣宗大似杞憂，實偷匏落。聽此句者，不知鵬背上三十三天，有幾個退位？

⑤愚曰：鵬圖南，知北遊，一南一北，豈不交織成仇耶？切忌問取渾沌自打之遶。

⑥有人下語云：一字兩頭垂。愚曰：前後三笑字，早已翻箇連珠筋斗去也。

⑦旻昭曰：峻極于天，我未見力不足者。浩然養氣，又配又集，孔孟可謂培萬世之風，只是不能插衆生之翼。你道漆園展臂，還費氣力也無？誠恐悞認臘月扇子，不則裝木鳶之羽毛。幸得胡蝶不知，且讓蜩鳩笑倒。鶡冠子曰：牛墜于山則碎矣，蚊虻乃始翱翔而振其容。此一笑也，更妙于蜩鳩。

⑧執小固爲井鮒，窮大亦是豐蔀。望此第一篇，徒侈其大，非膠盃耶？説到積培，方知舍日無歲。大知依然不離小知，大年依然不離小年。

且夫水之積也不厚，則負大舟也無力。覆盃水於坳於交切。**堂之上，則芥爲之舟；置**①**盃焉則膠：水淺而舟大也。風之積也不厚，則其負大翼也無力，故九萬里則風斯在**

② 下矣，而後乃今培風；背負青天而莫之夭閼音遏。者，而後乃今將圖南。蜩音條。與鷽鳩笑之曰：我決起而飛，槍榆枋，時則不至，而控於地而已矣。奚以之九萬里而南爲？適莽蒼者，三餐而反，腹猶果然；適百里者，宿舂糧；適千里者，三月聚糧。之二蟲又何知！崔云：堂道謂之坳。蜩，蟬也。鷽鳩，小鳩也。決，疾貌。槍，突也。榆、枋皆木名。控，投也。莽倉，近郊之色也。果，飽貌。郭云：二蟲，謂鵬、蜩也。對大于小，所以均異趣也。若據本文，仍是以小笑大。

【集評】

薛曰：世間惟風力所轉。曰風斯在下，正是喚醒世人篤切處。頓超之與漸積，雙冥一參。

③ 石谿曰：恐人執大鵬爲實法，故又拈小鳥以別之。兩奚字是小鳥不跂大鵬之大，是小鳥大悟處。佛法無多子，我性如是，性豈有小大哉？

愚者曰：知芥舟乎？留有餘以爲用，善用者用其容者也。培風負天，將以何者爲翼乎？下學而上達，知我者其天乎？不得宰相，至尊何用？不知微籥，則頑天、頑海、頑虛空耳。塞上塞下，亦膠盃也。

【閒翁曼衍】

①在大畜之泰曰：何天之衢。乃今培風，背負青天，其取此而放筆乎！

②憶汪子白題嫣笑圖上留守公曰：鶴耻羊公不舞，幸旦遇于支硎。鴨爲陸子呼名，恐充糧于客舍。尚且龍憂作飯，何嗟雁過驚弦？正繞鴉栖，誰容鼠飲？牛車赤地，料是涸魚。鵬背青天，終爲夢蝶。惟有搔首得句，頓忘枵腹呼風。但説逍遥，聊揮涕笑。今觀二公同遊矣，寂光中樂哉！

③遯翁曰：下學而上達，知我其天乎？仔細笑來，也是怨天尤人。上息下視，占作履卦旋元得耶？颺在大風背後，圖個甚麽？

①

小知不及大知，小年不及大年。奚以知其然也？朝菌音窘。**不知晦朔，蟪蛄不知春秋，此小年也。楚之南有冥靈者，以五百歲爲春，五百歲爲秋；上古有大椿者，以八千歲爲春，八千歲爲秋；而彭祖乃今以久特聞，衆人匹之，不亦悲乎？**

②

朝菌，大芝，天陰生糞上，見日則死。楊用修云：古作鷄菌，今滇名鷄㙡是也。蟪蛄，寒蟬也。春生夏死，夏生秋死。彭祖，姓籛名鏗，堯封于彭城，至商年七百歲。循本曰：冥靈，冥海靈龜也。林云：以小知結上鵬、蜩，以小年生下一段譬喻，何其文之幻！

【集評】

③ 郭云：物各有性，性各有極。是故統大小者，無小大者也。苟有乎小大，則雖大鵬之與斥鴳，宰官之與御風，同爲累物耳。齊死生者，無死生者也。苟有死生，則椿之與蛄，彭之與菌，均短折耳。故遊於無大無小者，無窮者也；冥於不死不生者，無極者也。若夫逍遥而繫於有方，雖欲放之使遊，得乎？陶曰：此莊叟本旨。

④ 郭又云：鵬所以高飛者，翼大耳。夫質小者所資不得大，則質大者所用不得小矣。若失乎知生之主，而營生於至當之外，事不任力，動不稱情，則雖垂天之翼不能無窮，決起之飛不能無困矣。圖南非好高慕遠也，風不積則夭閼不通耳。此補莊言外意。

劉云：再舉鯤鵬，與前所以言鯤鵬者又不同。此段之意在冥靈，而大椿附之。因八千、五百説及彭祖，偶然偶然。其所以爲鵬者未之言，言之在此。

【閒翁曼衍】

① 華嚴經云：不離覺樹而昇釋天。是則從古菌椿，至今生色。可惜漆園自家偏計，只取一瓠樽匿影耳。洗心句曰：浮蝣日暮稱彭祖，羞説冥靈辨死生。

② 觀我氏頌曰：大智方能識大千，靈椿只在髑髏邊。朝來下得威音坐，彈指春秋已八千。

③寓曰：我見未忘，則笑小笑大亦累也。不知隨緣，則有方無方皆繫也。蔬水曲肱，本自無窮無極。學而不厭，喚作放之使遊，得乎？層樓本艸，不涉春秋；臨池盡黑，吞卻天海矣。悟即不無，爭奈落第二頭。

④華嚴曰：亦不破壞有爲之相，亦不分別無爲之性。周海門曰：二乘正犯此症，毋乃營生于至當之外？三一曰：乾慧大乘，拙于用大，又拙于用小。大鬱不達，觸蜜得苦。脾衰脉見，乃如雀啄。但壞大小諸相，不悟乘物遊心，安往而逍遥耶？欲以特聞，不亦悲哉？

①湯之問棘也是已：窮髮之北，有冥海者，天池也。有魚焉，其廣數千里，未有知其修者，其名爲鯤。有鳥焉，其名爲鵬，背若泰山，翼若垂天之雲，摶扶摇羊角而上者九萬②里，絶雲氣，負青天，然後圖南，且適南冥也。斥鴳音晏。笑之曰：彼且奚適也？我騰躍而上，不過數仞而下，翱翔蓬蒿之間，此亦飛之至也；而彼且奚適也？此亦小大之辨也。列子作殷湯問夏革。革、棘聲相近。窮髮，無毛也。羊角，風曲上行，若羊角然。斥，小澤也。二蟲何知一段，言小與大同。衆匹之一段，言久亦是暫。此云小大之辨，言各自爲適也。

【集評】

③支公曰：鵬以營生之路曠，故失適於體外；鴳以在近而笑遠，有矜伐於心內。至人乘天

正而高遊無窮，物物不物於物，則遥然不我得；玄感不疾而速，則逍然靡不適：此所以爲逍遥也。若夫有欲當其所足，足於所足，快然有似天真，猶饑者一飽，渴者一飲，豈忘烝嘗於糗糧，絶觴爵乎醪醴哉？苟非至足，豈所以逍遥乎？

愚曰：大小各適之中，不硋椿夭菌壽，亦不硋椿久于菌也；不硋鵬鴳一視，亦不硋鵬高于鴳也。故曰本無大小，大大小小。單見本無大小者，是至人；全見本無大小，而雅言大小時宜者，是大人。

【閒翁曼衍】

①一人傳虚，衆人傳實。説夢固有法耶？圓夢預尋于證耶？過得棘林，方筭好手。證龜成鱉，特借三人耶？鶡鴠天三起，乃暢快耳。

②石簣曰：背若泰山，亦可大如須彌山。修羅王立在海中，拄天拄地，亦可云塞乎天地之間也耶？正可拈來一笑。

③袁小修曰：小大懸絶，而槩云同趣，將桁楊與宴坐同懽乎！鵬與列子必待風，猶不自由也。則有待而大，與大而無待者殊矣。大小各適之説，一向混同躲跟。得此一辨，學者有興。其云金烏兩翅相去三百三十六萬里，昆摩質多四倍大于須彌，以比魏文火浣，滕修蝦須，是則三山街上賣仰天笑，與放鶴同例也耶？此處混笑不得，有辨者否？

① 故夫知去聲。效一官，行比一鄉，德合一君，而徵一國者，其自視也亦若此矣。而宋

② 榮子猶然笑之。且舉世而譽之而不加勸，舉世而非之而不加沮，定乎内外之分，辨乎

榮辱之境，斯已矣；彼其於世，未數數音朔。然也；雖然，猶有未樹也。夫列子御風

③ 而行，泠然善也；彼於致福者，未數數然也；此雖免乎行，猶有所待者也。若夫乘天

地之正，而御六氣之辨，以遊無窮者，彼且惡音烏。乎待哉？故曰：至人無己，神人無

功，聖人無名。猶然，笑貌。數數，猶汲汲也。列子，鄭人，名禦寇。

【集評】

郭云：天地以萬物爲體，萬物以自然爲正。薛云：自然亦是增語。郭云：乘天地之正，

④ 即是順萬物之性。薛云：亦隔一層語。以斥鴳比宰官，以大鵬比列子，乃莊文本旨。乘天地

以下，乃漆園自道。

郭云：無待常通，又順有待者，使不失其所待。愚曰：又字費力，此猶隔一層語。知自

然無待亦是增語乎？聖人只説隨分自盡之當然，豈有待哉？惟真自然不説自然。

⑤ 劉云：其自視也，其視下也，語不待辨，而笑隨之矣。鵬者遊之始也。出門萬里，始見天

色；及其至此，鵬何足言？泠然則在人世是非之外矣。孰若乘天地之正，御六氣之辨，以遊

無窮？此是竿頭進步、法身向上事乎？

⑥

陶云：至人無己，而無所不己。辨而爲氣即其功，散而爲物即其名。何大何小？何修何短？何來何去？謂之遊哉？直禪於無窮，强名之遊耳。郭云：順物故理至，理至則迹滅，故無功。聖者，物得性之名，未足以名其所以得也。然則大觀之破小知，虚遊之遺實累，雖狀極于鯤鵬，玅至於御風，終對待中事耳，非逍遥之本致也。

孫月峰曰：譽不勸是無名，未致福是無功，無待則無己。

野同録曰：無名而名，名無所避。惟無己而無所不己，乃能因物付物。功蓋萬世，謂之無功。尼山稱堯蕩蕩乎民無能名，達巷稱尼山曰博學而無所成名。本自逍遥，何容贅言有無？

虚舟曰：夫焉有倚，而萬物皆備於我，此不落有無之真無己也；巍巍蕩蕩，此不落有無之真無功也。摩詰曰：欲使如來名聲普聞，以名空不避名也。此不落有無之真無名也。至誠神明，尊于一切而不離一切，故曰乘正而遊。

正曰：人知息爲無待，而不知遊爲無待；人知遊於無者爲無待，而不知遊於有者爲真無待。乘物以遊心者，無無者也。有即是無，非有之外更拈出無也。拈出者巧指耳，造閉耳。學易，乃不爲黄葉所惑。蕭伯玉曰：不賓無而壞相，方爲識法根原耳。

【閒翁曼衍】

①歸于人事，漸近自然。過曲腔多聽不真，怎免楔子添賓白？

②既曰知有即得，又曰大悟無道，正在説有説無時，是有待耶？是無待耶？杖人曰：拈出遊字，正是無待。愚曰：直饒拈出，亦是書𣘗緩筋。

③譚云：御風何與致福？此便可思。前云彼於世未數數，此即云彼其致福，從此悟明。一菴曰：達磨剗卻福田之陋，正是致福。雲門棒卻尊我作恠之根，訛成禍尊。數數然乎？蒼天！蒼天！

④道藏曰：培風上者，半年一息。御風行者，半月一返。折半破三，又言御六，煞有秘密，不妨疑着。雲門曰：十五日前不問，十五日後如何？自代云：日日是好日。此是致福耶？正辨遊耶？

⑤漆門遊子，平旦點得三三卦，請問寔是六爻，如何唤作六虚？若是執定六虚，卻又蹉過六爻。有者説是無寔無虚，目下如何判斷？余曰：一炷蓍香，塞天絶待。擬心卜度，犯忌不靈。遊子曰：可致福否？如何正辨？余曰：發動看用爻。遊子曰：皆静。余曰：今日時辰何在？遊子遽視卦曰：沖初。余曰：潛龍遯作嬴豕矣，且幸繫于金柅。

⑥孝覺曰：道人到處，四事粗足，自享本地風光，非必枯木死灰乃爲無己也。只是纔着名聞利

養起見，便隔千里。非全放下，終難湊泊。學而第一，以人不知不愠收科；中庸于素隱遵費之後，提出遯世一句，非千聖之骨子耶？易讚潛龍爲無悶，又于大過讚之。蓋獨立不懼者，乃真遯世無悶耳。然有玅徼槖籥焉，以勿用善其用，以用善其不用，孰乘正而辨耶？龍馬虎豹，靈龜鴻漸，牝牛羝羊，無非潛龍也。若不知此，遊豈逍遥？怎奈打頭放不下何？可惜在陳腐葛藤裏絆殺，尤可惜在玄虚虀甕裏淹殺。

①堯讓天下於許由，曰：「日月出矣，而爝音爵。火不息，其於光也，不亦難乎？時雨降矣，而猶浸灌，其於澤也，不亦勞乎？夫子立而天下治，而我猶尸之，吾自視缺然，請致天下。」許由曰：「子治天下，天下既已治也，而我猶代子，吾將爲名乎？名者實之賓也，吾將爲賓乎？鷦鷯音焦遼。巢於深林，不過一枝；偃鼠飲河，不過滿腹。歸休②乎君！予無所用天下爲。庖人雖不治庖，尸祝不越樽俎而代之矣。」許由，陽城人，字武仲，隱箕山。皇甫謐曰槐里人。一曰許由是諸侯不仕者。爝，炬火也。鷦鷯，小鳥也。偃鼠，鼢鼠也。歸震川曰：不越代之一段，言大人所樹也。喪其天下一段，言大德之人也。蓬之心以上，言用大也。直至篇末，言大以無用爲大也。

【集評】

郭云：爲之出於無爲也，取於堯而足，豈借之許由哉？若謂拱默山林之中，而後得稱無

③爲者，此老莊之談，所以見棄於當塗。當塗者自必於有爲之域而不返也。自任者對物，而順物者與物無對，故堯無對於天下，而許由與稷契爲匹矣。夫與物冥者，羣物之所不能離也。

④是以無心玄應，惟感之從。無行而不與百姓共者，亦無往而不爲天下君也。若獨兀然立乎高山之頂，守一家之偏尚，此固俗中之一物，而爲堯之外臣耳。若以外臣代乎内主，斯有爲君之名，而無任君之實也。鷦鷯一枝，偃鼠滿腹，言性各有極。苟足其極，則餘天下之財也。

⑤歸休二語，均之無用，而堯獨有之，明乎博豁者無方，故天下樂推而不厭也。庖人、尸祝各安其所司，鳥獸、萬物各足於所受，帝堯、許由各靜其所遇，此乃天下之至實也。各得其實，又何所爲哉？自得而已。故堯許雖異，逍遥一也。

陶云：賓之一字，拈得最妙。然只見鷦鷯，未見化鵬，挂瓢洗耳，未免多事。請觀皮冠致疑，與擊壤一歌，相去何遠！

賀長白曰：論以此身還乾坤，則劉伶還多了一鍾；論以乾坤生此身，則許由寧贅在一瓢。聖人中道，可以用造物，可以忘造物。易曰：正大，而天地之情可見矣。

愚曰：此言惟不用天下，乃能用天下。後言能平治天下者，即往見四子之神人也。可知堯許一人，原在名實主賓之外，而不碍覆本垂迹，歷然於名實主賓之場。

⑥浮山日袈曰：將如韓非所云茅茨越席，堯黧舜黑，許由亦何所艷羨而受之耶？將如樓暘

叔所云申、吕、許、甫皆四岳後，堯咨四岳，寔有讓事，許由亦一諸侯，苟安無累，何苦受天下所爭之天子而自苦耶？將如王維所云掛瓢洗耳，聲非染耳之迹，惡外者垢内，病物者自戕，此尚不能至於曠士，豈入道之門耶？愚曰：未夢見在。姚康伯曰：堯中許由之毒，不惜愚其子，而博讓天下以成其高乎？虚舟子曰：虞賓在位，同其福慶，貽丹朱者至矣。使以傲資居上，安必其不早開南巢、牧野乎哉？杖人曰：泰伯逃吴，自文周未嘗齒及。四五百年後，一布衣起，稱爲至德，若非孔子，難乎信矣。吾因謂丹朱、商均皆至德也，有信者乎？生爲帝子，以必得之天下送人，而毫無爭心，先自岥晦其德，貌爲不才，以成就父志，豈非大孝子仁人乎？可見許由不受天下，而先化丹朱矣。愚曰：正好互相糠粃。

【閒翁曼衍】

①石谿曰：日月出矣，爝火不息，非至人之無己乎？時雨降矣，而猶浸灌，非神人之無功乎？自視缺然，請致天下，非聖人之無名乎？臨濟唤做白拈賊，此三個話頭，如陷虎之机，請各出一轉語與他許由吐氣，莫謂千載下無人好。

②邵子曰：尸祝不代庖，君子思不出其位。三一曰：一枝飲河，三際俱斷。愚曰：莊生偷一隻敝屣來挂招牌，莊生莫是牖下賊耶？後有睦州以艸鞵挂城門而卻賊，你道具何神通？

③雪竇曰：日面佛，月面佛，五帝三王是何物？石谿曰：堯舜與人同耳。且看唐許箭鋒相拄，

賓主互换，各各出身，佛也窺它不着。

④王山陰曰：後世多咏子陵，不詠許由，以皇帝少而官多也。夏楷曰：田畯家斗酒隻雞，便起爭攘，亦謂以蜩笑鵬可乎？又有簞食豆羹見于色者亦談莊子、亦詠許由，將謂鵬蜩雙笑可乎？

⑤李衷一曰：孔子仁夷齊，至德泰伯，而逸虞仲，屢歎季札，若是乎貴讓也。孟僖言孔子之祖弗父何，讓有宋于厲公，遂知後有達人。讓豈易能哉？終非簞豆一語可削色也。孔登小曰：登高聊一醉，吾帽吾能持。德公牀甚高，諸葛乃拜之。足不離釣臺，客星更可思。高士傳以無名爲上，亦以供養無主之魂也耶？玅在讓皇帝者親到箕山，又有洗耳在後，搬演痛快。昔謂莊子爲隱書，今謂莊子爲讓書，豈不更爲大學加一圓光？

⑥阮霧靈曰：子長以許由冠列傳，而叙出顔淵得孔子爲青雲。然則許由亦得莊子爲青雲乎？曾知莊子仍託孔子爲青雲耶？子雲不信有許由，而楊誠齋謂子雲不曉事。韓退之曰：稱許由，以教讓也。是許由亦一青雲也。然則莊子附許由以自立一青雲耶？彼不信有許由者，亦自附一青雲耶？畢竟如何？孟子曰：仁而已矣，是則同。是孟子之青雲也。周石虬曰：野馬粉飛皆大地，白衣變盡只青天。

①肩吾問於連叔曰：「吾聞言於接輿，大而無當，往而不反。吾驚怖其言，猶河漢而無

極也，大有逕庭，不近人情焉。」連叔曰：「其言謂何哉？」曰：「藐音渺。姑射音夜。之
②山，有神人居焉。肌膚若冰雪，淖音綽。約若處子，不食五穀，吸風飲露，乘雲氣，御
飛龍，而遊乎四海之外。其神凝，使物不疵癘而年穀熟。吾以是狂音誑。而不信
也。」連叔曰：「然。瞽者無以與去聲。乎文章之觀，聾者無以與乎鐘鼓之聲。豈惟形
骸有聾盲哉？夫知亦有之。是其言也，猶時女即汝。也。之人也，之德也，將磅礴音
薄。萬物以爲一。世蘄音祈。乎亂，孰弊弊焉以天下爲事？之人也，物莫之傷，大浸
稽音啓。天而不溺，大旱金石流、土山焦而不熱。是其塵垢粃糠，將猶陶鑄堯舜者
也，孰肯以物爲事！」宋人資章甫而適諸越，越人斷髮文身，無所用之。堯治天下之
民，平海內之政，往見四子藐姑射之山，汾水之陽，窅音杳。然喪其天下焉。接輿，楚
人陸通。辰曰：藐乃遠貌，非山名。淖約，輕秀貌。林希逸云：時，是也。女，即汝。謂知有聾
盲，即汝之誑而不信者是也。郭注如處女之爲人所求，甚謬。弊弊，經營貌。稽，至也。資，貨
也。章甫，殷冠。司馬彪云：王倪、齧缺、被衣、許由爲四子。虛舟曰：肩吾，自度也。連叔，及
物也。接輿，合載也。引此三者而上，共一藐姑射之山天，而堯用其陽，以表法也。

【集評】

③郭云：神人之視山林、廟堂，其心無異。莊叟欲明至德之人世無由識，故託之絕垠之外，

而推之於視聽之表耳。處子者，不以外傷內。無物不順，則浮雲斯乘矣；無形不載，則飛龍斯御矣；安於所傷，則物不能傷。堯舜者，其迹耳，必有堯舜之實。今所稱堯舜者，徒名其塵垢糠粃耳。天下自宗堯，堯無心也，窅然喪之。寄言四子，以明堯之不一於堯。

杖云：汾陽，堯都也。藐姑射在寰海外，忽見汾水之陽，以明堯心即姑射之神也，正欲學者悟之。曰本，曰迹，曰非本迹，曰非非本迹，寄之四子。

④愚曰：農山三立，顔子得喟然之髓；時集三聖，孟子點龍馬之睛。有合此符者否？戰國功利，熾如油膏，何來漆園，乃有閒夫，冷眼傷心，偏製藥丸，没奈何畫一帝堯，畫一許由，又畫一藐姑射。有賞鑑家知此畫下筆之先者否？不畫許由，安能寫帝堯之骨，以拍世人之背？不畫藐姑射，安能寫堯許之眼，以招高士之魂？慘澹經營之中，有傷心此畫而擲筆長嘯、落花同舞者否？

【閒翁曼衍】

①僧問沙門眼，長沙岑曰：長長出不得。僧曰：未審出個甚麼不得？岑曰：晝見日，夜見星。曰：學人不會。岑曰：妙高山色青又青。愚曰：土曠人稀，相逢者少。

②乃曰形山一寶，妙不在高。等閒鋪兜羅綿，不硋現青螺髻。卻是踍上三十三天，難見其頂；周遊一百十城，步步不離。磅礴海雲，蹉過塵垢，愛説西山爽氣，幾多歸鳥迷巢。但貪月嘯

孤峰，可惜寒巖異草。果有攬窟衝天、培風垂翼者麽？須彌踢倒，涬瀣揚塵，牛馬俱是飛龍，康衢無非飲露矣。究竟汾陽喪後，四子亦是粃糠。不如隨分聾盲，疵癘從來難免。且將瓠樗燒作香烟，曰：願祝天下，五穀常熟。

③藏一曰：首言海運天池，智者樂也。後言藐姑射山，仁者壽也。左蒼嶼曰：山天大畜，學而聖。天山遯，學而仙乎！陳霍童曰：朱子武夷櫂歌，知音者少。末後吟云：九曲將窮眼豁然，桑麻雨露見平川。漁郎更覓桃源路，除是人間別有天。由是觀之，泰山頂上分別吴門，不猶拙于用大耶？太湖舉長吉曰：齊州九點烟，海水盃中瀉。象耳舉坡句曰：我攜此石歸，袖中有東海。是仁是智，能用大否？愚者曰：拙。

④孰肯以物爲事矣，莊子又曰卑而不可不爲者物也，不矛盾耶？除非陶鑄藐姑，乃能用此糠粃。愚者曰：拙。

①

惠子謂莊子曰：「魏王貽音異。我大瓠之種，我樹之成而實五石。以盛音成。水漿，其堅不能自舉也；剖之以爲瓢，則瓠落無所容。非不呺音囂。然大也，吾爲其無用而掊音剖。之。」莊子曰：「夫子固拙於用大矣。宋人有善爲不龜即皸。手之藥者，世世以洴澼絖音屏僻曠。爲事。客聞之，請買其方百金。聚族而謀曰：我世世爲洴澼絖，

②不過數金；今一朝而鬻技百金，請與之。」客得之，以説音税。吴王。越有難，吴王使
之將，冬與越人水戰，大敗越人，裂地而封之。能不龜手一也，或以封，或不免於洴澼
③絖，則所用之異也。今子有五石之瓠，何不慮以爲大樽，而浮乎江湖，而憂其瓠落無
所容，則夫子猶有蓬之心也夫！」惠子謂莊子曰：「吾有大樹，人謂之樗。其大本擁
④腫而不中繩墨，其小枝卷音拳。曲而不中規矩。立之塗，匠者不顧。今子之言，大而
無用，衆所同去也。」莊子曰：「子獨不見狸狌生、星二音。乎？卑身而伏，以候敖音遨。
⑤者；東西跳梁，不避高下；中於機辟，音闢。死於網罟。今夫斄牛，其大若垂天之雲，
此能爲大矣，而不能執鼠。今子有大樹，患其無用，何不樹之於無何有之鄉，廣莫之
野，彷徨乎無爲其側，逍遥乎寢卧其下，不夭斤斧，物無害者，無所可用，安所困苦
哉！」惠子，名施，爲梁相。實五石，實中容五石。瓠落，猶廓落也。呺然，虚大貌。絮細者謂
之絖。司馬彪曰：瓠樽縛身，浮水自度，亦名腰舟。慮，思也。候敖，謂伺遨翔之物而食之。無
何、廣莫，謂寂絶無用之地也。左忠毅曰：不龜手之藥，以技用者。瓠、櫟，以形用者。大用之
則玅，況其神疑者乎？

【集評】蘇子由快哉亭記曰：士生于世，使其中不自得，將何往而非病？使其中坦然，不以物傷

性，將何適而非快？其武昌九曲亭記曰：方其得意，萬物無以易之；及其既厭，未有不洒然⑥自笑者也。俞貞木引邵子曰：安分身無辱，知幾心自閒。雖居人世上，即是出人間。大死甦來，隨分納些些，亦本分也。宇宙內事，皆吾分內事，亦本分也。此四語上下皆收。

東坡曰：遊於物之內，而不遊于物之外，彼挾其高大以臨我，則眩亂如隙中之觀鬬，焉知⑦勝負之所在？是以美惡横生，而憂樂出焉。山谷曰：委而去之，其亡者莎雞之羽；逐而取之，其折者大鵬之翼。通而萬物皆授職，窮而萬物不能攖，豈在彼哉？須溪逍遥菴記曰：瑞世變衰，而犬羊肉之。行求蓬累，如脱桎梏。長途倦暑，憩樹而歎曰：清涼境不必美蔭也。有杕之杜，生于道周，逍遥甚矣，而不自知也。以今日爲不足，焉知後日之苦今耶〔一〕？聞此者撫然，而菴具是矣。然則莊子亦若是乎？曰：遊。

須又曰：首爲惠子二難，自譏自解，以喻托喻，如以夢説非夢、非夢説夢。舉此見彼，未⑧嘗拘拘問答。至末後著其生平之言不忘。若以爲相譏，真痴人説夢也。

譚云：逍遥遊不是無用，只是無所可用耳。作天眼觀，從天際下視，人爲魚鳥，入我天⑨海；我爲魚鳥，入人天海。真窅然者，天下不足喪矣，支公所云至足是也。看天地不是天地，

〔一〕苦，疑當作「苦於」。

看堯舜不是堯舜。笑翁曰：猶是半提。薛旻曰：李長者華嚴論云：普門曼殊，總是表法，非實有也。隨云即仲尼、顏淵，亦是表法，非真有是人。何其婆心徹困耶？

三一曰：無所可用，正在無用有用之中。若竟膠無用之盃，是暗癡也。狂心若歇，歇即菩提。然有小休歇，有大休歇。俗人執着，且激向那邊去，因此執着那邊，更是執着。呼蛇容易遣蛇難。不見兩端用中，舜下註脚，置樽于堯衢耶？

石谿曰：莊生真見堯之血脉，方向盤山會裏翻箇筋斗。只解成佛，不解度生，是拙于用
⑩ 大也。吾杖人嘗云：爲善知識，妄想方大，菩薩留惑，佛不捨五濁，安能免哉？

唐豹嵓言：施愚山提戒懼，是一息尚存之樂事。愚聞之曰：青原、白鷺諸公，何幸而入此逍遥遊耶！夫德業才學，皆以享其性者，皆性之所爲也。然或執一節，自矜所長，不能忘我。傑中有傑，相形相猜，較長量短，計愈深，迹愈懸，而情愈不樂。何也？內見我，外見人，而不自證其心體之廣大也。復以自知者，知至之入幾也；乾知大始者，至之而與幾也。有以樂天與發憤爲兩截者，豈知真逍遥者乎？

⑪ 或問：莊子無己乎？曰：説以自遣耳。功名原無長才，自然夢想不到。己最難克，不如由我曠觀。休那曰：蓮池臨了，説名根不得斷。鈍阿羅漢入滅盡定，其孤高之我，即名根也。

李秃翁曰：貪生、怕死、好名，三聖人看破，用以設教。虛舟曰：幸此三者正互相救，不則無

憚、好利、好盜而已。莊子戰國養生，拋卻功名，而著書望知己，非名根乎？自知有孤高之我，故寫虛無以解之，口説寓庸，猶未能庸。奇才難忍，惜此一簣，中庸不可能也。適得而幾，其寔證矣。不自欺而遺放，是真逍遥處。索性替盜跖、滿苟得説破，言下正顯聖人中道，隨分自盡其寔而已。名不可得而好，亦不可得而避，此正訓也。聖人萬世爲我，好學不厭，全身天地，私亦是公，此所謂無針鋒許滲漏也。達士至性，爍破今古，平寔澹泊，退處旁觀，手筆揮洒，爲天地開花，一真無避。時乎如此則如此，我何礙乎？身無俗累，讀破萬卷，遊山水間，得解人談咏，此福在堯舜釋迦之上，不可得矣。乃者刀兵水火，剩一峰頭，讓汝明窗批點鵬鴳，大可憐生！且與落花流水説逍遥遊，何嘗有生死、人我、是非哉〔一〕？

【問翁曼衍】

①愚曰：柏樹現在庭前，猶道西來無語。一枝與夢相似，誰用着天地同根？此與漆園瓠櫟相去多少？莊子怒笑曰：總没交涉，聊且彷徨。何爲大家囫圇吞棗，摶風而鬻方耶？果然于九六遊息得個入處，則桃竹正好燒香；若豁然于萬世旦暮得個出處，則瓠櫟亦可供爨。

②如何是無何有之鄉？曰：父母未生前，試道一句看。如何是父母未生前句？曰：寢卧其下

〔一〕此段末有「安成學人吴雲較」七字。

自知。

③觀我氏頌曰：愛水昏波不解休，逍遥五石一樽浮。涅槃岸上端然坐，無用還須勝一籌。

④文殊拈一莖草，世尊拈一枝花，莊子拈一枝大樹，且道殺人活人在甚麽處？

⑤程子曰：天上更有淵在，淵下更有天在。淇澳孫公嘗舉莊騷表易。愚者笑曰：屈子登天而入水，莊子擊水而登天，無非上下察也。一以怨而自逼，寫其不言之漁父焉；一以怒而自逼，寫其藐姑之逍遥焉。以怨怒致中和，而聲臭更冥矣。不得不培，不得不徙，不得不悲，不得不笑。觀化而化及我，又復何言？

⑥李元仲曰：善遊者惟孟子，可惜不逢莊子，以逍遥遊、囂囂遊參證同異，徒向宋句踐喋喋耳。子長以遊，故奇其文章。此遊之二乘、三乘，今人便以爲至境，亦拙于用大也。

⑦潛草曰：無以易之，固是逍遥；洒然自笑，亦逍遥也。憨山曰：菩薩住在極樂做甚事？我要扯他出來。聞子將曰：自大乘聖人視之，通體是苦。即使漆園現身住世，安得逍遥？愚曰：説痛亦是搔癢。

⑧逍遥乎寢卧其下，摶扶摇而上，是二時耶？始終耶？上覷低頭，見不能及矣。既曰逍遥遊，如何添一句云彷徨其側？無中無邊耶？樂得傍觀耶？愚曰：天眼下視，還是鑿開？還是打瞎？

⑨費隱一章，舊謂夫婦、聖人、天地皆不能盡道，以見道費。然卒收歸夫婦，何哉？夫婦者，人倫之總名也。愚曰：由支公、李長者而拈提之，夫婦特堯舜之總名耳，鳶魚特天地之總名耳。喚夫婦爲鳶魚，得麽？喚鵾鵬爲夫婦，得麽？法華轉女成男，華嚴南詢彈指，化而飛矣，誰能破載？

⑩宗鏡曰：玄又玄，妙中妙，方便稱揚助信耳。自己親照時，特説玄竗。起一念殊勝、不可思議之解，即落魔界。經云：虚僞浮心，多諸巧見，不能成就圓覺。今人全愛遮非之詞，不達圓常之理，不肯死心塌地。事理不二，將專靠胡蝶圓夢耶？毋乃帶累逍遥，爲誤世之毒藥耶？

⑪寓公再過瀧頭，適翻此篇，破啼爲笑。愚曰：讀此等書，不必苦苦作道理解會，亦不可泛泛作齊諧放過。宋忠、賈誼、季主，總是别峰指點。朱子抛卻書本，亦與鏗爾同遊，尋常大義，不免餖飣。寂光三昧，供養千生，誰無分耶？漆園費盡淵藻菁深之筆墨，止畫得一幅藐姑射山，與後世閒遊發興耳。忽然風起，山樹花落，魚躍水上，黄鸝飛去。因與寓公咏倪文正公句曰：溪流中有佛，鳥寂後無詩。

齊物論第二

①郭曰：自是而非彼，美己而惡人，物莫不皆然。然是非雖異，而彼我均也。

唐荆川曰：通篇論本無是非，是非皆人所作。

集曰：孟子知言，在世教正用上説；齊物論專就人生死路上唤醒。子曰朝聞夕可。生來死去一大事，置之不理，偏於情識意見，鬭勝護短，以學術門户殺人。莊叟悲憫，特地掀翻窟穴。第其反覆拈提，如搏虎豹，控龍蛇，令人無下手處。不知其間層層脱换，絲絲②見血。當作三支：「子綦」至「我且奈之何哉」，是澄其源，一支也；自「言非吹也」至「此之謂以明」，是清其流，一支也；自「今且有言於此」至末，消歸自己，分上結款，一支也。有權有實，頭正尾正。必寄言于是非者何？此方真教體，清淨在音聞。言者載道之器，利害極大，爲齊物論而説也。

三一曰：聖人因天下之是非而轉天下之是非，即以藏天下之是非，引人入勝地以救之，又何妨頭上安頭乎？剔正因本覺也，物所以爲物也；提了因始覺也，物之自得也。推倒虚空，墮緣因爲究竟覺，正以隨分覺也，處物之用也。養其生之主，而遊乎人間世，物論③不齊而齊矣，充其攖寧而符其鏡應矣。止有一事寔，餘二則非真。佛種從緣起，是故説一乘。豈執三因三智乎？要在最初一念覷破。

愚者曰：因是已，此是非無是非之主中主也，此之謂以明。誰明此因而得樞寓之應乎？中庸二字，神明二字，理事二字，折攝離微，即是交蘆，相奪相融，皆十玄門。誰物物乎？誰齊齊乎？誰論論乎？莫若以明，乃能不惑。

【閒翁曼衍】

①鯤鵬蜩鷽，權教胡蝶暫吞；養虎解牛，衹爲狙公作怪。須知病症藥性，莫賣招牌；聊且環中寓庸，夢醒自遣。郤問以了生死作門户者，殺人多少？若許殺活爭雄，更是詛盟搆鬬，但令窮盡自休耶？難道聽風飄墮耶？没奈何兩行一參，春秋度歲耶？究竟真宰是誰？物論如何齊得？藥地拾一古方，舉起看曰：字經三寫，烏焉成馬。

②道家曰形神離則死，又曰大患惟吾有身。易言不獲其身，而孟曰萬物皆備于我。聖人亦作巧語耶？此篇首言喪偶，中間乃言兩行，毋乃主伴不孤起、火候當三番乎？那吒析骨還父，析肉還母，始現全身。自是平日用功，經悟如斯，非故洸洋，不可致詰。愚者曰：撩起便行，能有幾個？

③馬祖云：淋過死灰無力，喻聲聞妄修因證果。未淋過死灰有力，喻菩薩道業純熟，諸惡不染。季蘆子曰：且如南郭，是淋過不淋過？噓室曰：勿憂勿憂，淋亦不死。

南郭子綦音其。**隱**去聲，下同。**几而坐，仰天而噓，嗒**音榻。**焉似喪其偶。顔成子游立侍乎前，曰：「何居**音姬。**乎？形固可使如槁木，而心固可使如死灰乎？今之隱几者，**

①

非昔之隱几者也。」子綦曰：「偃，不亦善乎，而問之也！今者吾喪我，汝知之乎？汝
② 聞人籟，而未聞地籟；汝聞地籟，而未聞天籟夫。」隱，憑也。噓，息也。嗒然，解體貌。偶，匹也；一云身也。身與神爲耦。

【集評】

郭曰：同天人，均物我，故外無與爲歡，而嗒焉解體。

葉秉敬曰：吾喪我，與篇末物化二字相應。蓋不見有物，物化而合爲一我；不見有我，我喪而同乎萬物。

杖云：莊子以世人爲物累，不能出生死者，以有我也。真吾無我。子游只見其似，故曰
③ 固可使、今非昔，總是疑情，曾未知吾已喪我。我何可喪？所喪者妄執之我見也。狙公、胡蝶，是窅然無己之方，引人聞籟耳。若執狙、蝶爲我見，更起狂風。

圜覺曰：若知我空，無毁我者。物論何足累耶？愚云：震來虩虩，笑言啞啞，喪貝勿逐，而無喪有事矣。怒飛嗒噓，原非兩際。

【閒翁曼衍】

① 此嗒焉時，南郭全身如大塊之噫氣矣。曾知北窗之枯木生花耶？中間特地再噓兩噓云：不

可坐住，急推此几。

②一切法皆偶也。喪偶者執一奇耶？奇與偶對，亦偶也。喪之當立何處耶？莫是一往自迷頭耶？莫墮混沌無記空耶？喪二求一，頭上安頭；執二迷一，斬頭求活。汝知之乎，許聞三籟。

③揭暄曰：風者陽氣，鼓陰而出，或陽爲陰所持，不得入而旋焉。曲巷密室，虛自生風。衣動蹀行，皆與相鼓。豈待石崖拍掌、長廊吹唇而聲出哉？物擊物，物逆氣，氣觸物，氣感氣，皆噫之類也。杖揮螺鞭，蟑翼蟋股，磯浪松濤，檣破釜閉，荒谷傳呼，眢井遥語，地中樂作，莫不皆然。然皆氣也，皆入竅出竅之幾也。愚曰：此質測也，通幾寓焉。心亦竅于物而風力乘之，培風者能免噫否？

子游曰：「敢問其方。」子綦曰：「夫大塊噫音隘。氣，其名爲風。是唯無作，作則萬竅怒呺。音號。而獨不聞之翏翏音流。乎？山林之畏音偉。佳，崔，又去聲。大木百圍之竅穴，似鼻，似口，似耳，似枅，音稽。似圈，似臼，似洼者，似污者。激者、謞音哮。者、叱者、吸者、叫者、譹者、宎音杳。者、咬音坳。者。前者唱于，而隨者唱喁。音愚。泠音伶。風則小和，飄風則大和。厲風濟，則衆竅爲虛。而獨不見之調調、之刁刁乎？」子游曰：「地籟則衆竅是已，人籟則比竹是已。敢問天籟？」③子綦曰：「夫吹萬不同，而使其自已也，咸其自取，怒者其誰耶？」大塊，地也。畏佳，山阜貌。愚按：即崔嵬倒用也。枅，欂櫨也。宎，深也。咬，哀切聲。濟者，風過也。

【集評】

郭云：大塊者無物也，噫氣者豈有物哉？塊然自噫耳。物莫不塊然而自生，則塊然之體大矣。吹萬不同，天籟也。天籟豈復別有一物哉？耳遇之而成聲者，會而共成一天耳。無既無矣，則不能生有；有之未生，又不能爲生。然則生生者誰哉？塊而自生耳。生非我生也，我既不能生物，物亦不能生我，則我自然矣。自己而然，謂之天然。以天言之，所以明其自然，非有爲也。或謂天籟，役物以從己也。夫天且不能自有，況能有物哉？故天也者，萬物之總名也。莫適爲天，誰主役物乎？

② ③

劉云：寥寥描摸，不過山、木二物；以七八者字，而形聲不可勝數；于、喁明帶，前後皆活；調調、刁刁，又畫中之遠景；而獨不聞、而獨不見，呼應最奇。舉不可見、不可聞者，俱一筆畫出。

④

陶曰：吾有我，即有耦；吾喪我，則耦忘。耦者是非之所以生，我者彼是之所以成，故篇首即道破。

集云：聽聲如响，則是非路絶，故等之爲籟；音響無從，則言語道斷，故和之以天。此齊物論之大旨也。

月峰曰：以聞起，以見收。

杖云：怒而飛，是鯤之氣化爲九萬里之風。此則滿天地間，皆此風力所轉，噫氣所吹也。後又曰怒者其誰耶，可參可參！

【閒翁曼衍】

①杖曰：作與無作者誰？自心取自心。非幻成幻法，不取無非幻。非幻尚不生，幻法何曾有？前歷言數十者字，總歸于怒者其誰。荅在問處，誰能更下一語？

②狂恒風若，聖時風若，還許佯奴傳與中土，定會歸之極耶？壯夫無恙孱夫病，一樣南風兩樣吹。

③讀莊當如歌詩，此是一篇天風賦。傅平叔曰：樹動知風聲，映日見天色。孤石風不鳴，中夜天不白。真風與真天，至今莫能測。讀書數千卷，卷卷空紙墨。皆非古人字，字字叫魂魄。奔雲入心來，于心竟何得？

④宓山疑曰：有以象言天者，有以數言天者，有以气言天者，有以理言天者。莫適爲天，是何籟耶？一種急口冒天自慰解耶？一種偏詞搜天以奪人耶？除卻這些天籟，别道一句，直須跳出天池外，穿破蒼蒼中，你道是個甚麽？莊子舌頭拖地，又怕自己之語成病，後來乃曰開天

之天，反以相天，你道是個甚麽？

①大知閑閑，小知間間；大言炎炎，小言詹詹。其寐也魂交，其覺也形開。與接爲搆，日以心鬭。縵者，窖音教。者，密者。小恐惴惴，大恐縵縵。其發若機括，其司是非之謂也；其留如詛盟，其守勝之謂也；其殺如秋冬，以言其日消也；其溺之所爲之，不可使復之也；其厭音壓。也如緘，以言其老洫也；近死之心，莫使復陽也。喜怒哀樂，慮歎變慹，音聶。姚佚啓態。樂出虛，蒸成菌，日夜相代乎前，而莫知其所萌。

②閑閑，廣博貌。間間，有別也。炎炎，美盛貌。詹詹，小徧貌。縵縵，寬心也。惴惴，小心也。縵，欲以迂放而自勝也。慹，懼也。老洫，言其熟路成溝也。姚佚，説文作「媱佚」。

【集評】

劉云：大小四句，便盡是非底藴。自大視小，小何足道？然是非偏從此起。知之則知善待之矣。

伯玉氏曰：火能熟物，指熟物而謂之火乎？然火有熟物之利，有焚物之害，而或棄之，或取之，守其子而不知其母，則熟物之利亦失矣。③心與無明不相離，得母召子，法本自玅，人自接于羣粗耳。

④譚云：夢醒二境入微。「樂出虛」六字，形狀更深。尋常説喜怒哀樂，又從哀怒中狀出慮歎變慹，喜樂中狀出姚佚啓態，正日以心鬬之所必至。業識茫茫，無本可據，故屢歎之不足。杖曰：根與境會，識生其中。自己詰難，聊騰疑耶？僧問：一椎便當時如何？曰：未是性燥漢。

【閒翁曼衍】

①渠無我則死，我無渠則餘。渠如我則佛，我如渠則驢。曹山用之，今有知其萌、烹其菌者否？

②杖云：此處便有佛、莊之别。以惟心之旨觀之，則與佛無異。若以自然因緣觀之，則外道無因，從此分矣。仔細看來，非因緣，非非因緣；非自然，非非自然。也是厭緘詛盟，與賊過梯。不見黄面道習氣如瀑流，我嘗不開演。四十九年之花，早瀑流也，吾獨奈何？

③水中鹽味，色裏膠青，分明是有，不見其形。試坐蒲團，能免昏沉掉舉乎？銕掃帚掃得去乎？即能歇定，如石壓艸。不識玄旨，徒勞念靜，安得不一奈何？正旋舞時宮室轉，忽教坐地且知恩。

④交光徵蓮池，不當謂妄心在内；鼂、駁嵩愚，不當取和合一計，不知七處八還奈何否？六相十玄奈何否？五位三玄奈何否？若不奈何，早被惑亂。藥地曰：正去奈何，已惑亂矣。雖

然，若非行到水窮處，那得坐看雲起時？

已乎，已乎！旦暮得此，其所由以生乎！非彼無我，非我無所取。是亦近矣，而莫知其所爲使。若有真宰，而特不得其眹。可行已信，而不見其形，有情而無形。眹，兆也。

①

【集評】

劉云：咨嗟之不足，又太息言之。世人或自謂如此識情，旦暮得此以生，看得甚平，竟不識真宰有情無形。

杖云：此正明我見本空，以對物有我。物不自物，由我而物。如我不取，物亦無有。知此非幻成幻，亦近于自然矣，而不知其所使者幻也，似若有真宰而不得其眹。作則竅呺，濟則竅虛。曾格此「非我無所取」之我爲何物耶？蓋就人業識中，拽轉他鼻頭來，使尋取真宰耳。

【閒翁曼衍】

①荆川曰：莫錯認主人公。執情形者錯，滅情形者又錯。湘洲曰：將謂莊子真宰，是冥諦神我外道耶？畫水印空，成何功果？愁人莫向愁人説，説向愁人愁殺人。

百骸、九竅、六藏，賅音該。而存焉，吾誰與爲親？汝皆説音悦。之乎？其有私焉？如是皆有爲臣妾乎？其臣妾不足以相治也〔一〕？其遞相爲君臣乎？其有真君存焉。如求得其情與不得，無益損乎其真。一受其成形，不亡以待盡，與物相刃相靡，其行盡如馳，而莫之能止，不亦悲乎！終身役役而不見其成功，薾音涅。然疲役而不知其所歸，可不哀邪？人謂之不死，奚益！其形化，其心與之然，可不謂大哀乎？人之生也，固若是芒乎？其我獨芒，而人亦有不芒者乎？夫隨其成心而師之，誰獨且無師乎？奚必知代而心自取者有之？愚者與有焉。未成乎心而有是非，是今日適越而昔至也，是以無有爲有。無有爲有，雖有神禹且不能知，吾獨且奈何哉？賅，備也。芒，昧也。①

【集評】

劉云：求之造物而不得，求之我身而得其情。五行相生亦相尅，物論未足爲冰炭。即一身五藏，有自爲冰炭者。四時之更衰旺也，有在四時之外者。憫其心隨形化，教以自證自悟②

〔一〕也，集釋本莊子齊物論作「乎」。

之法。但隨所見而師其成心，未有不得師者。不知自身内事，而取之於外，是無爲有也。

③薛曰：成心者，現成天地之心，一毫不待加添也。歷盡淆訛，一切仍舊。陶云：法塵之起滅，等聲塵之萬殊。究取從來，樂出虛、蒸成菌耳！使之以莫爲，宰之者無朕，生滅紛然，寂滅宛爾，此所謂天均乎？受成形則物我立，師成心則是非起，所以然者，不識真君也。真心者，未成乎心者也。妄心者，成心也。正曰：兩説皆因現量、比量而豎此義也。且問此説現量者成心乎？未成心乎？不見大智論曰：惟善用心即得。聖學慎獨于未發，而明徵于中節而已。莊生口吻，原是設難滑疑，使人自奈何之。

④御冷氏曰：楞嚴先以見精與緣心對舉，次又剔出妙明之與見精，次又剔出因明立所之病，總欲破發業潤生之無明，而破及生相之無明也。惟至八地，見思惑乃斷盡，而復言回真向俗，留惑潤生。何耶？絶後重甦，乃堪語耳。破相非破相也，乃破識也；非破識也，乃破執也。⑤戴淵，盜也，一變而爲良臣，豈二物乎？謂其轉盜爲良，則曰轉識成智；謂其寔是一物，則曰識即是智。大慧嘗欲一刀兩斷，而又曰：識得知解起處，即與知解爲儔侶。真園頭問：家親作祟時如何？梁山曰：識得不爲災。曾一奈何否？

信解行證，則識神即佛性；不然，則佛性即識神也。學人若襲宗乘語句而混説，則聖凡不分，邪正不明。或信性而不信相，終墮斷坑；或信相而不信性，必墮常窠。起信論言生滅相，有粗與心相應者，有細與心不相應者。凡夫粗中粗；權菩薩粗中細、細中粗；佛細中細。然説即心是佛，又説非心非佛，又説箇理佛，又説事理不二。遇緣即宗，誰粗誰細？若不自己奈何，安能化粗爲玅，而粗玅雙化耶？

杖云：相刃相靡，固已可悲；心與形化，芒乎無本，益可大哀。此莊叟痛與世人提撕生死性命大事。然則人豈獨無一不芒者乎？不芒者，以知天真之獨存爲可據也。天真自存之心，豈未成乎心者得而是非之？

【閒翁曼衍】

①杖曰：心如工技兒，意如和技者。業識攀緣，芒與不芒，獨奈何哉？識得心師者誰？無益損乎其真，有于此處見真君者，遂能止耶？抑行盡如馳耶？本欲一刀兩斷，因乃賣俏放憨。昔東坡微服見玉泉皓，皓曰：何姓？坡曰：姓秤。泉喝曰：且道這一喝重多少？公無對。今代坡語曰：芒。

②聞神禹之籟乎？不落有言，不落無言，只是個勤儉不自滿。假便駕鋏船，視生死如蝘蜓，莫若以明，一刀兩斷。莊生揑起喉嚨，自作鷇音，誰奈何之？且與一塊木頭，教他吹萬自己。

③長沙岑之偈，不許錯認昭昭靈靈之識神爲佛性，然則執老莊之昏昏默默爲本體乎？是無記也。執血肉爲心者陋矣，執空虛爲心者庸詎是耶？何以擊空虛不痛，擊身則痛，刺身不死，

刺心則死耶？相宗説八識，廣深密經提出白淨識爲九識，楞伽約爲二識，曾奈何否？愛之則是愛鑛，棄之則是棄金。若不自己奈何一番，爭知不被佛祖遮？何況莊子賺！

④楚石琦讀楞嚴曰：緣見生明，暗成無見。不明自發，則諸暗相永不能昏。忽然悟得根與塵初不相到，拾得紅爐一點雪，卻是黄河六月冰。

⑤見猶離見，見不能及，獨且奈何？莊子又曰達命之情者，不務知之所無奈何，你道此句是奈何一番來底否？甘蔗生曰：路旁病鶴慵添翼，壁上痴龍罷點睛。

①**夫言非吹也。言者有言，其所言者特未定也。果有言邪？其未嘗有言邪？其以爲異於鷇**音卻。**音，亦有辯乎？其無辯乎？道惡乎隱而有真僞？言惡乎隱而有是非？道惡乎往而不存？言惡乎存而不可？道隱于小成，言隱于榮華。故有儒墨之是非，以是其所非而非其所是。欲是其所非而非其所是，則莫若以明。**鷇，鳥初出卵者。人間禽言，如鵲則報喜，鴉則報凶，鸛鳴則雨，布穀催耕，可聽之爲準。鷇音未定，則不可爲準矣。

【集評】

②集云：吹字與噫字對，見得不是風力所轉，任其生滅。惟聖人獨立于是非之表，爲能照之以天，而知道通爲一也。自「言非吹」至「此謂以明」，七百餘字，作一長行，其文與意，如草

裏驚蛇，倏忽莫覩其蹤跡，非具正眼，未易窺也。「言非吹」至「莫若以明」爲一層；「樞始得其環中」，又結之曰「莫若以明」，爲第二層，方點出道字，以作活眼。次以「愛之所以成」結「成形」、「成心」兩「成」字，此後遂出滑疑之聖人，結前達者知通之義。如此細細深觀，方知波瀾血脉，步步有落處，指示的別，非荒唐也。以質直而言之，有大必有小，百物不廢，即天地之德。敦化川流，亦有大小，大莫載，小莫破，原無世間是非，故曰「賢者識其大，不賢者識其小」，仲尼焉不學？莫若以明，明因物付物之公是也。大圓鏡智照之以天，唤作天籟得麽？中峰本曰：舍塵勞無六度。雲居齊曰：馬見自影而不驚，以斯知不斷分別，亦捨心相。起信論解曰：滅心相，非滅心體；滅心痴，非滅智也。不必捨波求水，確然混之不得。大死活來，方許受用得着。試以易證：自有天地，而太極隱矣。彼方圓、對待、流行者，是何物耶？畫後畫前，何不一照？直下自盡而已，必無兩層。

③

【閒翁曼衍】

① 辯與無辯，轉引芒疲。兩折三番，一切仍舊。降渠拜將，妙在用中。若非錯綜兩行，一指徒資儱統。陰符曰：天之至私，用之至公。只此一吹，音節自亮。不是藍田射石虎，幾乎賺殺李將軍。

② 倪文正曰：韻士管風絃月，莊士矩倫矱理，兩遇于途，必捽頂交唾而去。椌楬曰：要好戲看，

快請荀卿、韓非來，與莊子作一法戰。朔易曰：晉與宋一戰場，教與宗一戰場，朱與陸一戰場，蜀與洛一戰場。或遣放消心，或平寔論事，或標新博趣，或攷究物理。往往互非，總是奇與庸戰，才與德戰，陰與陽戰。惟賴戰勝而肥者照之，而大德敦化者齊之。莫若以明，亦因是已。究竟如何？曰：吹亦是噫。

③嫌是非須無分別，以明則又分別，無乃反悖乎？一味反復，諧滑不決，毋乃爲矯亂不可詰究之魔，教猱升木乎？華嚴之別即是圓，羅紋結角，在甚麼處？因是耶？滑疑耶？照明耶？兩行耶？環中耶？寓庸耶？無竟耶？物化耶？試指指看。

①

物無非彼，物無非是。自彼則不見，自知則知之〔一〕。故曰彼出於是，是亦因彼。彼是方生之說也。雖然，方生方死，方死方生，方可方不可，方不可方可；因是因非，因非因是。是以聖人不由而照之于天，亦因是也。是亦彼也，彼亦是也。彼亦一是非，此亦一是非。果且有彼是乎哉？果且無彼是乎哉？彼是莫得其偶，謂之道樞；樞始得其環中，以應無窮。是亦一無窮，非亦一無窮也。故曰莫若以明。

〔一〕自知，據集釋本莊子齊物論，當作「自是」。

【集評】

②郭云：欲明無是非，則不若還以儒墨反覆相明，無彼無是，所以玄同也。夫死生之變，猶春夏秋冬四時行耳。死生之狀雖異，其於各安所遇一也。今生者方自謂生爲生，而死者方自謂生爲死，則無生矣。生者方自謂死爲死，而死者方自謂死爲生，則無死矣。無生無死，無可無不可。故儒墨之辯，吾所不能同也；至於各宜其分，吾所不能異也。是以聖人因天下之是非而自無是非，故不由是非之途，而是非無不當，直明其天然而無所奪故也。無心者與物冥，未嘗有對于天下，非樞要乎？以是非爲環而得其中者，本無是非也，故能曠然平懷而乘之以遊。

③劉云：有彼，方生得此，故曰彼是方生之説也。雖然，彼是生而是非死也，是非生而彼是死矣。是特未定，反覆無窮。惟立于萬物之表者看得破。

正曰：至善統善惡，公是統是非，能明此因者誰耶？莊生胸中，只是放在一邊已耳，看得不過如此，故能放下。

【閒翁曼衍】

①湘洲曰：首言喪我，此則言天。中樞環應，是何因耶？自心既明，到家作活。水銀墮地，隨處

皆圓。收歸物化，而喪我之言亦遺矣。細針削鐵，壓沉大地。單絲絞水，浸濫虛空。人都被言句轉了，何曾證得環中訣耶？阮嗣宗曰：各言我而已矣。人人自用，求一個看此言句者亦不可得。

②秋冬春夏總天行，郭象全提因是明。澹歸曰：彼悍然離于春秋冬夏，以自爲天，以爲我得不春、不秋、不冬、不夏乎？狂惑不止，隱怪無憚而已矣。虛舟曰：四時五運，四方立極，圖書表之，黃帝舉之。五方如來，非示五種中道耶？此處奈何一番，方知因是。行窩曰：自從博得環中趣，閒氣胸中半點無。更續之曰：擊鼓中邊分不得，好隨時節聽嗚嗚。

③服膺曰：花葉死春秋，要之皆歸根。涉江曰：大本無本末，結實還須種。藏一曰：或欲花不落，或禁花不生。何爲費心力，兩皆終不能。愚曰：因是已。

①以指喻指之非指，不若以非指喻指之非指也；以馬喻馬之非馬，不若以非馬喻馬之②非馬也。天地一指也，萬物一馬也。可乎可，不可乎不可。道行之而成，物謂之而然。惡乎然？然於然；惡乎不然？不然於不然。物固有所然，物固有所可。無物不③然，無物不可。故爲是舉莛音庭。與楹，厲與西施，恢恑音詭。憰音決。恠，道通爲一。其分也，成也；其成也，毀也。凡物無成與毀，復通爲一。唯達者知通爲一，爲是不

用而寓諸庸。庸也者，用也；用也者，通也；通也者，得也。適得而幾矣，因是已。已④而不知其然，謂之道。勞神明爲一，而不知其同也，謂之朝三。何謂朝三？曰：狙公賦芧，音序。曰：朝三而暮四。衆狙皆怒。曰：然則朝四而暮三。衆狙皆悅。名實⑤未虧，而喜怒爲用，亦因是也。是以聖人和之以是非，而休乎天鈞，是之謂兩行。

筳，梁也。楹，柱也。厲，癩也。恢恑憰怪通一者，百物不廢也。狙公，養猿狙者也。芧，橡子也。朝三暮四，朝三升、暮四升也。

【集評】

郭云：是非紛然無主，皆各信其偏見耳。至人浩然，萬物各當其分，無是非也。

義曰：伐木于山，毁也；作屋，則成矣。咀藥，分也；合，成劑矣。筋角成弓，弓則成，筋角則毁矣。總觀之，則無成無毁，而通爲一也。以盡人即天言之，依然有當成當毁、可成可毁之理，謂此理爲不落成毁，可乎？黠智執毁方之圓，而不悟用方者圓。

⑥陶云：莊以無是非處齊是非，看世人作胡孫，已作弄胡孫人，亦大倨侮矣。兩行即通一。

郭云任天下是非爲兩行者錯無朕之宰，即無物之物也；各當其分，即公是也。

徐云：公孫龍與莊同時，有白馬、指物二篇，且謂白馬非馬。似順便破之。

湘洲曰：不用寓庸便是因，因便是天，天便是喪我。

⑦ 乘正曰：將謂「適得而幾」爲發皆中節耶？有時專精一路，全眼用偏。事稱其能，各當其分，中和一也。

⑧ 虚舟曰：無是非者如天，明是非者如日，此黄帝之喻兩行一貫最切者也。誠如天，明如日；仁如天，智如日。曾知天即日、日即天乎？莊生遮日以剔天耳。

周南仲紹熙策曰：不能可否而自爲智，無所執守而自爲賢，乃竊箕子公平正直之説，爲庸人自便之地，而建皇極之論起矣。玫亭投甗，切切哉！林宗不臧否人物，而史雲鄙之。司馬徽三佳字，劉須溪取之。此亦兩行耶？時位然也。易包而決之，君相辨而容之，無喪無得，往往井井，則上收之化矣。

⑨ 杖云：物物也，即本空也。不損人而益天，不益人而損天。子曰：空空如也，我叩其兩端而竭焉。舜執其兩端，兩行也；用其中于民，通一不用寓諸庸也。

一不可爲也，故藏于不用而寓諸庸，乃勞神明而爲之耶？故聖人和以是非而約于兩行，揚遏順天而張弛迭用。代明錯行之中，即是貞一。曾知有子克家、太翁受享之爲兩行耶？曾知政府宰御、紫微無爲之兩行耶？曾知律設大法、禮順人情之兩行耶？世出世法，知與無知，究竟無竟，莫不皆然。劈破三玄作兩邊，一任衆狙怒悦。

⑩ 王者勸人公務，皆是使人以私自勸。禮順情竇，而復言無欲故靜，無亦朝四暮三耶？法

行則知恩，無亦先怒之以朝三，後悦之以朝四耶？然則立一不可到者以困人，而徐解其困以悦之，是何芧耶？或問：淡飯難甘如何？曰：登山餓。火突難防如何？曰：竈門杴。

【閒翁曼衍】

①陳子升友表曰：艮爲指，竪一指，天地具在指頭上。乾爲馬，視一馬，萬物森列旋毛中。可參。

②愚曰：肇抄莊乎？莊抄肇乎？天地一指，其空拳乎？萬物一馬，其猜枚乎？急急袖手，停囚長智。

③譚云：環中寓庸，此老巧滑。恐人覷破三昧從子思脱出，遂將中庸劈作兩片拈提。

④岐伯用毒藥，衰其半而止。隨分納些些，適得而幾矣。通一不用寓諸庸，草堂更不羡珠宫。春蘭秋菊年年發，三徑常歌萬古風。

⑤一見永不再見，何須剪舌爭鳴？早是勞神明爲一而不知其同也。莫是厭迂好奇，翄此翻字法門，鼓舞蔬水耶？莫是沉痛流遁，爲此滑稽，媚世取容耶？且快半邊，聽人兩造。雷聲浩浩，雨點全無。可憐一個娑婆，都被三四升橡栗子换卻眼珠。噫！

⑥不悟用方者圓，可謂通乎？不知即方是圓，可謂悟乎？范仲闇曰：手用力時，渾身俱在兩手，豈分左右？然肝必不混腎，肺必不混脾，脉絡井然。試向羲皇圖上看，兩行通一現全身。

⑦漁樵畊牧，各安其分；寒冰暑焦，各造其極。或初漸而甚，甚與初反，而各當其候。或外與內離，離反得合，而仍分其用。此非齊物論之天地一指耶？自非絶後再甦，此指亦是戲語。

⑧通曰：賢者責人無已，畸才作恠不止，聽曰適得而幾矣，是解肌湯也。庸夫鄙倍成山，後學惰傲滿市，聽曰適得而幾矣，非結胸湯耶？不見道，直須大地火發始得。

⑨進求退由，非孔子之兩行參一乎？使民不爭，各用所長，非管子之兩行參一乎？杖人嘗云：汲汲魯中叟，彌縫使其淳，此是陶淵明底仲尼；一氣母羣兒，各弄性情紗，此是鄭所南底周易。彌縫各紗，非杖人之兩行參一乎？然非剥爛復反，過無我關，即使羲文再衍，恐信不及。

⑩湘洲曰：以不自用爲用，則明矣。可不可，猶如道然，孟子所謂蹊間成路，不必問其原來也。物呼以名，則此物矣，不必究其自體也。裂繒剪錦，以爲服裳，非成而何？斲木伐石，以爲屋舍，非毁而何？

①古之人，其知有所至矣。惡乎至？有以爲未始有物者，至矣，盡矣，不可以加矣！其次以爲有物矣，而未始有封也。其次以爲有封焉，而未始有是非也。是非之彰也，道
②之所以虧也；道之所以虧，愛之所以成。果且有成與虧乎哉？果且無成與虧乎哉？有成與虧，故昭氏之鼓琹也；無成與虧，故昭氏之不鼓琹也。昭文之鼓琹也，師曠之

枝策也，惠子之據梧也，三子之知幾乎，皆其盛者也，故載之末年。唯其好之也以異于彼，其好之也欲以明之。彼非所明而明之，故以堅白之昧終，而其子又以文之綸終，終身無成。若是而可謂成乎？雖我亦成也；若是而不可謂成乎？物與我無成也。是故滑音汩。疑之耀，聖人之所圖也。爲是不用而寓諸庸，此之謂以明。③

昭文，古善琴者。枝，柱也。策，杖也。舉杖以擊節。梧，琴也。載之末年，書之于今也。堅白，堅石白馬之辯也。綸，琴瑟絃也。

【集評】

郭云：聖人，無我者也。使羣異各安其所安，則己不用于物，而萬物之用用矣。則雖放蕩之變，用有萬殊，歷然自明。④

劉云：世人看得一邊道理，便主張一邊，愛之所以成也，黨禍始此矣。又云：物我皆爲無成。混同縛繞，急欲唤起癡迷，枉勞心力，爭是非也。不必註解棸綸，但覺其隨物着情，語意動蕩，豈可問夢于夢？莊子文字快活，似其爲人，不在深思曲説，惟疏其溝封，恍如面談，無限開豁。

王陽明答陳九川曰：實無無念時，念如何息？只是要正。⑤

石公答石簣曰：彼以「本來無物」與「時時拂拭」分頓漸優劣者，此下劣凡夫之見耳。

陶云：念即無念，故曰未始有物。
杖云：「未始有物」一語，三教宗本，但人所證有淺深。
⑥薛曰：滑疑之耀，用晦而明也。史記載晏嬰沮孔子曰：儒者滑稽不可軌法。合陳亢、太宰而知之。孟子亦言衆人不識也。
⑦正曰：世教定公是，方外歸委化。立法防奸則貴明，托寓藏身則貴晦。有知明貫明晦、晦藏明晦，本自代錯者乎？此謂以明。荀況曰：信信，信也；疑疑，亦信也。決曰：以疑激參，此通塞之幾也；以疑藏奸，盡爲所欺矣。然生死性命，必當疑至不疑，乃所以決之耳，故曰以明。

【閒翁曼衍】

①迂曰：指頭騙人，偏會遠指。莫貪隔岸青山，忘卻屋中白飯。愚者曰：莫認指頭伸屈，遠近皆在此中。何妨隔岸青山，供養屋中白飯？

②與人歌善，反而和之。不徹琴瑟，休乎天鈞。你道正和歌時、正鼓琹時，還起得一念否？然則聖人亦用指頭騙人也耶？疑否？

③無絃扣節，亦是蟲蠁木文；撞壁破琹，難免浪隨風畫。愚者曰：莊子原是雙問雙疑，鼓琹不鼓琴，聲皆本全者也，成虧亦何硋焉？子玄猶是半橛。然則滑疑之耀謂何？漫道彈琹傳紗

指，須知三五舊差徽。

④虛曰：若不從無念處看破接搆蒸菌，如何知得是正？若不穿破念即無念，早是不正了也。一個舉物物，一個舉不物于物，便成寇仇，此論如何齊耶？坎全奪離而爲坎，寔不壞離；離全奪坎而爲離，寔不壞坎。且道如何是貞一？如何是用中？朱子于發未發處疑了一生，到老始悟。莫看得容易，但取峻言激埽，貪快口耳已也。

⑤卧輪能斷百思想，六祖不斷百思想。若到藥地，快予一頓，一齊趁出。何故？只爲錯認祖師意，越發茫然趨兩頭。

⑥三個未始有，是三大阿僧祇劫。

⑦劉云：佛說無法、無覺，展轉諦空，皆出於此。但此處是文句創見，非寔義也。閒翁曰：宗乘亦無寔法予人。

①今且有言于此，不知其與是類乎？其與是不類乎？類與不類，相與爲類，則與彼無以
②異矣。雖然，請嘗言之：有始也者，有未始有始也者，有未始有夫未始有始也者；有有也者，有無也者，有未始有無也者，有未始有夫未始有無也者。俄而有無矣，而未知有無之果孰有孰無也。今我則已有謂矣，而未知吾所謂之其果有謂乎？其果無謂

③ 乎？天下莫大于秋毫之末，而大音泰。山爲小；莫壽乎殤子，而彭祖爲夭。天地與我並立〔一〕，而萬物與我爲一。既已爲一矣，且得有言乎？既已謂之一矣，且得無言乎？一與言爲二，二與一爲三。自此以往，巧歷不能得，而況其凡乎？故自無適有，以至於三，而況自有適有乎？無適焉，因是已。豪毛至秋而耎細，以喻小也。

④

【集評】

劉云：大秋毫而小泰山，莊子耑欲在中間，又不肯説出。此是他占地步，使物自得之。

羅念菴曰：執感以爲心，即不免于爲感所役。心無時息，則於是非亦有時淆矣。虛而暫息也，是非之則，斯亦不可得而欺。

許孚遠曰：立個是字，便有彊界。薛曰：無適焉者，極處去不得云爾。因是已，猶云因而已。正曰：因物付物之因，君臣道合者也。神無方、準不亂，準即是神。法位必混不得，豈賣無星秤子教市偷耶？消心放下，故澆一杓冷水耳。先言空，後言本空，夫言本空者，謂不礙于正用也。旁窺繫鈴解鈴，遂以滑疑之耀，造險雄譏，危矣哉！道理學問，則總殺之；荼毒

〔一〕立，集釋本莊子齊物論作「生」。

詐憨，則總赦之。相沿煉詐煉佞，煉狠煉潑，以爲迅峭門庭，而且藉口于至理之弊，遂至于此。其奈之何？

【間翁曼衍】

①薛云：千波萬浪，只將一「今」字作一泓清水，照燭鬚眉。類之不齊，混之不得，去來皆備于今，即費是隱，猶不悟因是耶？莊子知止其所不知，且覺省事快活，思不出其素位，立地即超三祇。

②若人識得心，大地無寸土。雲居璽曰：若人識得心，大地盡是土。盡是土，無寸土。紅棗甜，黄蘗苦。藥地曰：此是物，如何是齊？因而曰：苦以調水火，甜以養藏腑。

③涉江曰：日月星差次不齊，而錯以成時。苟是其人，必有非錯之錯言，以聽較學者之邪正淺深。何妨牛鐸食器可叶律吕也耶？聖人藏智于物，果然易簡。生銕秤錘無我見，半斤八兩不相欺。

④法鼓經云：一切空經，是有餘説。大品經云：空是大乘之初門。自知未了，名之爲淺；若執爲了，即名爲偏。莊子乃執偏淺耶？故意换人眼睛耶？項羽破邯，沛公入關，藉楚撥亂，而漢得天下。且問此是何因？

①夫道未始有封，言未始有常，爲是而有畛也。請言其畛。有左有右，有倫有義，有分有辯，有競有爭，此之謂八德。六合之外，聖人存而不論；六合之內，聖人論而不議。春秋經世先王之志，聖人議而不辯。故分也者，有不分也；辯也者，有不辯也。曰：何也？聖人懷之，衆人辯之，以相示也。故曰：辯也者，有不見也。夫人道不稱〔一〕，
②大辯不言，大仁不仁，大廉不嗛，音謙。林希逸曰：喉藏物曰嗛。國語曰：嗛嗛之德，不足就也。大勇不忮。道昭而不道，言辯而不及，仁常而不成，廉清而不信，勇忮而不成。五者园音圓。而幾向方矣。故知止其所不知，至矣。孰知不言之辯，不道之道？若
③有能知，此之謂天府。注焉而不滿，酌焉而不竭，而不知其所由來，此之謂葆光。故昔者堯問於舜曰：「我欲伐宗、膾、胥敖，南面而不釋然，其故何也？」舜曰：「夫三子者，猶存乎蓬艾之間。若不釋然，何哉？昔者十日並出，萬物皆照，而況德之進于日者乎！」有義，崔本作「議」。忮，害也。园，圓也。宗一，膾一，胥敖一，三國名也。十日，從甲至癸也。莊不拘此。藏言未劫，七日并照，火起生風。德進于日，言用晦也。

〔一〕人，集釋本莊子齊物論作「大」。

【集評】

郭云：道無封，故萬物得恣其分域。六合之外，謂萬物性分之表耳。物之性表，雖有理④存，而聖人未嘗論之。論之，是引萬物以學其所不能也，故不論其外，而八畛囿於自得。升菴最賞萬物恣其分域，爲道無封。

温公曰：沱潛于江，榛楛于山，兼容之矣。莠于苗，冰于火，欲兼得乎？又曰：艸妨步則薙之，木礙冠則芟之。自此而外，皆並生于天地間，可以知聖人之懷。

石簣曰：懷，如懷諸侯，兼納而兩存之。

薛曰：懷之一字，乃見斧鉞之下，無限慈悲。與狙公賦芧之意，豈不懸絶？

⑤集云：不知之知，非不知也。注不滿，酌不竭，衆妙之所出，特不知所由來耳。然則知固自知耳，豈待知之而後知乎？知既無知，辯且誰辯？

心易曰：邵云春秋聖人盡性之書，石齋曰忠恕之書。莊子以一懷字，寫出春秋因是非、轉是非、藏是非，即謂之無是非，故曰天均，是謂大定。看他特地表章春秋，以明齊物論之無是非。

張四維曰：莊子指百家衆技各見，不能相通，譬山林遇風，而聲則殊；肢胲具體，而用各異；所謂吹萬自已，則物論本齊矣。至天地間正經道理，自不可與百家衆技同論。正曰：神聖葆光，因其秩序統類，而物論自齊矣。孔子世家括論語，大有見處。叙子貢不可聞、顔淵喟然二段，乃叙獲麟作春秋。鄧定宇曰：若他人作，必叙兩段于作春秋之後矣。余謂孔子學易後，乃作春秋，正是行起而解滅也。可信春秋懷之，同患至密，方圓一際。

【間翁曼衍】

①開章喪我，方指出心風之狀，乃起論曰夫言非吹也。三箇因是，三箇以明，正是獨且奈何。故又總論之曰，夫道無封有畛者也。春秋十日並照，聖人懷之以天。心學事學，何用奪幡？清和任時，早施四喝。可謂瀝血，剖此平懷。

②此中何等次第，何等分曉，是豈顢頇者所窺耶？只爲狙公，難辭亥豕。

③郭注聖人不論六合之外，恐引萬物以學其所不能也。然則莊子標未始之三竿，是引萬物以學其所不能者乎？聲聞辟支，剜虛空爲窟籠，是引萬物以學其所不能者乎？六合之外，亦是一種分域耶？且問道既無封，以何者爲外耶？佛既呵之，而又恣之，石頭只與兩嘘，多少人若不釋然，何哉？

④郭青螺曰：元年春王正月，可以悟易矣。李衷一曰：韓宣子見易象與春秋而歎之，早知統矣！瞿臨桂曰：春秋律易，謂時之節乎中也。天火下襲水土，謂心必泯于下學之事也。欒廬頌曰：東西甕牖本平懷，日月中間放小齋。只一毫頭無上下，田苗山木一齊栽。

⑤大慧杲問張無盡曰：司馬光何人？張曰：君子也。慧曰：公爲何論他？張曰：當時要官做。笑翁曰：且喜發露，爲萬世作齊物論。大慧曰：余喜正惡邪之心，與生俱生。此大慧之春秋懷也。莫以末流胡盧禪，蹉過四稜脚點地。

①

齧缺問乎王倪曰：「子知物之所同是乎？」曰：「吾惡乎知之？」「子知子之所不知邪？」曰：「吾惡乎知之？」「然則物無知邪？」曰：「吾惡乎知之？雖然，嘗試言之。庸詎知吾所謂知之非不知邪？庸詎知吾所謂不知之非知耶？且吾嘗試問乎女：音汝。民濕寢則腰疾偏死，鰌音秋。然乎哉？木處則惴慄恂懼，猨猴然乎哉？三者孰知正處？民食芻豢，麋鹿食薦，蝍且音疽。甘帶，鴟鴉耆鼠，四者孰知正味？猿猵音偏。狙音且。以爲雌，麋與鹿交，鰌與魚游。毛嫱、麗姬，人之所美也，魚見之深入，鳥見之高飛，麋鹿見之決驟，四者孰知天下之正色哉？自我觀之，仁義之端，是非之塗，樊然殽亂，吾惡能知其辯？」齧缺曰：「子不知利害，則至人固不知利害乎？」王倪曰：「至人神矣！大澤焚而不能熱，河漢冱而不能寒，疾雷破山、飄風振海而不能驚〔一〕。

〔一〕飄，原無，據集釋本莊子齊物論補。

若然者，乘雲氣，騎日月，而遊乎四海之外，死生無變于己，而況利害之端乎？」蝍且，蜈公也。帶，蛇也。猵狙，一名獦牂，似猿，狗頭。其雄喜與雌猿爲牝牡。沍，涷也，涸也。薦，稠草也。

【集評】

郭云：無心而不住，故曰神。寄物而行，非我動也，故曰乘雲氣。有晝夜而無生死，故曰騎日月。夫惟無其知而任天下之自爲，故馳萬物而不窮，故能與變爲體，而生死若一。

劉云：從淺入深，由是非及好惡，從好惡説利害，從利害入生死，所謂齊也。

林云：既曰「我惡乎知之」，又曰「雖然，嘗試言之」，此皆轉換妙處。「知之非不知」，「不知之非知」，此兩句發得知止其所不知，更妙。蓋謂不自知便是真知之體，非謂經務之不用知也。般若無知者無所不知，非無知也。一真法界，比量皆是現量。疑至不疑，歷然寂定。

【閒翁曼衍】

① 此即有謂無謂、無謂有謂，滑疑之耀耶？特地抖亂，使人自釁。執此一釁，早負王倪。

② 衷一曰：昔指爲玄，今皆障之；昔指爲奇，今皆庸之；昔指爲玅，今皆惡道之。

③ 笑翁曰：人各有懷來，各當其時位，終非無謂而發也。

④ 莊子到今，套成打油矣。只管庸詎知，只管非非又

非非，帶累般若，愈見惡道。

②蕭伯玉曰：厭飫之後，惟恐其不持去。忽得橘皮湯一盌，反覺爽口燥脾耳。但空心服之，亦損至高之氣。人須以時消息之，自顧氣體何如可也。笑翁曰：既苦世間是非，又苦出世間是非，獨守蝸高，依然死水，奈之何哉？橘皮湯後請醫醫，齧缺王倪總不知。還與簞瓢消竈火，萬年流水一橋騎。

③薛云：似則似，是則未是。試思莊子要人齊他怎麼？

④磁州馬峰云：知而無知，不是不知而説無知。南泉曰：始得一半。齊己毒龍顧尾句曰：可能有事關心後，得似無人識面時。

瞿鵲子問乎長梧子曰：①「吾聞諸夫子：聖人不從事于務，不就利，不違害，不喜求，不緣道，無謂有謂，有謂無謂，而遊乎塵垢之外。夫子以爲孟升菴云：古作「⿱宀皿」。浪之言，②而我以爲妙道之行也。吾子以爲奚若？」長梧子曰：「是黄帝之所聽熒也，而丘也③何足以知之！且汝亦大早計，見卵而求時夜，見彈而求鴞炙。予嘗爲汝妄言之，汝以妄聽之。奚旁去聲。日月，挾宇宙，爲其脗合，置其滑音汩。涽，音昏。以隸相尊？衆人役役，聖人愚芚，參萬歲而一成純。萬物盡然，而以是相藴。」長梧，封人，名丘。孟浪，向音漫瀾，無所趣舍之謂。聽熒，疑惑也。時夜，司夜雞也。鴞，大如班鳩，緑色，肉甚美。

④滑涽，未定之謂。

【集評】

劉云：有謂無謂，中間也；中間，遊處也。此八箇字，足盡一部南華之妙處。纔説無是非，便商量到天遊。然亦别無妙道，參萬歲而一成純耳。參萬歲者，一念萬年也。是立論骨髓，至此説破。又不欲作自了漢，故曰「萬物盡然，而以是相藴」，謂以此包裹之也。

唐云：衆人役于知，聖人置其滑涽而忘之。

愚曰：以隸相尊者，乾五大人，各從其類。管子曰：鼓之有桴，擿擋則擊。景不爲曲物直，響不爲惡聲美。以隸相尊，即「因是已」之説也。

【間翁曼衍】

①滑疑換出湯頭，姑許妄言妄聽。仔細看來，長梧子只是黑豆辟穀，又服冬葵。

②觀我氏頌曰：飛蟲引隊月光中，道是仙娥下蕊宫。汝笑渠時渠笑汝，請君瞪目問虚空。

③嗒曰：自欲以滑稽之語，爲其脗合耳。卻來帶累聖人，置其滑涽。

④李衷一曰：東坡以萬尺題篔簹畫竹，而俗人笑之矣。人年有盡，而神傳之筆無窮。參萬歲而

一成純，萬事盡然，而以是相蘊。雖妄言之，勿妄聽之。但看筍埋千尺節，自知花笑萬年春。

①「予惡乎知説音悦。生之非惑邪？予惡乎知惡死之非弱喪而不知歸者邪？麗之姬，艾封人之子也。晉國之始得之也，涕泣沾襟。及其至于王所，與王同筐牀，食芻豢，而後悔其泣也。予惡乎知夫死者不悔其始之蘄生乎？②夢飲酒者，旦而哭泣；夢哭泣者，旦而田獵。方其夢也，不知其夢也。夢之中又占其夢焉，覺音教。而後知其夢也。且大覺而後知此其大夢也，而愚者自以爲覺，竊竊然知之。君乎，牧乎，固哉！丘也與女音汝。皆夢也。予謂女夢，亦夢也。是其言也，其名爲弔音的。詭。萬世之後而一遇大聖，知其解者，是旦暮遇之也。」筐，一作「匡」。匡牀，安牀也。竊竊，猶察察也。③弔，至也。詭，異也。一曰自謂其詭而弔之。郭云弔當卓詭，亦是晉時方言，如世説毁瓦弔之類皆是也。孫愐韻作「佴儅」。

【集評】

④林云：「夢覺」二字括得透。此處看得到，則衛玠之問、樂廣之對，未爲深遠。此亦學問中大事。如樂廣之言，則高宗之夢傅説，孔子之夢周公，又何如耶？佛亦有夢，是故佛法十喻中，夢喻第一，非止唯識比量而知之也。參參。

【問翁曼衍】

①弌説曰：泣嫁之喻，快哉！予謂戚夫人、蕭叔妃〔一〕、楊太真初嫁時，又未必不歡笑也。未幾人彘，縊于馬嵬，悔嫁時之笑否？悔亦遲矣。廓然曰：世間休問幾時好，萬事不勞明日看。

②且玩世以奉其胸襟耳，不令世間敗興，如何可玩？其名爲弔詭，玅在自己笑罵，使後人無從下口，其實乃自占自憐而已。然則真是其人，自罵自讚皆可；不是其人，則自贊爲增上慢，自罵爲卑劣慢，能緇素否？

③李屏山以睡語序圭峰，湯若士演枕中記，是占夢尋夢耶？還是遣夢彿儻耶？

④莊子果一死生耶？何故著書？望人知解耶？佛最情痴，願入地獄，恰是知非便舍，可惜竟無知其解者。詭説無知化胡蝶，依然有夢弔青蠅。

既使我與若辯矣，若勝我，我不若勝，若果是也，我果非也邪？我勝若，若不吾勝，我果是也，若果非也邪？其或是也，其或非也邪？其俱是也，其俱非也邪？我與若不能相知也，則人固受其黮音㷊。闇，吾誰使正之？使同乎若者正之？既與若同矣，惡

①

②

〔一〕叔，疑當作「淑」。

能正之？使同乎我者正之？既同乎我矣，惡能正之？使異乎我與若者正之？既異乎我與若矣，惡能正之？使同乎我與若者正之？既同乎我與若矣，惡能正之？然則我與若與人，俱不能相知也，而待彼也邪？③黮闇，不明貌。④

【集評】

劉云：妙在「彼也邪」五字。彼字本無所指，著此冷語，令人悟入。林以爲天均反淺。夫我與若與人皆不相知，及其相知，又只在我與若之間耳，而猶待彼也邪？不言之妙，不彼不此，非莊子不能脗合。

副墨曰：上既言萬世知其解，因此又作一番滑疑。

【閒翁曼衍】

①各各不相知，舌齒聊送難。各各互爲用，且坐一爐炭。此一大反因，葬送者何限？嗚呼哀尚嚮，聊發夢中歎。

②譚云：我與若與人而猶待彼，彼又何人？則烏有、亡是，俱結成幻琉璃世界。王維楨曰：公榮飲酒語從此脱胎。

③愚曰：設爲三個人，擺出四料揀。樂府收中吾，愈解愈不着。

④山谷、東坡，實虎溪之三笑，而王子充辨其非。景璧集曰：是何嘗夢見陶、陸、遠公之真身無相、真笑無聲也耶？

何謂和之以天倪？曰：是不是，然不然。是若果是也，則是之異乎不是也亦無辯。①然若果然也，則然之異乎不然也亦無辯。化聲之相待，若其不相待，和之以天倪，因之以曼音萬。**衍，**去聲。**所以窮年也。忘年忘義，振于無竟，故寓諸無竟。**倪，分也，際也。班固曰：天研、曼衍，無極也。竟，如字，極也，崔本作「境」。

【集評】

②郭云：和之以自然之分，任其無極之化，則是非之境自泯，而性命之致自適也。忘年，故③玄同生死；忘義，故彌貫是非。死生是非，蕩而爲一，至理暢于無極，故寄之者不得而窮。

集云：欲拈化聲，故設何謂天倪之問。蓋聲出于化，乃無作無爲之端倪。

正曰：聖人著其應該，藏其究竟。究竟原不可究竟，而即以應該爲究竟。寓諸無竟者，寓諸庸也。物物幾幾，皆是相待，即是絶待，此莊子喉中旨。惟其曼衍，不妨卮寓滑涽。莫認着耳根圓通耶？故又化影；莫認影事耶？故又化物。化聲、化影、化物，又曰必有分矣。分即是合，物物已耳。雖寓于滑涽，卻不滑涽。

【閒翁曼衍】

①鴈過寒潭，雞飛玉檻。琹中起舞，竹下忘知。化聲相待不相待，果無辨耶？

②譚云：振于無竟，竦身在此，安身在此。薛曰：有一轉語，移來作頌：鵓鳩啼樹上，不墮悄然機。

③龍知畫壁者多事，蝶笑曳尾人著書。紫柏曰：指正屈時，屈固無待；指正伸時，伸亦無待。不知漆吏正著書時，指待心耶？心待指耶？張元長曰：卓老七十五，筆墨常潤，亦自笑何爲爾。東坡學士院中書「平疇交遠風，良苗亦懷新」百十紙，退衙盡給輿皂。此意欲何爲哉？但是不可已。

①罔兩問景音影。曰：「曩子行，今子止；曩子坐，今子起，何其無特操與？」景曰：「吾有待而然者邪？吾所待又有待而然者邪？吾待蛇蚹音敷。蜩音條。翼邪？惡識所以然？惡識所以不然？」蚹，蛇腹下齟齬可以行者。

【集評】

②劉云：待有所待，甚精。相待之無窮，而寔無所待，則俱空。

③潛艸曰：蘇子瞻令叔黨摹其影，不施眉目，而觀者知其爲子瞻。以燈取影而神出焉，此

④

叔黨之玅也。莊子是晝至誠之影者也。後來襲取此筆以賣畫，何異塗鴉而夸張顛？

薛曰：添此一喻，亦非偶然。寓諸無竟，猶嫌未是剿絶，尚屬分别影事。此論主乎自掃蕩耳，消歸物化方了。

涉江曰：若倚物化，又是一病。

【閒翁曼衍】

① 一曰同在化聲中，而物我歷然，同異歷然，有無歷然，皆蛩蛩距虛也。景答罔兩曰：無汝回避處。

② 章大力曰：影以翳光，而如形之餘，非離也。神工灸影以起病，短狐射影以中人。是則去身之物，尚亦關身也耶？參。

③ 劉曰：人必在齊上收篇。誰知山窮水盡，冷轉一語，翻卻從前許多話柄。必有分矣。

④ 愚曰：不落不昧，早火葬此野狐。出入不知，空下飯與土地。惡識所以然？惡識所以不然？

睽之歸妹曰：載鬼一車，見豕負塗。先張之弧，後脱之弧，匪寇，婚媾。往遇雨則吉。

①

昔者莊周夢爲胡蝶，栩栩音許。**然胡蝶也，自喻適志與，不知周也。俄然覺，**音教。**則蘧蘧然周也。不知周之夢爲胡蝶與，胡蝶之夢爲周與？周與胡蝶，則必有分矣，此之**

謂物化。栩栩，喜貌。蘧蘧，有形貌。

【集評】

郭云：覺夢之分，無異于死生之辯。今所以自喻適志，由其分定，非由無分也。夫時不暫停，而今不遂存，故昨日之夢，于今化矣。死生之變，豈異于此？

②天台宗曰：華嚴圓教兼別教。而明眼者曰：別即是圓。何妨于莊子末後句中，喝破影事之病。

杖云：化聲、化影、化物不相待也。蝶不待周，周不待蝶，夢不待覺，覺不待夢。此莊生③不知吾何以喪我，而物亦不知何以自化也。罔兩問景，翻恨造物冥然無知。且與潑墨。

石塘子曰：聖人表中正以與萬世化，諸子各出一奇以盡變相爭。讀聖作，當虛心以從經；覽百氏，當化書以從我。曾子固曰：周末方術，各得一偏。私智蠭起，皆明其所長而昧其短，矜其所得而諱其失。李本寧曰：劉子玄因仲任問孔，而工訶古人，拙于用己。莊生齊④物論，翻空以息衆論，而後明環中寓庸，春秋懷之。其曰「議止于極物」，寔語也。苟非正經而知物，則雖託于無得無失，又孰知其所矜所諱耶？三一曰：物論不過同異、統類、有無而已。湯若士曰：理爾，勢爾，情爾。潛艸曰：人知情勢爲至理，抑知轉情勢之至理乎？眉公曰：春秋之法約，而説卦之旨詳，蓋統不礙類也。焦弱侯曰：孔明器即道，老明有即無，佛明

⑤ 色即空。二氏之長，皆易所有。心自本無，則言者誤之耳。藥地炮至此曰：維世重紀綱，遂功言權變。凡夫聽理，不如利害；辨士貪奇，必資顛倒。達人遺放，才子標新。破相者逃玄，核欺者據物。不可以質測廢通幾，豈可以通幾廢質測乎？突出難辨，硬掃亦癡。自非神明其故，何能因其代錯而化歸中和也哉？不則安用齊物論，而且爲齊物論夢話所惑亂矣。真具眼者，試齊齊看。

⑥ 老父在鹿湖環中堂十年，周易時論凡三成矣。甲午之冬，寄示竹關。窮子展而讀之，公因反因，真發千古所未發。萬物各不相知，各互爲用，大人成位乎中，而時出之，統天乘御，從類各正，而物論本齊矣。復予蓍筒而銘之，曰：蓍卦之惠，退藏于密；即方是圓，兩行貞一。不肖子以智時閲此論，謹識之以終卷。

埋菴曰：大學格物，南華齊物，楞嚴轉物，皆無心異同也。學者自既不足，非創過高之論以矯之，則閟恐人知，不則弁髦古人矣。苟無其物，則根既不存，塵無所附，根塵絕待，心境一如，是謂大同。唯大同者而後能出世入世，無可不可。中通曰：極物而止，此莊所以齊物也。非格莫轉，非轉莫齊，非齊莫格。以無物齊之，曾格此乎？物物無物。吾三世之定萬世繩權也，真午會不虛哉！不肖男中通記。

【閒翁曼衍】

①喪家之狗，然哉！人牛俱失矣。鵬賦曰：天不可與慮，道不可與謀。徒笑鳶魚之腐，欲返螟蛉之魂。且以胡蝶之影救活麒麟之泣何如？

②奇想奇見，以奇寫庸。石牛之鳴，晴天之雨，閒人恰許消閒，忙人切莫錯會。郭天門曰：幾向華山求一覺，黑甜堆裏悟高峰。

③譚曰：萬慮枯竭，人天同息，一光所涵，世界霽白，是謂天照。奇怪槎枒，主尊隸卑，恬坐無始，狼虎戲側，是謂寓庸。石門曰：爲是不由而照之以天，將謂打瞎肉眼，而迸開摩醯首羅眼耶？爲是不用而寓諸庸，將謂打瞎頂門眼，而還己雙眼耶？笑翁曰：已遲八刻，胡蝶笑汝久矣。

④或問：把住如何？曰：拳在我手裏。放行如何？曰：脚在你肚下。把住中放行？曰：上嶺藤條全得力。放行中把住？曰：過溪石步不容停。且問不把不放如何受用？曰：天以貞明羣象正，地通消息百川潮。

⑤月曰：既入夢境，更問誰是非？然非一切抹摋靠胡蝶也。笑翁曰：莊子自知不好收科，姑妄言之、妄聽之，只當説夢可耳。均曰：莊子又掃去專夸了生死一流，非夢話也。抛卻此論，正有事在。饒三曰：盡道春多雨，摧殘花易空。不知春態度，尤在緑陰中。

⑥槙與灸曰：畫家而不善畫空，千古缺處也。畫是醒時作夢，夢或無理卻有情。畫不可無理，正紗有情，非多讀書、負上慧、能作奇夢者莫望涯涘。魏子一曰：但盡畫法，其空自顯。鄭超宗曰：畫與法化，筆筆是空。愚曰：看見莊生畫風，又來畫夢麽？噫！

藥地炮莊卷之二

天界覺杖人評　極丸學人弘智集
三一齋老人正　涉江子陳丹衷訂

養生主第三

①三一曰：莊叟時，無生之旨尚未西來，老子之學流爲養生家言，故莊叟立論訶之，謂養生者須識取生之主。

石公曰：立命順受，故不欣長生，不悲夭折。無生，則非養之所能生矣。衆人利生，故害生；聖人不利，故不害。非深達生死之理，惡能養生？

小修曰：自其獨尊無二曰主，管攝若帥曰督。

虛舟曰：陰符云：君子得之固窮，小人得之輕命。輕命滅裂，藉口舍生，何如正告曰養其生之主乎？天理不落生死，而安順中節。教養之主所以爲萬世造命者，此也。

愚曰：此篇發明慎獨中節之學。以一善刀而藏，消盡善惡名刑。邵子最賞提刀四顧，有旨哉！外篇達生曰：善養生者若牧羊，視其後者鞭之。消盡偏養内、偏養外者。解牛鞭羊，曾見此由己問目之窾郤乎？頤曰：養正則吉。

【閒翁曼衍】

①超越世出世間，主中更有主在。有爲無爲雙破，幸得督字隨緣。有時道四大爲身，將以破血氣之執耶？而執者魭斷。有時道身外無餘，將以破舍身取心之執耶？而執者虫豸。聖人合天下爲身心，慶萬世之安順，依乎天理，第一神丹。怎奈人人蹉過何？今以啓手足者、不忘溝壑者、析骨肉還父母者合作火把，誰不享此竈門、照此燈盞？試問外生、無生、安生，主在甚麽處？一種孤負背脊，不管正經，硬作主張，亂刀堆骨，此一變症最是難醫。莊生冷笑曰：現逃不過生緣。忽聽見説養親盡年，或者救得一半。

①**吾生也有涯，而知也無涯。以有涯隨無涯，殆已！已而爲知者，殆而已矣。爲善無近名，爲惡無近刑，緣督以爲經，可以保身，可以全生，可以養親，可以盡年。**督，中也。奇經八脈，以任督主呼吸之息。背脊貫頂爲督，爲陽。衣背當中之縫，亦謂之督，見禮記「深衣」注。經，常也。

【集評】

②管見曰：或引善不積不足成名、惡不積不足滅身爲證，則是爲而近名刑也；或引上不敢爲仁義之操、下不敢爲淫僻之行，則是不爲而不近名刑也。蓋世所謂善惡，特見其迹耳。聖

賢所謂善惡，公而無畛，爲于無爲，豈常情所能測哉？夫爲善惡而近名刑，不爲善惡而無名刑，皆理之當然。今則爲之而不近名刑者，世人視之以爲善惡，而聖賢之心常順乎中道，合天理之自然而已。督字訓中，乃喜怒哀樂之未發，非善惡兩間之中也。

③ 三一曰：中之名，因過不及而立；中之用，不以過不及而限也。故有圓中、正中、時中之説焉。以緣督爲用中，則時中即正中、即圓中也。中節之和，即未發之中。豈有兩截三中之贅耶？宗鏡提自證淨，分中道、有爲中道、實性中道，又説不斷不常中道、不假不寔中道、不空不有中道，又載中論玄樞五種中道，將緣何者以爲經乎？

正曰：陰符云：天之至私，用之至公。公則無私，惡皆化爲善矣。二裸非淫，禪革非貪，删述非夸才辯，伊周非行霸術。苟志于仁矣，無惡也。證知大本化育，而時出經綸，自然不縱欲、不絶欲，而從容中矣。聖人以至善之體統一切，以中節善用貫有無，故名教、刑書皆是天理，增損不得者。正所謂不執相、不破相，而享因物付物之寔相者也。

薛云：有涯之生、生滅之生，非無生之生也，故有涯。無涯之知，知見之知，非無知之知也，故無涯。有涯何以隨無涯？此内外景秘密之旨，非但不識生，且不識知。連下兩「殆」字，凛然。

④ 杖云：此主全在緣督以爲經，故能爲于善而不近名，爲于惡而不近刑，慎獨之妙也。治

己治人，曾無二致，可以養親，即可以治天下國家矣。易之觀我生、觀其生，即觀天下。涉江曰：杖人添兩「于」字於「爲」字下，政見督之緣，乃顯獅子捉象、捉兔之全力。

⑤ 愚者曰：既説身，又説生，于何分疏？年何以爲盡？所以立命也。插入養親一語，令人誦之手舞足蹈，仰天涕洟。蓋必養其生之主者，方能得親、順親耳。孝經曰：孝無終始，通于神明。曰孝無始，則有在髮膚之前者；曰孝無終，則有在祭葬之後者。養傳天下人心、續萬

⑥ 古之主中主以事其親，其達孝何如耶！方知孝經是金剛砌，水火鬼神没奈他何，兵刑地獄豈能比其迅利？大經、細經皆明，可悟常統常變。

【閒翁曼衍】

①野同養正讚曰：大過送死，養生頤吉。知言養氣，自求口實。節慎養正，谷神爲質。拂頤勿用，由頤者直。塞乎天地，生死本一。

②薛曰：坐斷兩頭，中間不立，將何緣乎？中不在内外，中而無不在，將以何爲督乎？「無近」二語，不撥善惡，豈必在境遇上討針線？正見能殺能活，非山澤臞鬼家活計。旁觀者不識，故以爲善，則名不得而近他；以爲惡，則刑不得而近他。乾之雲行雨施，坤之履霜堅冰，然亦第緣以爲經耳。透網金鱗，以何爲食？俊哉！

③吴觀我與朗目興復浮山，袁中郎寄書曰：何以朗居士之目耶？居士眼如牆壁矣。若思慮盡

者，非瞎其心歟？眼不可瞎，而心獨可瞎歟？如云牆壁言入道，非言道體，達磨直指，胡迂曲也？道若可入，是門非道。若言入門，是從門入，豈是家珍耶？觀我曰：死其目，所以生其目之主也；死其心，所以養其生之主也。主本無生無死，又安用養哉？仍是養其主之生緣，而生其心之天眼耳矣。浮山曰：牆壁皆是天眼，猶作兩截耶？坐在牆壁下如何？曰：瞎。推倒人家牆壁如何？曰：瞎。頌曰：門堂室總是家珍，踏破虛空立處真。四顧一刀誰善養，南窗北卧是何人？

④涉江曰：天地養萬物，聖人養賢以及萬民，合之只完一養生主。時有問向上事者，只對他云：看刀！

⑤素問亦是刑書，孝經即是仙方。誰能解之？聊爲三號。

⑥有曰步步作胎，若未嘗墮地者；有云不專墮地時，靠得墮地時，亦自養者。何如護生用殺之一刀耶？何如生即無生之藏刀耶？五味在和，酸鹹俱化。鑊湯爐炭，恰好遊刃。

①庖丁爲文惠君解牛。手之所觸，肩之所倚，足之所履，膝之所踦，音紀。砉音翕。然嚮然，奏刀騞音畫。然，莫不中音，合乎桑林之舞，乃中經首之會。文惠君曰：「譆，善

②哉！技蓋至此乎？」庖丁釋刀對曰：「臣之所好者，道也，進乎技矣。始臣之解牛之

③時，所見無非牛者〔一〕；三年之後，未嘗見全牛也；方今之時，臣以神遇而不以目視，官知止而神欲行，依乎天理，批大郤，音隙。導大窾，音款。因其固然。技經肯綮之未嘗，而況大軱音孤。乎？良庖歲更刀，割也；族庖月更刀，折也。今臣之刀十九年矣，所解數千牛矣，而刀刃若新發于硎。彼節者有間，而刀刃者無厚，以無厚入有間，恢恢乎其于遊刃必有餘地矣。是以十九年而刀刃若新發于硎。雖然，每至于族，吾見其難爲，怵然爲戒，視爲止，行爲遲，動刀甚微，謋音穫。然已解，如土委地。提刀而
④立，爲之四顧，爲之躊躇滿志，善刀而藏之。」文惠君曰：「善哉！吾聞庖丁之言，得養生焉。」砉然，皮骨相離聲。騞然，聲大于砉也。經首，咸池樂章也。郤，間也。窾，空也。肯，著骨肉也。綮，猶結處也。軱，大骨也。十九年，以十年爲率而用之，九年言其久也。硎，砥石也。

【集評】

⑤譚云：分明蒲團上坐一庖丁，徑將解牛作山水絲竹，是何等心耳！從來寶刀詩歌，寫不

〔一〕牛，集釋本莊子養生主作「全牛」。

⑥ 出「無厚」二字。「每至于族」數語，凡性命、道德、文章、事業，小心大膽，俱已拈破。

⑦ 杖云：緣督爲經，率性之道也；以無厚入有間，發皆中節也。涉江云：讀此提，乃知中庸之智、仁、勇是無厚之刀刃，五倫、九經是有間之全牛。又拈出「愼」字爲致中和之本，真神解哉！豈與偷變壞經者比。

⑧ 薛曰：庖丁之語，當作三句看。所見無非牛，是俗眼；全牛，是智眼；有間，是道眼。能見全牛者，有成竹于胸中者也。通身芭蕉，剥而不壞，其間安在？惟刃知之耳。三百八十四畫，畫畫都是游刃之地，與時偕行。喫緊在「善刀」一語，時時緣經，即時時奉主。

【閒翁曼衍】

① 依乎天理，刀解中節，怵然爲戒，四顧善藏。你看這位講學先生，烹卻露地白牛了也。

② 杖曰：視其所以，觀其所由，察其所安，人焉廋哉？目無全牛矣。不逆詐而先覺，官止神行矣。且喚庖犧納皮角，不妨吞盡九牛毛。

③ 杖曰：是刀還有利鈍也無？若善用，雖菜刀、竹刀亦具神解。不見道用之則行，舍之則藏，臨事而懼，好謀而成？三達五中，是鼓鑄爐。動刀甚微，善刀而藏，愼獨水火，何妨百淬？諸人要識此刀麽？皆縫中看取。

④ 吹毛用了急須磨，與善刀而藏之，誰利誰鈍？

⑤觀我氏頌曰：解得千牛刀不傷，到頭須解善刀藏。等閒了卻英雄事，廣額屠兒是法王。

⑥老子治大國若烹小鮮，陳平宰天下亦如是肉。庖丁好道，嘗用劍刃上事。文公雖有悟處，止見一邊，養生之主，何曾夢見？

⑦入水不濡，入火不熱。恢恢遊刃，總在善藏。末世從聞道覓飯盌，何異在墦間觀朵頤？將謂獅子踞地，便是騎牛出關耶？更須一解。

⑧杖曰：俱胝能豎指頭，烏窠能吹布毛，又誰知其神雖王而不善哉？軱骨一刀真兩斷，柴頭四顧當三號。

公文軒見右師而驚曰：「是何人也？惡音烏。乎介也？天與？平聲。其人與？」曰：①「天也，非人也。天之生是使獨也，人之貌有與也，以是知其天也，非人也。」澤雉十步一啄，百步一飲，不蘄畜乎樊中。神雖王，去聲。不善也。公文，姓。軒，名。宋人也。

【集評】

②郭云：始乎適而未始不適者，忘適也。自放于清曠之地，忽然不覺善之爲善也。

③陶云：十步方一啄，百步方一飲，防患周慎，豈期畜樊中哉？雖王不善也，何若無心順物乎？

集云：驚問者，從形骸起見也。右師曠然澹漠，安于所遇之偶當。曰天使獨、曰人有與者，言無損于我之本來面目也。

袁小修曰：陶徵士云「田間豈不苦？庶無異患干」，此所以縱浪大化也。

愚曰：庖丁以全牛爲有間，右師以介獨而全天，一全一獨，取譬妙叶，只是怵然之戒，有誰肯顧？不妨驚之，庶幾稍慎其獨耳。依然收歸弔哭，嗚呼哀哉！

【間翁曼衍】

①飄然去，千嵓萬壑無尋處，亮座主其出樊乎！然我正要問他：天地一樊也，畢竟往那裏去？

②生芻一束，古今祭文。孫楚作驢鳴罵諸弔客，老父以膏蘭罵其死友，皆是讚歎不及。

③曹大文曰：這個便是救苦天尊。竹關題大士曰：人只念救苦救難觀世音，何不念救安救樂觀世音？安樂二字，今古北邙，一隙廁邊，即便偷息。故現出許多水火刀兵，生吞活剥。是個漢便于此處轉身，翻個筋斗，始悟第一冤家即是第一恩人。熱鬧場中打一冷戰，便是一瓢甘露漿矣。不見大士燒慈航，踢倒落伽山，不許躲跟，要人浪裏下脚耶？

老聃死，秦失宋本作「佚」。弔之，三號而出。弟子曰：「非夫子之友耶？」曰：「然。」①「然則弔焉若此，可乎？」曰：「然。始也吾以爲其人也，而今非也。向吾入而弔焉，有老者哭之如哭其子，少者哭之如哭其母。彼其所以會之，必有不蘄言而言、不蘄哭而哭者。是遁天倍情，忘其所受，古者謂之遁天之刑。適來，夫子時也；適去，夫子順也。安時而處順，哀樂不能入也，古者謂是帝之縣解。」指窮于爲薪，火傳也，不知其盡也。盡從聿、火、皿，手續火于皿，俗別作「燼」。孟子「盡心」可與合參。

【集評】

② 郭云：以有係者爲縣，則無係者縣解也。縣解而性命之情得矣，此養生之要也。

③ 焦曰：佛典言火傳于薪，猶神傳于形；火之傳異薪，猶神之傳異形。人見形朽，便謂神
④ 喪，終期都盡，可乎？然舍生趨生，猶未了之談也。竊意以指計薪，薪多而指有窮，及火相傳燒，不知其即時盡矣。蓋躍金不出乎鑪，浮漚必還之海，以見其無死生，一也。前言生之當養，此言死生如一，豈故反哉？知死生之一者，乃爲善養生者耳。

陶云：庖丁言養生之理極矣，又推到未嘗有生死，方爲探本之論，以結「主」字之款。薪盡火傳，如楞嚴波斯匿王，不妨淺解。

⑤ 凌滄虛云：逍遥遊曰杳然喪，齊物論曰懷之，養生主曰安時處順。托出三個聖人來，與他安名。

弋説曰：莊子用世才，蓋謂錯節處勿輕試，于肯綮處乃可下手也。齊桓公苞茅聲罪、膠舟致討，入楚之間也。趙襄子肘韓康子，入智伯之間也。范蠡賄宰嚭，入夫差之間也。田單

譖樂毅，而以騎劫代，入燕惠王之間也。漢高祖爲義帝發喪，入項羽之間也。王允用呂布，入董卓之間也。仁傑謂姪不祔姑，入武曌之間也。李愬破蔡，入李光顔之間也。王曾以山
⑥
陵事獨對，入丁謂之間也。有間可入，投筆定絶域而有餘；無間可入，臥龍定三分而不足。藏器于身者，胸臆有氣，眉宇有色，吾意所至而人備焉，意所不至而人逆焉，淺陋極矣。莊生周末四顧，無下手處，只得卷而懷焉。

杖云：帝者，天命之性也；縣解者，生死無涉也。指窮于爲薪，是爲善無近名、爲惡無近刑也。火傳是緣督之經。天地雖覆墜乎，真我原冥極而無知也。

三一曰：不知其盡，故哀樂不能入；學薪不厭，而□神之火傳焉〔一〕。事究竟堅固，堯舜至今在。世人戀肉我，不知此心亘古今。外道煉識陰以駴蟯蠙，看破又荒緣督之經矣。故曰及盡今時。野同曰：滿空皆火，物物之生機皆火也。火具生物、化物、照物之用，而有焚害
⑦
之禍。雖由鑽燧發之，必賴灰斗養之，置竈與釭以用之。倫物協爇之竈，夫非即用即藏者乎？剔言天命者，神不可知之冒總也；剔言性者，心不自知之平泯也。其實流行一切中。聖人表此心之條理，用中于民，物物不過乎物，斯中節而兩忘矣。貪慾忿諍則蔽，斷而錮之則

〔一〕□，原稿漫漶，疑作「心」。

蔽，常人遵法安心可耳。浚高者執偏鬪勝，昧于秩序，而匿不可知以販詒乎？濡其首，不知極也；濡其尾，不知節也。

【間翁曼衍】

①杖曰：哭者以人視聃，弔者以天視聃，豈貶詞哉？雖然，即謂棒老聃以驚醒世人，何嘗不是縣解？已縣解矣，冥極無知之處，倚着依然不是也。安順隨緣，一付脊梁，須還他手肩足膝始得。

②蓮勺曰：薪盡火何以得傳？直教莊生向死灰中猛然爆出始得。

③愚曰：童子鴻不因人熱，只是背脊可憐生。若依他滅更燃之，豈不枉費氣力？

④有謂形爲薪、神爲火者，有謂事爲薪、理爲火者，有謂火離薪則滅者，有謂離薪則光滅而無體之火不滅者，有謂火滿空中而用光必在得薪者，但請善刀析燒而續之。若不知析燒，自不知緣經，又何能續哉？虚生浪死，誤殺多少？

⑤揭暄曰：莊子以養其主之冒，而寔養其生耳。弋説一端也。夫盤根錯節，利器自别。董公之聲義帝，侯公之迎太皇，則間自我造。子房、君章、幽求、鄴侯，皆善處人骨肉之間弭之。將笑卧龍無間耶？彼固以刀頭藏身者也，鞠躬盡瘁，入天地之間矣。曾知轍環删述，入萬世之無間者乎？

⑥愚曰：不知其盡也，一句悄然，再不犯手。既已破神滅之陋見、斷見，更預消神我之痴見、常見。四顧之刀，神于宵練，苦于來丹矣。聖人主養萬世之生，即以萬世之生自養其主。批天順理，隨緣達經，不知其盡，各安自盡。所以時乎樂，爲哀樂不能入之樂；時乎哀，爲哀樂不能入之哀，樂固樂，哀亦樂也。其同患者，食蒼則蒼，食黄則黄，不愁火種，正用善薪。了知那邊無汝迴避處、無汝造作處，只在這邊行履耳。誰料後世述者，偏倚那邊造作，迴避督經耶？莊子殆矣。

⑦笑曰：莊亦造那邊養這邊者。烹佛自養，非犯軱耶？不則舐人刀耳。柴頭一吹，堂上救火，造作此薪，傳個甚麽？便打破鍋亦殆。不如明説不知，主中主不憂斷也。

人間世第四

①三一曰：莊叟以無爲自然爲宗，以逍遥爲趣，獨不欲幻妄視人間世，必曲盡其情僞，使免坑塹。所謂吉凶與民同患，是至密也。

黎久曰：敬身寡欲，而不必逃乎生死者，分也；致中和，慶延後世，而不必免于興亡者，數也。人盡人之職耳。邵子曰：先能了盡世間事，然後方言出世間。程子曰：我亦有丹君信否？用時還解壽斯民。

虛舟曰：人間世，將有天間世耶？將有不落天人間之世耶？華嚴法界品、化書別搆一天地，祇溢言耶？法界量滅，乃可語禪；無禪可語，止有一寔。正因了因，藏于緣因，何世可出乎？因物付物，隨分自盡而已。然非窮盡，安能不惑？

【閒翁曼行】

①藥地譆曰：易簡險阻，平地風波。郤曲迷陽，如何下足？誰知童子詢差別智是究竟覺耶？養虎衰鳳，只爲心使藏鋒。能不擇地，自無翼飛。掃屋漏，致虛齋，開明堂，説大戒，也是事不得已。到底醫門多疾，垛生招箭。似此五濁，難免刀痕，不若支離，傳其薪火。

①顏回見仲尼，請行。曰：「奚之？」曰：「將之衛。」曰：「奚爲焉？」曰：「回聞衛君，其年壯，其行獨，輕用其國而不見其過。輕用民死，死者以國量乎澤若蕉，民其無如矣。回嘗聞之夫子曰：『治國去之，亂國就之，醫門多疾。』願以所聞思其則，庶幾其國有瘳乎？」仲尼曰：「譆！若殆往而刑耳。夫道不欲雜，雜則多，多則擾，擾則憂，憂而
②不救。古之至人，先存諸己而後存諸人。所存于己者未定，何暇至于暴人之所行？且若亦知夫德之所蕩，而知之所爲出乎哉？德蕩乎名，知出乎爭。名也者，相軋也；知也者，爭之器也。二者凶器，非所以盡行也。且德厚信矼，音江。未達人氣，名聞

不爭，未達人心，而彊以仁義繩墨之言術暴人之前者，是以人惡有其美也，命之曰菑人。菑人者，人必反菑之。若殆爲人菑夫！」澤若蕉，言野無青草也。一曰積尸平澤，以澤爲量也。若蕉，刈民如草芥也。術，一作衒。

③

【集評】

須溪曰：存諸己者如神明，人自來叩，不言而信矣，故反覆進之以道。曰未定者，猶言自家未玲瓏洒脱在，何暇及它？

大學釋論申藏恕之喻曰：唐太宗云：卿等勸朕納諫，卿等亦納諫否？德宗謂李泌曰：直使朕胸懷自盡，而其氣愈和，此所以喜得卿也。郅惲之諷廢立，豈同魏徵？裴度之諫東巡，豈同薛廣德？袁褧楓窗曰：石介茅拔距脱之詩，韓范于閿鄉聞之，拊股曰：恠鬼壞之！可見藏身不恕，安能喻人？徒令鬬捷耳。

杖云：此篇獨以孔顔之敲唱爲首，見非聖人不易處此人間。即有藐姑䠶之神人，亦用不着。曾知藐姑䠶即在曲肱單瓢裏麽〔一〕？

〔一〕單，疑當作「簞」。

又云：指出其病，即一藥也。如云年壯行獨，輕用其國，蓋爲剛愎自用之君百沸一劑〔一〕；舉龍逢、比干以下拂上，蓋爲忠才不善用者繆刺一針。

【閒翁曼衍】

①薛曰：以弦歌陋巷之人，忽思纓冠之救，是何心行？孟子曰禹、稷、顏子同道，恰是吴道子一筆圓光。函山曰：生死之關，一輕即了；人間之事，輕用即禍。今有以了生死而輕用不見過者，曾達此氣否耶？

②劉云：「未達人氣」四字，未易以言語證。如人未習水土，起居自不相入。廣中俗法，先以衣投水，可參。譚云：「未達人心」四語，是聖賢身世關通有用之言。名、知者，世之所用也，指爲凶器，最唤醒人。愚曰：看它連用四個「且」字，情勢易惑，理非一端。孟莊裹足潼關路，豈似韓非作説難？

③嗟乎！容戇者、憐嫵媚者，上既少矣，下又無郅惲、李泌之學，徒曰管仲同國奢淫，仁傑包羞忍辱，豈能恬礪齒者之避嫌與遯世者之支離乎？温公聞方長不折之對，曰遂使人主不欲親近儒生，然温公亦不能免黨禍也。攷亭以正心誠意責孝宗，同甫不喜，然同甫亦不能有所弘

〔一〕「愎」，原作「復」，據文意改。

濟也。或問：如何乃達人氣？愚曰：雪宮慣用牛心引，漆園空憐馬矢筐。惟有舍身能致命，且從齋戒得神方。

①且苟爲悦賢而惡不肖，惡用而求有以異？若唯無詔，王公必將乘人而鬭其捷。而目將熒之，而色將平之，口將營之，容將形之，心且成之。是以火救火，以水救水，名之曰益多，順始無窮。若殆以不信厚言，必死于暴人之前矣。且昔者桀殺關龍逢，紂殺王子比干，是皆修其身以下傴拊人之民，以下拂其上者也。故其君因其修以擠之。

②是好名者也。昔者堯攻叢枝、胥敖，禹攻有扈，國爲虚厲，身爲刑戮。其用兵不止，其求實無已，是皆求名實者也。而獨不聞之乎？名實者，聖人之所不能勝平聲。也，而況若乎？雖然，若必有以也，嘗以語我來。」扈，國名，今京兆鄠縣。宅無人曰虚，死而無後爲厲。

③【集評】

宏甫曰：順而能達帝王之政，逆而能忍老莊之術，才識相配，必本領宏深。精魄有用，用不敢盡，安重以不虧疎其氣？非的然以爲美，遂厲而致之也。

蕭伯玉曰：或見一時之功，卒犯物忌。一試不中，淺深爲人所窺，雖欲改轍，不能矣。適足致禍，而反若可喜，此輕用其智之患也。功德雜揉，皆緣于不得已，非能增而益之也。荆公、温公皆以道法扶世，然進之不顧其安，而卒至于壞。達者自量不效，則摧幢折牙，何爲蘇而復上乎？豁懷無方，故天下樂推而不厭。

正曰：一個世界，總是一個聖人之心。以表法言之，治者人即天也，使者性相一如之幾也，太子者兒孫得力，室内不知也。終言無用之用，遯世無悶，本不動者也。

【閒翁曼衍】

①「乘人鬬捷」四字，窨縵十二搆，蒸菌十二狀，皆盡于此矣。豈惟王公以之拒諫？道流亦用之以護短，因其修以擠之。相軋之毒，獨且奈何？

②須曰：「必有以也」一語甚玅。既已極言之，又從容往復，使其自供自吐，窮盡其贓證，然後下鉗鎚。

③履曰：將以時習、朋來爲世，則以不愠爲出世乎？轍環爲世，則以退老洙泗爲出世乎？伊周入世，則孔顔出世乎？約而言之，同患爲入世，則藏密爲出世乎？更約而言之，有心爲入世，則無心爲出世乎？辟如勾股虚空，總不能免于方圓三角也。惟此名寔，足透物情。本以豁懷，乃能厚載。轉人間世于無我有事，善享功位雙超。藏人間世于學而不厭，正在兒孫得力耳。一向瀾翻天海，猶是師心；依然只現迂腐身，同汝齋戒。

① 顔回曰：「端而虚，勉而一，則可乎？」曰：「惡！惡可！夫以陽爲充孔揚，采色不定，常人之所不能違，因案人之所感，以求容與其心。名之曰日漸之德不成，而況大德乎！將執而不化，外合而内不訾，其庸詎可乎！」「然則我内直而外曲，成而上比。内直者，與天爲徒。與天爲徒者，知天子之與己，皆天之所子，而獨以己言蘄乎而人善之，蘄乎而人不善之邪？若然者，人謂之童子，是之謂與天爲徒。外曲者，與人之爲徒也。擎拳曲跽〔一〕，人臣之禮也。人皆爲之，吾敢不爲邪？爲人之所爲者，人亦無疵焉，是之謂與人爲徒。成而上比者，與古爲徒。其言雖教，謫之實也，古之有也，非吾有也。若然者，雖直不爲病，是之謂與古爲徒。若是則可乎？」仲尼曰：「惡！惡可！太多。政法而不諜，雖固，亦無罪。雖然，止是耳矣，夫胡可以及化？猶師心者也。」

② 惡，歎詞。惡可，甚言其不可也。

【集評】

劉云：日漸之德不成，言如此遷就浸漬，將小處猶未易透，況大事乎！此道在納牖巷遇

〔一〕擎拳曲跽，集釋本莊子人間世作「擎跽曲拳」。

之上。

陶云：行不以地、飛不以翼者，無己也。若有己，則有挾以喻人多矣、雜矣。端而虚則不虚，勉而一則不一，此絶迹不行，非行而不行者也。顔子初有見于虚，未知所以虚，故以心齋進之。

③杖云：師心者，不能忘我。故曰寧爲心師，莫師于心。

集云：設爲三條，委曲發明，可謂玅矣。然大人先生不如此。心體本無，正用即得；盈虚消息，現前歷然。在己分中，有何委曲？有何巧妙安排？

【閒翁曼衍】

①張文饒曰：處心不可着，着則偏；作事不可盡，盡則窮。盈虚一徹，化外無心。先天爲師，自然善後。愚者曰：止是耳矣，大似抱橋洗澡。王伯厚曰：邵子詩「夏去休言暑，冬來始講寒」，豈患其着？「美酒飲教微醉後，好花看到半開時」，豈患其盡？愚曰：止是耳矣，太討便宜。

②蘇老泉諫論有理、勢、利、激、諷五法。湘洲曰：太多。羽用刀，飛用鎗，布用戟，敬德用鞭，若當機擇一而用，則此四將須兼四器耶？顔子欲内如嬰兒，外盡臣禮，口據經典，故曰太多。愚曰：將謂孔子取諷是及化，沐浴而朝非及化乎？當時魯、衛、齊、楚，其效安在？此處更須别具隻眼。

③金剛有師，暴虎馮河豈不癡？毗盧有父，主宰者誰能四顧？尺生于黍，還以尺正黍。理與智泯，乃享主中主。若知三拜依位立，齋戒亦是一床蓆。

① **顏回曰：「吾無以進矣，敢問其方。」仲尼曰：「齋，吾將語若。有而爲之，其易邪？易之者，皞天不宜。」顏回曰：「回之家貧，唯不飲酒、不茹葷者數月矣，若此則可以爲齋**
② **乎？」曰：「是祭祀之齋，非心齋也。」回曰：「敢問心齋。」仲尼曰：「若一志，無聽之以耳，而聽之以心；無聽之以心，而聽之以氣。聽止于耳，心止于符。氣也者，虛而待**
③ **物者也。唯道集虛。虛者，心齋也。」**或以有爲爲易，未見其宜也。一志者，謂去異端而任獨也。齋戒本易傳來。天然中節謂之符。

【集評】

文子曰：上學以神聽，中學以心聽，下學以耳聽。聽之以氣，則無乎不在。

④ 郭曰：世不知知之自知，因欲爲知以知之；不見見之自見，因欲爲見以見之。

焦曰：人心自止。橫執以爲不止，是猶之馬伏槽櫪，而意騖千里。即供默山林〔一〕，祇滋

〔一〕供，疑當作「拱」。

其擾耳。本義曰：氣非志帥氣之氣。符者，看如氣候之將至，隱然中爲之動。止于符，則隱者亦不復覺矣。

⑤ 杖云：氣也者，外其心志，虛而待物者也。符也者，叶乎神靈而不昧者也。

北山録曰：求那跋摩告宋文帝云：刑不夭命，役無勞力，則風雨順時，百穀滋茂。如此持齋，齋亦大矣。匹夫有願，挽回仁心，則從齋戒始。元伊世珍曰：下士學道，因其氣昏，故茹素以澄其氣；上士遇即食之，但不殺耳。氣清則心清，入道易。天隱子以齋戒爲漸門之首。袁小修曰：楞伽是達摩印心之言，諄諄戒肉，豈謂悟大乘者無用此粗戒爲乎？先祖廷尉公示齋戒屏曰：神明其德，即是齋戒；燚燚顧諟，矧可斁思。人間世發揮，蓋本易也。

【間翁曼衍】

① 既曰聽之以心，又隨埽之，當思如何是聽之以氣？曰：放下着。

② 或問虛舟。舟曰：維摩一榻病未已，季札回途問其子。東坡與客月中題，照我泊然心不起。汝聽得否？

③ 愚曰：埽心埽氣，聽個甚麼？物物本虛，待個甚麼？且施一頓齋，聽此人間結集。

④ 此是撒急掃藥，切莫縫口廢飡。許棐梅屋樵談曰：優孟學孫叔敖則肖，今人學孔顏何不能到？曰：心學滑稽易，口耳學聖賢難。莊生聞此，決定聾啞。

⑤藏一曰：使民如承大祭，涣以享帝立廟。祭祀之齋，非細故也。中庸發揮洋洋，不可度思，有知不可度思之爲心齋者乎？或問傅大士曰：護生須是殺，殺盡始安居。夫齋戒放生，與殺生之説不相反耶？曰：但肯集虚，自知不二。

①顔回曰：「回之未始得使，實自回也；得使之也，未始有回也。可謂虚乎？」夫子曰：「盡矣！吾語若。若能入遊其樊，而無感其名，入則鳴，不入則止。無門無毒，一宅而寓于不得已，則幾矣。絶迹易，無行地難。爲人使，易以僞；爲天使，難以僞。聞有
②以翼飛者矣，未聞以無翼飛者也；聞有以知知者矣，未聞以無知知者也。瞻彼闋者，虚室生白，吉祥止止。夫且不止，是之謂坐馳。夫徇耳目内通，而外于心知，鬼神將
③來舍，而況人乎！是萬物之化，禹舜之所紐也，伏戲、音羲。几蘧之所行終，而況散焉者乎！」闋，音缺，牖也，曲終也。宅，合門堂室爲一也。

【集評】

④郭云：入遊其樊，謂放于自得之場，當于實而止。入則鳴，譬宫商應而無心任彼耳，不强應也。使物自若，無門者也；任天下之自安，無毒者也。不得已，理之必然。體一至之宅，而會于必然之無。以視聽之所得者粗，故易欺；至于自然之報細，故難僞。

⑤

劉云：絶迹易，此妙語也，難可别解。至于無行地，則絶跡不足言矣。化處自然，且不涉方便，而何嫌忌之有？虚室生白，又從知見上形容那無知見處。俛仰萬里，不疾而速，政應集虚。諸家以坐馳爲非，非本旨也。又曰：無門無毒，勿視其毒；視其毒，未有一門無毒者。言人間無深無淺，皆可畏也。樊者，外也。

陶云：回之未始得使，爲人使也；得使之，爲天使也。至静者，非曰静也，善故静也。至無者，非作故無，本性無也。若以止爲吉祥而止之，且不止矣，特坐而馳耳。此絶迹者也，非不行于地者也。

譚云：徇耳目而外心知，着「内通」二字，方可與語。

正曰：善分别于第一義而不動，豈必墮黜作死馬醫乎？不昧同體之仁，以善用差别之智，是謂仁智交圓，即是轉識成智。

集云：乾坤其易之門，聳身于陰陽之外，其無門乎？以此毒天下而民從之，猶醫以毒攻毒。聰明睿知，神武不殺，其無毒乎？顔子之衛一請，亦是冷灰爆豆，政搔着孔子癢處。孔子便將一塊通紅熱鐵，千鎚百煅，迸出火星四爍，如閃電相似，遂將堯、舜、羲、蘧授記。宜其喟然一歎，謂循循善誘，博我約我，恩大難酬也。顔子自謂墮肢體，黜聰明，夫子乃使之徇耳目而外心知，豈非倒一説？鬼神來舍，證上吉祥止止，爲帝王，爲仙佛，豈更别有秘密？

【閒翁曼衍】

①寓諸庸，寓諸無竟，寓于不得已，是一宅耶？是無翼飛耶？臨濟曰：有一人不離家舍，常在途中；有一人常在途中，不離家舍。且道是一宅？是坐馳？曾合參否？

②荆川曰：徇耳目内通，可以楞嚴合參。近溪曰：不從聞見起知。古德曰：即此見聞非見聞。

③藥地曰：千里練馬飛，萬古轍環過。三十二應，不起于座。切忌瞻彼闋者，終是陳年滯貨。

④絡絡索索滿地生，樊然林立皆安名。無門無毒曾嘗否？神農到口知重輕。名還其名本自在，入遊其樊彼不恠。心止于符感何礙？山川應接無人解。郭子玄曰：自然之報細，故難僞。聞此甚深，化粗爲玅乎？只恐粗者相欺，依然毒發。

⑤叔孫氏謂陳大夫曰：吾國有聖人孔子，能廢心而用形。陳大夫曰：吾國聖人亢倉子，能以耳視而目聽。魯君聘之。亢倉子曰：傳之者妄。我能視聽不用耳目，不能易耳目之用。魯君曰：吾滋駭矣。洞山曰：若將耳聽終難會，眼去聞時始得知。有知者乎？墮黜非符也。墮黜其墮黜，可以知符。若執以爲道，又是霄壤。楊文正公曰：老樹頻聽雨，青山終不言。

葉音涉。公子高將使於齊，問仲尼曰：「王使諸梁也甚重，齊之待使者，蓋將甚敬而不

急。匹夫猶未可動也，而況諸侯乎？吾甚慄之。諸梁，子高名。

【集評】劉云：甚敬而不急，此五字足以殺人，便盡情僞，可憂始此矣。

「子嘗語諸梁也曰：『凡事若小若大，寡不道以懽成。事若不成，則必有人道之患；事若成，則必有陰陽之患。若成若不成，而後無患者，唯有德者能之。』吾食也執粗而不臧，爨無欲清之人。今吾朝受命而夕飲冰，我其内熱與！吾未至乎事之情，而既有陰陽之患矣；事若不成，必有人道之患。是兩也，爲人臣者不足以任之。子其有以語我來？」

【集評】劉因唯諸説曰：物無無對者，亦無無陰陽者，而聲亦然。姑以進退存亡消長體之，則可見矣。此天機之所發，禮樂之所由生，天地亦不知其所以然。古今時變，事物倫理，聖人何嘗加損于其間哉！惟盡夫心而聲律身度矣。

荆川曰：知命不可逃，則無陰陽之患；知傳言有法，則無人道之患。陶曰：安則行，溢則患。

集云：清心約物，亦是做事人，充之則爲澹泊明志、寧靜致遠。畢竟親見夫子來，朝受命而夕飲冰，不敢輕自放過，問得婉痛苦切。

仲尼曰：「天下有大戒二①：其一，命也；其一，義也。子之愛親，命也，不可解于心；臣之事君，義也，無適而非君也。無所逃于天地之間，是之謂大戒。是以夫事其親者，不擇地而安之，孝之至也；夫事其君者，不擇事而安之，忠之盛也。自事其心者，哀樂不易施乎前②，知其不可奈何而安之若命，德之至也。爲人臣子者，固有所不得已，行事之情而忘其身，何暇至于悅生而惡死？夫子其行可矣。

【集評】

劉曰：葉公憂在利害。夫子以生死別之，從根本下鍼。君親一念，豈以如臨乎上而後盡分？亦自事其心耳。所謂神明其德，即心是帝，至聖至明，瞞昧他不得。無可奈何，非衰颯也。慷慨明達，談笑有餘③。

黄文成曰：仁者，水火之精神也。仁原不落生死，所謂入火不熱、入水不濡。

杖云：此篇逗出忠孝至性，以事心不踰矩而處世，又何義命之能奪？此真人間世之張本，推重孔子至矣。何暇至于悦生恶死，「何暇」两字，警痛沉切。子其行矣，决断臣子之心，斩钉截铁，非前后测度之言所能及。

【閒翁曼衍】

①指天指地排場，早以桑弧蓬矢射卻生死，方了得尊親脚手，不起一念。寓公曰：黑月白月，須聽莊子羯磨。

②雲巖寶鏡三昧，以臣奉其君、子順其父爲宗旨。曾知自事其心，與行事忘身之爲自性戒耶？十字街頭結制，惟有石橛子自敢承當；急水灘上白椎，祇許竹篙兒全機活脱。何暇至此？説事可矣。

③王元美曰：莊子能言之，郭子儀能行之。潛艸曰：莊子以别路能言禮意，嚴君平、戴安道能以别路行之。熊伯甘刻淨明忠孝經，方知大覺金仙，事竟堅固，止是事心一句，别畫丹青，夫子其行可矣。文成公曰：人定天無夢，心清鬼不疑。華山山頂上，棄杖有誰知？

「丘請復以所聞。凡交近則必相靡以信，遠則必忠之以言。言必或傳之。夫傳兩喜兩怒之言，天下之難者也。夫兩喜必多溢美之言，兩怒必多溢惡之言。凡溢之類也妄，妄則其信之也莫，莫則傳言者殃。故法言曰：傳其常情，無傳其溢言，則幾乎全。

①

②

③　④

【集評】

羅念菴曰：濂溪遇清獻，明道語介甫，深沉不燿，和易可親。此正用世之範，可免溢言。

潛艸曰：人間溢言傳殃，切切乎！中黃曰：明不觸物，孔子惡訐，有旨哉！韓魏公于小人之欺終不道破，古來豪傑敗于小人者，多昧此幾。羅仲素曰：人若一味見人不是，則到處可憎，終日落嗔火坑塹。故每事自反，是一帖清涼散。葛稚川曰：與人言，度其所知。若辨者惜短，不致苦理，使彼率不得自還也。張橫渠曰：責己者當知天下國家無皆非之理。故不尤人者，學之至也。陳履常曰：士夫視天下不平事，勿懷不平之意。切齒扼腕，而遇事決發，必有過甚覆溺之患。呂東萊曰：吾少褊急，誦「躬自厚，薄責于人」，而忿懥涣然，視世間無非生意，乃能導迎淑氣，扶養善朋，而用裕資深。陸子壽曰：人之惑，有難以口舌爭者，言之適以固其意。少需之，未必不自悟也。樂廣曰：人有過，先盡弘恕，然後善惡自張矣。錢公良曰：心之鄙者不可語達觀，質之愚者不可語通變。學道自不妄語始。旨哉！此段提出「忠信」二字，真是州里蠻貊之大輿。哀樂不易施乎前，無自欺參前者也。

杖云：此中便自有正有偏，有權有實。就中道破其故，使人自悟其妙于言外也。誰謂莊叟絶物棄世，不近人情？

【問翁曼衍】

①達人了語，多以險諢剥吞。才士形容，瀾翻必作狡餂。能無溢耶？況捭闔乎！知是禍門，口難忍癢，忿巧偏詞，幾人不惑？

②幼安語惟經典，君平以卜盡忠。聽人傳之，本無一字。

③張横渠咏老子曰：立言爲恐真風喪，豈知言立喪真風。咏莊子曰：早知懸解人間世，爭知懸解不言中？咏笠翁曰：船師從我乘桴去，頑空中與指真空。笑翁曰：不欲溢言，爭奈癢癢？

④大川曰：溢言偏詞，文深酷吏，用奇反激，又發殺機，得不爲奇巧奇樂所剋核乎？危哉！衷一曰：筆之殺人甚于刀，而政之殺無罪也甚于梃刃。史記傳循吏，特予燔機拔葵之相，免剋核矣。石奢、李離仁，不忍于殺人，而忍于自殺，何也？曾知子長之微言，猶莊子之溢言乎？游俠、貨殖，且覓偏詞奇樂，掘坑煉吼，未免忿設無由。藏一曰：比丘離慾，反以險機接人；子長腐刑，越發好奇取樂。若在唐宋，其披緇乎？笑翁曰：子長返擲道家，能爲尊翁吐氣。固知雲門一棒，老早血濺名山。愚者曰：氣息茀然。

①「且以巧鬬力者，始乎陽，常卒乎陰，泰至則多奇巧；以禮飲酒者，始乎治，常卒乎亂，②泰至則多奇樂。凡事亦然，始乎諒，常卒乎鄙；其作始也簡，其將畢也必巨。言者，

風波也；行者，實喪也。夫風波易以動，實喪易以危。故忿設無由，巧言偏辭。

【集評】

譚云：「陰陽」二字入妙，戲法真情。郭云本共好戲，欲勝情至，潛圖害彼，不復循理。寫得徹透。無勸成，與美成在久，俱徹髓名言。忿設無由，無由猶云不根。巧言偏辭，所謂風波易以動也。

【閒翁曼衍】

①陳平曰：我多陰謀，道家所忌。然則西伯陰行善，殆偏詞耶？

②禹曰：袁盎讒殺晁錯，以罷吴楚兵，而兵不罷。盎脱歸逃刑，而卒殺于刺客，始卒因果亦明矣。水懺曰：盎十世爲高僧，忽一日據高廣大牀，錯遂以人面瘡報之。嗟乎！據高廣牀者，毋乃偏詞尅核太至乎？

①**「獸死不擇音，**音蔭。**氣息茀**佛、勃二音。**然，於是並生心厲。尅核太至，則必有不肖之心應之，而不知其然也。苟爲不知其然也，孰知其所終？故法言曰：無遷令，無勸成。過度益也。遷令勸成殆事。美成在久，惡成不及改，可不慎與！且夫乘物以遊**

心，託不得已以養中，至矣。何作爲報也？莫若爲致命，此其難者。」

【集評】

劉云：氣息茀然，並生心厲，未死之間，未有不極而圖反也。形容得到，可爲戒殺放生文證佐。尅核至而不肖心應之，又云不知其然也，危哉！復牒云：「苟爲不知其然也，孰知其所終？」不獨文有波瀾，更顯世情險阻。此段似于使事無涉，蓋就世人心術機關處説破。

譚云：無作報，打叠此心不用安排。復攝末歸本，以養中作定盤針。易經致命遂志，此特發之。自粗入細，向「飲冰」二字上發藥，直至藥病俱除。可悟叩而竭焉。

潛艸曰：蔡西山就道，徒跣流血；元城被命，熟寢待盡。從容大定，俟命即致命也。

【間翁曼衍】

①遷不得，勸不得，已不得，畜此靈田聽牛力。苟爲不知其然，孰知其所終？漂洋近島逢盲風。禍不入慎家，託養薪火中，賊不打貧兒，且得一半通。乘遊不用急，物報避不及。要識真金火裏看，鐵鉗爐炭明如日。

①

顏闔將傅衛靈公太子，而問於蘧伯玉曰：「有人於此，其德天殺。與之爲無方，則危吾國；與之爲有方，則危吾身。其知音智。適足以知人之過，而不知其所以過。若然

②者，吾奈之何？」蘧伯玉曰：「善哉問乎！戒之，慎之，正女身哉！形莫若就，心莫若和。雖然，之二者有患。就不欲入，和不欲出。形就而入，且爲顛爲滅，爲崩爲蹶；心和而出，且爲聲爲名，爲妖爲孽。彼且爲嬰兒，亦與之爲嬰兒；彼且爲無町畦，亦與之爲無町畦；彼且爲無崖，亦與之爲無崖。達之，入于無疵。汝不知夫螳螂乎？怒其臂以當車轍，不知其不勝任也，是其才之美者也。戒之，慎之，積伐而美者以犯之，幾矣！天殺，如言天生刻薄人也。副墨讀如等殺之殺。嬰兒，用現量之知。無町畦，無分隔也。無崖，無稜峭也。無疵乃純。

【集評】

呂曰：與之爲嬰兒，以至達之入於無疵，則雖與之無方，不至于危國；雖與之有方，不至於危身。因機點化，勇貨亦可導之，何非無厚入有間乎？

葉秉敬曰：就者，從俗而不拂，孔子獵較是也。和者，義之和，和之以天倪是也。子曰：賜能敏而不能詘，師能莊而不能同。子長紀子貢作說客，殆戰國托之歟？能詘能同，則就不入，和不出矣。

晁迥曰：以簡傲爲高，謟諛爲禮，刻薄爲聰明，闒茸爲寬大，胥失之矣！人間世提出戒、慎、正身，而世反以放達宗莊耶？

陳子陛曰：天下不如意事，不當忿激與爭。昔人謂世上齷齪富貴，止如醉人酒風，正可耐一餉耳。堯夫曰：遂令高卧人，欹枕看兒戲。

③集云：天生通身殺氣，適足以知人之過，此世上聰明刻薄奇險人病症，最是難醫。莫若就，莫若和，去其樅然抗立之形也。復曰不欲入、不欲出，微乎微乎！以其德天殺，一旦彼且爲嬰兒，忽然露出赤子之本來，漸到無町無崖，談何容易！所以至此者，俱攝在「正汝身」三字内。老子曰：專氣致柔，能如嬰兒乎？滌除玄覽，能無疵乎？佛言直心是道場。黄貞父曰：敬以直内，謂以常惺惺圓應萬務。直非徑情之直也。此篇難言情狀，無不寫出，如佛度世，多少方便！蓋蘧老能使南子識其車音，自信正身經驗。

④湘洲曰：子革引祈招告楚靈，正是嬰兒達無疵法。或問：戒慎正身，尚管帶否？曰：若管帶有礙，則穿衣喫飯亦有礙矣。

杖云：入于無疵一語，是九轉靈丹。隨機利導，如禹治水，行所無事，可以殺其奔狂，行險而不失其信也，不則流爲揣摩縱横之術矣。

【閒翁曼衍】

①杖云：與爲无方則危吾國，與爲有方則危吾身。道是如意子又觸，不道是如意子又背，畢竟

作麼生始得？

②張四維曰：應以比丘得度，即現比丘身而爲説法；應以宰官得度，即現宰官而爲説法。莊子云彼且爲而與之爲者，謂非蓮花普門耶？愚曰：若不悟達之入于無疵，猶是一螳螂也。學轉糞丸，難免妖孽。

③杖曰：那能到你形就心和？此中須具殺活，不露鋒芒，致人而不致于人。如得其符而捡妖捉恠，且使妖恠爲我驅役始玅，不則此人間世不易處也。覺範與瑩中波舟舉夢句曰：風濤兩岸人皆愕，但覺中流笑語高。

④涉江曰：在己事心不踰矩，是無行地；治世行乎所無事，是無翼飛。中邊十七個金剛，只消常不輕一拜。知化無倚，本自無疵。只爲我見師心，便難達入。

①「女不知夫養虎者乎？不敢以生物與之，爲其殺之之怒也；不敢以全物與之，爲其決之之怒也。時其饑飽，達其怒心。虎之與人異類，而媚養己者，順也；故其殺者，逆也。夫愛馬者，以筐盛音成。矢，以蜄盛溺。適有蚉虻僕緣而拊之不時，則缺銜、毁首、碎胸。意有所至，而愛有所亡，可不慎邪？」蜄，蠡蚌總名。僕，御也。

【集評】

黄山谷曰：養虎、牧羊，是謂觀其所養；解牛、承蜩，是謂觀其自養。所養，盡物之性；自養，盡己之性。

陶云：傳其常情，無傳溢言，專對之秘密法也。時其饑飽，達其怒心，止健之秘密法也。精于世故至此。

譚曰：至人處物，如處英雄，心下意折。不爲「忘身」二字增長粗直。

德山塵談曰：絜矩正是因，正是自然。民之所好，好之；所惡，惡之。是以民情爲矩，安得不平？

杖云：養馬者正如保赤子，雖心誠求之，不中不遠。使不得聖人以人治人、因物付物之道，懼其不爲缺銜、毁首、碎胸者幾希。妙哉斯言！誦至此，令人下泣。因見絜矩之道，非止慎獨一橛。其中有予有奪，能殺能活，如神禹下車而泣痛，百姓各自以其心爲心，可以思矣。

【閒翁曼衍】

①以順用逆者密，以養用殺者神。先以欲鉤牽，後令入佛智者，必有以投其好惡而轉之。虎不可以駕車，馬不必以曳耙。莫以侍者二空，徒貪神駿。失其所養，鸚鵡供貓。將謂革變坤行，只是螳螂怒臂。

①匠石之齊，至乎曲轅，見櫟音歷。社樹。其大蔽牛〔一〕，絜之百圍，其高臨山十仞而後有枝，其可以爲舟者旁十數。觀者如市，匠石不顧，遂行不輟。弟子厭觀之，走及匠

②石曰：「自吾執斧斤以隨夫子，未嘗見材如此其美也。先生不肯視，行不輟，何邪？」曰：「已矣，勿言之矣，散上聲。木也。以爲舟則沉，以爲棺槨則速腐，以爲器則速毀，

③以爲門户則液樠，音蔓。以爲柱則蠹。是不材之木也，無所可用，故能若是之壽。」匠石歸，櫟社見夢曰：「汝將惡乎比予哉？若將比予於文木耶？夫柤音查。梨橘柚果蓏之屬，實熟則剥，剥則辱〔二〕，大枝折，小枝泄。此以其能苦其生者也，故不終其天年而中道夭，自掊擊於世俗者也。物莫不若是。且予求無所可用久矣！幾死，乃今得

④之，爲予大用。使予也而有用，且得有此大也邪？且也若與予也皆物也，奈何哉其相物也？而幾死之散人，又惡知散木？」匠石覺而診其夢。弟子曰：「趣取無用，則爲社何邪？」曰：「密！若無言。彼亦直寄焉，以爲不知己者詬厲也。不爲社者，且幾

〔一〕蔽牛，集釋本莊子人間世作「蔽數千牛」。
〔二〕剥，原無，據集釋本莊子人間世補。

有翦乎！且也彼其所保與衆異，而以義譽余一本「譽」作「喻」。之，不亦遠乎！」液，津液也。樠，謂暗出，樠樠然也。診，占也。

【集評】

劉云：兩段若複，而叙致各自一趣。横看成嶺，仄看成峰，溪迴路轉，各有神仙窟宅。推開「物莫不然」一語，想落天際。見之夢奇，又診其夢，更奇。其相物匠石之意又高。所謂散人又惡知散木，是與之之詞也，惟散人然後能知之。語不犯正位蓋若此。

【閒翁曼衍】

①見夢診夢甚奇。鯤鵬牛馬，總以胡蝶診之。不知躲跟胡蝶底病症，作如何診？

②湘洲曰：莊子極乖。彼敬孔子，而猶以爲犯手也。陳摶武當山詩曰：他時南面去，記得此山名。可惜世人不肯着眼，只以神仙目之。淵明荆軻詩曰：惜哉劍術疎，奇功遂不成。斯人雖已没，千載有餘情。幾被朱文公看破。蘇子由謂顔、冉、閔不仕，以非孔子蔽天之舟，下顧諸子，則不足爲矣。

③或問：孔子比莊子何如？曰：若人識得涅槃經菩薩的心，方許見得孔子。笑翁曰：彼亦直寄焉！

④「且也若與予也皆物也，奈何哉其相物也」一句中四「也」字〔一〕，一「哉」字，忒忒令泛起高聲，下山虎跌成越調。縣崖撒手，自肯承當；絕後再甦，欺君不得。幾死乃今得之。晏同叔曰：靜尋啄木藏身處，閒見遊絲到地時。

① 南伯子綦遊乎商之丘，見大木焉有異，結駟千乘，隱將芘音疪。其所藾。音賴。子綦
② 曰：「此何木也哉？此必有異材夫！」仰而視其細枝，則拳曲而不可爲棟梁；俯而視
其大根，則軸解而不可以爲棺槨；咶音矢。其葉，則口爛而爲傷；嗅之，則使人狂酲
③ 音呈。三日而不已。子綦曰：「此果不材之木也，以至于此其大也。嗟乎！神人以此
不材。」宋有荆氏者，宜楸柏桑。其拱把而上者，求狙猴之杙音弋。者斬之〔二〕；三圍
④ 四圍，求高名之麗者斬之；七圍八圍，貴人富商之家求樿善當音單。傍者斬之。故未
終其天年，而中道夭於斧斤，此材之患也。故解之以牛之白顙者，與豚之亢鼻者，與
⑤ 人有痔病者，不可以適河。此皆巫祝以知之矣，所以爲不祥也。此乃神人之所以爲

〔一〕也字，原作「字也」，據文意乙正。
〔二〕杙，原作「栧」，據集釋本莊子人間世改。

大祥也。軸解，木紋旋散也。病酒曰酲。杙，栖戲狙猴者。麗，屋棟也，當作「欐」。高名即高明，大家也，或曰高門。棺全一邊謂樿傍。解，祭祀解賽也。適河，謂沉人于河也。古者天子春有解祠。

【集評】

郭云：天王不材于百官，故百官御其事，明爲之視，聰爲之聽，知爲之謀，勇爲之悍。夫何爲哉？玄默而已，而羣材不失其當。樂推而不厭，乘物而無害也。

劉禹錫因論曰：樂于用則豫章貴，厚其生則神櫟賢。惟理所以，曾何膠于域也？

愚曰：前段是言人間之均辭蹈，此指出神人，正是發揮中庸不可能也。

【間翁曼衍】

①叠用「子綦曰」，絶無人問。楞嚴迴憑寶几，彌陀指示六方，不用當機，有知其旨者否？

②孫臏報仇，累及道傍之樹；張雷勘妖，遂燒千年之桑。不材果祥，何以免此？

③且如西門豹祭河，是祥不祥？是神不神？野老不知堯舜力，鼕鼕打鼓祭江神。

④譚曰：自「嗟乎」以下，寫出神人。以此一句掉轉，似了不了，令人深思。白香山曰：無事日月長，不羈天地闊。

⑤牛首山下大松，高百餘尺。近聞搜作大艑桅，樹不肯行，一跌粉碎，一時傳以爲神。豫章村樹，往往鑿龕香供以爲神樹，人皆信之。嗟乎！莊生所貴神人全其天年者，將在此二者之外耶？

①支離疏者，頤隱于齊，肩高于頂，會音噲。撮子括切。指天，五管在上，兩髀音陛。爲脅。挫鍼治繲，音戒。足以餬口；鼓筴播精，足以食音嗣。十人。上徵武士，則支離攘臂于其間；上有大役，則支離以有常疾不受功；上與病者粟，則受三鍾與十束薪。夫支離其形者，猶足以養其身、終其天年，又況支離其德者乎！

②臺笠緇撮之撮，會髮爲髻。古髻近項，脊曲頭低，故髻指天也。管，腧也，五藏之腧在上也。脊高髀低，皆形容之詞。挫鍼，縫衣也。治繲，浣衣也。鼓筴播精，簸米也。

【集評】

杖云：支離亦傲人間世乎！非傷盡偷心者，孰能知之？此處莊生自寓，亦爲孔子寫真。誰識孔子是能支離其德，不以神聖自居，甘心碌碌，與世浮沉，如挫鍼治繲，彌縫此天地人心，鼓其筴，播其精，删定爲羣聖之大成哉？

王石攻曰：薛文清極讚魯齋，整菴特救脂轂耳。榛蕪中有人支離而播羣聖之精，其功不小。

【閒翁曼衍】

①升菴曰：王右軍忠謨甚深，可惜爲書法所掩。伯敬曰：右軍之以書法支離，猶顧虎頭之木葉支離也。竹闢句曰：天地傷心久托孤，彌縫自肯下紅爐。支離藏卻人間世，破碎人間有世無？

②卓左車曰：尼山環轍，能仁轉輪，正是千古熱腸，故有如許棲皇赴湯蹈火之態。若如世人只作自了漢，不但世界無人撐持，彼貧士失職而不平者，其將誰歸？笑翁曰：莊生止謂無其力量勿代大匠斵也，正爲貧士作歸宿耳。晁公武曰：五宗烈于瓜剖之世，士無可奈何而哭笑者也。笑翁曰：餬。

①孔子適楚，楚狂接輿遊其門曰：「鳳兮鳳兮，何如德之衰也！來世不可待，往世不可追也。天下有道，聖人成焉；天下無道，聖人生焉。方今之時，僅免刑焉。福輕乎羽，莫之知載；禍重乎地，莫之知避。已乎已乎！臨人以德。殆乎殆乎！畫地而趨。②迷陽迷陽，無傷吾行。吾行卻曲，無傷吾足。」山木自寇也，膏火自煎也。桂可食，故伐之；漆可用，故割之。人皆知有用之用，而莫知無用之用也。列仙傳云：楚狂陸通食

橐盧木實及蕪菁子，隱蛾眉山。尸子曰接輿畊于方地，今黄城山。楚詞云：接輿髡首。迷陽，棘草。朱子以爲薇，東坡以薇爲大巢菜。荆川曰：迷陽，晦其明也。卻曲，畏縮貌。

③

【集評】

弋說曰：人間世，見世之不屬于我也，處世者還就人間而調適之。世人胸中極窄，而偏裝出大模樣，極呆而慣弄些小機械，油唇滑舌，伶牙利齒，道自己十分有用。識者觀之，反不如散櫟惡木也。

孫淇澳曰：人當患難，非寥廓不足以自消其心。宋虎曰：避禍不若避名，息影不若藏形。又不可使兒輩覺，便敗人佳思。聖人處之，自有中道。學力未至，時世逼人，則不得不爾也。欲心客氣，日日增長而不自覺。管東溟曰：乾三四介于相軋之衝。道在我，位不在我。賢豪不相師而相夷，凶人不相容而相制，又不能決其籓也。將潛則以立異訾之，將見則以干譽議之；弗援弗推，猶忌其以立德名世；不尤不怨，猶虞其以得志加人。此重剛不中之變態也。遯世不可，治世不可，媚世不可，憤世不可，執經扞格不可，離經自廢不可。然舍進德修業，亦無它法也。故孔子諄諄焉，不龍而處，惟潛无咎，惟友可潛。老莊，潛者也，人生末世，早知其意，正己晏逝，亦省是非。

④

杖曰：首尾皆述孔子，正謂道德志行，栖栖周流，不能少展。此深于痛世，而垂戒于君師臣子，無此才德，不可强試于世，莫若如不材支離，寓社寓疾以自全，正莊子之自道也。噫！又孰知世人之不材，世道之支離，世禮之如社，世患之如疾，而神人正當以此自寓其神，以轉移此人間世哉？又云：三代之聖人，是孔子成之；三代後聖人，是孔子生之。此處虧郭子玄曲爲之解，爭奈舌短，不能高揮大抹何？聖賢出處，密相激揚，此莊子藏身弄眼處，幾個能自疑自悟耶？

劉叔導曰：散木見夢于匠石，無情能爲有情之語；衰鳳作歌於接輿，懷德而爲懷刑之懼。是知世衰道降，如彼艸木禽鳥，日從箭鋒劍鋩中全身遠害，可爲寒心。安得不別搆一天地耶？又曰：昔庾太尉束帶以禮翟道淵，道淵曰：使君直敬其枯木朽株耳。桓宣武遠征還，語劉真長曰：垂長衣，談清言，竟是誰功？夫管領烟霞，討求松桂，吾輩自安其無用之用可耳。狂瀾既倒，砥柱功高，應須讓一輩人，正未可以裝束單急笑之。孫太初詩曰：挽回滄海全無計，領略江山自有人。炮不得已，亦聽人炮。一真法界，吾師乎！

【間翁曼衍】

①杖曰：孔子嘗以不見周公與不見凰鳥爲吾衰世降，今楚狂卻以親見孔子，呼爲鳳兮爲無德而道衰，此亦千古知己一奇會。不然，何知其吾行卻曲，而不傷于足之轍環哉？

②來世往世，倒論語一句更明。鵬既上天，鳳何下地？河馬化爲洛龜，乾龍忽乘坤馬。曾知此

無翼飛耶〔一〕？曾知此無首而見耶？

③尼山歎鳳鳥不至，屈平使鳳皇前驅；蘇李録别，貴來見稀；朱穆遠交，鵶可呼鳳。誰知其無用之用耶？遠公曰：澄公其以季龍爲海鷗鳥乎！然則留侯之赤松，鄴侯之衡山，皆支離其鳳羽，而以衰藏其用耳。涂澹菴曰：鄴侯大巧人，不能化良娣。魏石牀曰：子房自封留，何不立韓後？只此一喝，又不可少。王介甫晚年曰：無人寄語劉玄德，問舍求田意最高。李禿翁謂王戎以鑽核藏身，又取胡廣與常樂老，而鍾伯敬呵之曰：勿爲所瞞！只此一呵，又不可少。方歎楚狂趨避，不得與言，本色真風，澹然無極。世人不悟漁父爲屈平之化身，又豈知楚狂爲尼山之藐姑射耶？

④黄山谷曰：以宙觀世，以宇觀人間。三藏五燈，咳嗽一聲已爾。或問：如何是宇？曰：六合方圓套。如何是宙？曰：三生風火輪。如何是宇宙合？曰：十交中貫一毫頭。愚曰：此猶是指縱極則。或問：即今人間世作麽生交？曰：船子道底。

德充符第五

①李湘洲曰：指不若人則知惡之，心不若人則不知惡，莊子此篇，大意與孟子同。

〔一〕「飛」上疑脱「而」字。

② 虚舟曰：孟子言擴充，言充實之美。莊子曰：充實不可以已。此集虚、充實一貫之符也。忘形乃充踐形之實，踐形乃充忘形之虚。莊且以破相宗剔醒皮相一輩耳。

③ 三一曰：形神之離合，事理之顯晦，惑人久矣。惟見性者乃能充之。子思曰：吾性無須眉。君子之所不可及者，其惟人之所不見乎！

④ 杖曰：予提到德充符，益見莊子一副心肝手眼，迥出千古。一篇中重疊拈出種種敗缺不堪，爲天人所共弃者，與孔、老、人主、宰相酬唱，占其上風，其中良有深意。于此窺見，則内、外、雜篇不待索解，而自了然矣。蓋世道愈趨愈下，善少惡多，吉少凶多，治少亂多，故拈此可驚、可畏、可痛、可恨，虚虚寔寔，聊寓宗旨于萬世下，或得一二疑疑悟悟知其解，幾希之脉不至斷絶。真如五家别唱，賺殺天下人，皆不得已成此機用。豈好爲奇特、欺籠萬世哉？究少不得一喝。

凌曰：吾師于開首結尾，必出一番大議論，曲盡立言之意，然後又使他向百尺竿頭更進一步。吾師前謂能自作主，更須有自由分、出身路，始能縱横而超拔異類。

【閒翁曼衍】

① 藥地曰：是甚貓頭，造符出售。提燈傀影，恐認不真，不免裝面舞儺，自供玩弄。白雲與五祖曰：不及一籌，汝怕人笑。柴桑貧士出門句曰：萬一不合意，永爲世笑之。達人亦怕人笑

耶？符在那裏？低頭歸菴。

②水中泥塊，既洗不清。覷破英雄欺人，又爲拂袖所誤。還須自己一充，畢竟如何是真面目？

③杖云：舉世只見孔子兩脚如車輪，遊行天下，何曾見孔子如兀者，不動魯國？言滿天下無口過，行滿天下無足跡，命物之化以守其宗，如駘駑而奔軼絶塵也哉？此莊子拈出孔子之法身，而形容其化身。所謂中魯國者誰乎？將引天下而從之者誰乎？莊子化藐姑爲胡蝶，又化胡蝶爲王駘、孔子。不知王駘、孔子又化爲誰？杖人于此不覺捧腹絶倒。

④旻曰：嵩少斷人臂，睦州折人脚，將謂不以諸相見如來耶？

⑤甘蔗曰：人知克己是葛藤，還知由己亦是葛藤麽？

①

魯有兀者王駘，從之遊者，與仲尼相若。常季問于仲尼曰：「王駘，兀者也。從之遊者，與夫子中分魯。立不教，坐不議；虚而往，實而歸。固有不言之教、無形而心成者邪？是何人也？」愚曰：兀與刖仝，古聲轉耳。

【集評】

②

譚云：不教不議，虚往寔歸，師友之間，必有此一段意思方深厚。雖然，倘有人曰：但願空諸所有，慎勿實諸所無。恐王先生亦奈何他不得也。

【閒翁曼衍】

①枹山曰：泥土塑像，不肯燒香；必待裝金，便來拜倒。中分魯國遊者，後人乃驚看耳。莊生故意換人，費卻許多黑漆。且以雪山消火宅，誰知野血又成精。

②愚曰：龐家漉籬，亦是桎梏。若徒抄此二句，豈足當王先生禿脚尖一踢哉？

①仲尼曰：「夫子，聖人也。丘也直後而未往耳。丘將以爲師，而況不若丘者乎！奚假魯國，丘將引天下而與從之。」常季曰：「彼兀者也，而王先生，其與庸亦遠矣。若然者，其用心也獨若之何？」仲尼曰：「死生亦大矣，而不得與之變；雖天地覆墜，亦將②不與之遺；審乎無假而不與物遷，命物之化而守其宗也。」王先生，舊讀旺，今如字。

【集評】

劉云：不與之遺，遺外也；立無假，烏所待也？坐睬萬物之變，獨與先天地者俱，所謂宗也，生天地者也。

③正曰：聖人與民同患，即聖人退藏至密處也。遇緣即宗，而不失其正者也。莊子爲執名相而不知化者言之，故掩其與民同患之法迹，而專顯其退藏于密之神。

【閒翁曼衍】

①辰曰：死生亦大矣，在莊子中一語，與常言無異。彼擎拳豎拂，大驚小怪，無非此中意旨，直發端耳。古德曰：一盲引衆盲。急須着眼。

②汪扶光曰：世人看王兀者，忽見孔子稱之曰丘將以爲師，則斂容降心而呼曰王先生。摹寫甚妙，不必改作旺先生讀。

③杖曰：自其同者視之，則孔子、王駘、莊子且不得而同，杖人又何能異其不同者乎？博山曰：恁麽口是心非，口非心是，物何爲最之哉？

①

常季曰：「何謂也？」仲尼曰：「自其異者視之，肝膽楚越也；自其同者視之，萬物皆一也。夫若然者，且不知耳目之所宜，而遊心乎德之和。物視其所一，而不見其所喪。視喪其足，猶遺土也。」常季曰：「彼爲己，以其知得其心，以其心得其常心。物何爲最之哉？」

【集評】

②

劉云：不知耳目之所宜，無視無聽，爲嬰兒者也。世人見不越色，聽不越聲，故耳目各有所宜。不知耳目之所宜，説得至人之玄冥，所謂耳裏着得大海水，眼裏放得須彌山，方見是遊心于德之和。

③ 郭云：物視其所一者，體夫極數之妙心，故無物而不同也。惟視喪其足猶遺土，故解牛如土委地。

④ 集云：郭解以其知、以其心，大錯。唐云：知即心，心即常心。常心者，不與物遷者也。常季只知常爲常，而不知天地之墜、死生之變，而此心未始不常也。

【閒翁曼衍】

① 常季卻似一笑衲僧，善于簡點尊宿。不入虎穴，安得虎子？小修曰：東陽之鬼，借茅人以治病，你説他是如何視？

② 杖云：常季問仲尼，大似爲孔子傳神，而嘲其道如兀者不行。孔子又似將機就機，搔着自己癢處，爭奈把手牽他不肯行。

③ 石公言：沙市舟中有僧，暗中自剃頭。一人燃燈見之，驚曰：你自家剃頭，又不用燈。舟人皆笑。

④ 何謂孤峰頂上相逢，在十字街頭握手？曰：哀鳳接輿空卻曲。何謂十字街頭握手，在孤峰頂上相逢？曰：跛脚王駘坐杏壇。若是我御車時，這兩個都該兩叩其脛，然後自己掩袂。

仲尼曰：「人莫鑑于流水，而鑑于止水，唯止能止衆止。受命于地，唯松柏獨也在，冬夏青青；受命于天，唯舜獨也正〔一〕。幸能正生，以正衆生。夫保始之徵，不懼之實，勇士一人，雄入于九軍。將求名而能自要者而猶若是，而況官天地、府萬物、直寓六骸、象耳目、一知之所知而心未嘗死者乎？彼且擇日而登假，人則從是也。彼且何肯以物爲事乎！」九軍，軍用洛書之數。九宮八卦握奇于中，是其遺法也。登假，吕氏音遐。列子穆王篇登假字讀同遐。

①

【集評】

郭云：官天地，府萬物，冥然無不體也。集曰：錯。寓六骸，象耳目，郭云：所謂逆旅，非真耳目。錯。前不知耳目之所宜，何以此云象耳目？耳目兩字不放過。寓非蘧廬，去來自如也。象云者，浮根之在我面，猶天一地二之在龍馬背上耳。乾元資始，坤元資生，官天地，府萬物也。乾道成男，坤道成女，寓六骸也。坎爲耳，離爲目，象耳目也。一知之所知，知與不知一也，一歸何處？心未嘗死，郭云心無生死。錯。所謂絶後更甦，欺君不得也。趙州問

②

〔一〕舜，集釋本莊子德充符作「堯舜」。另，集釋本於本句下有「在萬物之首」五字。

投子云：大死底人卻活時如何？曰：不許夜行，投明須到。與此同參。

郭云：擇日登假者，任其天行，以不失會爲擇耳，斯人無擇也。集曰：正是參學事畢，行起解絶。

③李崆峒曰：負勁氣者，有非威之威。是故松檜不栖蟬，熊豹之皮不上蟻。劉邵曰：膽力者雄分也，不得英之智則不立；聰明者英分也，不得雄之膽則不行。管子曰：金心在中，萬

④物得度。黄元公曰：元氣者，天地之膽也。驅役雷風，蒸煉水火，而卒不受雷風水火之所傷，故拈出「勇」字。

迂莽曰：草木之青，松柏獨在；舜獨正生，以正衆生。此即差等爲平等，而揚遏順天也。性則本同，心佛衆生無别，明不必向外求佛也，今執此以賤壓菩薩爲得意矣。萬物一體，貴體仁也。執無别者，不許異于禽獸矣。偏詞易于錯會。

【閒翁曼衍】

①景璧曰：荆軻論劍燕市，與魯句踐急博。句踐叱之，軻逃去。及軻擿秦王不中，中銅柱，乃自甚其不知人。夫不知軻之善劍，乃因敗而知之耶？漸離匿宋子，擊筑賜酒，一坐稱善，不知其爲漸離。與善衣，更容貌而前，而人始知其爲漸離。以音則不知，以衣則知之。愚者曰：德充符意匠慘淡甚矣，世人猶訾其貌，不知其心，幾能如爭博、善衣之客？

②慣聽「至道無難，惟嫌揀擇」耶？今問之曰：毫釐有差，揀擇耶？不揀擇耶？置之一處，無事不辨，將辨何事而不擇耶？吾請擇日登假，曰：至道本無，事須揀擇。毫釐不差，天地懸隔。

③涉江曰：南泉謂平常心是道，趙州便能登假，出入九軍。若是别人，但成乾蘿匐頭。一種潑膽胡喝，止是漆桶瞎撞耳。

④笑曰：充其全符，宗是何物，寧堪守中乎？正好推倒，方許一串獨脚子，走遍街頭九軍。視遺土爲布袋，此則真天醫也。正難此没量大人，不如退藏，且露半邊鼻孔。愚曰：正恐錯會不少。

①申徒嘉，兀者也，而與鄭子産同師于伯昏無人。子産謂申徒嘉曰：「我先出則子止，子先出則我止。」其明日，又與合堂同席而坐。子産謂申徒嘉曰：「我先出則子止，子先出則我止。今我將出，子可以止乎？其未耶？且子見執政而不違，子齊執政乎？」申徒嘉曰：「先生之門，固有執政焉如此哉？子而説音悦。子之執政而後人者也？聞之曰：『鑑明則塵垢不止，止則不明也。久與賢人處則無過。』今子之所取大者，先生也，而猶出言若是，不亦過乎？」

②子産曰：「子既若是矣，猶與堯爭善。計子之德，不足以自反邪？」

③申徒嘉曰：「自狀其過，以不當亡者衆；不狀其過，以不當存

者寡。知不可奈何而安之若命，唯有德者能之。遊于羿之彀中，中央者，中去聲。地也，然而不中者，命也。人以其全足笑吾不全足者衆矣，我佛然而怒；而適先生之所，則廢然而反。不知先生之洗我以善邪〔一〕？吾與夫子遊十九季矣，而未嘗知吾兀

④ 者也。今子與我遊于形骸之内，而子索我于形骸之外，不亦過乎！」子產蹴子六切。然改容更貌曰：「子無乃稱。」彀中，言羿箭端之所直，乃必中之地也，故曰中地。子無乃稱，言我已知，子不必更言也。

【集評】

劉云：自狀其過，從刖足喟然而起，兩語窮極人情。人人自言吾無罪、不當亡，未有肯自言其罪、不當存者。其情沉至，使人感動。

⑤ 林云：自狀過，不狀過，知不可奈何，是三等人。不説不怒，怒而入，見德人則忘之，情詞真實。

譚云：先生之門，壓倒貴倨人無倚傍處。笑是惡俗，怒是褊心。至人自責責物，全無

〔一〕此句下，集釋本莊子德充符有「吾之自寤邪」五字。

遮蓋。

杖云：同門出入，宿世冤家。試看主賓敲唱，一抑一揚之玅。到此際使尊榮者不敢自恃其尊榮，使卑賤者不敢自輕其卑賤，始終各各有出身活路。

【閒翁曼衍】

①杖曰：這兀子卻能信手拳隨脚踢！子産似大象，一脚没泥，三脚俱陷矣。莊叟亦善于扶弱不扶强。

②愚曰：王生目張廷尉結襪，正要踢出朝廷公卿脚跟。黄石脱下一隻履，正欲煉定古今豪傑脚跟。有開此眼者乎？兀者曰：伸脚即在縮脚裏。

③元公曰：子瞻輸玉帶，佛印酬衲衣。人謂子瞻爲佛印所謾，殊不知佛印爲子瞻所累。老僧以衲衣授記居士，居士以玉帶授記老僧，甚矣子瞻之善作賊也！何如申徒、子産之彀中，寶儿珍御，狸奴白拈，玉帶衲衣，兩手分付。凌滄虚曰：寒山拊掌，拾得揚眉。叵耐豐干，太煞饒舌。

④李義山謁告詩云：卻羡卞和雙刖足，一生無復没堦趨。葛常之曰：英俊陸沉，强顔低意，趣跖諸虎，扼腕不平，有甚于傷足者。堵牧遊曰：全付骨知貧裏赤，一雙眼笑老難青。

⑤子宣曰：卞和知璞中之玉，何不剖而獻耶？嗒然曰：識璞爲難，偶用楚王證明耳。寧可失卻一雙脚，不可孤負一雙眼。芝穎曰：楚王更善了事，剜卻自己眼，且斷它人脚。

①魯有兀者叔山無趾，踵見仲尼。仲尼曰：「子不謹，前既犯患若是矣。雖今來，何及②矣？」無趾曰：「吾唯不知務而輕用吾身，吾是以亡足。今吾來也，猶有尊足者存，吾是以務全之也。夫天無不覆，地無不載。吾以夫子爲天地，安知夫子之猶若是也！」③孔子曰：「丘則陋矣。夫子胡不入乎？請講以所聞。」無趾出。孔子曰：「弟子勉之！夫無趾，兀者也，猶務學以復補前行之惡，而況全德之人乎！」無趾語老聃曰：「孔丘之于至人，其未邪？彼何賓賓以學子爲？彼且蘄以諔尺叔切。詭幻怪之名聞，不知至人之以是爲己桎梏邪？」老聃曰：「胡不直使彼以死生爲一條，以可不可爲一貫者，解其桎梏，其可乎？」無趾曰：「天刑之，安可解？」

【集評】

④郭云：仲尼非不冥也。顧行則影從，言則響隨，順物則名迹斯立，而順物者非爲名也。

⑤方赤城曰：黄貞父戲擬漢太公辭太上皇詔，鍾伯敬戲擬曹瞞責黄祖殺禰衡書〔一〕，將以解桎梏耶？莊生得戲擬之神者也。今曰生時安生，死時安死，本一條也；可還可，不可還不

〔一〕瞞，原作「譋」，據文意改。

可，本一貫也。請以解老子之桎梏。

愚曰：曾知以解桎梏之説而桎梏人者乎？以天刑人，以人刑天，而中道條貫明矣。此善用桎梏者，固戮民之願也。世人不知，便爲莊子黑豆换卻眼睛。

【閒翁曼衍】

①又一個來了。看這斯又作個甚麽來？惑亂天下人不少。

②趙州狗子，慣上門去咬人。老聃又乃雪上加霜。因行不妨掉臂耶？孔子持聾作啞，無趾暗失便宜，老聃掩耳偷鈴，爭奈傍觀者哂。

③杖云：無趾固是奇人，被孔子陷殺；及再見老聃，陷他更深。孔子雖似勾賊破家，爭奈探竿在手，一撥便見，何妨疑殺這三脚跛驢？蓮勺曰：杖人借孔老别出手眼，又將德山、嵓頭捉敗。

④嵓頭問德山是凡是聖，便喝。嵓禮拜。洞山曰：不是嵓頭，大難承當。嵓曰：洞山錯下名言。我當時一手擡，一手搦。代洞曰：我也一手擡，一手搦。

⑤王沈曰：禿指腐骨，不簡蚩儜。大招曰：敦脉血拇，逐人狉狉。且道是桎梏否？將錯就錯。亦曰安于所傷，物不能傷之耶？憐才即得，解安可解？

①魯哀公問于仲尼曰：「衛有惡人焉，曰哀駘它。音沱。丈夫與之處者，思而不能去也。婦人見之，請于父母曰『與人爲妻，寧爲夫子妾』者，十數而未止也。未嘗有聞②其唱者也，常和而已矣。無君人之位以濟乎人之死，無聚祿以望人之腹，又以惡駭天下，和而不唱，知不出乎四域，且而雌雄合乎前，是必有異乎人者也。寡人召而觀之，果以惡駭天下。與寡人處，不至以月數，而寡人有意乎其爲人也；不至乎期年，而寡人信之。國無宰，而寡人傳國焉。悶音門。然而後應，氾音泛。而若辭。寡人醜乎，卒授之國。無幾何也，去寡人而行，寡人恤焉若有亡也，若無與樂是國也。是何人者也？」仲尼曰：「丘也嘗使于楚矣，適見㹠子食音嗣。於其死母者。少焉眴音舜。若，皆棄之而走。不見己焉爾，不得類焉爾。所愛其母者，非愛其形也，愛使其形者也。戰而死者，其人之葬也不以翣色洽切。資；刖者之屨，無爲愛之。皆無其本矣。爲天子之諸御，不爪翦，不穿耳；取妻者止于外，不得復③使。形全猶足以爲爾，而況全德之人乎！今哀駘它未言而信，無功而親，使人授己國，惟恐其不受也，是必才全而德不形者也。」它即駝，言駝背也。駘鈍可哀，設爲此名。

④

【集評】

唐云：言人之與處而不能去，如雌雄之相戀也。

杖云：此又似哀公以國餌孔子。爭奈碧潭之龍，非香餌可得。又云：哀公無端設一空釣，特地釣出孔子之心肝五臟，熱血滴滴地，又能冷然使人毛骨冰冷。奇哉莊子！神于虎頭，寫出魯司寇三月大治，齊人歸女樂，三日遂行之妙，不煩點染。此莊子痛惜不自禁處，特出德友，是德充符之平水也。

【閒翁曼衍】

①開場三兀者，皆以人事亡其足。此哀駘它，乃天與以醜惡者，故中間搬出，以充才德之符。闉跂無脤、甕㽄大癭，乃搬出一雙支離脰肩，以結形貌情天之欵。

②舍利變成天女，龍珠舍作男兒。雌雄合前，原非嗜痂逐臭。誌公裂破面門，僧繇無處描邈。羅刹、觀音唱和，何分簷匐芭蕉？有看見此子母妻妾，日夜無郤而生時于心者乎？成都一簾，深于五岳。松風筆塜，黑豆最神。古人之以哀藏樂、以駘藏駿、以它藏直者有矣。牝牡驪黃，誰能透過目皮，不作定相也？不見道醜陋任君嫌，不挂雲霞色。

③葉水心曰：華嚴諸書，乃異域之放言。婆須密豈有聲色之實好耶？少遊詞曰問天知否，伊川

責其侮天，無怪其笑也。笑翁曰：曾知哀駘它之爲婁須密乎？莊生刻畫無鹽，唐突西施，天還知得，連天也笑。

④劉靜修曰：近世士夫，多以頑蠢椎魯自號。非真然也，非謙托也，取莊子之愚芚乎！意止以自利耳。鄭所南曰：愚衆所鄙也，喜而納之，其隱于道乎！世今之世，莫人其爲人，兀兀訥訥，素無怪其爲愚；而喃喃巖巖，今亦化而爲愚。然有天其遊者，有身其囚者。予之不甘于愚，乃所以全其隱于愚也耶？莊子曰不失于兑而生時于心，亦自解而自全耳。有知八十相好、三頭六臂爲才子之自全處否？

哀公曰："何謂才全？"仲尼曰："死生、存亡、窮達、貧富、賢與不肖、毁譽、音余。饑渴、寒暑，是事之變、命之行也。日夜相代乎前，而知不能規乎其始者也。故不足以滑音骨。和，不可入于靈府。使之和豫通而不失於兑，使日夜無郤，音隙。而與物爲春，是接而生時於心者也。是之謂才全。"

【集評】

①劉云：自死生至寒暑，略舉其物，而不可堪者盡是矣。知不能規一語深妙。兑即老氏"塞其兑"之兑，最是要義。所謂日夜無隙，止謂此也。昌黎説築河堤，障屋霤，如何得似此

語妙趣？下面「時」字，即上面「春」字。接者未嘗辭之，乃因之而有得，如物過其手。其視境緣，欣然不存于心，而心之所存，自有生意。雲行雨施，品物流形，不可形容，此亦德之至矣！在莊叟分中，祇唤作才全，才豈不難哉！

子由曰：兑如醫家脱症。或問：脱何以醫之？曰：先王至日閉關，誰能出不由户？請合而思之。若夫爲不善，非才之罪也。

【閒翁曼衍】

①王梅窓曰：不善書者宜楷，曾知有不能楷而倣顛素者乎？蕭伯玉曰：孟光無貌，梁鴻無才。因癭舉頤，因跛緩步。巧于用短，自非慧人不能。

①「何謂德不形？」曰：「平者，水停之盛也。其可以爲法也，内保之而外不蕩也。德者，成和之修也。德不形者，物不能離也。」哀公異日以告閔子曰：「始也吾以南面而君天下，執民之紀而憂其死，吾自以爲至通矣。今吾聞至人之言，恐吾無其實，輕用吾身而亡吾國。吾與孔丘非君臣也，德友而已矣。」

【集評】

②辰曰：内保，停也；外不蕩，止也。莊子又曰：水澄則清，鬱閉不流，亦不能清。正當

合參。

蕭伯玉曰：藥之貴賤甘苦，時爲帝也。惟水不在禁例。水惟一味，無別異耳。此法性功德所以無量也。

留書曰：水流不已，與物同理；高下大小，自得至洽。平者言其德，物不能離，恐無其實，是不形之平法。

③譚云：如養丹畜火，令胸中平平焉。水停之盛，不形之德始全。山谷以箭鋒相喻，猶門外語也。德已難言，又云不形，只以水停四字寫出。試看海天浩渺，一旦晴空，魚龍潛影，日月生焉。至德之心，亦復如是。

愚曰：坎之五曰：坎不盈，祇既平。有悟水平之盛習險而不失其信者乎？虞集天心水面記，可以喻其體；方正學觀海樓記，可以喻其用。若信不及此，水亦險矣。

【閒翁曼衍】

①石曰：孫綽以水喻性平，論其質耳。不息而能停，不盈而常盛，曾見其傾湫倒岳，俱是和平也耶？昔圓悟推燈珣入水，徵出水深魚聚、樹高招風之伸縮。今將何以徵莊子之伸縮耶？呂梁濠上過三淵，不教蟠住蒼龍窟。

②覺範畫浪軒記言崩掀凹凸之狀，手捫之，無有也，因曰一切法常靜，無有起滅相。且問擊楫

傌濤，乘風破浪，可得與平懷過夏者同例而觀否？

③石攻曰：支公謂簡文有遠體，無遠神。桓温板橋鼓角奔馳，而簡文夷然不動；賈充以鹵簿治麗耀夏統，而旁若無人，皆咸其脢者也〔一〕。于此「平」字，猶隔一層。傅九峻曰：須信杜邊雷得力，莫將水瀉地名通。

①**闉跂支離無脤説**音税。**衛靈公，靈公説之，而視全人，其脰**音豆。**肩肩。甕㼜**音盎。**大癭説齊桓公，桓公説之，而視全人，其脰肩肩。故德有所長而形有所忘。人不忘其所忘，而忘其所不忘，此謂誠忘。**闉跂者，跂而守城門。無脤，無脣也。按邵子，脤即腎也。脰，頸也。甕㼜大癭，頂瘤者也。

【集評】

郭云：德者，世之所不忘；形者，理之所不存，故夫忘形者非忘也。形而忘德者，乃誠忘也。

劉云：哀駘它已過，又出此一怪，略不及其爲人，而愈覺痛快。風人稱美目盼兮，而秦少

〔一〕脢，原作「晦」，據上下文改。

遊傳眇妓。此一轉筆，如水盡山窮，漁郎忽得洞口，變幻之極。

小修曰：借形虧以驗德全，豈可便作兀者、支離會？

【閒翁曼衍】

①椌楬曰：屈平所云木夫九首、土伯三目，則相于恠。士女雜坐，日夜舉酒，則相于淫。惟以德充符觀之，乃可讀耳。今謂莊子所引諸醜，與屈子所引宓妃、湘姚無異，有人信否？笑曰：將收一曲，齊舞雙聲。請看兩個肩肩，强項挑擔。

故聖人有所遊，而知。去聲〔一〕。爲孽，約爲膠，德爲接，工爲商。聖人不謀，惡用知？不斵，惡用膠？無喪，惡用德？不貨，惡用商？四者天鬻也。天鬻也者，天食音飼。也。既受食于天，又惡用人？有人之形，無人之情。有人之形，故羣于人；無人之情，故是非不得于身。眇乎小哉，所以屬于人也！謷乎大哉，獨成其天。謷音敖，今楚人呼大爲謷。

〔一〕聲，原無，據上下文補。

【集評】

② 郭曰：人之生也，非情之所生也；生之所知，豈情之所知哉？有情於爲離曠而弗能也，然離曠以無情而聽明矣；有情以爲賢聖而弗能也，然賢聖以無情而賢聖也。雖下愚聾瞽，及
③ 鷄鳴狗吠，豈有情於爲之？亦終不能也。是以觀之萬物，反取諸身，耳目不能以易任成功，手足不能以代司致業。故嬰兒始生，不以目求乳，不以耳向明，豈百骸無定司，形貌無素主，
④ 而專由情以制之哉？正曰：此如佛説心不見心，本泯者也。而硬説無情，弄巧成拙。彼欲顯靈知之自然耳。聖教則曰情不可滅，亦不可任，必節之以享其中和。

何晏言聖人無喜怒哀樂，鍾會等競述之。王弼曰：聖人茂于人者，神明也，故體沖和以通無；其同于人者，五情也，故不無哀樂以應感。聖人之情，應乎物而不累于物者也。謂之無情，過矣。又曰：聖人性其情，衆人情其性。不性其情，安能久行其正？

邵子曰：寒變物之情，暑變物之性。文饒曰：統寒暑者誰耶？中節即無寒暑。

張文潛曰：清净無爲，遺去情累，而末流爲智術刑名，何哉？惟靜者見物之情，而無爲者知事之要。據其要而中其情，智術之所從出也。仁義生于恩，恩生于人情。聖人節情而不遺也。無情之至，至于無親。人而無親則忍矣，此刑名之所以用也。

陳普曰：不善之善，始如鸞鳳，後如豺狼，以絶情也。

⑤

胡康侯曰：執心前之性體者，于用處不復究竟，以爲塵妄，欲拔本塞源而殄滅之。故其説流遁失中，莫可致詰；其應務顛倒錯迷，不堪簡點。

袁中郎曰：初學道，行人難行，其後亦行不去，鮮克有終，故曰道不遠人。賢者以難事自律，又以難事責人，故修齊治平，處處有礙。若打倒自家，與世俗一樣，非上根宿學不能。

陶云：知、約、德、工，聖人所遊耳。當時則用，過則舍之。

方羽南曰：看破虛空釘樁，則發與未發不可兩橛，而發時之中節不中節卻不可混。朱子以嬰兒至老，無一息非已發，而末年起望洋之歎。趙孟靜難之。陽明曰：亘古常發，亘古未發。今亦難之耶？蓋穿透甚深，而原不壞淺説之相也。如以語爲發，則默爲未發；動念爲發，則靜時閒時爲未發。學記曰：禁于未發之謂豫。豈可執心不見心之所以然，而廢正告乎？

張二無曰：世人轉面反悖，其無情也甚矣！盲修欲滅情，而不免大決，市偷反以藉口。菩薩譯曰覺有情，其中道乎！曾弗人曰：天下無情外之理道。凡忍於犯倫傷義者，皆世間極寡情之輩。李長蘅曰：嘗念昔人鍾情吾輩，以爲不及情之忘情，似之而非也。必極其情之所之，窮而反焉，而後可以至于忘。管子曰：聖人博聞多見，蓄道以待物，皆其所遊也。陳興霸曰：謂聖人建獨分而不侔參于外，殆誣説乎！少游曰：彼有其具，天則誨之。必與爲仇，予無樂乎爲丈夫也。使今日竟捐結習，置身空洞，則不如亟埋土中。曾堯臣曰：凡事忌盡。雖病，亦須留餘地與之。心易曰：舍用無體，只在中節，遊者時乘也。

以差別言，有情慾之情，有嫉害詐狠之情，有忠孝愚誠之情，有英材高達之情。聖賢正言中節，方外不過遣放。如楞嚴言想多情少，是指情慾也。聖人之情見乎辭，是指同患之心也。公好公惡，傷亦不傷，何用抱贓叫屈？

【間翁曼衍】

①無人之情，故是非不得于身，此是莊子鬻之以爲工，遂令告子膠之以爲商。王荀子曰：聖人無情。瓦官意曰：聖人如柱耶？王曰：籌算雖無情，有運之者。意曰：誰運聖人耶？王無語。愚者曰：商。

②白雲端曰：難難難是遣情難，方便遣情猶未得，更除方便太無端。且道此遣情者之情，能無否耶？由此鬻之以天。一部莊子，亦忒煞多情在。

③知爲衆玅，聖人之所遊也。知爲衆禍，此孽、膠、接、商之傷也。皆天所鬻而還食于天。老子貴食母，曹山正命食，有不負此多情者乎？何瞽何眇？

④情生于識，拚斷命根。錮以虚空，又成頑銲。玅藥以趁狗迫牆爲功，而訛成揭竿混逞之罪。豈非中道不成章，爲在宥之所歎乎？楊寨雲、蕭伯玉互相送難，以爲橘皮澆食，而空心忌之。

聞子將謂爲雙輪，莫猶貪語忌十成之奇貨耶？易曰：幾者動之微，吉之先見者也。杖曰：幾者靜之極，凶之先見者也。莊士嫌其繆刺，而達者快其錐通。正以玅闡時中，栞傳指外。曹山切忌未生時，莊子適得而幾矣。直是百戰休戈，方可合此節拍。然雖蓋代功堪論，未許將軍見太平。

⑤磬曰：榨乾識髓，土木形骸，曾知爲吞刀飲灰之憤懥情耶？言語道斷，心行處滅，曾知爲説冰欲寒之峻峭情耶？楞嚴破見，而曰是不名見。無欲故靜，而克伐怨欲不行者，不可爲仁。急口緩口，曾疑其反復否？世所不爭，或僻好以寄傲；灰頭土面，或自穢以藏形。雖則直心一往，不厭悲涼，還是畸士徑行，樂于流遁，口説磬乎大哉，依然眇乎小矣。聖人遊乎中，請再充之稗販，而以天鬻鳴，切忌因語生解。

①惠子謂莊子曰：「人故無情乎？」莊子曰：「然。」惠子曰：「人而無情，何以謂之人？」莊子曰：「道與之貌，天與之形，惡得不謂之人？」惠子曰：「既謂之人，惡得無情？」②莊子曰：「是非吾所謂情也。吾所謂無情者，言人之不以好惡內傷其身，常因自然而不益生也。」惠子曰：「不益生，何以有其身？」莊子曰：「道與之貌，天與之形，無以好惡內傷其身。今子外乎子之神，勞乎子之精，倚樹而吟，據槁梧而瞑。音眠。天選子

之形，子以堅白鳴！」

【集評】

弌說曰：見性不真，雖有目，與瞽無異，而人反不覺其虧欠，覩一軀殼不完者，竊竊焉笑
③之。故曰不忘其所忘，而忘其所不忘。又有詭譎陰險者，自詐其計局，自多其雄成。故莊子又爲解其孽膠。彼郤克于齊，以跛足受辱；鬭麇于楚，以盩肘致討。華元睅目皤腹，貽譏謳者；蔡澤曷鼻魋顔，見笑唐舉。伍胥重帷而見公子光，自猜其貌；魏武捉刀以代崔季珪，欲掩其醜，況凡庸者乎？後之兀者，如孫臏、習鑿齒之流，何可勝數？德之不充，雖支離其形，曷益哉？

袁小修曰：吃齋念佛，無甚奇特；而王性海宰官出家，乃以吃齋念佛聞天下，亦屬可羞。
④雪浪云：不可無道心，不可泥道貌；不可有世情，不可忽世相。道與之貌，則殘形皆可踐形；無人之情，則曼衍著書皆可陶情。須知回互，勿矜一往。

唯疑録曰：濁世不可莊語，此危行言遜之寫意乾筆乎！末世不肯成人之美，不如着弊垢
⑤衣以自穢，甘爲世之賢士所笑責，而暗受聖人之歎息可也。林孟鳴曰：聖人中道，爲庸俗所汩。奇才初必越之，久乃自失。而時勢或不及還，則惟有别路孤行，自偶自消已耳。人不知而不慍，何嘗不望知己！

余奉人曰：蔡澤鎮頤按頞，不失英雄面孔；何敬容膠鬢熨衣，終墜兒女心腸。人生後世，與其求人人説好，無寧順天之本色。韓修武代張籍曰：浙東百萬户，不盲者何限？若籍自謂獨盲於目耳。人不修道完真，而飾外欺人，是猶坐衣冠於糞土也。

【閒翁曼衍】

①迂曰：才説無情，被人一拶，早已喪身失命了也。支離在今，必扯碎此書而疾聲告天下曰：汝説無情，這鬼話從何處來的？

②羅山問巖頭曰：起滅不停時如何？頭咄曰：是誰起滅？山大悟。後人頌曰：夢裏發喊，捉着個賊。醒眼摸來，枕子在側。呵呵大笑一場，也是無端致得。雖無端，莫顢頇，霜岩千丈逼人寒。再看看。

③或問結以惠子者何，予笑曰：莊叟拈提一絡索疲癃殘疾的怪漢，使之放光動地，將粹面盎背，申申夭夭，一槩抹開。末上引出惠子，爲他自夸堅白好看，故扯與殘形者對照耳。當時惠子亦當翻轉面皮，曰：子不吟耶？子不瞑耶？何故錯用精神不能踐形，只管膠孽接商打葛藤，而以軟黑鳴？

④芝潁頌曰：分明一幅遮羞布，當作天孫錦繡看。無忝曰：認得血天真面目，始堪忍辱着伽梨。亦是各充其才，且問符在何處？

⑤刃菴做仲圭墨菜圖，愚抄大痴跋曰：色本翠而忽幽，根則白而弗芽。是知達人遊戲乎萬物之表，豈形似之徒誇？邛山季子復寄破蕉恠石一幅，縣之浮廬行鄣，因擁腫之餘蔭，微風息埃，容膝而坐，按指發光。且令舒掌揮洒，以出支離之氣。

藥地炮莊卷之三

天界覺杖人評　極丸學人弘智集
三一齋老人正　涉江子陳丹衷訂

①大宗師第六

王荆公曰：一篇總是外生死而安命。

王文成曰：知來本無知，覺來本無覺。然不知不覺，則遂淪埋。

②羅近溪曰：論語「知之次也」、「是知也」，兩則正對照。從聞見起知，非真知；直下了了，方是真知。

王龍谿曰：見在可知者，行著習察，還其知之，不可模糊；其不可知者，滌玄去智，還其不知，不可兜攬。良知非聞見知識，而聞見知識莫非良知之用。文辭，道之華；才能，道之幹；虛寂，道之原。無思無爲，良知未嘗無虛寂也，沉守虛寂，則異端矣；有物有則，良③知未嘗無典要也，循執典常，猶拘方耳。錢緒山曰：昧入者明出，塞入者通出，憂憤入者以自得出。羅念菴曰：竭才爲上，解悟次之。蓋有殊資玅契，而不知反躬實際者矣。紹聞編曰：多聞擇善，多見識之，猶元氣之資飲食，一多相貫者也。懲咽廢食，則專科贓行倒倉之

④ 單方耳。野同録曰：固達而知者，學而不厭，乃絶學者之飲食也。陽明曰：下學即是上達。三一曰：達矣而下學，所以養其上達也。張鄮西曰：舉一以啓寤，寤而執一，則迷也。事上中節，法位歷然，盡人即天，始是聖門夕可。

李湘洲曰：非知之爲患，而有知之爲患。所謂無知者，非木石也，只是理窮性盡，則見謝解亡。孔子曰：吾有知乎哉？無知也。是謂真知。惟其有知無知之見謝解亡，所以時行物生，學而不厭。

杖曰：知天知人者，乃天人師也。知天知人，豈天人之所能哉？惟非天非人，乃能天能人。於此知得，豈特爲天人之宗師？

知言鑑曰：三知者，格天人、格内外、格古今、格邪正之總關也。詁家沾灃，詖遁簧鼓久矣！宰理、物理、至理，公性、獨性、習性，姑離合而言之，乃可決耳。心天無内外，物住法位，賾何惡焉？

⑤ 愚曰：無知之知乎？擇識之知乎？君之于相耶？士之于官耶？天人本無分合，執二執一皆非。大宗師應病予藥，神在知症，知症神于知故。孟子曰故而已矣。易言幽明之故，故是何物？至誠默識，而神明通之，則言有言無，言分言合，言共本，言自根，皆安時處順，哀樂不能入之縣解也。不則言人言天，言天人合一，不落有無，皆行名失己、亡身不真

之知孽賈券也。知則不爲一切琦辨奥理所惑，而我可以轉之；不知則一端闇合，而他端又紗縠矣。突有詖鋒，跆而膨膨，恐所不免。

【閒翁曼衍】

①藥地曰：劍去久矣，乃采畫其舟痕；鷂過新羅，更自夸其好手。不立鵠的，而曰射無不中，是誰不被惑亂？非真知者，豈知此心之有大宗師乎？果然真知，大宗師猶是糠粃。

②潛艸曰：幹分花葉，體具全仁。一氣通身，用在觔節。物還其則，典要非拘同際，方圓本自虚寂。扁鵲見垣外，而定人生死。季札聞樂，且定後世之存亡。本無内外，豈可虚寔横分，而爲連環巧閉所惑乎？只爲疑始關難過，帶累封皮與鑰匙。

③不爲物惑，即爲我惑；不爲人惑，亦爲天惑。毋論雕虫刻葉，數寶可惜割泥，即趣潭月夜鍾，影事更成鬼疰。恰遇漆園藥材，又有諸公炮製，正可旁通一綫，各各就路還家。愚者更有一言，果到不疑時耶？裹飯相從，歌哭有分。

④黠智不學而能，正智便用不出，曾疑此否？如郭象曰：人生七尺而五常必具，知與不知，闇會俱全。信得及否？直饒信得，亦剖不來。如曰心不是心，物不是物，天不是天，到此膠盆，出入皆成坎窞。此處未定，則二十篇尾之三知、兩端叩竭之無知，皆受用不着矣。生死鬼神，鏤空吹影；旋毛星點，交網旁羅。隨分舉起，觸處雲霧。知天知人，質俟謂何？又况牛尾巴、

乾屎橛、花藥欄、盌脱丘，甘爲所譎，好不自在。惟有偷心死盡，自享萬法森羅。不妨雷雨攖寧，慶快青天紅日。已而笑曰：庸詎知？

⑤藥案曰：不知其故，何可養乎？不以知亂其所不知者，不以不知亂其所當知者，此真能主鑪錘者也。不能善生善死，而以戮民潑攋；不能攖寧定當，而以兩忘詖遁者，儼然大宗師耶？斬新條令，倚能知者餓他十年，倚不知者齏爲萬段。

①**知天之所爲，知人之所爲者，至矣。知天之所爲者，天而生也。知人之所爲者，以其知之所知，以養其知之所不知，終其天年而不中道夭者，是知之盛也。雖然，有患。夫知有所待而後當，其所待者特未定也。庸詎知吾所謂天之非人乎？所謂人之非天乎？且有真人，而後有真知。**真字，六經不載，見于内經。許慎曰：化形登天爲真。妄也。古貞字即真字。

【集評】

郭曰：人生七尺，而五常必具，故雖區區之身，乃舉天地以奉之。一體之中，知與不知闇相與會而俱全矣。

②劉云：天之生，猶言亹亹綿綿者然。養其所不知，養字最妙。向上一見，永不再見，晦其神識，若無知然，所謂養也。知有所待而後當，如人用法，隨所附會，故曰未定在。

陶云：物之所宗者，道也。心之所師，未成乎心者也。不特死生去來是其影像，仁義禮樂是其名相，即知之一字，亦兒孫邊事耳。惟真人然後有真知，惟無知之知能登假於道。然則無知之知，亦濟道之舟筏矣，而况於知乎！

③ 集云：子思知天知人，學者膚襲説過。莊子恐人錯認不真，故曰所爲者跡耳，非天之所以爲天、人之所以爲人也。不免兩橛，故曰有患。復轉語曰：庸詎知吾所謂乎？吾所謂真知，乃天人合一者也。故復以天人不相勝結歎。

④ 愚曰：或以祖父兒孫比道之於法，比空劫之於今時，乃拳影耳。在人默會，此非喻可喻也。祖父生子生孫，遂爲分體，而道則生之而與之同時者也。且説無我備物爲體，因物則而理物爲用，本冥何言？

【閒翁曼衍】

① 以養字、患字、當字、定字剥出真字。文王于剥復後不標真卦，而曰无妄。孔子曰：无妄，災也；大畜，時也。語甚可疑。將謂无妄而行有眚，必賴學問以畜之耶？曾疑此真知而定當否？若有一絲疑，是真善知識。教曰有真知，有似知，有偏知〔一〕，有外智，有内智。有真智，

〔一〕偏，原作「徧」，據上下文改。

而又言真際妄、妄際真，曾定當否？若嫌此摟搜，請問青州布。有知是病，無知亦是病，何謂無知之知？何謂知而無知？何謂知即無知？曾定當否？若是道不來，且念上大人。

②劉覺岸曰：幾曾見蓮花不生于汙泥者乎？環中詩曰：蓮花與汙泥，生小不相識。頌八還辨，見者拈香山曰：向道春歸無覓處，誰知轉入此中來。曾定當否？莫言除夕從頭起，須信雞鳴喚醒人。

③石頭抽刀與石室，室曰：須得那頭。曰：汝要那頭作麽？大顛曰：若是鳳凰兒，不向那邊討。雲居曰：了得那邊事，向者邊來行履。笑曰：登假若此，龍頭狐尾。

④枹山曰：萬物靜觀皆自得，四時佳興與人同。程子到此豪雄，登高不慄，只是坐在理法界，不能入水入火，別轉一機。或問：如何寫他別轉？曰：睡覺東窗日已紅。

①**何謂真人？古之真人，不逆寡，不雄成，不謨士。若然者，過而弗悔，當而不自得也。若然者，登高不慄，入水不濡，入火不熱。是知之能登假**音格**。於道也若此。**

【集評】

郭云：直自全當而無過耳，非以得失經心也。登高不慄，言知之登至于道若此遠也。陸

②行而非避濡，遠火而非避熱，無過而非措當，故不以熱爲熱而未嘗赴火，不以濡爲濡而未嘗

蹈水，不以死爲死而未嘗喪生。

李湘洲云：不逆寡，不知其寡而逆之也。不雄成，不知其成而雄之也。不謨士，不知其爲士而謨之也。

杖云：自此下，歷狀古之真人。是渠筆端造化，獅滚毬門，所謂神鬼神帝，生天生地，洗脱人名言心道之習氣。世人强爲配合注解，何啻韓盧逐塊？

【誾翁曼衍】

①郭象云陸行非避濡，遠火非避熱，與莊子入水不濡、入火不熱有何干涉？枹山曰：且以洞山無寒暑公案參三十年，不必爲郭象解圍。愚曰：又浸殺，又燒殺。

②或曰：入京朝主，潼關便休，得無悔耶？石曰：本不動步。曰：然則登假謂何？曰：五湖王化，豈硋艸鞵？曰：是不出門亦艸漫漫也。曰：不見道當而不自得。愚曰：且向下回夢見。

古之真人，其寢不夢，其覺音教。無憂，其食不甘，其息深深。真人之息以踵，衆人之息以喉。屈服者，其嗌音厄。言若哇。其嗜欲深者，其天機淺。①

【集評】

郭云：息以踵，在根本中來。機發于踵，常從極上起。

②大慧答向侍郎書曰：至人無夢，非有無之無，謂夢與非夢一而已。佛夢金鼓，高宗夢傅説，孔子夢奠兩楹，亦可作夢與非夢解。

劉云：屈服者其嗌言若哇，學語之流，蝦跳不出斗。

譚云：「其息深深」四字，仙靈秘奥，上真形體如見。「嗜欲深者，其天機淺」，骨髓名言，人人自愁墮落。

③李贄曰：若哇者，飲食在喉，吐而出之甚易。

櫨與齋曰：夢者人智所現，醒時所制，如既絡之馬，卧則逸去。然經絡過，即脱亦馴，其神不昧，反來告形，離形之物，便通前後。所更奇者，我爲汝夢，汝爲我夢，不間二形，或越千里，不必相與，應在數載。或關國運，或驗道心。然則夢可如神，而以爲不如醒時，失其解矣。

【閒翁曼衍】

①孔子不夢周公，後得主者先迷。漢帝夢見金人，小兒被底偏啼。彈指莫出女子定，一茶一水圓夢奇。瑞崖主人唤不應，高峰枕子墮地遲。莫有摸看半邊鼻孔者麽？還須粉胡蜨作紙撚，打箇噴嚏。

②白白曰：李林甫一夜數移卧處，雖求一夜之夢而不可得。曹操爲疑塚，此雖求長夜之夢而不可得。何恠周尹氏之役夫夢爲國君而樂耶？然則一枕酣夢，豈世間忙人所能受享乎？愚曰：哇。

③譆誧曰：有時一覺到天明，不在牀上不落地，且道在甚麽處？將謂寤寐一如，猶覓無夢無想主人公麽？愚曰：深深。

①**古之真人，不知説生，不知惡死。其出不訢，**音欣。**其入不距。翛**音蕭。**然而往，翛然而來而已矣。不忘其所始，不求其所終。受而喜之，忘而復之。是之謂不以心捐道，不以人助天，是之謂真人。**不距，不拒也，生死一如也。

【集評】

郭云：與化爲體，泰然而任之，夫一生死耳。又轉云出入，云往來，云始終，云受復，總歸于不以心捐道，不以人助天。

【間翁曼衍】

①澹歸曰：此人還有往來麽？若無往來，是誰往來？若有往來，誰是往來？敢保老兄未徹在。

①**若然者，其心志，其容寂，其顙頯。**去軌反。**凄然似秋，煖**音喧。**然似春，喜怒適四時**〔一〕**，**

〔一〕適，集釋本莊子大宗師作「通」。

與物有宜，而莫知其極。故聖人之用兵也，亡國而不失人心，利澤施乎萬世，不爲愛人。故樂音洛。通物，非聖人也；有親，非仁也；天時，唐作「失時」。非賢也；利害不通，非君子也；行名失己，非士也；亡身不真，非役人也。若狐不偕、務光、伯夷、叔齊、箕子、胥餘、紀他、音沱。申徒狄，是役人之役，適人之適，而不自適其適者也。狐不偕，古賢人。務光，黃帝時人，耳長七寸。尸子云：箕子名胥餘，比干名胥餘。司馬彪誤矣。申徒狄，殷人。荀子載其負石沈河。頯，朴貌。

【集評】

② 郭云：淒然似秋，殺物不爲威也；煖然似春，生物不爲恩也。喜怒通四時，不用喜怒，消息元化也。與物有宜，無心於物。涉江曰：能與能奪，能殺能活，如聖人之用兵。又轉一語曰樂通物，未忘物也。有親便有疎。趙州云「老僧使得十二時」，故曰天時非賢。吉凶與民同患，故曰不通利害非君子。

③ 高忠憲答劉總憲曰：現前道理極平常，不可着一分怕死意思以害世教，不可着一分不怕死意思以害世事。有殺身以成仁，言仁者之志也；未見蹈仁而死者，言仁道之大也。

④ 集云：其心志，志字虛用，奇！謂不可得而窺測，惟有一志耳。其容寂，雖未到夫子燕居之容，覺淇澳之咏淺矣。其顙頯更奇，與前息以踵相照，猶文王繫艮云艮其背，即繼之以行

其庭，行亦踵也。其奧密可思。

王季重曰：可以死，可以無死，豪傑知之久矣。死而不足了吾事，則無死；事了，則死還其死。

王石攻曰：灾非无妄之所能免也。西門子之達，非智得也；北宫子之窮，非愚失也，皆天也。大畜者，所以享其无妄之時中也。

杖云：亡身必真，方是白刃可蹈、中庸不可能。若狐不偕諸子，個個是菩薩，於大千世界，無處不是他捨身命度生處。知此正是自適其適、能役人而非役於人者也。生殺在手，不隨人脚跟轉，真用劍刃上事。

⑤

愚者曰：漁父篇中所言聖人與物推移，即屈平之言也。知之而致命于其時位，又何嘗不自適耶？莊生戰國發歎，宜其翛然也。身遭昏亂，歷盡坎坷，忽誦龐公雞豕之歎，果然先幾，不當以食事人，饑而噫矣。木榻北窗，翛然何有？鴻漸鵬怒，不妨支離。

【閒翁曼衍】

①或問：莊子當五代時，馮瀛王、王昭素、陳圖南，渠作那個？曰：這裏難不得他。只如韋祖思遇赫連，莊子當何如耶？且莫下語，舉一公案看。昔罽賓國王斬獅子尊者頭，王臂自落。雪竇曰：作家君王，因甚臂落？大慧曰：孟八郎又恁麼去。千巖曰：一無臂，一無頭，二俱誇

好手，何處不風流？你道是適人？是自適？

②志士不忘在溝壑，與若然者其心志有別否耶？南泉十八，便解作家計；趙州十八，便會破家計。將謂若然者，是作家計耶？人間世致命亡身者，是破家計耶？鳥道鳴曰：萬里只憑孤劍去，千差不作兩層看。

③道藏以大覺金仙爲孔子，然則黄庭曰泥丸之中有真人，亦是華嚴毗目之別本。拔宅飛昇，白牛車上化城耳。且問如何是寶所？

④徐顯曰：羑里、陳、蔡，不死者天耳。子長用駢拇之激例，豈知天乎？魯公七十不歸，爲盧杞中，真西山惜之。嵇紹不學諸葛靚，而以蕩陰懺趙王倫之侍中，豈巨源誤之耶？役役幸脱世眼，冷笑不必至人，又非庾衮、桓曄之漫例也。笑翁曰：聖人無死地，竗在先幾。夙願無所辭，豈論禍福？巖頭一吼，華亭覆舩。知者忘言，原非世諦。不知單豹、張毅，還與莊子訴天否？閒翁曰：春雷秋露，與物有宜。自適適人，看破第一。

⑤藥地吟曰：詹尹原隨事歷然，卜居雙問孰能全？濯纓濯足還漁父，一笑滄浪去不言。莊子亦化一漁父身，畫出精誠之至，即是素逝息影。有見其莞爾而笑、鼓枻而去者耶？杖人以孟子、莊子、屈子供養一堂，其適人自適處，誰知其莞爾而笑、鼓枻而去耶？愚嘗摹曹娥碑似屈子，艸藏真、酒狂書似莊子，臨坐位帖似孟子，亦足自適。又誰知其莞爾而笑、鼓枻而去耶？

古之真人，其狀義而不朋，若不足而不承；與乎其觚而不堅也，張乎其虛而不華也，邴邴乎其似喜乎，崔乎其不得已乎。滀乎進我色也，與乎止我德也，厲乎其似世乎，謷音敖。乎其未可制也，連乎其似好閉也，悗音免。乎忘其言也。以刑爲體，以禮爲翼，以知爲時，以德爲循。以刑爲體者，綽乎其殺也。以禮爲翼者，所以行于世也。①以知爲時者，不得已於事也。以德爲循者，言其與有足者至于丘也，而人真以爲勤行者也。故其好之也一，其弗好之也一。其一也一，其不一也一。其一與天爲徒，其不一與人爲徒。天與人不相勝也，是之謂真人。滀，淵渟意。與乎止我德，正容悟物也。悗，順也，目擊道存也。似世，似世法之厲責也。連閉者，連環巧閉也。

【集評】

②劉云：以刑爲體，最是入用，端的如金制木。禮爲翼，知爲時，皆不虛造。好之也一，只是純一。

唐云：無好惡，無同異，無天人，故曠然而冥。

小修曰：刑爲體，殺盡安居也；禮爲翼，隨順世行也。

譚云：刑禮一顛倒，先王用刑制禮初心，被此老覷破矣。看莊毒眼，殺字上加一綽字，便見無厭足王妙用。郭云：丘者所以本也。物各有足，足于本也。付羣德之自循，斯與有足者至于本也。解雖明白，恐非其旨。此喻語不作喻說。詳道云：姑射山、隱弅丘、具茨山、崑崙丘，丘喻德，山喻道。許孚遠曰：南華之言，不可泥于常調，疑者闕之而已。

集云：此形容真人之全機大用也。其狀義而不朋，純用乾元，何處着肝膽血性等字？妙在説真人似説庸陋人處。入泥入水，秘實顯權，正于似處描寫。

【閒翁曼衍】

①一與不一，原自妙叶。特地離之，使人奪勝耶？桂丁枯樹，甘草復活，一任花開花落，栽樹卻忌東風。

②四番開演，謂之真人，然則天人師在何等耶？已乃專示人了生死，將謂有生死可了與無生死可説者，誰堪作宗師耶？蒼公曰：既不能横趨而去，又不能畫地爲牢，只得放開眼孔，看這夥銅頭銕額互相推排，鼓粥飯氣，撑撑拄拄，依舊可憐生也。一種時命大謬，蹲坐草裏。畸才不可忍，中庸不可能，且推敲子桑之户，與他大叫一聲。

① **死生，命也；其有旦夜之常，天也。人之有所不得與，皆物之情也。彼特以天爲父，而身猶愛之，而况其卓乎！人特以有君爲愈乎己，而身猶死之，而况其真乎！泉涸，**

②魚相與處于陸，相呴音吁。以濕，相濡音儒。以沫，不如相忘于江湖。與其譽堯而非桀也，不如兩忘而化其道。

③

【集評】

法藏碎金録曰：愛盛懼衰，厭憂戀樂，只爲偏曲在己，故至道妙理皆成大病。

譚云：不欲錮大宗師以道之一字，曠心托出矣。

元公曰：此道不化久矣！卑者淪齷齪，高者墮莽蕩。

野同録曰：人以五行生，即以五行死；道以六根賊，亦以六根用。閉距不得，恃縱不得。中和中節，本自兩忘。生死旦夜，平常極矣。至誠無息，即逍遥遊。

徐汝廉曰：聖人無意識而有仁智，無知誘而懷道濟者也。知天命，則知吾身原無鳳鳥、河圖也，化矣。

正曰：微顯無間，皆天命之流行。聖人統天，始終條理，所以善萬世之生死也。豈徒達士快語，以不可知自委而賣弄乎？賢才好學，衆人當分，不欺則安命矣。莊生偏顯其真，故作此四種形容耳。常理腐而厭聽，極物苦其動賾，虚空則枯而荒，惟有生死于人最切，故提生死以化之。

【閒翁曼衍】

①迂曰：特地處魚于陸，而復放之江湖，以自爲恩乎？今之以兩忘立竿者，水來而魚枯矣，倒竿者又縱鰐登陸矣，安得不轡康衢以化其道？

②一化之所待，將以化其道耶？何爲推倒刹竿，弔個影子耶？真知化者，即一切是化，何待之有？夫遯世而遊于物之所不得遯，本自兩忘，何用又況？毋乃坐在寶所，復盼化城乎哉？雖然，引子過曲，數板尾聲，亦是物之所不得遯而皆存，但請唱和。

③大學以聽訟結知本，智證傳引易利用獄，正謂貪坐無事甲裏，自謂委化，忽經毫髮許事，兩忘在何處耶？睦州云：現成公案，放汝三十棒。你道莊子攖寧，還得已麽？

①夫大塊載我以形，勞我以生，佚我以老，息我以死。故善吾生者，乃所以善吾死也。夫藏舟於壑，藏山於澤，謂之固矣。然而夜半有力者負之而走，昧者不知也。藏小大有宜，猶有所遯，若夫藏天下於天下而不得所遯，是恒物之大情也。特犯人之形而猶喜之，若人之形者，萬化而未始有極也，其爲樂可勝計邪？故聖人將遊于物之所不得遯而皆存。善夭善老，善始善終，人猶效之，又況萬物之所繫，而一化之所待乎！

【集評】

③ 郭云：言生死變化不可逃，先舉無逃之極，明必變之符也。揭天地以趨新，負山嶽以舍故，故不暫停，忽已涉新。天地萬物，無時不移，今交一臂而失之，在冥中去矣。不知與化爲體，而思藏之使不化，則雖至深至固，各得其所冥，而無以禁其日變也。故夫藏而有之者，不能止其遯也；無藏而任化者，變不能變也。故無内外，無死生，體天地，合變化，索所遯不得矣。此恒物之大情，非一曲之小意矣。

④ 程子曰：死之道，即生是也。

朱子録范文正家書曰：千古聖賢不能免生死，不能管後事。一身從無中來，卻歸無中去，誰是親疎？誰是主宰？既無奈何，即放心逍遥，任運來往。如此，心氣漸順，五藏亦和，藥方有效也。

⑤ 永明曰：有力者，無常之大力也。故莊子致慨于藏山，仲尼興喟于逝水。了本旨者，念念恒新，物物各往，相因而不相到，即不遷也。

劉云：兩「藏」字已恠，又夜半，又負走，何其奇也！身心之際，深而復深，所失多矣，藏之又難。遊于物之所不得遯，達人大觀。

⑥ 李湘洲曰：打銕作門限，鬼見拍手笑。生不可求，死不可逃，何如任其去來，而無所藏之

爲得耶？

張二無曰：一日未死，誰能以死自休？一刻未病，即須一刻茶飯。聖人文以禮樂，正爲萬世調劑飲食，而善藏其生死之疑始也。向上一著，口挂壁上。

⑦ 正曰：肇論以無所得爲入空入有之方便，則一寔爲何物耶？大智度論曰：體理原玅，衆生自粗，惟善用心即玅。通玄曰：直下無心，即出生死。惟悟心自本無，乃出乎出生死之生死。楞嚴之攀緣生死，與識精元明，兩俱看破，方知遇緣即宗，在善用耳。不爲分段之生死所惑，豈復浪生而憂死；不爲變異之生死所惑，豈以嫌起滅而廢當務乎！修多羅以神表法，而會于惟心，事歸一寔，則過去未來無安排處。現在事圓理畢，不起一念矣，即是三際俱斷。

⑧ 杖云：此莊叟點醒生死人情，使之返己知宗，而相忘于大道也。大塊載我以形，又從凡夫分段生死上頂門一針。四個「我」字，可悲可痛。自己七尺，憑造物驅之，全然作不得主，故歸于寔地安之，曰善我生，乃所以善我死，悲夫！有道者，我載造化，不靠造化載我；範圍天地，曲成萬物，拈來便用，何勞之有？不知老之將至，逸個甚麼？不說斷滅相，日日萬年，息個甚麼？是以復有藏舟之喻。

【閒翁曼衍】

① 造語造意，即造造化。你道漆園曾破漆桶也未？雖然，只一「計」字，三十棒少不得。藏身處

沒踪跡，沒蹤迹處莫藏身。果可漆耶？果可破耶？

②曾知吾身之遯于地水火風乎？曾知蒼天之遁于瓦礫矢溺乎？曾知太極之遁于馬毛龜甲乎？此物之所不得遯而皆存也。且道四善一化，如何分别？石牌入水則乾，出水則濕。出水之濕不問，入水則乾，是誰見之？

③或問遁甲，遁在何處？曰：乙丙丁戊己庚辛壬癸。曰：無首耶？曰：一二三四五六七八九。

④或以雌遁，或以雄遁，或以中庸遁。孔曰陰陽不測之謂神，孟曰聖而不可知之謂神。設有單舉以問孔孟者，吾知孔孟決然不答。或問程子，程子曰：賢是疑此而問？是揀難者來問？

⑤德山麈談曰：花至春開，紅紅白白。問此一切現成，與老莊自然何别？曰：者裏如何容得自然？曰：天地間事，皆諉之不可思議耶？曰：知者通其所以然，是不消思議；迷者不知其所以然，是不能思議。愚者曰：柏梁臺上收科句，正遇英君慶太平。

⑥宗鏡曰：從生至死，念念遷流。逝水藏舟，當前蹉過。尚不覺無常之粗相，焉能悟不遷之密旨？詎知夜半負走者耶？向上一路，千聖不傳。學者勞形，如猿捉影。詎知有夜半負走者耶？憨山曰：宗師語句句活；學人作寔法會，便句句死。一菴曰：纔作無實法會，便念念浮。究竟如何是不得遯而皆存者乎？莫愁夜半負走。

⑦生死是生死本。求大涅槃，亦生死本。然則如何得出生死？曰：望梅止渴，擊瓢緩筋。

⑧小修曰：知止其所不知，至矣，然非可强止也，故曰以明。且如以生來死去爲問，是恐人强止其所不知者耶？笑翁曰：未免强而不止。

⑨或問：羅漢以入生死爲破戒，菩薩以出生死爲破戒，畢竟如何成得佛耶？曰：如不可求，從吾所好。

①夫道有情有信，無爲無形，可傳而不可受，可得而不可見；自本自根，未有天地，自古以固存；神鬼神帝，生天生地；在太極之先而不爲高，在六極之下而不爲深，先天地生而不爲久，長于上古而不爲老。狶音喜。韋氏得之，以挈天地；伏戲即羲。得之，以襲氣母；維斗得之，終古不忒；日月得之，終古不息；堪坏音丕。得之，以襲崑崙；

②馮音憑。夷得之，以遊大川；肩吾得之，以處大山；黄帝得之，以登雲天；顓頊得之，以處玄宫；禺强得之，立乎北極；西王母得之，坐乎少廣，莫知其始，莫知其終；彭祖得之，上及有虞，下及五霸；傅説音悦。得之，以相去聲。武丁，奄有天下，乘東維，騎箕尾，而比于列星。狶韋即豕韋，顓頊、大彭之後，夏封于豕韋，苗裔家彭城。氣母，謂神理

③也。維斗，言斗運四維也。堪坏，一作堪坯，崑崙神名。堪輿家言崑崙爲祖，是其意也。馮夷，

水神，穆傳無夷、山海經冰夷、淮南馮遲，一也。肩吾，泰山神名。禺强，北海神名。爾雅「西至于王母」，國名；穆傳：西王母，其國君也。山海經言西王母戴勝，虎齒，有尾。彭祖，籛鏗。傳説星在箕尾間，後人名之也。愚謂莊子掇拾，暢其意耳。其名與事半真半假；其旨則所謂神鬼神帝，生天生地，惟心所造；其理則自古以固存者矣。

【集評】

程迴曰：莊子謂道在太極之先者，非也。太極與道不可差殊。超乎象數，則爲太極；行乎象數，則爲乾坤。太極，大中也。無方無體，因陰陽倚而中乃見也。

④邵氏曰：心爲太極，未嘗動静有無，而未嘗離者也。

潛艸曰：皆心也，皆氣也，皆理也。董子謂天地間氣化之淖，若虚而寔。張横渠曰：知虚空即氣，則有無隱顯、神化性命，通一無二。謂虚生氣，則入老莊有生于無自然之論。不⑤識所謂有無混一之常，謂物與太虚不相資，形性天人，偏見生病，豈悟範圍天地、通乎晝夜、三極大中之矩？此質論也。火彌兩間，體物乃見。惟心亦然，體物而節度見焉，道器不可須與離也。莊子正以虚無爲反對之藥，而歸寔于極物耳。太極亦是孔子創説，而隨即泯之于陰陽中，表道、善、性以貫仁智百姓之用，尚不執一，豈執三乎？羲圖秩序，物物具此則也，知極知節，變化在中。聖人生而知好學，俯仰遠近，格致會通，天下之理得而成位乎中，故時出

⑥　而用其極焉。學者定志一心，乃能復見，精入研極，乃通參兩貞一之故，不受惑亂。諸子以兩末三回挑剔，聖經是中理旁通。

阮霧霶曰：儲泳云，生神于陽，成形于陰，鬼神造化皆備于我，知此則知鬼神之情狀。十仙、四禪、八定是出世死法也。佛于聲聞緣覺之上，斥小褒大，雖分五乘、五教、三界、十界，寔一心也。圓滿菩提，歸無所得，種性豈愁其缺少耶？法住法位，止有一寔，隨分自盡今時之事，明矣。或爲貪福所昏，或爲好奇所炫，寸木岑樓，空花亂墜，幾人能具超宗眼耶？萬古碧潭空界月，再三撈漉始應知。

⑦　陳大士曰：糯可爲飯爲酒，而烹煉成青碧珠，可爲瓔珞。米之本分，原無瓔珞，而可爲瓔珞。謂必爲瓔珞乃成米之量，則又説之難持者也。

⑧　或問十三得，得仙耶？愚曰：漢志老莊在道家，神仙在方技家，附玄牝耳。守尸鬼窟，大乘訶之。專氣所伏，氣聚終散，自是外道。朱子注參同契，亦以閒居無嫌于養生。艮背行庭，坎離交濟，宇宙身心，同具此理，何分于因物付物之大公耶！已一死生矣，何用言之？其實生即無生，養身養德，無二道也。淡耆欲，少嗔恚，陰平陽秘，恬愉自得，非致中和之湯引耶？

⑨　東坡曰：聖人清明在躬，大行不加，窮居不損，則志勝氣爲魂。凡人昏于飲食男女，則氣勝志爲魄。此確論也。或問因果，曰：飯爲因，飽爲果；畊爲因，穫爲果。切近可見者如

此，則幽遠難見者亦然，一不離二也。佛曰惟心，則有無矯亂之外道，更何喙哉！莊子曰：議止于極物，以有形者象無形者而定矣。千妖百恠，豈能迋哉！以俯仰遠近之條理物變，徵統類費隱之大易約本，差別全明，更何惑哉！樞在自己，宇宙皆爲吾用，爭奈神明者少，又不好學，虛生浪死，茫茫而已。與言公理則厭，言福享則喜，直告之則不信，神奇之則驚。其將惠盎四番、改絃新鼓也歟！

⑩

【閒翁曼衍】

①不可以有心求，不可以無心合。燒紅焠黑，兩邊奪耳。且問直下説有説無者，是何物耶？莊子言不死不生，又言善吾生，是兩重耶？一味耶？急須決眼，勿遁烟雲。

②自本自根，未有天地，自古以固存。將謂是有情有信、可得不可見之本來種性也耶？乾峰云：法身有三種病、二種光。洞山曰：法身是大病源。既是法身，如何有病？有疑始者否？

③竗喜曰：學實法者，以透過法身爲極致，而雲門反以爲病。不知透過法身了，合作麽生？到此飲水，冷暖自知。不着問別人，問別人則禍事也。寶壽符曰：本色衲僧，聞着「向上」二字，早好劈面唾。宗旨云乎哉！愚者曰：大宗師一篇，幾逢唾者？

④本欲鋪雲，恰成蜃市，如何恠得靈廞，不供作祖宗耶？以李通玄南谷華嚴所表觀之，則莊子活跳到今。小修曰：得道聖賢，各有國土常在宇宙間，但非肉眼所見。

⑤嗒曰：未夢見莊子在。彼知愚人多，而智士亦藏用于愚。亂世尚鬼，鬼亦心造。故甘放一着，與外道香熏耳。不然，南華豈得與六經並稱哉？遊而玩，玩而戲，風月天花，神鬼神帝，皆遊戲三昧也。屈子詭譎其詞，動引鬼神，亦碧血之遊戲三昧也，顧其人何如耳！馬見尾而不驚，誰入此定？

⑥羲圖對待，皆兩所爲也。一何在耶？或執後，或執先；或執有，或執無；或執一邊，或執中央。何生曰：無費無隱，無中無邊，超矣圓矣。當士曰：執超爲圓，而不明其中之秩序條理，是安能善吾生死之禮意耶？平公曰：心、氣、理，三耶？一耶？道、善、性，三耶？一耶？信心銘曰：一有多種，二無兩般。信否？愚曰：遯不得。

⑦或問氣母。曰：四大性自復，如子得其母。且問混沌生兒，識父者誰？

⑧郭曰：生不由于己爲而爲之，則傷其真生矣。首楞曰：歸無所得。此十三得，得個甚麼？誰向髑髏明腐罐，枉勞蝓蠮叫冥蛉。

⑨篛篷悶坐，不覺暈船。開窓望天，便爾爽快。此宗無語句，亦無一法與人。禹峰曰：漢武殺神仙者也，非好神仙者也。巡東海，禮八仙，夜見大人，其迹類禽獸云。噫！神仙而禽獸乎？是寓言耳。蓋雄才大略，無可發抒，特假此以遨遊萬里，夸張海外曰：當今皇帝作神仙也。郭象曰：遊外以弘内耳。後脱胎者不欲人解，故以不容致詰者藏之。蜀梁、黎丘，是彼

不達，非干我事。

⑩尹洙臨終告范文正，徐顯惜東門王德元，亦苦心哉！爲彼則易從，爲此則難入，又如之何？

①南伯子葵問乎女偊音禹。曰：「子之年長矣，而色若孺子，何也？」曰：「吾聞道矣。」

②南伯子葵曰〔一〕：「道可得學邪？」曰：「惡！惡可！子非其人也。夫卜梁倚有聖人之才，而無聖人之道；我有聖人之道，而無聖人之才。吾欲以教之，庶幾其果爲聖人
③乎！不然，以聖人之道告聖人之才，亦易矣。吾猶守而告之參音三。日，而後能外天下；已外天下矣，吾又守之七日，而後能外物；已外物矣，吾又守之九日，而後能外生；已外生矣，而後能朝徹；朝徹而後能見獨；見獨而後能無古今；無古今而後能入于不死不生。殺生者不死，生生者不生。其爲物，無不將也，無不迎也；無不毀也，無不成也，其名爲攖寧。攖寧也者，攖而後成者也。」南伯子葵曰：「子獨惡乎聞之？」曰：「聞諸副墨之子，副墨之子聞諸洛誦之孫，洛誦之孫聞之瞻明，瞻明聞之聶許，聶許
④聞之需役，需役聞之於音烏。謳，於謳聞之玄冥，玄冥聞之參寥，參寥聞之疑始。」

〔一〕子葵，原作「葵」，據上文及集釋本莊子大宗師補「子」字。

【集評】

郭云：自然之理，階近以至遠，研粗以至精。故七重而標無之名，九重而後疑無是始也。

劉云：攖者外縈，寧者內寂。已是杜撰，其下疊見得意，前無古人，大槩不出面目唇舌，妙在「子孫」二字。

⑤ 唐云：外天下、外物、外生，次第亦有謂。殺生者不死，生生者不生，即死死者未嘗死，生生者未嘗生。

龍谿曰：無閒忙，則無生死。毁譽得喪能一，則生死一矣。

⑥ 副墨曰：世棼擾擾中而成大定，所謂不壞世相而成實相，豈與斷滅種性以求成者同哉？副墨，書也；洛誦，言也；瞻明，視也；聶許，聽也；需役，行也；於謳，歌也；玄冥，深沉；參寥，空廓；疑始，疑其始而未始有始也。言道得之語言文字，而領之以心，會之以神，則己之朝徹而獨見者也。

⑦ 譚云：後世腐儒便謂有聖人之道在，何用才爲？莊子專埽此一輩。

袁小修曰：仲尼不詳言生死，而諄諄善心善事，則不必求出生死，而生死之理在其中矣。

杖云：此中原無次第，而人於此中，又自有次第之累。於此次第指點之，正不妨與教義相參；直下勘破，又不妨如宗門頓悟。莊生於此，又露出內秘外現之手眼耳。攖寧、疑始，安

⑧名最奇，此中便有亭毒含靈之妙。又云：見得疑始透，而無有始可疑，又何次第可聞乎？此神于推原，使人恍然自悟也。又曰：妙在攖而後成，只此可會通内七篇旨趣：外天下，可通逍遥之堯讓許由；外物、外生，可通齊物之喪我；朝徹、見獨，可通養生之薪盡火傳；無古今而後入不死不生，可通人間世之無用爲用；殺生不死，生生不生，可通大宗師之天人不相勝；無不將，無不迎，無不毁，無不成，可通應帝王之虚而委蛇而未始出吾宗。宜其爲大宗師也！又曰：於謳聞之玄冥，逍遥之南北二冥，方於此點睛。

愚曰：攖寧即動定。文王八卦，艮震環冬春，而序卦爲震艮。大學艮震，中庸震艮，此動静生死之幾。終日乾乾，反復道也，曾格致否？疑始無始，過反復關，乃能不惑，而享其本無動静生死之天。

【閒翁曼衍】

①吾聞道矣，看女偊面皮厚多少？

②好肉剜瘡，徙癰高價耶？即令七層九轉，一總抹殺，猶是半邊。我作子葵，只與一蹋蹋倒。

③徐文長曰：莊周輕死生，曠達古無比。何爲數論量，生死反大事。乃知無言者，莫得窺其際。身没名不傳，此中有高士。笑翁曰：末世以無言名高者，知之乎？文長是論量否？自己錐耳槌卵，當得輕生死否？不曾死盡偷心，一味説輕生死，更是禍本，安得不以生死爲大事耶？

未過攖寧，莫寃莊子。

④曾知見獨、疑始，即是神鬼神帝、生天生地之根因耶？正在自己打徹耳。子孫成事，副墨憐才，所貴奉其父祖，豈愁家親作祟乎？不見靈源曰：服藥靈驗，切須忌口。

⑤所言法相者，如來説即非法相，是名法相。杖曰：四面八方來，正好連架打。直饒藏身大悲院裏喫齋去，須防白拈賊反來打破你飯牀在。

⑥開萬閣曰：畫出讀書者一段時習而悦的光景。只是撰出許多名字，奇奇怪怪。俞塞曰：且問輪扁，知此九句中甘苦否？庸墨鈔經手發疽，二千年毒痼難除。長城炙火衝頭陣，大海淘沙倒尾閭。愚曰：是苦是甘？

⑦進山主問修山主曰：明知生即無生之理，何故爲生死所流轉？修曰：筍畢竟成竹去，如今作篾使麽？進曰：汝後自悟在。修曰：上座作麽生？進指曰：這裏是監院房，這裏是典座房。笑曰：監院房，典座房，如何見得生即無生？愚曰：攖。

⑧子之所慎：齋、戰、疾。蓋門人摹寫夫子之空空心法也。常時戲怠，齋時則誠，然猶有懈。戰則輪刀拚命，何有他心？然猶有脱者。疾則萬念皆休，一切無所用矣。維摩室中一榻，以病而卧，爲人解黏釋縛，勝似誦千卷經。杖人嘗曰：貧、病、死，是三大恩人。不見曾子發喊曰：人之將死，其言也善。藥地肱已三折，確然恩感刀頭，要須寂滅冷澆，始博閒中一笑。且

如德充符扮出罪廢殘醜，大宗師扮出貪病死喪。看此者閒而無事麼？正恐鬧在。

①子祀、子輿、子犂、子來四人相與語曰：「孰能以無爲首，以生爲脊，以死爲尻，苦羔反。孰知死生存亡之一體者，吾與之友矣。」四人相視而笑，莫逆于心，遂相與爲友。俄而子輿有病，子祀往問之。曰：「偉哉！夫造物者將以予爲此拘拘也。」曲僂音縷。發背，上有五管，頤隱于齊，肩高于頂，句音勾。贅指天，陰陽之氣有沴，戾也，因而音戾。按從㐱，可音軫。其心閒古間、閒通。而無事，跰𨇤音駢先。而鑑於井，曰：「嗟乎！夫造物者又將以予爲此拘拘也。」子祀曰：「女惡之乎？」曰：「亡，予何惡？浸假而化予之左臂以爲雞，予因以求時夜；浸假而化予之右臂以爲彈，予因以求鴞炙；浸假而化予之尻以爲輪，以神爲馬，予因而乘之，豈更駕哉！勾贅，如贅瘤也。跰𨇤，病不能行貌。拘拘，攣曲之甚。

【集評】

劉云：偉哉，有平視造物之意。陰陽之氣有沴，其心閒而無事，古今名方也。跰𨇤鑑井，極妙畫意。予豈更駕哉，超甚。

朱震青曰：秦佚三號，未免怛化；原壤貍首，終是不情。夫朝之必夕，衣冠佩履，乍去其體，即動靜之大觀。覺之必寐，父兄子弟，各夢其天，即聚散之極致。適來自常，適去自順，而且歌焉泣焉。學者先明歌死與慟生之義，而後可與究歌慟併化之神。

③杖曰：儒者以修身爲本，至能易簀啓手足，爲全而歸之。若莊子則以外生爲宗，即天地覆墜，不與之變，攖而常寧，疑而無始。佛法未來，乃有創見，安得不謂儒宗之别傳乎！黄貞父不信易簀事，謂曾子一生所行中禮，必不至此時而易也，形容者烘染耳。愚曰：啓手足亦是賣弄作家。彼比干者，爲不全而歸之耶？言外生以養生，言無生以達生，不過生于憂患，

④雪上加霜，以奪爲予。夜半烏雞帶雪飛，亦神馬鞭影耳。黑豆眯眼，遂作異見，過牢關者，了知此事，即忘其知矣。若矜了悟爲能事，何謂縣解？

【閒翁曼衍】

①瀟灑與五中曰：多少波瀾，止顯閒而無事。茱萸曰：但得平常無事，佛祖猶是冤家。大慧斥破黑山默照邪禪，猶招之曰：更有事在。笑峰曰：不是百忙閒不得。請再鑑看。

②芑山曰：死固不必懼，傷勇亦何取？思不出素位，正命得死所。荀息不食言，聖賢豈相許？李綱跋了翁，亦是叱避語。適菴曰：生死還生死，于我何與焉？白刃砍春風，寐語亦可憐。鼯鼠聲唧唧，大梅翻唌唌。隱峰與性空，枉作一場顛。生死本來一，不值半文錢。丹青更金碧，叱避休再言。古古曰：金鐸貴正命，瓦缶聊快語。一任漁牧唱，一者合柷敔。知不知爲

誰？畫耳作樂譜。但圖心無累，死爭亦何補？撮弄大虛空，爲君當門户。招來無主魂，爲君充部伍。影略險諢句，歇後且吞吐。依舊可憐生，叱避自邪許。且問三叱，誰最偉哉？愚曰：避不得。

③觀放麑以善生，可當雞鳴；因蕉鹿以善死，即是神馬。余豈更駕哉？忽然一叱，棒打石人。生者死者，冰消瓦解。愚者曰：少賣弄。

④養生主安時處順之縣解，大宗拈來重新解過。杖曰：阿難於綰巾處解結，何如推倒門前刹竿？

①②

「且夫得者時也，失者順也；安時而處順，哀樂不能入也。此古之所謂縣解也。而不能自解者，物有結之。且夫物不勝天久矣，吾又何惡焉？」俄而子來有病，喘喘一作「惴」。然將死。其妻子環而泣之，子犁往問之，曰：「叱！避！無怛化！」倚其户，與之語曰：「偉哉造化！又將奚以汝爲？將奚以汝適？以汝爲鼠肝乎？以汝爲蟲臂乎？」子來曰：「父母於子，東西南北，唯命之從。陰陽于人，不翅於父母。彼近吾死而我不聽，我則悍一作「捍」。矣，彼何罪焉？

【集評】劉云：又以前「偉哉」爲問者語，發明陰陽大父母去來順逆，不惟作末後一段話，未生前皆在裏許。

【間翁曼衍】

①愚曰：物即是天，吾又何惡焉！然則叱避者何？曰：鼓奏嗇夫馳，日月本不食。

②鼠肝虫臂，亦具獅子嚬呻，只是不能返擲。譚曰：又將奚以汝爲，來生事，真是茫然。則今生之虚生浪死，果如何免耶？薛曰：靠倒造化，自有樂意生身之玅。且道與須溪所云未生前皆在裏許，合此三句，那一句是獅子返擲？愚曰：叱。

①「夫大塊載我以形，勞我以生，佚我以老，息我以死。故善吾生者，乃所以善吾死也。今大冶鑄金，金踊躍曰：『我且必爲鏌鋣！』大冶必以爲不祥之金。今一犯人之形，而曰：『人耳！人耳！』夫造化者必以爲不祥之人。今一以天地爲大鑪，以造化爲大冶，惡乎往而不可哉？」成然寐，蘧然覺。重拈出「善吾生」二語，與前藏天下蘧然喚覺。

②【集評】何玄子曰：自有好進者，而知足知止稱焉；有輕生者，而養生稱焉；有貪生，而無生稱

焉。聖人常亨其中，冥升不息，不驚愚而爲怪，起居無異，異則息也。

論衡曰：孔子病，商瞿卜期日中。孔子曰：「取書來。比至日中，何事乎？」禱久矣。梁木之歌，猶嫌叱避。

陳文烈曰：無生，苦薟茶也；達生，豨薟酒也；善吾生，一貫之飯盌也。

【間翁曼衍】

①劉曰：本是語乏，無緣作病死結，六字湊泊洒脱。虚曰：此須溪湊泊耳。一部莊子，只是覺而寐。昔馬祖病，衆來問安。馬曰：日面佛，月面佛。你道湊泊得玅麽？愚曰：寐語過日。

②茅鹿門曰：賈生鵩賦，造化爲爐，陰陽爲炭，通用莊子。太史公讀之，爽然自失。只爲自己一場躍冶，甘此咄咄書空。然則莊子何咄咄耶？多少人被他躍冶。

①子桑户、孟子反、子琴張三人相與友，曰：「孰能相與於無相與，相爲於無相爲？孰能②登天遊霧，撓音裊。挑徒堯反。無極，相忘以生，無所終窮？」三人相視而笑，莫逆于心，遂相與友。莫然有間，而子桑户死，未葬。孔子聞之，使子貢往侍焉〔一〕。或編曲，

〔一〕侍，原作「待」，據集釋本莊子大宗師改。

或鼓琴，相和而歌，曰：「嗟來桑户乎！嗟來桑户乎！而以反其真〔一〕，而我猶爲人猗！」子貢趨而進曰：「敢問臨尸而歌，禮乎？」二人相視而笑曰：「是惡知禮意！」

【集評】

家語曰：曾晳疾時禮教不行，欲修之，孔子善焉。可悟浴沂風雩是禮意也。而狂者專襲其倚門而歌乎！

須云：問疾之外，復出此一段，奇甚！若徒謂弔死，淺矣。從夫子聞之，畫出編曲鼓琴於子貢之前；又從招魂皋蘭，衍爲嗟來之歌，平分宋玉半坐。至「我猶爲人猗」，且悲且笑。此真自得，非隨人後踏步者。

正曰：主靜或撓于勢，主敬或泥于貌。惟至誠無成位，無定時，無繁簡，無拘放，中庸所謂致曲與從容一也。登天遊霧，正是顛實揚休。養生送死，莫安于禮，其意在此。

③

【閒翁曼衍】

①譚云：妙在定交光景，千古更無二路。枹山曰：鳥獸不可與同羣，痛哉斯言！

〔一〕以，集釋本莊子大宗師作「已」。

②石谿寄石廪曰：要悟即易，要迷即難。打鼓弄琵琶，一籌不及。杖人去後，無可與語，寧以病爲藥耳。陳旻昭爲方高序曰：端噪晨歌，自以爲樂，而聞者悲涕；孤孽感憤，不惜身入鼎鑊，以殘瀋濺人，乃弔昊天而申固其法命。今吾師已往，如顏平原，餘髮猶濡濡動也。傳曰：使死者反生，生者不愧。其言可謂信矣。袍山曰：琹歌送歸鴻，未免一聲妝。

③陳明卿曰：子房嘗學禮淮陽，其不同衆人，根原在「學禮」二字。左忠毅曰：漂母知禮意，與石公同爲仙人，惜韓信不如子房頓悟耳。休那曰：孔子學禮于老聃，莊子跳出方外，爲孔子寫出禮心。不見孔子呼子貢曰：莫我知也夫！子桑可也簡，故爾一串穿起，衍成別傳。方信自古以固存，即是神仙不死之真方。愚曰：遊。

子貢反，以告孔子曰：「彼何人者邪？修行無有，而外其形骸，臨尸而歌，顏色不變，無以命之。彼何人者邪？」孔子曰：「彼，遊方之外者也；而丘遊方之內者也。外內①不相及，而丘使女往弔之，丘則陋矣。彼方且與造物者爲人，而遊乎天地之一氣。彼以生爲附贅縣疣，以死爲决𤴯音换。潰癰。夫若然者，又惡知死生先後之所在？假②於異物，託於同體；忘其肝膽，遺其耳目；反覆終始，不知端倪；芒然彷徨乎塵垢之外，逍遥乎無爲之業。彼又惡能憒憒然爲世俗之禮，以觀衆人之耳目哉？」

【集評】

郭云：理有至極，内外相冥。未有極遊外之致，而不冥于内者也；未有能冥于内，而不遊于外者也。故聖人常遊外以弘内，無心以順有。故雖終日釋形而神氣無變，俯仰萬幾而淡然自若。夫見形而不及神，世情之通累也。是故莊子將明流統之所宗，以釋天下之可悟。若直指孔子，世或執所見以排之，故超聖人之内跡，而寄方外于數子。宜冥其所寄，以遡其遊外弘内之道，則莊子故是超俗蓋世之談矣。

③ 劉云：前兩段問疾，一言死生之變，一言死生之理。至此弔死，獨言所以不死者。

月峰曰：禮意猶圓。阮籍謂禮豈爲我輩設，則太放。

潛艸曰：禮運云禮本于大一，伊陽伯曰主一之謂敬。忘敬而無不敬，是禮意者，知止而大定也。

④ 澹歸曰：老子言禮，與儀爲類；孔子之禮，不與儀類。

杖云：此夫子解其禮意也。原始反終，故通晝夜之道，而知死生之説。朝聞夕可，猶有疑耶？

【閒翁曼衍】

① 𢈔曰：假于異物，便是圓覺地水火風之論。辰曰：迂曲哉！不如「名山大川，還千古英靈之

氣」一句快當。

②陸魯望曰：生也附疣，材也增瘤。漆工酒保，故栗空桑。遺其耳目，烏足言其大小耶？須知方玩棋枰，還眠鍛竈，攜壺磨鏡，作黍炊糜，正是山中之禮。

③章大力曰：將謂生短死長乎？六時之數，晝夜均有。然自旦跂夜，歷事種種而後可至。設坐而待之，必遥遥而難俟也。夜而寢，則一瞑而已矣。六時之久，而一瞑則少也短也，日經衆多則長也。生猶晝，死猶夜。死之長也，豈得而長之哉？不得而長，則其短也甚矣。笑翁曰：以死嚇生，而適得耳。祇爲呼桓已瘧，因乃畫潭驢門。

④雲曰：孔子使子貢弔桑户，而子貢歸問畸人是何旨耶。貧富不能相通，而人我之山始立。固窮一輩，乃以生死自遣耳。嗟呼，聖人好禮之教窮矣！天命之説不靈矣！俗不可醫，庸不肯學，何妨故合隱怪楊、墨、告子爲畸藥，而以生死醒之乎？史遷謂孔子得子貢貨殖而後彰，余嘗笑之。今乃歎曰：貨殖傳真足以了生死，是真天命也。子貢億則屢中，是真畸人也。請問其方，曰：佛入天龍人鬼，而窮人皆飽矣。不然者，誰能裹飯一到霖雨之門？

子貢曰：「然則夫子何方之依？」曰：「丘，天之戮民也。雖然，吾與汝共之。」子貢曰：「敢問其方。」孔子曰：「魚相造乎水，人相造乎道。相造乎水者，穿池而養給；相

造乎道者，無事而生定。故曰：魚相忘乎江湖，人相忘乎道術。」子貢曰：「敢問畸人。」曰：「畸人者，畸于人而侔于天。故曰：天之小人，人之君子；人之君子，天之小人也。」

【集評】

① 陶曰：池沼江湖皆水，魚造水而已；方内外皆道也，人相與忘道而已。晝定内外，豈通方哉？

② 正曰：統天御天以養人者，聖人也。竭人侔天者，君子也。畸人侔天者，狂狷也。人先不肯學道，及乎以聞道爭戮爭畸，則又不肯忘道。尹諧、潘正，帶累多少。

③ 杖曰：李禿翁未嘗以才、識、膽全予人，杖人獨以三字全予莊子，次則孟子也。如曰「丘，天之戮民也」，千古上下，誰敢用此「戮」字加於孔子？如曰「無伊尹之志，則篡也」，「君視臣如犬馬，則臣視君如寇仇」，惟孟子能言之。無此毒手，何能殺活鼓舞！

愚曰：莊膽小，孟子膽大。使莊子見當時之國王，則逃之不暇，敢犯此鋒哉？莊子不過慣討便宜，閉門作活，繞火爐邊說大話耳。

【閒翁曼衍】

① 畸人浚振，心是而口抑之，寔非而貌倣之，誰笑破乎？貧士失職而志不平，又欲希裹飯耳。

②笑翁曰：到此更須具眼。曾知兩個七篇，皆是窗下寫心者乎？

③杖云：佛祖似媒人兩處説合，又似奸細兩處關通。此畸人者，殆天人之小人叵測者乎！莊子出首孔子，今日卻捉敗也。一夥同宗共案，且爲一狀領過。

①顔回問仲尼曰：「孟孫才，其母死，哭泣無涕，中心不戚，居喪不哀。無是三者，以善喪蓋魯國。固有無其實而得其名者乎？回一恠之。」仲尼曰：「夫孟孫氏盡之矣，進於知矣。唯簡之而不得，夫已有所簡矣。孟孫氏不知所以生，不知所以死，不知就先，不知就後。若化爲物，以待其所不知之化。已乎！且方將化，惡知不化哉？方將不化，惡知已化哉？吾特與汝，其夢未始覺者邪！且彼有駭形而無損心，有旦宅而無情死。②孟孫氏特覺，人哭亦哭，是自其所以乃。且也相與吾之耳矣，庸詎知吾所謂吾之乎？且汝夢爲鳥而厲乎天，夢爲魚而没于淵。不識今之言者，其覺者乎？其夢者乎？造適不及笑，獻笑不及排，安排而去化，乃入於寥天一。」

【集評】

③劉云：死者化矣。不知化之將及己乎？未也，卷然若身化爲物以待之。苟非無情，何得不哭？言化未化之間，適可如此。

譚云：人哭亦哭，世外達人，原只是一嬰兒情事。夫已有所簡者，此也。嗜欲不深，歌哭難免。人天之事，不得良友切磨，憒憒一生。是篇纏綿儔匹，三致意焉。學道者其可輕視臭味哉！

【閒翁曼衍】

①化名寔曰：夢鳥夢魚，是誰使之？化其道曰：魚鳥，其蝶之翼耶！禮樂，其天之翼耶！去化者曰：阮籍蒸㹠，裴楷入臨，後人之造適乎！正恐學魚鳥以巧安排，無乃太簡乎？笑曰：排不及，手指十。簡不得，墨池黑。

②慮齋曰：杜詩「驚定還拭淚」，猶之「造適不及笑」也。樂軒曰：及我能哭，驚已定矣。愚曰：且問大宗師，是造哭？是造笑？

③杖云：有旦宅，無情死。不許夜行，投明須到。相與吾之，渠今正是吾也。庸詎知所謂吾之乎？吾今不是渠也。適哉！藥曰：生鐵鑄就，猶是安排。枕子汗後，適還歌哭。且問如何是枕子歌哭一句？曰：愛別離苦。

①

意而子見許由。許由曰：「堯何以資汝？」意而子曰：「堯謂我：汝必躬服仁義而明言是非。」許由曰：「而奚來爲軹？音咫。夫堯既已黥汝以仁義，而劓汝以是非矣，汝

② 將何以遊夫遥蕩恣睢轉徙之塗乎？」意而子曰：「雖然，吾願遊於其藩。」許由曰：「不然！夫盲者無以與乎眉目顔色之好，瞽者無以與乎青黄黼黻之觀。」意而子曰：

③ 「夫無莊之失其美，據梁之失其力，黄帝之亡其知，皆在鑪錘之間耳。庸詎知夫造物者之不息我黥而補我劓，使乘成以隨先生邪？」許由曰：「噫，未可知也。我爲汝言其大略。吾師乎！吾師乎！䪡音齏。萬物而不爲義，澤及萬世而不爲仁，長于上古而不爲老，覆載天地、刻雕衆形而不爲巧，此所遊已！」恣睢，自得貌。藩，崖也，域也。無瞳曰盲，有瞳曰瞽。䪡，碎也。

【集評】

杖云：逍遥遊中以許由寄堯之外臣，見堯之能外天下。大宗師中以許由寄堯之外道，見堯之能忘仁義。須知意而子與許由正互相䪡。

薛曰：許由一生敗缺，不與覆蓋，特識得師之一字，故借以點出。乘成者，合乾之時乘、時成而隨遊也。

【閒翁曼衍】

①愚曰：既不受方内之黥劓，又豈受方外之黥劓乎？法眼喜淵明，攢眉便歸去。何如范武子，

不赴遠公招？

②杖曰：意而子亦是可人。一敲一唱，儘有鉤錐。大梅由「他非心非佛，我只管即心是佛」，將謂用處不換機耶？大小許由，今日被意而子勘破。

③史記曰：余登箕山，其上蓋有許由塚云。李衷一曰：蓋有者，非真有也，若疑生焉。愚曰：莊生無端椎發許由之塚，挂在了生死之鋪面行中。許由若知，必若歌若哭曰：我何爲被汝黥劓一上？

①顏回曰：「回益矣！」仲尼曰：「何謂也？」曰：「回忘仁義矣。」曰：「可矣，猶未也。」②它日復見，曰：「回益矣！」曰：「何謂也？」曰：「回忘禮樂矣。」曰：「可矣，猶未也。」它日復見，曰：「回益矣！」曰：「何謂也？」曰：「回坐忘矣。」仲尼蹵然曰：「何謂坐忘？」顏回曰：「墮音隳。肢體，黜聰明，離形去知，同于大通，此謂坐忘。」仲尼曰：③「同則無好也，化則無常也。而果其賢乎？丘也請從而後也。」或曰：意而子問與坐忘一段，當置在南伯子葵前後。

【集評】

④集云：顏子心齋坐忘，乃自通一消息。夫子曰：果其賢乎？猶恐坐在無事甲裏，拈一

「同」字，不落邊際，何處着個「好」字？所謂一化之所待，安得有常？即是無住生心，正與他枯木上生花。夏時、殷輅、周冕、韶舞，此時即已密付。請從而後，猶云末後句也。異日，子曰：惜乎！吾見其進，未見其止。可見坐忘後忒殺精進在。韓持國論克復曰：道何克之有？程純公曰：公之言，道也；克己復禮，所以爲道也。自非克己，何以體道？約公曰：學者知求道難。求道矣，能得師難。得師矣，能自見難。自見矣，善用其心難。善用其心矣，忘見難。忘見矣，亦無忘見難。

⑤

⑥

【閒翁曼衍】

① 石齋曰：屢空、貨殖，孔子貫之。見編曰：顏入道以貧，貢入道以富。愚曰：一個吞杏仁，一個摘杏花，是同是化？請從而後。

② 笑翁曰：子貢往弔，回來即授畸方。顏淵赤貧，反費幾層階級。貨殖能送老師之生死，簞瓢徒洒「喪予」之眼眶。可信栞歌，總消飯氣。儒墨究歸于楊，化城終還寶所，天之道也。且拈出以獻笑。

③ 而果其賢乎？是印證不是印證？愚曰：猶未也，不許坐在此處。

④ 蓮花峰拈拄杖示衆云：古人到這裏，爲甚不肯住？自代云：祇爲途路不得力。畢竟如何？復云：楖栗横擔不顧人，直入千峰萬峰去。杖人云：也好與他一喝。

⑤棲霞曰：久雨不晴，滴碎達磨眼睛。如今晴了，處處啼鳥。堪嗟古今學道流，手執夜明符，幾個知天曉。

⑥或曰：此段當删。愚曰：此是火爐旁邊大口，到此不覺真情迸出，無所回護，痛呼一聲。將謂白馬曇照叫苦苦，非大宗師耶？不然，從説玄妙，與真天地猶隔一膜。不見道止有一月，別無第二月。

子輿與子桑友，而霖雨十日。子輿曰：「子桑殆病矣。」裹飯而往食之，至子桑之門，則若歌若哭，鼓琴曰：「父邪？母邪？天乎？人乎？」有不任其聲而趨音促。舉其詩焉。①子輿入，曰：「子之歌詩，何故若是？」曰：「吾思夫使我至此極者而弗得也。父母豈欲吾貧哉？天無私覆，地無私載，天地豈私貧我哉？求其爲之者而不得也，然而至此極者，命也夫！」②

【集評】

虚舟子曰：各理掀盡，止此一寔一真，曰命也夫，表其窮盡而至命也。天乎人乎，非哀颯語。求其至此極者不得，癡兒飯袋破矣，不生不死之法身亦推倒矣。若歌若哭，寄其自得。

歇菴曰：莫之致而至，孟子賅矣。求其根柢予奪不可得，遂曰是殆有真根柢予奪之者歟？非

③以天司命也。理欲境盡，則理名亦窮；性習染窮，則性名隨盡。即理爲性，即性爲命，俱窮俱盡，三歸于一，而一者茫然無不在，則命亦不立。君靜方公巡浙時，天台祠會，舉石簣此條，且問命亦不立，是何等地位？藜羹鼓琴、曳縰商頌，與南熏解愠、衮衣歌豳，有殊趣否？一者茫然無不在，豈懸指一影事哉！文成曰：道家説虚，從養生來；佛説無，從出離生死來。聖

④人只還他良知的本色，更不着這些子意。曾知莊生自破，佛亦呵無乎？生死晝夜，本自安順，素位時措，學誨絃歌，正是行起解滅，何用帖一「命」字，作弄放憨耶？

或問：疾病昏憒，平昔工夫何在？袁石公曰：觀人在平日，莊生所謂善吾生者善吾生

⑤也〔一〕。悟明人有病，亦知痛苦，臨終亦或昏憒，皆不足論。臨病時愁人看我破綻，遂裝扮一個不苦的人，此便是行險僥倖，入三塗的種子。噫！爲己、知幾之學不講，遂以生死爲門面者多矣！不知那昏憒的卻是自在。

弋説曰：是非、得喪、榮枯、延促等相，皆從生死來，命徹則徹，此牧羊鞭後之旨也。苟安自謂安命，躍冶又欲衡命，將聽之乎？善吾生者善吾死，「善」字難摹。釋云亦無身心受彼生死。夫釋以生死付之彼，而莊以生死屬之吾。劉聰聞爲須遮國王，韓擒虎聞爲閻羅，皆不

〔一〕吾生也，疑當作「吾死也」。

懼，況其卓乎真乎！賈誼曰：生爲明帝，没爲明神。廣成、黄帝，便當卓乎真乎！次如伍員潮頭、關羽鹽池，始終以忠義著，未有亂賊千秋血食者也。不悦生，不惡死，生死倪于命後，我則立于命先；生死範于命中，我則超于命表。所謂自本自根者，道爲命之權輿也。儒以命爲歸復之地，而此從命處進步，隨轉一語云：有患。夫無生無死，朗然獨惺，而不爲命所限制汩沉，則奚患哉！

⑦ 歸震川曰：安命然後能示貧賤，貧賤然後能任死生。今人耽受亨而求道真，悮矣。

湘洲曰：透得貧富關過，方了生死。子曰：未若貧而樂。莊子終之以此，正是學者頂門一針。

譚梁生曰：夫子道學，多在貧富關切處。膏粱見肥，智者不免，嗟來甘餓，自非大道。若論至剥膚，貴賤猶後。是以五福有富而無貴，六極有貧而無賤。貧爲君子之常，賤特衆人之見。

⑧ 俞吾體曰：知命，知天；知禮，知地；知言，知人。記者以學爲章之始，以一知貫天地人爲之終。

潛艸曰：命者，無生無死之一也。神不可知，而盡心者知之，即能爲萬物造命矣。四聖闡易，尼山集成，其爲萬世造命，信得及乎？匹夫極其誠明，一言一事，無非造命，信得及乎？史遷傳屈原曰：人窮則反本，勞苦倦極，未嘗不呼天也；疾痛慘怛，未嘗不呼父母也。此固屈子之呼命，抑亦子長之呼命乎！寓林曰：子長讀莊，歸之寓言，可與讀騷矣。莊是易之變，騷是詩之變。通于騷，可以怨；通于莊，可以羣。鄧定宇取伯夷、屈原傳，事論雜錯，究不出桑户一聲。是若歌若哭，亦所以養其性命也。然則詩書禮樂、山川朋友，聖人以之養萬世之性命。如此大恩，反信不及，何哉？

【閒翁曼衍】

①前言子桑户死，此處結尾再見，莫是子桑絶後重甦耶？金棺示雙足，悟否？

②潘佑曰：我無奈物何，物無奈我何，兩不相干，故泛然之，浩然之，乃自然之。此潘佑贈别若歌若哭之琹。然則一部莊子，亦是若歌若哭之琹。

③朱子曰：詩何爲而作也？只此一問，哀樂不能入，且聽詩自爲命耳。方勺曰：退之哭詩三十首，樂天飲酒九百首，豈哀樂所能入乎？來瞿塘厭東野食薺之苦，謂之無福；取康節安若泰山之詩，謂之聞道。則末世陋人裝聞道面目者，皆被他謾矣。桑户到此，更添一哭。

④長蘆歇曰：老僧自有安閒法，八苦交煎總不知。如何是安閒法？曰：看歌詩者。九峰虔曰：坐脱立亡即不無，先師遺旨未夢見在。其旨如何？曰：不見輿桑，一敲一唱。

⑤嘯峰然住青原，曰：然上座，真可笑，七十從心從所好。佛祖于我如浮雲，疏水曲肱良亦樂。

昔年騎虎把尾行，今年騎虎頭先料。敢道中間弄不出，獨上千峰時一嘯。愚曰：何處見大宗師？只有末後槑歌，可惜無人側耳。

⑥陳涉江老作槑歌，自號法殤。三十年後，知天下共彈此曲。愚曰：着甚死急？

⑦聊以泡露抵生死關，而泡露專科，遂成躍冶。因二以濟，不硋丹青，而挂樹神錢，不禁捧腹。兩皆看破，則竿木隨身耳。然不知一日之當務薪火爲萬古之當務薪火，而暴棄之；不信心幾之受命如嚮，而撥卻現在之因果，以莽殃矣。陽明曰：如扶醉人，東扶西倒，西扶東倒，安得不請三聖人來會議耶？中和雖腐，隨順覺性，有誰不被熏耶？醫理本明，歷症辨藥。無病各安茶飯，須申盥漱家常。然則別路槑歌，聊當奏樂以消食也得乎？金人背曰摩兜鞬，街頭石子安秤權。

⑧易曰：窮則變。馬遷曰：人窮則反本。此呼有以異乎？或曰：變極乃反，奇極乃平。水窮山盡，行興自消。此呼有以異乎？今日本自如此，變變不變，興觀羣怨，各不自知。此呼有以異乎？笑峰曰：三段不同，收歸上科。序正流通，好生着眼。

應帝王第七

①三一曰：中庸末章，不見而章，不動而變，無爲而成。張南軒曰：帝王者，聖賢之餘

事。孟子三樂，而王天下不與存焉。莊子只以一「應」字攝之，肫肫浩浩，淵淵時出，鏡波天光，不容擬議。

杖曰：莊叟欲帝王以神化移換人之肝肺，而歸于無爲乎！世風日下矣，君道全在師道中。惟此退藏于密，乃能吉凶同患。南北中央之宗，本自不死，又何憂焉？

【閒翁曼衍】

①止有一鏡，不分南北中央，人人具足。試照照看，照見些甚麽？耕牛走馬，即是無首羣龍；食豕盤鯇，正是莽渺之鳥。無端奪卻康衢之飯，四問而四不知。特縣混沌之壺，三轉一場逃走。毋乃家藏白澤，反惹奇妖？直須打破鏡來，與汝鼓腹。

①齧缺問於王倪，四問而四不知。齧缺因躍而大喜，行以告蒲衣子。蒲衣子曰：「而乃今知之乎？有虞氏不及泰氏。有虞氏其猶藏仁以要平聲。人，亦得人矣，而未始出於非人。泰氏其卧徐徐，其覺音教。于于，一以己爲馬，一以己爲牛。其知情信，其德甚真，而未始入於非人。」藏仁，懷仁心以結人也。徐徐，安穩貌。于于，無知貌。皆寐之狀也。

②

【集評】

薛云：不曰天而曰非人，恐無聲無臭又落在窠臼中也。猶中庸曰爲物不二，回互一字耳。未始出于非人，猶云任天不過如此。未始入于非人，又掃卻任天者，正神于盡人即天者也。

杖云：蒲衣子不知王倪之四不知，卻與齧缺鑿渾沌之竅，又誰知蒲衣之子敗露無能蓋覆哉！又曰：帝王之治，以嚼飯睡眠爲事，則不知有天下而治天下也，又何如牛馬之自放哉！渾沌之民，且不知辨牛馬，何知有人與非人者？不知蒲衣子聞此亦雀躍而喜乎？

【閒翁曼衍】

①首以四不知，終以七日鑿，曾悟四不知之鑿之乎？齧缺老漢，嚼核傷牙。

②躍而歎曰：倏忽兩枚缺齒，畢竟齧破渾沌。王必生兒，落艸披衣，肩其吾而接其輿。天根必遊于陽，而陽居必垂其耳。蓼水下襲，適遭無名。末季咸感，不出壺宗。然後告報曰：鑿死鑿活，用免則那。開闢渾沌，饅頭蒸餅，總是灰麪，齧之而已。宜四問而四不知也。惟有帝從中出，震東敓西，享南藏北。是則貫混沌開辟而制定釜竈薪水，與人應時當分之衣食，庶幾過日享天。究竟告報穿衣喫飯者曰：盡此一報，行牛馬行，是天下當家兒。若欲迷人狂

醉，自偷便宜，有熏鑿者，不放汝在。

肩吾見狂接輿。狂接輿曰：「日中始何以語汝？」肩吾曰：「告我君人者以己出經式義度人，孰敢不聽而化諸？」狂接輿曰：「是欺德也。其於治天下也，猶涉海鑿河，而使蚉負山也。夫聖人之治也，治外乎？正而後行，確乎能其事者而已矣。且鳥高飛以避矰弋之害，鼷鼠深穴乎神丘之下以避熏鑿之患，而曾二蟲之無知？」

①

【集評】

高皇曰：聖人允執之性無所名，特以曠大永長之事配而言之，故以道稱衡，以權合之，法布天下，雖至巧者無所施其奸，至愚者憑此而不惑，故以衡稱。此聖人所以易簡而確能其事也。②

杖云：以己出經式義度人，未嘗不欲確乎能其事者。而纔欲以法令教人，則未免如使蚉負山也。此中全在密爲指點耳。出經度人者，又何嘗不是教鳥避矰、令鼠避鑿乎？③

【閒翁曼衍】

①玉殿苔生，四臣不昧。朝不受禮，違則必誅。樞密不得旨，方外何論量？愚者曰：論量多矣。野老不知黄屋貴，六街慵聽靜鞭聲。

②千江月圓月缺，總是日光。正午常打三更，疑始無始久矣。肩吾若曰確能其事，何內何外？廢經義而治天下，是欺道也，接輿只好自失而走。

③這邊一喝，未始出于非人；那邊一喝，又未始入于非人。決不是敗種焦芽，何消説神鬼神帝？有人云：齧缺不嚼一粒米，接輿吞盡十方風。將以爲奇特耶？陳經正曰：盈天下皆我，不知此身之爲我。程正公曰：他人食飽，公無餒乎？馮理曰：有奇特事，每夜坐室中有光。正公曰：頤亦有奇特事。理請問，正公曰：每食必飽。且問一答，與接輿何如？愚曰：確。

天根遊于殷陽，至蓼音了。水之上，適遭無名人而問焉。曰：「請問爲天下。」無名人曰：「去！汝鄙人也，何問之不豫也！予方將與造物者爲人，厭則又乘夫莽眇之鳥，以出六極之外，而遊無何有之鄉，以處壙埌之野。汝又何爲一作「帠」，音詣。注：帠，臬也，法也。崔本作「爲」。智謂古文「爲」字作「」，當以此而訛。以治天下感予之心爲？」又復問。無名人曰：「汝遊心于淡，合氣于漠，順物自然而無容私焉，而天下治矣。」莽眇〔一〕，輕虛狀。壙埌，猶壙蕩。

〔一〕眇，原作「渺」，據莊子原文改。

【集評】

①皮襲美曰：有惡雀鹿者，揮帚結罟以逐之。夫帚罟既可以駭物，即可以取物。執其具以逐雀鹿，安知不學其具以取之？故善去者不必惡其名，善逐者不示人以其具也。蔓者必組物，驚除其組，亦自硋其心。嗚呼！髻之組，吾髮也；帶之組，吾腰也；綫之組，吾衣也。亦是矣，今蔓在天下，安得復硋其心哉！

②錢緒山曰：中而離乎四海，則天地萬物失其體矣。或假借聖人之似，而逐外者遺内；或窮索聖人之微，而養内者遺外。

③羅念菴曰：無樂乎專内也。求豫于外，則以此先之。故斂攝可以言静，而不可謂爲寂然之體；喜怒哀樂可以言時，而不可謂無未發之中。何也？心無時，亦無體，執見而後有可指也。尼山告顔冉諸子，皆指其時與事示之，未嘗處處説寂，未嘗避諱涉于事事物物與在外也。

④野同曰：人知曹參以黄老治齊爲順物自然矣，知武侯以申韓治蜀爲順物自然耶？人知濂溪判分寧爲順物自然矣，知玟亭守漳行經界爲順物自然耶？白白曰：以末致富，用本守之，賈誼過秦論歎仁義不施者也。以武一切，用文持之，陸賈説漢高所謂不可馬上治之者也。王安石初慕孟子，又慕商鞅，欲使小人變法，使君子守之，

卒以致亂，則不知順物自然，而自私其智耳。

杖曰：問治天下，呵爲鄙人，不太反常耶？反者道之動，此正莊子之不經，而剔出六經之大本乎？

【閒翁曼衍】

①果淡漠矣，何故又厭？羅隱曰：髮植于頭，日以櫛之；甲冠于指，月以鑢之。本自不厭，本自無私。笑翁曰：原來剃者只爲厭櫛。

②杖曰：何處是淡漠？纔要遊心，心便不淡；纔要合氣，氣便不漠；纔要順物，心已私焉。這裏須天根自悟始得。

③、、、蒡曰：掌托日月，胸開卍字。本是至足，卻在安窮。雙峰曰：三十年鹽醬，既已告窮，卻來賣富。雲居曰：從天降下貧窮，從地湧出富貴，你道天不能蓋、地不能載底，還作此計較麼？大宗師、應帝王，總是醬黄鹽鹵。愚曰：淡而不厭者誰？

④南泉與茱萸書：理隨事變，寬廓非外；事得理融，寂寥非内。僧問茱萸：如何是寬廓非外？萸曰：問一答百也無妨。曰：如何是寂寥非内？曰：覩對聲色，不是好手。僧又問長沙，沙瞪目視之；僧進後語，沙乃閉目示之。僧又問趙州，州作喫飯勢；又進後語，州以手作拭口勢。僧回舉似泉，泉曰：此三人不謬爲吾弟子。今蒲衣、接輿、蓼水，依樣雷同，豈足爲王倪

弟子？功勳本位，老聃雙敲，猶不若壺咸酬唱略較些子。然到藥地，正好一頓柴頭。或問：過在何處？曰：厭。

①陽子居見老聃，曰：「有人於此，嚮疾彊梁，物徹疏明，學道不勸。如是者，可比明王乎？」老聃曰：「是於聖人也，胥易技係，勞形怵心者也。且也虎豹之文來田，猿狙之便、執斄之狗來藉。如是者，可比明王乎？」陽子居蹴然曰：「敢問明王之治。」老聃曰：「明王之治，功蓋天下而似不自己，化貸萬物而民弗恃；有莫舉名，使物自喜；立乎不測，而遊于無有者也。」郭曰百工短長胥易。林云刑徒卒更。愚謂才胥變換。

【集評】

本義曰：天德不可爲首，嚮疾彊梁而可以學道乎？君子以蒞衆用晦而明，物徹疏明。屬垣之耳，察淵之目，而可稱學道不倦乎？聰明人主毒氣，足以土崩瓦解者，可以省矣。

龍谿曰：以至道治身，以土苴治天下乎？是猶泥于内外、精粗之二見也。

石公曰：舜放四凶，舉八愷，因人情好惡而好惡之，即是無爲。

②杖云：以何功則能蓋天下？以何化則能貸萬物而物自喜？此不測處，如何立而遊乎？老聃又討一個極難題目與陽子，更是勞形怵心作不來也。不如各撒手罷休去，免使列子與

季咸再三撈摝不得也。

【閒翁曼衍】

①馮唐曰：文帝好老而臣尚少，景帝好武而臣好文，陛下好少而臣已老矣。武帝便死了機。汲黯聞此，便進一機，曰：臣雖不能以言屈陛下，然臣心以爲非，願陛下改之。你看武帝又死了機也。東方朔用處又別。一日曰：酒名不死，若殺臣，是酒不靈也；酒若靈，殺臣亦不死。武帝忽然大悟，便將欒大一輩了卻，以磨萬世之鏡。且道此三箇應帝王，是委蛇壺中化身形立者否？

②陳摶到京一對，塊然形立紛封。今將以三召不起爲痴，衡山贅壻得計耶？笑翁曰：直饒古廟逃雨，亦得相汝。

①鄭有神巫曰季咸，知人之死生、存亡、禍福、壽夭，期以歲月旬日若神。鄭人見之，皆棄而走。列子見之而心醉，歸以告壺子曰：「始吾以夫子之道爲至矣，則又有至焉者矣。」壺子曰：「吾與汝既其文，未既其實。而固得道與？衆雌而無雄，而又奚卵焉？而以道與世亢，必信夫，故使人得而相汝。嘗試與來，以予示之。」明日，列子與之見壺子。出而謂列子曰：「嘻！子之先生死矣，弗活矣，不以旬數矣！吾見怪焉，見濕

②

灰焉。」列子入，泣涕沾襟以告壺子。壺子曰：「鄉吾示之以地文，萌乎不震不正，是
殆見吾杜德機也。嘗又與來。」明日，又與之見壺子，出而謂列子曰：「幸矣！子之先
生遇我也，有瘳矣！全然有生矣！吾見其杜權矣。」列子入，以告壺子。壺子曰：「鄉
③吾示之以天壤，名實不入，而機發于踵。是殆見吾善者機也。嘗又與來。」明日，又與
之見壺子。出而謂列子曰：「子之先生不齊，吾無得而相焉。試齊，且復相之。」列子
入，以告壺子。壺子曰：「吾鄉示之以大沖莫勝，是殆見吾衡氣機也。鯢桓之審當作
「蟠」，回流所鍾。爲淵，止水之審爲淵，流水之審爲淵。淵有九名，此處三焉。嘗又與
④來。」明日，又與之見壺子。立未定，自失而走。壺子曰：「追之！」列子追之不及，反
以報壺子曰：「已滅矣，已失矣，吾弗及矣！」壺子曰：「鄉吾示之以未始出吾宗。吾
與之虛而委蛇，不知其誰何，因以爲弟音頹。靡，因以爲波流，故逃也。」然後列子自
以爲未始學而歸。三年不出，爲其妻爨，食豕如食人，於事無與親，彫琢復朴，塊然獨
以其形立，紛而封哉，一以是終。咸，言感也。壺，言圓藏也。衆雌無雄又奚卵者，言受訓
未化也。鯢桓，鯢魚盤桓處也。弟從人從弔，音頹。列子作學于壺丘子林，「全然」作「灰然」，
「弟靡」作「茅靡」。三淵加濫、沃、氿、雍、汧、肥之潘爲九。

⑥至人其動也天，其静也地，其行也水流，其止也淵默。水常無心順物，雖流之與止，鯢桓之與龍躍，故常淵若。略舉三異以明之，波流九變而居極者，自得也。今季咸見其尸居而坐忘，則謂之將死；見其神動而天隨，則謂之有生。誠應不以心，而理自玄符，與化升降，而以世爲量，然後足爲物主，而順時無極，故非相者所測耳。

⑦程子曰：百官萬務，兵革之衆，蔬食飲水，樂在其中。萬變俱在人，在我都無一事。此感中常寂，艮背之學也。

⑧晁文元曰：我願以無所住之心，退藏于密，令人不可窺測。

【集評】

郭云：

李士表曰：静與陰同德，動與陽同波，沖則陰陽之中莫勝，天地之平也。萬法一致，本無高下；彼見不一，謂不齊耳。機以動微可見而言。未始出吾宗，則示無所示。彼之起心役見有盡，而此無盡，所以自失而走也。見吾三機，猶立我也；虚而委蛇，我亦忘矣。古帝王蕩蕩無名，以此。

湘洲曰：林鬳齋謂至衡平一半之地而止，則是半動半静也。余謂太沖莫勝，是動静互融，豈得以半言之，託無相于有相之間？季咸有心而感，故每入皆曰見。壺子無心而應，故每至皆曰示。

兒易曰：得陽節之多者，莫如范蠡霸越，子房椎秦，而一托鴟夷，葬黄石，則天下謂之知雌。得陰節之多者，莫如衡山學道，陽城緘默，而一爭國本，裂白麻，則天下推其雄分。蓋能爲雄者，乃能爲雌者也。

杖云：列子但能既季咸之文，而未既季咸之寔；季咸亦但能既壺子之文，而未既壺子之寔。參學宗趣，大都如此。不入虎穴，焉得虎子？

愚曰：天文地壤，一互換而太中持平，乃以委蛇化之。正謂中不定中，平莫執平，而時乘也。一壺玄酒，置樽中衢，總逃不出。

【閒翁曼衍】

①藏一曰：衆雌尊雄，其扶陽乎！老莊守雌，是其文耳。金翅獨稱大雄，鯤魚善于生卵，將心醉耶？方圓合圖，壤文皆備。彼委蛇于天地之中，有所謂統乾坤之乾者，誰得而相之耶？既其實否？

②壺遇季咸，亦是搔着癢處。遊戲一上，自示其放去收來，神通三昧耳。箇中消息，莫輕放過。

③杖云：神龍藏于九淵，或躍或飛，妙在勿用，則無首無尾可見。此用三即用九，皆未始出吾宗也。壺子三度之示，大似駭雞之犀。雞犀爲枕，能破人夢，不知造物何以成此？切忌問取混沌。

④益然曰：術人套頭，層層寫出。天耳三藏，豈能知忠國師末後之心？嗟乎，祇這些子，不堪傳與術人作套。愚曰：情知壺子有此機用，季咸拂袖便行，早已勘破了也。可惜鈍置一個列子，依然吃怕婆飯。

⑤苻堅大舉寇晉，桓沖以三千人詣建業，謝安遣還曰：朝廷處分已定。王文成初除虔撫，王思輿語人曰：陽明此行必成事功，吾觸之不動矣。且道是示之以地文、天壤、太沖、委蛇否？

⑥山濤妻曰：諸公才皆在卿上，卿當以度量勝耳。此巨源之爲其妻爨也。郭泰見袁閎，鸞不輟軛；見黄憲，歎曰：揚之不清，淆之不濁。此林宗入叔度之壺耶？

⑦大慧杲語張子韶曰：法性不寬，波瀾不闊。生死命根不斷，佛法知見不忘，安能四稜着地，入泥入水爲人？歇菴曰：浮囊沈水，泅始有憑。既已蹈淵，驟製其藉而去之，使自力以出，而泅者善遊矣。虛曰：初奪其境，次奪其我見，末乃奪其所倚之法。今倚莊子委蛇者，何以奪之耶？杖曰：莊子以權示現，若生于摩騰時，必能破委蛇混沌之疑，如馬駒之踏殺、石頭之滑殺矣。若生今日，又當何如？愚曰：看見東坡學沒面死之説耶？莫冤吕梁作俑。

⑧老曰知雄守雌，莊曰衆雌無雄奚卵焉，惠施有雄而無術，知炮製否？學問寬仁以雌其乾，直方敬義以雄其坤，折以制佛祖，攝以化人天，知炮製否？或問獅子爲甚以毬受制？曰：理因物化。鬱刃淬海，爲甚卷而愈剛？曰：水火不知功。猛虎爲甚怕雨傘？曰：疑殺人。

① 無爲名尸，無爲謀府，無爲事任，無爲知主。體盡無窮而遊無朕，盡其所受乎天而無
② 見得，亦虚而已。至人之用心若鏡，不將不迎，應而不藏，故能勝物而不傷。尸，主也。
府，聚也。

【集評】

歇菴曰：道之外必無事，事之外必無道。辟諸鏡然，照即其物，物即其照。萬機並應，照
③ 者故虚；希微澹泊，所照故實，不可二也。堯謂之中，孔謂之仁，陽明子揭之曰良知。體用、
内外、理事、道器、精粗、微顯，皆舉之矣。

虚舟曰：體盡無窮者神，用心若鏡者明。莊子賤明貴神，其寔神明果二物乎？渾沌與儵
忽果二物乎？

坡曰：誠明合而爲道，黄帝不能分其孰爲誠、孰爲明，譬一六合而爲水，神禹不能分其孰
爲一、孰爲六也。戒生定，定生慧，慧獨不生定乎？醉而狂，醒而止，慧之生定、通之不流也
④ 審矣。有目自行，則蹇裳疾走，常得大道；無目隨人，則車輪曳踵，常仆坑穽。慧之生定，速
于定生慧矣。直指本體，則非思慮所及，而豈有定慧可言哉？急口耳。人生受享心鏡之用，
祇是善用其慧而無見得，則本自大定者也。子華答季沉曰：仲尼，天也。其可絶物而自營乎
日月不？宇宙四指，必迷所嚮矣。或曰：天勞仲尼乎？法言曰：天亦自勞也。可悟盡其所

受乎天。

【閒翁曼衍】

①易曰藏用，此曰應而不藏。楞嚴十六鏡，照用同時，誰能分背面耶？非悟火藏空，陽燧如何應？

②秦皇嚇得宮人愁，貞觀三鑑空唱酬。壺破看來波亂流，虛室又妨人眼偷。何以故？恐驚甘卓影，遂失達多頭。

③質測曰：太虛陽光，久視反隱，而宇下牖中，人乃常用。閉門鑿竅，塔垂倒影，兩鏡對臨，爲無量鏡光之爲用。互映曲附，變化豈有窮乎？通論曰：心物相照，明貫明暗，果何體哉？破竈曰：鏡凹照人瘦，鏡凸照人肥。不如打破鏡，還我舊面皮。杖曰：鏡凹人不瘦，鏡凸人不肥。更打甚麼鏡？還誰舊面皮？笑曰：幸不自見耳，醜。

④適莽曰：古鏡火爐舊干證，疑始攖寧休悶悶。無心用心背手磨，照水鑑咦誰利鈍。藥地曰：今時亦收古銅銕，鈍置壺中看不得。且磨端州靈山石，照用萬古雲作墨。已而曰：盧同月蝕詩，昌黎和也拙。

①

南海之帝爲儵，音叔。**北海之帝爲忽，中央之帝爲渾沌。儵與忽時相與遇於渾沌之**

地，渾沌待之甚善。儵與忽謀報渾沌之德，曰：「人皆有七竅以視聽食息，此獨無有。

② 嘗試鑿之。」日鑿一竅，七日而渾沌死。渾沌，一作「混沌」、「倱伅」。智按：昆侖即渾淪也，渾淪即混沌之聲也。太歲在子曰困敦。淮南曰坤屯、料幓，皆渾沌之聲義。道藏曰：儵，表南心之炎火識王。忽，表北腎之命門情君。渾沌，表中央土也。渾沌，一也；儵、忽，二也。

【集評】

③ 簡文曰：儵忽取神速，譬有爲也；渾沌和合貌，譬無爲也。

管見曰：南北二帝遇于中央，言道散爲物，離無入有。今會而一之，非不善也。有一則有散，所以啓儵忽之鑿。不若彼此無心，相忘而交化也。

楊廉夫曰：老子言渾沌于物未鑿之先，鑿則死矣。崆峒子名渾沌于既形之後，曰不死可乎？夜夢擊壤老人談詩曰：身在天地後，心在天地先。天地自我出，其餘何足言？

④ 錢琦曰：日月無弗照也，不啓户牖，焉能取照？雨露無弗潤也，不治畎畝，焉能取潤？理事無非心也，不教學問，焉能亨心？聖人鑿天地之竅，而天地弗仇，爲其維天地也。塞其竅，返其樸，然乎然，將以盜天地，故弗與也。張方平曰：道非明民，將以愚之，早已鑿矣。果大丈夫，肯被誰愚？果大丈夫，甘心襲此保社愚人耶？

姚康伯曰：金生水而水還養金，故其位爲子。子者，孳也。木生火而火還燒木，故其位爲午。午者，忤也。北坎南離，習明用中，逍遥怒笑雙冥，于此篇終畫圖以印之。

袁小修曰：混沌之鑿，與孟子惡鑿之旨紗合。

⑤凌滄虛曰：應世不符出世之心量，帝王祇雜霸耳；出世而不應帝王之用中，是隱怪無憚也。

虛舟曰：能出世，乃能入世；能入世，乃真出世。此無身有事之雙化也。卓吾曰：用世、⑥超世，不可騎兩頭馬。此論其事與時位耳。折中曰：竭兩用中，藏天下于天下，此聖人之鏡也。然非兩末背翻一遭，上下錯綜一周，安能明百家之長短，確然不惑，而隨時隨位，事所當事乎？有開必先，俱不得已。

杖曰：天命之性，即未始出吾宗也；率性之道，即神動而天隨也。修率而莫顯莫見，即淵默龍見，機發于踵也。慎獨、致中和，正虛而委蛇，無不藏、無不應也。予懷明德，天載無聲臭，非渾沌而何？于此透過晦昧之空，始可冥天命之性而率之，不則倏忽一念，迷己逐物，爲聲色所轉，斯失其天命之德性矣。又云：渾沌非知見所能到，孰能以知見鑿而死之？雖鑿以報德，又安得有死地？爲倏忽所鑿而死者，則非渾沌也。莊生特憫世人之迷己逐物，爲聲色所轉，流浪生死，而失其天命之宗耳。悲夫！縱鑿者與執定不鑿者，生機不活處皆死地也。莊子移人心，全在倏忽處指點。

⑦ 正曰：南帝識王，北帝情君，中央黄庭，正位居體，務真、黄婁和嬰姹，换名字耳。以精氣神言之，精神皆氣也，精足則神氣足，而精氣又統于神。三本所交，而中五藏六，此臟腑經絡之符于易度者也。十二經有原而心無原，以心不用而用小心也。膻中爲心主之宫，北根司焦火之命，五臟五志，互制互養。醫家以心爲君火，命門爲相火。道家以命門爲君火，心思爲相火。一身茫茫，曾鑿過否？何以善待耶？

⑧ 潛老夫曰：小心、命門，火根于腎，北坎也，以表種識。君火屬心，南離也，以表分別之識。精無人，以水體，内景也；神無我，以火無體而因物爲體，外景者也。腎水好下流，故引種智，使其專精向上；心火好炎上，故抑分别之智，使其旋下而學事。水火交濟，剛柔互克，陰陽和平，顯仁藏用，此所以享精神之聖也。故曰：心之精必親己而疎物，心之神必用外以爲内。因其親己，故引其專直精入以會通之；因其用外，故引其遊六合之大以含養之。學者偷心頓歇，豁然寂歷同時，又何有内外中間之膠分？又何有不在外、不在内、不在中間之無着乎？疑始無始，悟入還須悟出。南北坎離之用中，原不可須臾離。

文中子曰：天統元氣，地統元形，人統元識，此質論也。以費表隱言之，大氣舉地于天之中，以濁藏清，而人受中以生，非一大徵耶？天，動也，曜體圓轉不息，而秩序不紊；地，静也，而氣舉四遊，時時發生。萬物不落動静之埋，即在一静一動中，寧别有耶？禮曰：人者天地之心。易曰：復其見天地之心。必物物而呼之，具贅卒荒矣。然而神明統御，豈言所能及哉！廣深密經言證自證，分白淨識爲九識，約爲八識，而五根歸于三細，則分別識、思量識、含藏識也。姑割截而鑿出之耳，寔一心也，總是阿賴識，總是如來藏。地、水、火、風轉于空，而用于見、識，皆氣質也，皆靈知也。聖人貫混闢、虚實、形神而明此中理旁通，即化其氣質而泯于中節之用矣。盲修欲滅之，偏狂則委之，皆非中也。玄談超人而又超天，超邊而又超中。李蔚贊曰：層累架騰，直出其表，以無上不可加爲勝。果然乎哉？噓噓！天竺以生來死去爲參，外道有無四見，矯亂不可究詰，故佛明心宗以正之。又悲世溺情欲，而濁智流轉也，故提惟心于識之上。此是離微折攝、化粗爲玅之機，張士特所謂按析解剥也。世上不達佛之因時説法，而一心爲宗，性不壞相，事理不二，自己于身心天地、參兩貞一之故，一生罣罣。賢者循牆，未能窮盡，何恠其爲清涼、大洪難而外之？不即被天下老和上舌頭謾，淹殺虀甕，無吐氣處？甚且攘莊夸脅，互相欺販，佞闢皆非，而莊亦受冤矣。用心若鏡，埋没多少。

陳丹衷曰：莊子隱吐閒氣耳。應帝王云云，猶禪立君臣綱宗也。往蹇來碩，利見大人，隱不自隱，豈犯正位？曾知大林寺之啞鐘、天皇寺之畫像乎？杖人舉孔提莊，衛道苦心，其誰知之？

⑨

【閒翁曼衍】

① 待之甚善，繼之者善，在止于至善，此中具儵、忽、渾沌之用。鑿死鑿活，鑿得破否？不妨舉

以磨鏡。

②譚云：堯舜以前，劊子毒手，反自以爲報德美意，可感可恨。爲帝王者，不可不知此意。

③支公曰：正當得兩，入三便亂。莊子弄出三箇來，你道鑿破多少人？莊子叫曰：非三不顯，豈是我鑿？中庸開口，早如此矣。子思曰：非是我鑿，一部易經，原自如此。伏羲曰：非是我鑿，天地之間，本自如此。

④黄元公曰：羲皇一畫，鑿混沌之竅。或帝于北，或帝于南，倏忽之間耳。易曰：帝出乎震。又曰：萬物出乎震。聖人連說兩周，一耶？二耶？一氣自分爲二氣，而氣之中有帝焉，是三是一耶？或曰：心用識，猶宰相也。心奉性，猶皇帝也。理以知顯，猶政府也。此唐宋鉤斫之法乎？妙湛總持不動尊，寫成南北中央座，其董米之山頭乎？藥地曰：此非齒舌所能分疏，只與兩隻艸鞋，蹋作十字。

⑤臨濟遷化曰：吾去後，汝等不得滅吾正法眼藏。三聖云：誰敢滅卻正法眼藏？濟云：或有人問，你又作麽生？聖便喝。濟云：誰知吾正法眼藏，在這瞎驢邊滅卻。聖便作禮。且道七日而混沌死，與正法眼在瞎驢邊滅，是同是別？是誰作禮？

⑥臨濟說坐斷報化佛頭，可惜白拈膽小；洞山説法身是大病源，何故當頭觸犯。有人疑此否？祇爲頂門販鑿，掀翻愈見乖張。急須芥子封關，安頓人間食息。因有剖斗折衡，自雄其救鑿

者，而豈知剖折之更鑿耶？因有離心意識參，自雄其救鑿者，而豈知離離之更鑿耶？又況枯椿較獵，反以餧狗裝腔，何異驗賊油鍋，紙上炒米？卻忌正告，利在迷雲。惟有街心石敢當，十字中節，且讓康衢鼓腹者及盡今時。笑曰：磨鏡可也。鄙亦去不了，厭亦無所逃。

⑦鏡曰：一身之内，廉纖如此，毋乃太杜撰耶？兩間萬古，挼作一團，毋乃太糊塗耶？嘗試問心不用而用小心，一番離奪；君火與相火，一番離奪；種智與分別智，一番離奪。善待否？謀報德否？鑿得死否？任他倏忽，便是業識茫茫；躲跟混沌，便落空亡無記。七日假死，活計横生。自失則逃，萬劫枷鎖。分定識與形氣，難免語滯，識神炎上，便弄精魂，塞兑黑山下坐。善待否？謀報德否？鑿得死否？智者曰：撥塵見佛，佛亦是塵。問了答了，直下翻身。勸君更盡一杯酒，西去陽關無故人。愚者曰：切忌偷鄧林拄杖子來報德。

⑧教家曰：寂感藴似如來藏。然是説易，非惟心也。陰陽是有，則太極落無；添箇無極，則太極落有。此與西天有見無見之外道何以別之？不悟心所以心，則執定太極天命爲宗，非心外有法耶？即知萬法歸一，但計一爲虚無，則是無因外道矣；專宗自然，則是冥諦自然外道矣；纏縛因緣，則是凡夫輪迴矣。老莊通書，判作無因，曾答得他來耶？執圭正色，止矜俎豆衣冠；若與反復從來，未免迷封紗縠。不昧同體，請一會通。爭奈專科護偏，又笑模稜兩可。惟我環中老人，公因代錯，以質測通幾統類發凡，確則確矣，騰馬奪刀，固何如飛將軍痛快殺

也？昔有于門窗上各書「心」字者。一老宿笑之，門上改門字，窗上改窗字。後一老宿更笑，乃爲抹去門窗上字。假令伏羲寫六十四箇心字，又圍了寫一箇大心字，你道笑殺旁觀否？笑曰：一報還一報，殺佛殺祖，也是一坑埋卻。

⑨末後一箇死字，逃得麽？下手一箇死字，嘗試麽？古德云：未得個入處，須得個入處；既得個入處，須得個出處。且問本無出入者是何物耶？固知道不得。直饒道得，也是同坑無異土。疑則別參，時不待人。無名人曰：去！汝鄙人也。

中國思想史資料叢刊

藥地炮莊

下

〔明〕方以智 撰
趙 鋒 點校

中華書局

藥地炮莊卷之四

天界覺杖人評　極丸學人弘智集
三一齋老人正　涉江子陳丹衷訂

外篇

①褚云：内篇命題，各有深意。外襍爲郭象所删修。

焦氏筆乘曰：内篇斷非莊生不能作，外篇、襍篇則後人竄入者多。陳恒弒其君，孔子請討，莊子身當其時，而胠篋曰：陳成子弒其君，子孫享國十二世。即此推之，則秦末漢初之言也。豈其年踰四百歲乎？又封侯、宰相等語，秦以前無之，且避漢文帝諱，改田恒爲田常，其爲假託甚明。

②迂莽曰：以斗斛權衡爲駢枝而欲去之，贅三層未始有之混沌，頭上安頭，非續凫斷鶴之甚者乎？上不敢爲仁義，下不敢爲淫僻，非鄉愿寂巧者乎？憤而行仆罪路耶？還是奇才難忍，藉此玩弄生波耶？末世以猾媮悍忮之我，而見飴以沃户矣。莊子冤哉！人情惡理拘，而才士好奇翻。得此培聖縱盜之滑油，合衆人之咻以爲快。理士膠拘，核亦不稱，

豈能以非墨之守勝習輸之攻乎？以故好修常屈，正理常晦，目爲迂腐，險鬬偏鋒，羣煉殺
機，哀哉！哀哉！故曰：竊仁義與竊混沌，其竊一也。竊仁義者，百姓直道，猶權衡之，彼
③無所逃也；彼竊混沌以廢天日之權衡，而羣教爲公然潑悍爭奪之跖嬰兒，其將奈何？明收
荀子之性惡而賤其禮，專取告子之食色而去其勿，貌倣墨子之兼愛而遺其親，狠縱楊子之
爲我而不知足，則將奈何？于是簧鼓以膠目塞耳，必不可能之法，而實巧遁横肆，使人不
④敢詰，其更奈何？洪荒不知父，今知父，是不反本也；弱肉强食近于禽獸，今有禮讓，是不
古也。仙定鬼窟，則死執混沌耳。避世匿形者借之，若計黑路以塞源，築堤適以横決，而
⑤詐愚不學者秘傳罔民矣。豈有光明正大而廢天日之權衡者乎？人生爲不落有無之有，日
用猶不落晝夜之晝。遊虚以遺累，乃榜無以荒事增累乎？家常不節飲食，而專賣番木鼈
乎？況藉口即有是無，而明滅暗縱者哉！情不可縱，亦不可滅，是權衡者，混沌天地之神
髓也。聖人貫萬古而表其公平，立仁與義，正所以宰其陰陽剛柔，而天弗違者也。萬物一
⑥體，仁也；各得其宜，義也。塞天塞地，本仁義矣。豈待正名立教，乃曰子爲克家之督，政
⑦府宰民并宰君哉？泯揚過者，本泯者也。善貫有無，以中正而統其餘者也。豈曰婦而生
子，爲失女之體乎？何如明其貞體，而爲女、爲婦、爲母之一貫乎？權衡無我，物自有則，
節性率性，制天用天，裁成即生成也。有物有則，即無聲臭。偏離而執之，膠有錮無，皆駢

拇、胠篋也。礁仁礁義，是則不通；假公濟私，寔可傷痛。劉須溪曰：竊誠可歎，而天地之間，盜所不免。易宜曰：泰否一包，襍卦一決。張弛代錯，所以貴裁成類辨之井竈也。此裁成者必明竊之可恕不可恕，而正用者必明盡善未盡善也。故曰法以事斷，禮和其情，自反太平，物則付物，是真天地宗。是由仁義行，果喪其驕妬鄙吝之我，則莊子者芥茶消飯者也。如或未然，中節權衡，不可不一稱之。即此救蕩，各問胸堂；即此解拘，方肯通看。

適菴曰：天下自有此反激之機。口不可禁，索性窮盡一偏，知其不過如此，而聖人之中道明矣。徒善徒法之不可，孟子已言之。莊子專救賢智之過耳。嗟乎！世界亂多，人生患難多。吞萬古風，吐一口氣，寓可以快，猶詩可以怨也，烏能戒鶡不啼、蟲不號乎？舟以濟人，亦以覆人，帆檣櫓櫂，在乎柁手，漩浪風雲，在乎知性，豈徒曳牽夸平穩耶？

⑧

【閒翁曼衍】

①壽昌翻刻會元，寄湯若士。湯讀之十日而笑曰：不過翻字法門，惟有强項魔王，癡心調達，略較些子。壽昌曰：且喜有喫棒分。乃云若士十日悟翻字法門，較似庾敳開卷便放，相去多少？駢拇一指，黑豆漫天。獵犬無靈，枯樁費力。殘羹餿飣，鐺餂不休。名爲勾賊破家，寔是教猱升木。所以古老一刀，倚天落胆，刑書必鑄，鬼不敢號。至今斗斛牙行，重新官印，然後街頭布袋，許乞一文。愚者曰：放待冷來看。

②試請孟、荀、莊、列、申、韓、惠、秉同在一堂，各出鋒鋩，誰將決之？先輩云：莫執一説，合觀自明。子思特地指出代明錯行之幬，你道幾個權衡到此？趙州曰：正人説邪法，則邪法亦正；邪人説正法，則正法亦邪。你道幾個權衡到此？愚曰：覆。

③蕭元聲舉埋菴曰：王摩詰是羼提，韓退之是真供養。王新建許朱子晚年出家。一菴撞見達磨，正好送他上學。具此眼，方可以權衡此書。愚曰：唤作錯行，得麽？

④二龍爭珠時如何？曰：我只管看。大風刮倒梧桐樹，自有旁人説短長。

⑤甘贄設粥，請南泉念誦。泉白椎曰：大衆爲白牯念摩訶。甘拂袖出。泉粥後問典座：行者何在？座曰：當時去也。泉便打破鍋。壽昌經曰：因緣撞着死冤家，出入行藏豈讓他？此横鐵槊，彼按金叉。拂袖便行鉤有餌，鍋兒打破玉無瑕。笑曰：何故犯手傷鋒？我則道典座來日不得普請。

⑥漆吏曰：當家者當家，我自是閒人。日日飲醇酒，又恐嘔酸津。

⑦杖人曰：内七篇收拾宗師、帝王，歸一壺中，秘密不泄矣。誰知儵忽七日鑿死，是果死乎？果死則儵忽如叫化子死了蛇，没得弄也，儵忽又安之哉？莊子玩弄造化，如善弄蛇者，弄得古今人死，又弄得古今人活。今于外篇中收拾這未可收拾者，將個斷貫索子，穿起古今鼻孔，傾壺痛飲，且齕且笑。奇哉快哉，是誰得知？别曰：竹主人閉王子猷，勝似灌夫傌程不識。

李充抵肉于地，何如東方割歸？諸君入我褌中，亦許公容不飲。雖有樊噲擁盾，寔虧項伯解圍。已而歎曰：漁陽三弄，幸得脱身；江夏艨艟，切忌搏黍。愚曰：以此評駢拇，你道傷心在甚麽處？

⑧笑翁曰：迂菴、適菴，駢指冷坐。歲差日食空疑錯，一五一十無大過。原來酸湯亦可解酲，揀米不如一播。死麪生酒，今朝看破。看破後如何？且叫青天捱磨。

駢拇第八

駢拇枝指，出乎性哉，而侈于德；附贅縣疣，出乎形哉，而侈于性。多方乎仁義而用之者，列于五藏哉，而非道德之正也。是故駢于足者，連無用之肉也；枝于手者，樹無用之指也；多方駢枝于五藏之情者，淫僻于仁義之行，而多方于聰明之用也。①

①駢拇，足大指連第二指也。枝指，手多指也。贅，息肉也。縣疣，腫結縣係于形也。多方，多端也。駢列于五藏，如肝神仁、肺神義之類。

【集評】

杖云：倏忽于渾沌中弄出一個駢拇枝指、附贅縣疣，總欲使知性命之自然，不殉淫僻之行，以失其天真之神化耳。一篇反復抑揚，處處與人點破，就中殺活之機，妙在自聞自見、自②

得自適，則天下無不聞、無不見、無不得、無不適也。

潛曰：五藏歷然，五常原自歷然；五藏渾然，五常原自渾然。方本不多，多亦是一。圖書小衍，爲萬法歷然之約本，秩序變化之端幾，人自不聞不見耳。

【閒翁曼衍】

①若謂此外別有，灼然駢枝。若不許其出性，更添啼齕。不增不減，樹起無用。整理手脚，未免多方。忽有千手千眼者，與十手十目者，你一拳，我一掌，幸得無眼耳者，出來解交，一場笑去。怎免得五藏相生克耶？且請自聞自見。

②只如五藏六腑十一，而排爲十二經。絲絡合黃鍾，骨節應度數，造化生人，亦太穿鑿廉纖矣。五行爲五經星，又添兩個日月，惟日直行黃道，月星皆跳輪打圈，怪哉！大地兀然吊在虛空，千山萬水，生物無量，你道駢枝贅疣有過于此乎？莊兄撒急，嫌他多方，首須問罪。既已不聞不見，卻來竄句遊心，敝跬而譽無用之言。莊兄自問，此是駢枝贅疣否？

是故駢于明者，亂五色，淫文章，青黃黼黻之煌煌非乎？而離朱是已。多于聰者，亂五聲，淫六律，金石絲竹、黃鍾大吕之聲非乎？而師曠是已。枝于仁者，擢德塞性，以收名聲，使天下簧鼓以奉不及之法非乎？而曾史是已。駢于辯者，纍瓦結繩，竄句

①

②遊心於堅白同異之間，而敝跬譽無用之言非乎？而楊墨是已。故此皆多駢旁枝之道，非天下之至正也。彼正正者，不失其性命之情。故合者不爲駢，而枝者不爲跂；音岐。長者不爲有餘，短者不爲不足。是故鳧脛雖短，續之則憂；鶴脛雖長，斷音短。之則悲。故性長非所斷，性短非所續，無所去憂也。離朱，黄帝時人。擢德，選取好名目也。曾史，曾參、史猷也。纍瓦結繩，言聚無用之評也。竄句，點竄入文也。敝跬，言辯者如疲敝人半步而得也。一曰：跬譽是毀譽。跂是岐。

【集評】

生生、存存、如如、當當，皆正正也。正者是甚？正其正者又是甚？不見在宥篇中之物物乎？物其物者，即是不物于物。蹉過一際重玄，所以駢駢贅贅。

【閒翁曼衍】

① 如何是一際重玄？曰駢駢贅贅。

② 一句快活非常，戲得世界啼泣。若非世界上啼泣囂囂，怎顯得曳尾泥中的快活？方干酬孫發曰：錦價轉高花更巧，能將舊手弄新梭。從來一字無褒貶，二十八言猶太多。且道堅辭相聘，廛視軒冕，何故又豎伯夷之背？泥中曳尾，路傍擁腫，何故又蒙盜跖令

兕之皮？此真盜大易潛遯之奇貨，明釣三百金、五十犗之奇利，而踏倒夷惠兩跖稱尊，以殉其旦暮遇聖之大名者乎！中峰教人反用貪嗔癡，果然快絕。正好殘生損性，與他翻轉。

意仁義其非人情乎？彼仁人何其多憂也。且夫駢于拇者，決之則泣；枝于手者，齕之則啼。二者或有餘于數，或不足于數，其于憂一也。今世之仁人，蒿目而憂世之患；不仁之人，決性命之情而饕音叨。富貴。故意仁義其非人情乎！自三代以下者，①天下何其囂囂也？且夫待鉤繩規矩而正者，是削其性也；待繩約膠漆而固者，是侵其德也；屈折禮樂，呴音吁。俞仁義以慰天下之心者，此失其常然也。天下有常然。常然者，曲者不以鉤，直者不以繩，圓者不以規，方者不以矩，附離音麗。不以膠漆，②約束不以纆音墨。索。故天下誘然皆生，而不知其所以生；同焉皆得，而不知其所以得。故古今不二，不可虧也。則仁義又奚連連如膠漆纆索而遊乎道德之間爲哉？使天下惑矣。夫小惑易方，大惑易性。何以知其然耶？自虞氏招音喬。仁義以撓天下也，天下莫不奔命于仁義，是非以仁義易其性與？蒿目，言熏散也。貪財曰饕。囂囂，聲也，又憂貌。屈折肢體以爲禮樂，呴俞顔色以爲仁義。纆，索也。撓，亂也。

【集評】

郭曰：仁義自是人之情性，但當任之耳。恐仁義非人情而憂之者，真可謂多憂也。夫與物無傷者，非爲仁也，而仁迹行焉；令萬理皆當者，非爲義也，而義功見焉。

③一曰：誘然皆生，非仁耶？同焉皆得，非義耶？將謂八兩半觔，物不欺物，號做仁義，單指秤幹，號做道德耶？你道是駢不是駢？齕得齕不得？笑翁曰：未夢見在。慎到罵聖賢以媚齊之稷下，韓非罵仁義以媚秦而見妬于李斯。莊子看得世世皆戰國，直待天地壞了，方纔太平。伯夷不怕罵，盜跖惹不得，怎免如此乃苟全耶？故罵仁義以媚小人，尊道德以媚仁人，自造秤幹，高下其手，果然絶世聰明，多方妙用。

④汝等都被語脉轉了，何能夢見！

【閒翁曼衍】

①噓曰：刦富濟貧，正爲伯夷立懦；身殉天下，可憐亡羊補牢。後之以身殉虚空者，啼齕何如？其以身殉禽獸者，天下之啼齕又何如耶？

②一曰：臭皮囊自殉已矣，何其爲人多憂也？君子殉仁義，寔爲身家；盜賊殉貨財，亦要行仁義。若曰身殉天下，放心放心，但罵伯夷，即可得名，首陽拙矣。正使聖人死、大盜止，又誰不殘生損性于矢溺之道哉？何妨分淫僻于詩書，解啼泣于博塞，聽其盜曾史而跖楊墨？不

猶足以激人之愧，而各適其適耶？試問儵忽，總則一般。情知莊生愛討便宜，何其多憂而殘生損性乎哉？合取狗口。

③有者曰，五鬼鬭判。有者曰，正須鮑老收科。愚曰：不論崑山、弋陽，要中板眼。

④季廬余子曰：莊子天下篇不列孔孟，駢枝篇終於楊朱耶？究竟身殉虛空、虛空殉身耶？陰推陽掩，是誰啼齕？

①故嘗試論之。自三代以下者，天下莫不以物易其性矣。小人則以身殉利〔一〕，士則以身殉名，大夫則以身殉家，聖人則以身殉天下。故此數子者，事業不同，名聲異號，其于傷性以身爲殉一也。臧與穀二人相與牧羊，而俱亡其羊。問臧奚事？則挾筴讀書；問穀奚事？則博塞以遊。二人者事業不同，其于亡羊均也。伯夷死名于首陽之下，盜跖死利于東陵之上，二人者所死不同，其于殘生傷性均也，奚必伯夷之是而盜跖之非乎？天下盡殉也。彼其殉仁義也，則俗謂之君子；其所殉貨財也，則俗謂之小人。其殉一也，則有君子焉，有小人焉。若其殘生損性，則盜跖亦伯夷已，又惡取

〔一〕以，原無，據集釋本莊子駢拇補。

君子小人于其間哉？殺身從之曰殉。臧與穀，假立二人，喻皆善而所爲不同也。注引臧穀爲臧獲者，非。塞即簺，音賽。吾丘壽王傳劉德曰：格五，棋行簺法也。挾筴，執卷也。

【集評】

正曰：亦知駢枝不可斷邪？乃齕其將指哉？除此四殉，將殉虚空乎？將借虚空以殉饕乎？天其跖，跖其天，常羊干戚乎？相繇九首乎？止爲不能順性命之理，而中乎常然之節，故繼此權衡成章，以省民之力，解民之惑耳。揚遏順天，隨緣乃當，一味貪冒洪荒，爲渠魁三窟哉？噫！

②

【閒翁曼衍】

①余全人曰：戰國時儒理腐而厭聽，莊曰生爲瘤贅，死爲決疣，死猶愈於生也，則殺人者之心亦淡矣。戰國毁先王，而莊曰剖斗折衡則民不爭，則毁者之心亦息矣。盜跖、滿苟得，其時皆然。比户誅之，誰爲天吏？莊則直吐其情，此臯狀乎？抑功案乎？將欲取之，必故與之乎？莊子苦心于救世而放膽于爲文，譬用兵焉。六經堂堂之陣，莊子掩旗鼓而襲之，入帳斬將，懾一軍而不敢譁，何等雄傑！世目以爲荒唐，又目以爲達生，是真不善讀莊子者。

②駢枝不齕，皮下還有血麽？上篇提一「怒」字，外篇提一「愧」字，是天地眼。有說起面赤，自聞自見者乎？救得一半。

且夫屬音燭。其性乎仁義者，雖通如曾史，非吾所謂臧也；屬其性于五味，雖通如俞兒，①非吾所謂臧也；屬其性乎五聲，雖通如師曠，非吾所謂聰也；屬其性乎五色，雖通如離朱，非吾所謂明也。吾所謂臧，非仁義之謂也，臧于其德而已矣。吾所謂臧者，非所謂仁義之謂也，任其性命之情而已矣。吾所謂聰者，非謂其聞彼也，自聞而已矣。吾所謂明者，非謂其見彼也，自見而已矣。夫不自見而見彼，不自得而得彼者，②是得人之得，而不自得其得者也；適人之適，而不自適其適者也。夫適人之適，而不自適其適，雖盜跖與伯夷，是同爲淫僻也。余愧乎道德，是以上不敢爲仁義之操，而下不敢爲淫僻之行也。俞兒，古善識味人也。按：淮南子作「申兒」。尸子曰：膳俞兒和之以薑，爲人主上食。

【集評】

③舊判曰：孟專言仁義，莊專言道德，其寔莊子所言仁義，其字義與孟子殊。有本仁義、大仁義、小仁義、嗛仁義、假仁義。單從自受用立說，仍是爲我窠臼。

章大力曰：仁偏以愛己，義偏以裁物，則仁義惡矣。
澹歸曰：孟言仁，與義對；孔言仁，不與義對者也。
陽明曰：用規矩爲方圓，則不可勝用；舍規矩以爲方圓，遂執方圓爲之規矩，則規矩之
④用息矣。又曰：中只是天理。變易從時，如何執得？須因時制宜，難預先定一個規矩。抄此二段，置駢拇後，請一權衡。

正曰：不淫僻即仁義，不仁義即淫僻，事不兩立也。果雙掃而一念不起乎？若倚本空，又縱人敢爲矣。

管子曰：名正則治，名倚則亂，無名則死。比觿撻記，法何所避？老曰去其太甚，莊曰適
⑤得而幾，仲尼不爲已甚，非回途得玅耶？兩不敢爲，可以磨慎獨之刀，勿偷坐鄉愿之窟。莫恠迂人一點。

杖人曰：人身有駢贅，或可治不可治〔一〕。使心性駢贅，固可相忘不治乎？安知仁義政刑非治民侈于性命不情者乎？仁義與道德相去幾何？道德與性命相去幾何？得意忘言者默識之矣。阿劍曰：諸方盜法攻擊，何以捄之？杖人曰：非所知也。邪正真僞相奪，正是激

〔一〕不可治，疑當作「可不治」。

⑥

揚機用，使于鑊湯爐炭，絶其偷心，不得躱跟，踏翻生死窠臼。此乃慈悲相爲，正打傍敲也。不見易以變化不測之神，摩盪交錯爲吉凶悔吝，始能生其大業哉！尼罵僧覷他，僧曰：你不看我，怎知我看你？噫！世間豈有人境是非爲孤起之能所哉？人自招嫁耳。木人看花鳥則免矣，然是石壓艸語，未是發藥病語。寶王論曰：學道不求無障難，直求諸己，無惡于志可也。佛以提婆達多而疾成佛，你惡人來觸犯無明，我謂你尚未有真對頭在。

蕭伯玉起信論解曰：莫玅于法，而心爲粗。但信心而遺法，故心成而法遁矣。如一人目視耳聽、心慮口言、手持足行，並舉而無容心焉，見人而不見體也。昧者以法爲粗，以心爲精，以體爲内，以相用爲外，犁然角立，身首異處，非全人矣。坡曰：手忘筆而後能書。玅哉！虚舟子曰：緣熟則忘，自得則忘；能隨境沉，智與理泯。心不見心，忘是本忘。將以擲筆爲忘筆乎？以塗鴉爲張顛乎？雙奪雙融，謂之無事無理，乃事理不二之急口也。首楞嚴譯曰：一切事究竟堅固。然則聖人所表之權衡，豈非究竟堅固之中道哉？物呈帝則，知而無知，出入以度，不落動靜。權衡付之萬世，心天本不可欺。翂守雖異，顯遯雖睽，但絜常然之矩，而盈虚時乘矣。深幾神明，惟心體物，賾不可惡，觀其會通，易簡知險阻，險阻皆易簡，森羅節序，本不動絲毫者也。如此反復充類，窮盡又盡，冷地看莊子曰：百家往而不反。知愧者誰？

【閒翁曼衍】

①柳子厚曰：嘻笑之怒，甚于裂眦。劉夢得曰：駭機一發，浮謗如川。然則上不敢爲，下不敢爲，其言外之旨，可不知耶？不則莊子之蘧廬，爲告子之桎梏矣。愚者送無忝曰：痛入黃泉無避處，收歸白日未生前。

②辰曰：語至刻急，每結皆緩，若深厚不可知者。優柔有餘，得雄辨守勝之道。許式與泐潭澄、上藍溥坐，式問潭曰：和上早晚回山？潭曰：今日被上藍覷破。藍便喝。式曰：不奈船何？打破戽斗。

③藏一爲莊生圓夢曰：外不敢尸仁義之名，內不敢爲淫僻之行。易曰：括囊，无咎无譽。嗒曰：莊子數萬言，囊何云括？笑翁曰：彼知不可莊語，非括盡耶？嗒曰：幸得多奇字，旁人未必知。笑翁曰：且道街頭布袋，是如何括？

④子雲愛離騷，作廣騷，又作反騷。莊子內篇不了，又作駢拇，當作反騷一歌可乎？古人云：寧可與有智人相罵，不可與無智人説話。愚曰：個中幾個能相罵，日暮深林拜杜鵑。

⑤笑曰：迂則任迂，又點不出。曰：如何點？曰：盜跖偏得天地之戾雄，漆園穿窬，如何比得？鄉愿偏得天地之媚雌，蒙吏傲骨，忍辱不到底。聊解嘲曰：既愧乎盜跖，又愧乎鄉愿，正可讀書亡羊，笑此啼泣。

⑥杖曰：贊得喜地歡天，不如傌得傷心刻骨。頑庸頑空徧界，須倩二黃將軍。槲曰：莊生但知君子好傌，不知天地更好傌。予人手口加以胆智，是天地禍人也。天地出首曰：混沌生我，是混沌爲禍本矣。如不得已，以權衡托聖人，聖人托愚夫婦。五藏五常，血濺今古。一任盜者盜、謗者謗，而汗不欺背、夢不欺枕，真神矣哉！笑曰：汝無始來習氣不除，此巧愧也，即巧赦也。人盡不免，責事則面赤矣。黃面參透，故以牆壁藏鄙倍，香灰藏温飽，使人遮面而徐愧之。莊生早洩此機，後世引以護短。豈知常啼菩薩深錐賣肝耶？不得已，又轉一語曰：汝作傌會那？

馬蹄第九

①

馬，蹄可以踐霜雪，毛可以禦風寒，齕草飲水，翹足而陸，此馬之真性也。雖有義臺路寢，無所用之。及至伯樂，音洛。曰：「我善治馬。」燒之，剔之，刻之，雒之，連之以羈馽，音的。編之以皁棧，馬之死者十二三矣。饑之，渴之，馳之，驟之，整之，齊之，前有橛飾之患，後有鞭筴之威，而馬之死者已過半矣。陶者曰：「我善治埴，圓者中規，方者中矩。」匠人曰：「我善治木，曲者中鉤，直者應繩。」夫埴木之性，豈欲中規矩鉤繩哉？然且世世稱之曰：伯樂善治馬，而陶匠善治埴木。此亦治天下者之過也。

②陸，跳也。燒鐵、剔毛、刻甲也。雒、絡通。絡首曰羈，絡足曰馽。皁棧，槽櫪也。銜曰橛，纓曰飾。

【集評】

杖云：讀莊子不比五經，當別具隻眼。彼痛世人溺于死法，不能逗出靈機，終不得自己受用，往往欲與正言，乃反其辭而出之，危其事而悚之，使其疑窮思極，忽然得之，則知其立言之深、入人之切也。又曰：莊子豈不欲人治天下哉？正以世人不知治天下之妙，乃以治馬而罪伯樂，治天下而罪三代。此正所以獨推伯樂之妙，而形容其善與不善，以歸至治于三代也。知此，則天下善治馬、千古善治民，豈復更有過于莊子者乎？知此，則天下當有善馬，世世當有善民。治天下者，全賴有善法。善本不絶，誰來取宗？

【閒翁曼衍】

①淮陰龔開畫馬，喜姜白石詩：道人野性如天馬，欲擺青絲出帝閑。龔璛題曰：絆者自絆逸者逸，不是老龔誰貌得？以愚觀聖與之義，正是脱羈馽而報帝恩者。其答方回玉豹歌云：曹將軍、杜工部，各有一心存萬古。其傳非畫亦非詩，要在我輩之襟期。且舉此以收馬蹄，試聽莊生蹴踏而嘘唏。

②芙蓉楷曰：佛祖言教外，還有爲人處也無？投子曰：寰中天子敕，還假堯、舜、禹、湯也無？楷欲進語，投以拂撼其口曰：汝發意來，早有三十棒也。楷即開悟，再拜便行。投曰：且來闍黎。楷不顧。投曰：汝到不疑之地耶？楷以手掩耳。莊生撼口則不無，只是不能以手掩耳。

①吾意善治天下者不然。彼民有常性，織而衣，耕而食，是謂同德；一而不黨，命曰天放。②故至德之世，其行填填，音田。其視顛顛。當是時也，山無蹊音兮。隧，澤無舟梁，萬物羣生，連屬其鄉；禽獸成羣，草木遂長。是故禽獸可係羈而遊，烏鵲之巢可拔援而闚。夫至德之世，同與禽獸居，族與萬物並，惡乎知君子小人哉？同乎無知，其德不離；同乎無欲，是謂素樸。素樸而民性得矣。及至聖人，蹩音別。躠音薛。爲仁，③踶音題。跂音支。爲義，而天下始疑矣；澶音但。漫爲樂，摘僻爲禮，而天下始分矣。故純樸不殘，孰爲犧樽？鄭玄讀犧如莎。劉杳引得齊子尾送女器，皆牛形，當音羲。白玉不毀，孰爲珪璋？道德不廢，安取仁義？性情不離，安用禮樂？五色不亂，孰爲文采？五聲不亂，孰應六律？夫殘樸以爲器，工匠之罪也；毀道德以爲仁義，聖人之過也。填填，遲重也。顛顛，專一也。蹩躠、踶跂，皆用心爲仁義之貌，故抑而粗指之。澶漫，

④ 淫衍也。摘僻，多節也。須溪云：摘如摘埴之摘，僻如鞭擗之辟。**夫馬，陸居則食草飲水，喜則交頸相靡，怒則分背相踶。馬知已此矣！夫加之以衡扼，齊之以月題，而馬知**

⑤ **介**音戛。**倪**、音詣。**闉**音因。**扼**、**鷙**音至。**曼**、**詭銜**、**竊轡**。**故馬之知而能至盜者，伯樂之罪也。夫赫胥氏之時，民居不知所爲，行不知所之，含哺而熙，鼓腹而遊，民能已此矣。及至聖人，屈折禮樂以匡天下之形，縣跂仁義以慰天下之心，而民乃始踶跂好知，爭歸于利，不可止也，此亦聖人之過也。**

⑥ 靡，摩也。小蹋謂踶。月題，馬額上當顱如月形者。愚者曰：月題是馬轡飾，非的盧也。本文「齊之以月題」自明。介倪，猶睥睨也。闉，曲也。鷙，抵也。曼，突也。詭銜，吐出銜也。竊轡，齧也。

【集評】

迂說曰：荀子云，一之于禮義，則兩得之；一之于情性，則兩失之。正救顓頊率性、偏委氣質之病。激言性惡，重禮也。剔性于生前，且騙情禮雙遣耳。錮于虛空，變成奇貨，離即斷常，愈玄愈幻。荀子曰：匿則大惑，畸不可爲。毋乃似之。現量無大過矣，果能禁比量耶？積一日成萬世，奈日用何？聖人故申本來之秩序，差等事物，使享各當，莊子云緣于不得已是也。禮義以中節而名，祗是公平而已。且問冬至立春，候不差秒，歌舞板眼，待思量否？發而中節，心法雙忘，非膠致也。平在自反，暫歇過關；用之物物，還其本事。以空藥世，以訬醫空，其火候耳。正義曰：中節之比量，即是現量，即是不起一念。物則各住于法位，三拜依立，我何爲哉？達者不樂羈絆，逸流作自了語展演。出格偶然，後不爲例。

【閒翁曼衍】

①莊生自趁口快耳。其寔上古弱肉强食，未必可係羈而遊。

②季蘆子曰：泰未嘗無小人，而君子包之。否未嘗無君子，而小人馮之。勢分而各有欲，則君子小人并多事矣。明道曰：新法之行，吾黨亦當分任其咎。惜乎無有以素樸告之者。一曰：捉定素樸，即是躄跂。惜乎無有疑此者。

③笠山頌世尊初生曰：深村不住行荒艸，鼓動春風遍界吹。怪汝韶陽行别路，豈知先失兩莖眉。烟亂點，月斜披，多少行人被眼欺。請問莊兄踶跂好知，爭歸于利，莫被眼欺耶？此誰之過歟？

④咲峰頌曰：見怪不怪，其怪自怪。白澤之圖，休掛門外。

⑤季蘆子曰：孔子云，民可使由，不可使知。豈非莊生絶聖棄智之本子乎？不惟莊子，即韓非之愚民，亦窺見絶聖棄智之本子者也，慰否？過否？袁中郎詰翳子夜在被内被外，引得翳子竟睡不着。

⑥呂覽曰：或獻閉于宋元王，王令國中解閉。兒説弟子解之，解其一，不解其一。獻閉者曰：彼不爲而知其不可解也，是更巧于我。楊大復曰：黑黄白馬同作馬，白馬非馬白馬啞。逃天棄地入碗盂，瓦不問石，石不答瓦。青寧生程馬生人，戟矛相若不相若。無已姑相與爲閉，解一而不解一也，聊以作莊子之頌。

胠篋第十

①將爲去聲。胠音袪。篋、探平聲。囊、發匱之盜而爲守備，則必攝緘縢，固扃鐍，音决。此世俗之所謂知也。然而巨盜至，則負匱、揭篋、擔囊而趨，唯恐緘縢扃鐍之不固也。然則鄉之所謂知者，今乃爲大盜積者也。故嘗試論之。世俗所謂知者，有不爲大盜②積者乎？所謂聖者，有不爲大盜守者乎？何以知其然邪？昔者齊國鄰邑相望，鷄狗之音相聞，罔罟之所布，耒耨之所刺，方二千餘里。闔四竟之内，所以立宗廟社稷，治邑屋州閭鄉曲者，曷嘗不法聖人哉？然而田成子一旦殺齊君而盜其國，所盜者豈獨③其國邪？并與其聖知之法而盜之。故田成子有乎盜賊之名，而身處堯舜之安，小國不敢非，大國不敢誅，十二世有齊國，則是不乃竊齊國并與其聖知之法以守其盜賊之身乎？胠，腋下。傍開其篋，如從腋取之也。攝，結也，收也。扃，關也。鐍，紐也，一云環舌

也。十二世有齊國，自田敬仲至齊威王，凡十二世也。

④

⑤

【集評】

杖云：莊子痛這世界人心，如江流日下，不可挽迴。使從前無聖人之禮樂刑政，則早見此世人獸相食，而囊篋已無，城郭莫設，又何有聖知仁義借資于盗，而能守其賊身以有國家，且處堯舜之安哉？知到此時，決不可一日無聖人，是聖人亦決不得死，而大盗亦決不能止，資盗之智亦決不能去。乃矯之曰：聖人不死，大盗不止。或問莊子必將何法，始能擊盡聖人、縱盡大盗？吾恐莊子到此，亦將如鴻蒙雀躍掉頭曰「我弗知」而去也。知莊子之毒最深處乎？大盗竊聖知，則能得天下而久守其身；龍逢、比干之賢者尊聖知，則反殺其身而不有天下。又況善人少、不善人多，利天下少、害天下多，如此數來，又是莊子縱盗以竊聖知，使存仁義以守其身，不啻縱雞犬食丹藥，而拔屋宅以飛昇也。予只恐不能竊其真聖知仁義，徒竊其誣世惑民之術，自以爲聖知而自賊也。嗟乎！莊子之意，正欲聖人勿自恃爲聖知，利器不可示人，潛行密用，無使大盗得而竊之，不然，則烏知大盗門下，更無有操懿之雄者而乘取之乎？衹如野道士竊假符印以驅鬼魅，既不能驅鬼魅，又反遭其害矣。可知真聖知決不可竊，可竊者決非真聖知也。果有能竊真聖知者，真千古之白拈賊也，莊子亦將被人捉敗，無所逃于誨盗之罪矣。

【閒翁曼衍】

①須曰：慢世立物，可以存變，可以諧俗。枹曰：漆園扃鐍得一篋，慢耶？咲曰：且須呼刺蝟，切忌嫁金蠶。

②趙州問一婆子什麼處去，婆云：偷趙州笋去。州云：忽遇趙州又作麼生？婆連打兩掌。師休去。無準範曰：騾馬加鞭上酒樓，何如坐地看揚州？是非長短俱裁了，鼠竊終難似狗偷。批篋者曰：鼠則容之，狗則難似。

③杖人拈金剛經云：辟如漢高布衣提三尺劍，假爲義帝發喪之師，于諸暴虐王侯手中奪得天下。及見沙中偶語，殿上擊劍，乃思制作法度，始識天子之尊。又于沛豐見諸父老，乃悲歌慷慨，泣數行下。此皆真英雄到真切所在，始有此真憤激、真畏懼、真慷慨，決非後人扭揑得出、描寫得出。然須知後來殺叛臣、困白登、囑平勃，恐此心尚未能即盡也。霸業萬不及三代，尚自如是，況此大法時機，可以一言一行即能盡哉？然則莊子之駢拇、胠篋，其爲義帝發喪乎？天道序倫分，其用叔孫綿蕝乎？襍篇反復，其沛上之大風歌泣乎？究竟芒乎昧乎、未之盡者，因無所住而生其心耳。英雄不遇真知己，寶劍磨來付與誰？

④誰是白拈賊來？綑同漆園之柴，一總送在炮藥竈中。

⑤爲拈渾沌以容之，則并渾沌之說而竊之。各各自謂得無上道，將奈何？

①嘗試論之。世俗之所謂至知者，有不爲大盜積者乎？所謂至聖者，有不爲大盜守者乎？何以知其然邪？昔者龍逢斬，比干剖，萇弘胣，音耻。子胥靡，音縻。故四子之②賢，而身不免乎戮。故跖之徒問于跖曰：「盜亦有道乎？」跖曰：「何適而無有道邪？夫妄意室中之藏，聖也；入先，勇也；出後，義也；知可否，知也；分均，仁也。五者不備，而能成大盜者，天下未之有也。」由是觀之，善人不得聖人之道不立，跖不得聖人之道不行。天下之善人少而不善人多，則聖人之利天下也少而害天下也多。③故曰脣竭則齒寒，魯酒薄而邯鄲圍，聖人生而大盜起。掊音剖。擊聖人，縱舍盜賊，而天下始治矣。夫川竭而谷虛，丘夷而淵實。聖人已死，則大盜不起，天下平而無故矣。聖人不死，大盜不止。雖重聖人而治天下，則是重利盜跖也。爲之斗斛以量之，則并與斗斛而竊之；爲之權衡以稱之，則并與權衡而竊之；爲之符璽以信之，則并與符璽而竊之；爲之仁義以矯之，則并與仁義而竊之。何以知其然邪？彼竊鉤者誅，竊國者爲諸侯；諸侯之門，而仁義存焉。則是非竊仁義聖知邪？故逐於大盜，揭諸侯，竊仁義并斗斛權衡符璽之利者，雖軒冕之賞弗能勸，斧鉞之威弗能禁。此重利盜跖而使不可禁者，是乃聖人之過也。故曰：魚不可脱于淵，國之利器不可以示人。

彼聖人者，天下之利器也，非所以明天下也。胣，列也。靡，爛之江中也。

【集評】

④ 向秀云：聖人事業日新。新者爲生，故者爲死。乘天地之正，御日新之變，得實而損其名，歸真而忘其途，則大盜息矣。不死者，言守故而不日新，事牽名而不造實也，大盜不止，不亦宜乎？

郭云：閑邪存誠，不在善察；息淫去華，不在嚴刑，此之謂也。竭川非以虛谷，而谷虛；夷丘非以實淵，而淵實；絶聖非以止盜，而盜止。旨在去欲，勿彰聖知。

⑤ 正曰：此止是自反一法。大有之揚遏順天，遏神于揚，此天地萬物之生幾也。莊子去名傳名，奇在黴咽廢食。後之偷逞者，可授以廢耕奪食之利器乎？

【閒翁曼衍】

① 可惜皆是小盜，不過登壟乞墦。侯門竊家，道場淵藪，大盜若起，必爲聖人驅除頑鄙矣。

② 既知魚不可脱于淵，亦知國不可脱于法乎？禮曰：政者，聖人所以藏身之固也。且道與莊子藏身、船子藏身，是代明耶？錯行耶？曰：楞嚴轉物，是大歇場，不妨嘗試。

③ 世尊初生，指天指地，目顧四方，周行七步，曰：天上天下，惟吾獨尊。雲門曰：我若看見，便

當一棒打殺，與狗子喫，貴圖天下太平。負苓者曰：伏羲氏病甚者也。虛舟曰：莊生先用此棒，可爲第一鐍篋手乎？不知轉眼便有竊此棒，爲總殺總赦之計，以空手固陋簧鼓者。莊生之鐍篋，毋乃太堅固、資盜糧耶？一菴曰：雲門雖則見利忘義，你道一棒還打得他殺也無？負苓氏套此殘唾，你道錯謬在甚麽處？若能辨得，許汝具隻眼。

④破璽焚符，何似德山之入門便棒？膠目塞耳，有如洞山之摸面生疑者乎？如或未然，胡喝亂喝，皆以反本而爚亂天下者也。還請莊子來作一平斛行，可乎？噫！也是普州人送賊。

⑤東苑鏡和尚評拈花公案曰：世尊歷事已多，夫豈不知利器不可示人，而且不善藏其用。頌曰：磨劍生平未敢輕，終年始遇一豪英。脱然分付堪何用？天下從茲不太平。

故絶聖棄知，大盜乃止；擿玉毀珠，小盜不起；焚符破璽，而民朴鄙；掊斗折衡，而民不爭；殫殘天下之聖法，而民始可與論議；擢亂六律，鑠絶竽瑟，塞瞽曠之耳，而天下始人含其聰矣；滅文章，散五采，膠離朱之目，而天下始人含其明矣；毀絶鉤繩，而棄規矩，攦音厲。工倕之指，而天下始人有其巧矣。故曰：大巧若拙。削曾史之行，鉗楊墨之口，攘棄仁義，而天下之德始玄同矣。彼人含其明，則天下不鑠矣；人含其聰，則天下不累矣；人含其知，則天下不惑矣；人含其德，則天下不僻矣。彼曾、史、楊、墨、師曠、工倕、離朱者，皆外立其德，而以爚音藥。亂天下者也，法之無所用也〔一〕。擿與擲同，投棄之也。攦，撕之也。爚，火光消散也。

【集評】

呂曰：所謂絶聖棄知，非滅典籍、棄政教也；焚符破璽，非燒而碎之也。以信信之，則民朴鄙，而符璽非所恃也。掊斗折衡，非果掊折之也。以平平之，則民不爭，然後復其性命之情，而始可與論議矣。

白笥曰：遁上遁下，管子惡之；語無爲以求名，太公知其害。曹立之云：愚不肖患在一時，而邪異既在百世。始于駢、龍、別墨，以有無矯亂名寔，便于頗適詖遁，而無憚者資以誣正而荒逞焉。浸假至今，直須窮盡莊禪本旨，申其大乘，容其偏真，而賢智者不惑，則化歸中和矣。以滅爲無，善惡俱絶，非鬼窟則死水也。即有是無，可破破相，而谿髁縱脱，大決率獸矣，安得不覈名寔？申韓因以慘礉，可無憂乎？然後知環中寓庸之味，正是不執著、不斷滅之適得也。董子陽經陰權，韓嬰貴當，賈誼別事，郤詵限勢，總歸中道成章。徐幹不憂異術，而疾惡内關，何待陽明發明乎！莊生能窮跖讞，正可助決事比。①

〔一〕無所用，集釋本莊子胠篋作「所無用」。

【聞翁曼衍】

①傾出栲栳，亦徒簧鼓人以不及之法耳，猶之哼哼好知也。

①子獨不知至德之世乎？昔者容成氏、大庭氏、伯皇氏、中央氏、栗陸氏、驪畜氏、軒轅氏、赫胥氏、尊盧氏、祝融氏、伏戲氏、神農氏，當是時也，民結繩而用之，甘其食，美其服，樂其俗，安其居，鄰國相望，雞狗之音相聞，民至老死而不相往來。若此之時，則至治已。今遂至使民延頸舉踵曰：「某所有賢者！」贏音盈。糧而趣之，則內棄其親，而外去其主之事，足跡接乎諸侯之境，車軌結乎千里之外，則是上好知之過也。上誠好知而無道，則天下大亂矣。何以知其然邪？夫弓弩、畢弋、機變之知多，則鳥亂于上矣；鉤餌、罔罟、罾音曾。笱音苟。之知多，則魚亂于水矣；削音哨。格、羅落、罝音嗟。罘音浮。之知多，則獸亂于澤矣；知詐漸音尖。毒、頡音絜。滑堅白、解垢同異之②變多，則俗惑于辯矣。故天下每每大亂，罪在于好知。故天下皆知求其所不知，而莫知求其所已知者，皆知非其所不善，而莫知非其所已善者，是以大亂。故上悖日月之明，下爍山川之精，中墮音隳。四時之施，惴耎音軟。之蟲，肖翹之物，莫不失其性。

甚矣，夫好知之亂天下也！自三代以下者是已。舍夫種種之民，而悅夫役役之佞；釋夫恬淡無爲，而悅夫哼哼音諄。之意，哼哼已亂天下矣。贏，裹也，負也。兔網曰罼。削格，所以施羅網也。鳥罟爲羅，兔罟爲罝。罘亦作「罦」，翻車也。頡滑，不正之語。解垢，詭曲之辭。惴亦作「喘」，喘耎，無足虫也。肖翹，翾飛之屬。種種，淳厚也。役役，有爲人也。

【集評】

③ 王戎問名教與老莊之自然同異，阮瞻曰：將無同。

正曰：鼓萬物而不憂之化體，即在聖人同患中。名教即自然也。若剔本體自然，並無自然，人勉强而自然，此即自然之理、自然之候，因表自然之法者也。法久自然弊，不以法必弊而不明法，亦自然也。掃法爲高之弊，更百倍于法久之弊。此亦聖人知其自然者也。楞嚴非因緣，非自然，雙窮而中顯矣。

④ 薛君采曰：古之人役其賢智以養人；後之賢智者，役愚不肖以養己。今之人，罵賢智，縱愚不肖，而以無憚自養。嗟乎！防胠篋者何以憂之？

石塘子曰：孟子憂告子禍仁義，莊子毋乃助之乎？然不憂也，人皆以人心自藉也。小人以理責人，而後暗收其利者倍，是則仁義忠恕之説，固小人之所護者也。人仁義，則己受其施與讓矣；人忠恕，則足以容己矣。津津管鮑者，望人爲鮑子，而己爲管仲也。君子引理與身，推利與人，自托至矣。人力不大于舟，然能行舟，以托水也。人亦以人心自藉也，何患禍仁義者，不愈顯仁義之神耶？

⑤

權衡包決曰：田常盜齊，孔子沐浴請討，放舍身命，定此公案。齊宣是田常賊種，孟子乃説以王天下，稱引湯武，置周何地？不與孔子之仁義悖乎？戰國之勢在客，莫是藉此傳食，以自著孔子光明，祇圖三十年後此話大行耶？大人言不必信，行不必果，不妨盜耶？涇凡云：公卿止講明哲保身，乃是莊子誨盜；士子止講傳食諸侯，乃是孟子誨盜耶？楊朱宗黄帝，墨翟宗禹，亦是保身傳食、適可而止者。孟子詆爲無君父，毋乃剋核過甚耶？後世猾則蚓，狂則獅，若以適可爲中行，去鄉愿幾何耶？如謂絶聖棄智，必須死盡全心，果可死耶？誰肯死耶？將以孤高釣之、神鬼赫之耶？如灰覆火，一緣即炎，錮以現量，難免鑛癡。倚此遺矢堂榻，則赤子亦利器也；大決所犯，洪荒獸逞，則絶棄更利器矣。將謂官不容針，私通車馬，則總殺暗縱，何用此詐明頭，而教佞教狠耶？莊子故決曰：中道成章，依然物物而已。聖人知事物時位之斗斛權衡，即是萬元會之嬰兒符璽；明五藏五常之圖書斗斛，即神于張弛逆順之火候權衡。美惡相極，亦不必窮；物極必反，亦不可倚。膏法位之聰明，即以泯其縢鐍；給勤生之盌竈，即以養其離跂。此萬古不變之時用也。祇爲一場磕礴解衣，故被風吹別調。

【閒翁曼衍】

①韓問辨曰〔一〕：設柙非備鼠也，使怯弱能服虎也。立法非以備曾史也，使庸主能止盜也。爲符非豫尾生也，使衆人不相謾也。託天下于堯之法，則貞士不失分，奸人不儌幸。爲衆人法而以上智之所難知，則民何從識之？是以聖人之書必著論，明王之法必詳事。度輕重于權衡，不逆天理，不傷情性，不引繩之外，不推繩之内，不急法之外，不緩法之内，守成理，因自然，挈前言而貴後功，無思無慮矣。

②藏曰：韓言因自然，言无思无慮，與莊子何如？適曰：莊生或值風雲，則留侯、武鄉合爲一劑，必不爲景略、右侯，豈似韓非之喪身倉鼠哉！何以知之？以其極物知幾而知之。愚曰：人窮智短，懶久生癖，子休休矣。若是魯仲連，未免一釣便上。

③睽曰：君子以同而異。石林曰：本自無同，何緣有異？華嚴曰別即是圓，猶待剔耶？掃耶？然非雙窮四盡，中不自知。且問中不自知，化體何在？曰：將無。

④仲長統有滅裂之詩，張嗣真以爲超淵明，亦稱之。觀所謂寄愁埋憂，彼何時哉！杜甫贈鄭虔醉歌末曰：儒術于我何有哉？孔丘盜跖俱塵埃。不須聞此意慘愴，生前相遇且銜盃。與莊

〔一〕引文出自韓非子守道篇，非問辨篇。

生此篇同一慘愴極矣。悲世道之交喪，而權且遣放耳。若是偷心人，聽説掊聖縱盜，恃爲錦囊，便極懽喜，何肯慘愴？惟天下傷心人可與讀此。莫怪俞家吹劍録，連宗共案鑄刑書。

⑤揭衷熙曰：世尊使四天王追魔，一魔曰：瞿曇，我待衆生成佛盡，乃發菩提心。世尊使阿難問調達還思出獄否，曰：我待世尊入，方出。你道這兩箇鑰鑰在何處？後人錯認，且封鎖着。昨見鮑老斷曰：博浪一椎，奪沙丘之魂；漁陽三弄，碎吉利之胆。何況判官簪筆，生鐵鑄成；閻市高臺，千秋萬唾。早是衆生度盡，不可思議。且如王烈發守劍之菩提，陸機化戴淵之地獄。弦能下烏，砲到成凹。一春一秋，天日縣此利器，憑他生死疑僞，總脱不得這追魂攝魄的道場。只如此篇，空引許多癡漢，猶謂假皮障天，權哄過日，又豈知莊子特地打孀，申明此不可解之連環，挂一張窩家緝捕之告示耶？世尊之涕，包管一笑。

在宥第十一

①聞在宥天下，不聞治天下也。在之也者，恐天下之淫其性也；宥之也者，恐天下之遷其德也。天下不淫其性，不遷其德，有治天下者哉？昔堯之治天下也，使天下欣欣焉人樂其性，是不恬也；桀之治天下也，使天下瘁瘁焉人苦其性，是不愉也。夫不恬不愉，非德也；非德也而可長久者，天下無之。

②人大喜邪，毗於陽；大怒邪，毗於陰。陰

③陽并毗，四時不至，寒暑之和不成，其反傷人之形乎！使人喜怒失位，居處無常，思慮不自得，中道不成章，於是乎天下始喬音矯。詰卓鷙，音至。而後有盜跖、曾、史之行。故舉天下以賞其善者不足，舉天下以罰其惡者不給。故天下之大，不足以賞罰。自三代以下者匈匈焉，終以賞罰爲事，彼何暇安其性命之情哉？宥，寬也。毗，合也。喬詰，意不平。卓鷙，行不平也。在如持載，圍中之範。宥如覆幬，範中之圍。

【集評】

陳維立懋德。曰：拱手高談性命，而漠視君父之安危，此陳同甫之所傷也。性命，人所以生也。君父有安危，而惻然與之同安危，至於痛涕，其人生氣盎如矣，而此外別有性命乎？

正曰：庸人以衣食財色爲性命，高人以詩書山水爲性命，英才以功業爲性命，賢者以理義爲性命，仙定以鬼窟爲性命。黠智偏衺，各竊其說，以詆娸護短爲性命。惟聖人以天地萬物、古今經緯爲性命，故範圍而各安之，而人不知也。不大拂人之情，亦不狥人之情，何嘗專恃賞罰，何嘗不用賞罰哉！

④杖云：利器不可以示人，此在宥者，正欲藏天下于不治，藏不治于人心，使有力者不得竊
⑤之而趨，使無知者不假求而自足也。不淫其性，不遷其德，與莫見乎隱、莫顯乎微之慎獨可同參。

正曰：因欲不淫其性，不遷其德，遂至外不放入，内不放出，厭緘詛盟，煅煉成獄。舉天下思慮不自得，喬詰卓鷙，何暇安其性命之情？此無他，以不知中道耳。因而曰：性本不淫，何用法度賞罰？于是乎縱盜滅理矣。此無他，以中道不成章耳。情田順竇，使各安其生理，在之也；平恕悲憫，嘗不見人過失，宥之也。中道成章，須知無爲有爲之君臣道合。君用于臣，臣奉其君，謂之本在本宥焉可矣。

【閒翁曼衍】

①醉來撒潑，醒來自解。割鷄焉用牛刀，前言戲之耳，依然在這裏，想當見宥。陶淵明曰：但恐多謬誤，君當恕醉人。東坡曰：此淵明未醉時語。

②必以洪荒廢三代，則不安其性命之情也至矣。亦是燒米鋪地，去其火氣。

③噓室曰：將謂榨乾腦髓，向威音那畔耶？要且望空啓告。將謂入躲獵較，爲異類藏身耶？要且通身泥水。若謂本來現成耶？要且挨傍他不得。若謂天地太廉纖耶？要且議論他不得。如云絶聖棄智，祇是坐斷半邊。及乎釿鋸椎鑿，又説勢不獲已。然則中道幾時得成章乎？只謂西歸燒棧道，誰知傳檄定東方。

④中道成章，奈不聽何？有一鬱卷筵席，便爾攘臂相爭。忽然推倒卓子，大家且討一個散場。

⑤枹山曰：茅塞顛庸，汩此中道。温飽面目，塞壑填溝。必以逆幾，乃可順理；燒淬更翻，金剛

始利。奇人拔俗，竟無憐者。負此天地，又何用苟安此性命爲哉？不見道大鵬欲展摩霄翅，那顧崩騰六合雲？昔何心隱講學時，張江陵忽來，天臺出接，何不起座，揖手曰：方外人不爲禮。張公曰：你見在方内，如何説方外？張元長曰：豪傑無平交，真人無知己。江陵必縛心隱，隱亦自謂就江陵之縛。卓吾曰：不死于知己，必死于不知己。杖人曰：臨難自刎，是死于不知己也。死獲馬侍御不變交情，是又成就一真知己也。使當時有大手眼知識，過于彼者，彼必虚心而入聖人中道，何至偏鋒葬送耶？然人各如其分量，豈易定評？一種喬詰卓鷙，始安其性命之情。莊子之發藥，殆爲此乎，可以託天下、寄天下。嗟乎嗟乎！蹉過不少。

而且説音悦。明邪，是淫于色也；説聰邪，是淫于聲也；説仁邪，是亂于德；説義邪，是悖于理也；説禮邪，是相于技；説樂邪，是相于淫也；説聖邪，是相于藝也；説知邪，是相于疵也。天下將安其性命之情，之八者存可也，亡可也；天下將不安其性命之情，之八者乃始臠音欒。卷上聲。傖囊而亂天下也〔一〕。而天下乃始尊之惜之。甚矣，天下之惑也！豈直過也而去之邪？乃齋戒以言之，跪坐以進之，鼓歌以儛之。吾

〔一〕傖，集釋本莊子在宥作「獊」。

若是何哉？故君子不得已而臨莅天下，莫若無爲。無爲也而後安其性命之情。故貴以身於爲天下，則可以託天下；愛以身於爲天下，則可以寄天下。故君子苟能無解其五藏，無擢其聰明，尸居而龍見，淵默而雷聲，神動而天隨，從容無爲，而萬物炊去聲。累焉。吾又何暇治天下哉！臠，一作「欒」。臠卷，不申舒之狀。傖囊，猶搶攘也。炊或作「吹」。吹累，猶動升也。向云：如塵埃自動也。

【集評】

杖曰：此千古正論也。取法乎上，僅得乎中。今盡趨于下，又何能遡于中上哉？將欲與之，必固奪之，重玄廣闢而奪之者。是皆細細與之左盤右錯，使妙盡此治而不治、不治而治之妙也。婆心徹困，更有過於莊夫子者乎？更有過於莊和上者乎？

① 崔瞿問于老聃曰：「不治天下，安臧人心〔一〕？」老聃曰：「女慎無攖人心。人心排下而進上，上下囚殺，淖音綽。約柔乎剛强，廉劌彫琢。其熱焦火，其寒凝冰，其疾俛仰

② 之間而再撫四海之外。其居也淵而靜，其動也縣而天。僨驕而不可係者，其惟人心

〔一〕臧，集釋本莊子在宥作「藏」。

③

乎！昔者黄帝始以仁義攖人之心，堯舜於是乎股無胈，音拔。脛無毛，以養天下之形，愁其五藏以爲仁義，矜其血氣以規法度。然猶有不勝也。堯于是放讙兜於崇山，投三苗于三峗，流共工於幽都，此不勝天下也。夫施音異。及三王而天下大駭矣。下有桀跖，上有曾史，而儒墨畢起。于是乎喜怒相疑，愚知相欺，善否相非，誕信相譏，而天下衰矣。大德不同，而性命爛漫矣；天下好知，而百姓求竭矣。于是乎釿音斤。鋸制焉，繩墨殺焉，椎鑿決焉。天下脊脊大亂，罪在攖人心。故賢者伏處大山嵁岩之下，而萬乘之君憂慄乎廟堂之上。今世殊死者相枕去聲。也，桁音杭。楊者相推也，刑戮者相望也，而儒墨乃始離跂攘臂乎桎梏之間。意！音噫。甚矣哉，其無愧而不知耻也甚矣！吾未知聖知之不爲桁楊椄音節。槢音習。也，仁義之不爲桎梏鑿音曹。枘音芮。也，焉知曾史之不爲桀跖嚆音蒿。矢也！故曰：絶聖棄知，而天下大治。」攖，引也。劌，傷也。縣而天，希高慕遠也。施，延也。桁楊，長械，錮頸及脛者。離跂，足底離地也。脊脊，相踐籍也。椄槢，枷楔也。攘臂，舉臂指揮而行也。嚆矢，響箭也。

【集評】杖云：子罕言利與命與仁，此非不言命與仁，乃罕以利與命同言，利與仁同言，以利命如水火不同器，理欲不兩立也。使聖人不言命與仁，天下將安歸乎？孟子得此意，曰：「王何必曰利？亦有仁義而已矣。」當春秋、戰國時，盡天下皆功利爭奪，孔孟哼哼已不中用。而莊孟同時，既不助孔孟昌言仁義，而且以三代上之皇帝，皆罪之以仁義攖人心，天下豈不大駭爲狂逆無道哉？當時知以非聖人之仁義爲罪者，唯孔孟之徒能之。如彼時之尚功利爭奪者，已不知仁義真足救戰國之弊，又何知訾責仁義之攖人心者功過所在哉？或以訾責仁義爲是者，以此時唯縱横合并之術爲適用，無事仁義之迂闊也，又何知莊生之旨耶？亦唯孔孟聞此深歎之，而不欲言之，恨天下不足以知之。或惕然取其意，而洗心于密，以自慰其憂勞，如熱惱場中，且以一服清涼散致太息也。

潛艸曰：易言仁利命，以卦象罕譬而喻，正恐玄談爛漫，荒高廢務，故以雅言畜天下而泯之。

史記云：處四凶以變四夷。東坡曰：非殺之也。高忠憲曰：舉十六元，放四凶，正是艮背行庭，正是權衡之帝則，所謂既竭力而繼之，仁不可勝用也。知至者以知還物，正所以去天下之駢拇，而安天下性命之情也。止爲徒法徒善不盡其用，故莊子反言以巧醒之。誰知相沿專賣鬼眼睛耶？

【閒翁曼衍】

① 解紛者不空捲，救鬬者不摶撠。批亢擣虚，形格勢禁，則自爲解耳。今更以上下囚殺，賣批

亢擣虚之方，將何以救其債驕耶？

②三界長時獨露，十方無處藏身。藐姑峰頂倒行，渠公街頭横卧。曾知莊生放憨是救人麽？虎子題其室曰牢，而自號囚之。且道是放憨？是債驕？是救人？

③南陔子閒録曰：釿鋸椎鑿，雕琢性命，有過于陷虎打七之一隊奇肆乎？怎奈人不識好，讓他離跂專科。直饒掀倒禪林，喝散大衆，已遲八刻，反生錯會。不還賴桀紂之竊此桎梏，猶能磨礪曾史之淵默雷聲耶？報恩和尚晚參，共立良久，乃曰：知慚愧麽？便下座。

①黄帝立爲天子，十九年令行天下。聞廣成子在于空同之上，故往見之，曰：「我聞吾子達于至道，敢問至道之精。吾欲取天地之精，以佐五穀，以養民人。吾又欲官陰陽，以遂羣生，爲之奈何？」廣成子曰：「而所欲問者，物之質也；而所欲官者，物之殘也。自而治天下，雲氣不待族而雨，艸木不待黄而落，日月之光益以荒矣，而佞人②之心翦翦者，又奚足以語至道？」黄帝退，捐天下，築特室，席白茅，間音閒。居三月，復往邀之。廣成子南首而卧，黄帝順下風，膝行而進，再拜稽首而問曰：「聞吾子達③于至道，敢問治身奈何而可以久長？」廣成子蹶然而起，曰：「善哉問乎！來，吾語汝④至道。至道之精，窈窈冥冥；至道之極，昏昏默默。無視無聽，抱神以静，形將自正。

必靜必清，無勞女形，無摇女精，乃可以長生。目無所見，耳無所聞，心無所知，女神
⑤將守形，形乃長生。慎女内，閉女外，多知爲敗。我爲女遂于大明之上矣，至彼至陽
⑥之原也；爲女入于窈冥之門矣，至彼至陰之原也。天地有官，陰陽有藏，慎守女身，
⑦物將自壯。我守其一，以處其和。故我修身千二百歲矣，吾形未嘗衰。」黄帝再拜稽首，曰：「廣成子之謂天矣！」廣成子曰：「來！余語女。彼其物無窮，而人皆以爲終〔一〕；彼其物無測，而人皆以爲極〔二〕。得吾道者，上爲皇而下爲王；失吾道者，上見光而下爲土。今夫百昌皆生于土而反于土，故余將去女，入無窮之門，以遊無極之野。吾與日月參光，吾與天地爲常。當我緡音泯。乎！遠我昏乎！人其盡死，而我獨存乎！」質，正也。族，聚也。未聚而雨，言澤少也。未黄而落，言殺氣多也。翦翦，佞貌。蹶，驚起也。物將自壯者，不矜治術以擾之也。李淳風生物簿云：千二百歲，謂之大剋，一曰陰陽之小紀也。百昌，百物也。緡，滑合也。緡、昏皆無心之謂也。

〔一〕終，集釋本莊子在宥上有「有」字。
〔二〕極，集釋本莊子在宥上有「有」字。

⑧

【集評】

蘇云：山經：廣成子治屯蒙二卦運日月，黄帝師也。所種者穀，雖瘠土不生稗；所種者稗，雖美田不生穀。窈冥昏默，此致道之方，而非道也。物本無終極，其分也成也，其成也毁也。物未嘗有死，故長生者物之固然，非我獨能。我能守一處和，故不見其分、成、毁耳。人其盡死而我獨存乎，言學道能盡死其人，而獨存其我者少也。夫可見、可言、可去取者，人也，非我也；不可見、不可言、不可去取者，真我也。

杖云：心無所知，則抱神以静而内自慎，精不摇而遂于大明之上矣；無所見聞，則神將守形而外自閉，形不勞而入窈冥之門矣。心無所知，非絶無所知也，我守其一，不爲知所敗，則與天地爲常，而遊無極之野矣；無所見聞，非絶無所見聞也，以處其和，任物自壯，則與日月參光，而入無窮之門矣。

【閒翁曼衍】

①屈子遠遊篇曰：壹氣孔神兮于中夜存，虚以待之兮無爲之先。朱子每謂此言，廣成告黄帝，不過如此。孫淇澳曰：不可便執亥子之交，以爲天地之心。環中堂曰：是處無非天地心，特于復處自相尋。不曾剥爛安知復，引得單傳繆刺針。

②如何是特室？曰：切忌面壁。如何是至道？曰：佐五穀即得。

③語汝至道，廣成子潦倒不堪。若是拊髀雀躍掉頭，猶較些子。

④觀我氏頌曰：窈冥昏默是丹頭，向上還須有一籌。公子王孫芳樹下，清歌妙舞正風流。

⑤看兩「原」字，明暗交參。

⑥百昌生于土，反于土，土又反于何處？

⑦且問廣成子傌黄帝爲佞人，孰與蚩尤之不讓黄帝乎？彼所以磨煉黄帝，功亦自不小也。平心論義，蚩尤爲上古第一田横，至今祀爲旗纛之神，又何嘗不遊無窮之門也耶？一笑。

⑧愚曰：坡特破升舉之蔽耳。然以乾茄子繫綴死蛇，又不如滾湯止渴。

①雲將東遊，過扶摇之枝，而適遭鴻蒙。鴻蒙方將拊髀雀躍而遊。雲將見之，倘然止，贄然立，曰：「叟何人耶？叟何爲此？」鴻蒙拊髀雀躍不輟，對雲將曰：「遊！」雲將②曰：「朕願有問也。」鴻蒙仰而視雲將曰：「吁！」雲將曰：「天氣不和，地氣鬱結，六氣不調，四時不節。今我願合六氣之精以育羣生，爲之奈何？」鴻蒙拊髀雀躍掉頭曰：「吾弗知，吾弗知！」雲將不得問。又三年，東遊，過有宋之野，而適遭鴻蒙。雲將大喜，行趨而進曰：「天忘朕耶？天忘朕耶？」再拜稽首，願聞鴻蒙。鴻蒙曰：「浮遊不

知所求，猖狂不知所往，遊者鞅掌，以觀無妄。朕又何知？」雲將曰：「朕也自以爲猖③狂，而民隨予所往；朕也不得已于民，今則民之放音倣。也。願聞一言。」鴻蒙曰：「亂天之經，逆物之情，玄天弗成；解獸之羣，而鳥皆夜鳴；災及艸木，禍及止一作④「昆」。蟲。意！音噫。下同。治人之過也。」雲將曰：「然則吾奈何？」鴻蒙曰：「意！毒哉！僊僊乎歸矣。」雲將曰：「吾遇天難，願聞一言。」鴻蒙曰：「意！心養。汝徒處無爲，而物自化。墮音隳。爾形體，吐爾聰明，倫與物忘，大同乎涬音幸。溟。音泯。解心釋神，莫然無魂。萬物云云，各復其根，各復其根而不知。渾渾沌沌，終身不離。⑤若彼知之，乃是離之。無問其名，無闚其情，物故自生。」雲將曰：「天降朕以德，示朕以默，躬身求之，乃今也得。」再拜稽首，起辭而行。雲將，雲也。扶搖，風也，一云東海神⑥木也。鴻蒙，氣也。倘然，自失貌。贄然，不動貌。鞅掌，紛汨貌。止虫，愚按是豸虫，誤作止虫。涬溟，渾淪也。

【集評】

郭云：嫌不能隤然通放，故遣使歸。夫心以用傷，則養心者其唯不用心乎！理與物皆不以存懷，而闇付自然，則無爲而自化矣。

【閒翁曼衍】

①玄沙見僧出，問曰：作甚麽？曰：過堂。沙曰：去。周海門以師冕見一章指示人，亦不耐拊髀雀躍何耳。

②杖曰：莊子之文變化莫測，忽而爲天，忽而爲人；忽而高臨千仞，忽而平衍萬里；忽而艸蛇灰線不可尋，忽而入海渡江，如崩洪之不可見。真天地之奇氣所鍾，造物亦自不能知也。毒哉！或問：如何是毒處？曰：奈心癢何？

③半山曰：纔説到要緊處，便曼衍打混去。愚者曰：特地一場愁，你教他如何説？

④余賡之曰：儵忽鑿而混沌死，鴻蒙遇而雲將化。一反一正，内外互見，是誰稽首辭行耶？不知辭行，而曰終日圓覺無取覺者，也是布袋老鴉。黎博菴曰：安知拊髀雀躍之爲歌爲哭也耶？

⑤一篇匱董，一收索氣。明喚鷓鴣行不得，莫矜啄蠹畫成符。

⑥雲將不能返擲，莫被鴻蒙以東瓜印子印殺耶？幸是起辭而行，不葬此虀甕耳。有能勘破德山托鉢之機緣，拂袖便行，始知雖與同條生，不與同條死者，各自有个轉身吐氣處。何則？英雄未遇真冤對，那得全消此片心！

①世俗之人，皆喜人之同乎己，而惡人之異于己也。同於己而欲之，異於己而不欲者，
以出乎衆爲心也。夫以出乎衆爲心者，曷嘗出乎衆哉？因衆以寧所聞，不如衆技衆
矣。而欲爲人之國者，此攬乎三王之利，而不見其患者也。此以人之國僥倖也，幾何
僥倖而不喪人之國乎？其存人之國也，無萬分之一；而喪人之國也，一不成而萬有
②餘喪矣。悲夫！有土者之不知也。夫有土者，有大物也。有大物者不可以物。物而
不物，故能物物。明夫物物者之非物也，豈獨治天下百姓而已哉！出入六合，遊乎九
州，獨往獨來，是謂獨有。獨有之人，是之謂至貴。大人之教，若形之于影，聲之于
嚮。有問而應之，盡其所懷，爲天下配。處乎無嚮，與「響」同。行乎無方。挈汝適復
之撓撓，以遊無端，出入無旁，與日無始。頌論形軀，合乎大同，大同而無己。無己，
惡乎得有有？覩有者，昔之君子；覩無者，天地之友。

【集評】

郭云：心欲出羣，爲衆攜也。衆皆以出衆爲心，是衆人也；我亦欲出衆，則與衆無異矣。
③不能用物，而爲物用，即是物耳，豈能物物哉！夫與衆玄同，非求貴于衆，而衆人不得不貴，
斯至貴也。若信其偏見，而以獨異爲心，則雖同于一致，故是俗中之一物耳，非獨有者也。

百姓之心，形聲也；大人之教，影響也。大人之于天下何心哉？猶影響之隨形聲耳。王弼答裴徽曰：聖人體無，無又不可以訓，故不説也。老莊未免乎有，故恒言其所不足。吕曰：頌論，言也。言則出于不言。形軀，形也。形則象于無形。如是，則大同而無已矣。

正曰：一種險教，止逼人鹵莽出頭，其成就人無萬分之一，而喪人之生平也，萬有餘喪矣。棄灰之酷，立法終于自弊；孤注之勢，有時可以脱險。誰能于一樣敝屣，判出俟命、徼倖之兩種中庸耶？

【閒翁曼衍】

①三十棒蓋覆禮拜，風雪仍滿長安；百尺竿進步全身，山水都歸王化。出衆何如因衆？知之乃是離之。不妨打倒鴻蒙，正好浮遊雀躍。

②杖人嘗與李夢白曰：臺上戲子，個個聖人；下臺之後，便是凡夫。李曰：何也？杖人曰：臺上扮蘇秦、伯喈、齊人陳仲子，全身入化，妙不可言。及乎下臺，稱他爲蘇秦、伯喈，慚己不似；指他爲齊人陳仲子，立地變臉。豈非臺上無心，臺下有心哉？頌論形軀，衆技衆矣。覩無者天地之友，作如何覩耶？戲臺如故，點戲者誰？覩麽？物物非物，點即不到。

③一法若有，毗盧墮在凡夫；一法若無，普賢失其境界。我則曰普賢不立一塵，毗盧不舍一法。

在宥中道之人，作麽生覩？

① 賤而不可不任者，物也；卑而不可不因者，民也；匿而不可不爲者，事也；麤而不可
不陳者，法也；遠而不可不居者，義也；親而不可不廣者，仁也；節而不可不積者，禮
② 也；中而不可不高者，德也；　一而不可不易者，道也；神而不可不爲者，天也。故聖
③ 人觀於天而不助，成于德而不累，出于道而不謀，會于仁而不恃，薄于義而不積，應于
禮而不諱，接于事而不辭，齊于法而不亂，恃于民而不輕，因于物而不去。物者莫足
④ 爲也，而不可不爲。不明于天者，不純于德；不通于道者，無自而可。不明于道者，
悲夫！何謂道？有天道，有人道。無爲而尊者，天道也；有爲而累者，人道也。王
者，天道也；臣者，人道也。天道之與人道也相去遠矣，不可不察也。

【集評】

嚴君平曰：神明之數，自然之道，無不生無，有不生有。不無不有，乃生無有。道無而事有，體無而用有。事中節而享其化矣，真體道而事事無事矣。

胡寅曰：何晏執無，裴頠膠有矣。知理者宜有則有，烏能強之使無？宜無則無，烏能強
⑤ 之使有？形器森列，不足爲空虛之累；空虛寥廓，未嘗爲形器之拘。雖無思無爲，而天下之

故未嘗不應也；雖開物成務，而寂然未嘗有攖也。此則聖人之正道也。

紫柏曰：易戒有心，老亦戒有心。然觀象察爻，未始無心也。老不敢爲天下先，不敢非有心乎？有心無心，唯聖人善用之。自非聖人，不唯有心有過，即無心，亦未嘗無過。然則初心之人，如何用功？

杖云：前段以先天命天，不治而治，在也；後段以後天奉天，治而不治，宥也。彼豈絶物哉？敷陳詳明，精微潔淨，妙出六經之神化，誰敢謂莊子不經？

正曰：人心僨驕不可攖，故黄帝以治身爲問。大學「正心」章以身有所、心不在而指之，廣成其謂身心一如乎？舍身取心，自古所病，全提不許分開，破執妙于軒輊。泥乾炙身，牛車愈醒，恐猶有錯會者。天下即是身心，身心即是天下，君臣道合，正堪捬髀。

潛艸曰：層樓一屋，本統天人。因生死而專格，心所以心，物所以物，天所以天，不二不疑矣。直下是人，當盡人職，當安時位，豈作有無之見乎！正爲生死惑人，而有無之説又惑人，故決曰：體道于無，可以養神虚受；還事于有，便知物則咸宜。火候自適于兩忘之無，所以調氣踐形而泯性情也；寔務藏用于法位之有，所以隨分安時而無思慮也。此則善用而享其兩忘矣。若不善用者，食爭執有，則德慧才能亦累于矜己驕傲，不能精進，與時俱化，而況聲色貨財乎！若執空亡之無，則或抹撥道理，或荒廢寔事，非愚則誣矣，而況昧滅欺人、莽蕩招殃者乎！證公因、發公願者，由中道行，定以此破顳頊。

【閒翁曼衍】

①物莫足爲，而不可不爲，亦是背手抽金鏃，翻身挽角弓耳。曾知不爲物用，即與物敵之故耶？曾知離心無物、離物無心之秘耶？

②蝸高未忘，無累即累。老人常患咽，嚼飯餧嬰孩。

③既曰空諸所有，又曰寧可起有見如須彌山，不可起無見如芥子許，在宥者如何折合？

④書曰：在璣衡，在治忽。詩曰：夙夜基命宥密。莊子毋乃椎發詩書之家，而標此二字爲酒帘者乎？請翻杖人注解，後天正是在，先天正是宥。乾元統天，即在時乘御天之中，猶分先後耶？物物重玄，是無是有？到處好山皆入畫，幾家空竈自生煙。

⑤世説曰：傖道人致意愍度曰：無義那可立？治此權救饑耳。愚者笑曰：莊生説無，莫是救飽麽？昔僧辭趙州，諸方學佛法去，趙州豎拂子曰：有佛處不得住，無佛處急走過，三千里外，逢人不得錯舉。僧曰：與麽則不去也？州曰：摘楊花，摘楊花。且如大慧逐句下語，還算得别道麽？藥地自請道看，只恐美食不中飽人喫。

⑥宗一聖論曰：無也而致有之，是蠶即絲而金即刃也。有也而致無之，是穀不粲而鑛不金也。並執之曰亦有亦無，是火可寒而冰可熱也。並遣之曰非有非無，是鵠不白而烏不黑也。見

有爲有，則物我之形如衆沙之不能和羹。見無爲無，則物我之情如羣影之不能應節。能免内見之惑乎？一菴曰：有無矯亂，其生來死去之猜枚乎！止有事實，其當場節奏之款案乎！然而吹影鏤塵，猶鏡鏡相照，理原無盡。不過此關，未有不被人惑亂而自誤其所當爲者。嗟乎！果大徹乎？更請别道一句。

天地第十二

①天地雖大，其化均也；萬物雖多，其治一也；人卒雖衆，其主君也。君原于德而成于
天。故曰：玄古之君天下，無爲也，天德而已矣。以道觀言，而天下之君正；以道觀
②分，而君臣之義明；以道觀能，而天下之官治；以道汎觀，而萬物之應備。故通于天
地者，德也；行于萬物者，道也；上治人者，事也；能有所藝者，技也。技兼于事，事
③兼于義，義兼于德，德兼于道，道兼于天。故曰：古之畜天下者，無欲而天下足，無爲
而萬物化，淵靜而百姓定。記曰：老子所作。通于一而萬事畢，無心得而鬼神服。

【集評】黄帝經曰：在天爲玄，玄生神；在地爲化，化生五味；在人爲道，道生智。正曰：聖人觀

④易，止就天地指點，而太極在其中矣。舍一無萬，舍萬無一，辟如全樹，體其全仁，而根幹枝花各中其節，豈必執樹未生前之核哉？聖人理太極之家事，惟以不昧同體之仁，善用分別之智，使天下各各安分正用而已。惟其不能觀畜，故誘引于有無兩端之上；若悟本兼，寧執此乎？然不知時各用之、時互用之、時偏用之，猶非真悟兼中到也。

虛舟曰：曾知天地之兼技、事、德、義乎！禮運曰：禮本于大一，協于分藝，是無爲有爲之合也。通于一，萬事畢，所謂玄也；通于萬，一事畢，所謂重玄；重玄然後君臣道合，妙叶于兼。楊誠齋曰：中正立而萬變通，然後無思無慮。此猶言學道之火候也，思兼慮得，即是何思何慮。

【閒翁曼衍】

①舟曰：正偏四破而兼中到矣，通宗通塗，畢未畢耶？觀者畜者，玄果何在？窗外芭蕉窗裡人，聲聲葉上心頭滴。愚曰：是誰嗑然？

②閒翁曰：無心猶隔一重關，玄殺人間更不閒。黄帝面前天地正，好將象罔綴旒删。愚曰：是誰嗑然？

③劉曰：以道觀言，以言而當，則莫不是之。是之則宗之，即此便是君之所由立矣。許大一個「君」字，只從言上生得來，皆是特見。愚曰：只恐特見又成檻囊。

④棲曰：有不得，無不得，猶是二缶鍾耳。阿難以非內非外非中間爲無着，而世尊呵之。曾知有着是檻囊，而無着亦檻囊耶？嵩岳珪曰：以有心奉持，而無心拘執；以有心爲物，而無心想身。蓮池曰：執着之執不可有，執持之執不可無。毋亦厲人生子，取火視之也耶？是誰嗑然？

①夫子曰：「夫道，覆載萬物者也，洋洋乎大哉！君子不可以不刳心焉。無爲爲之之謂天，無爲言之之謂德，愛人利物之謂仁，不同同之之謂大，行不崖異之謂寬，有萬不同之謂富。故執德之謂紀，德成之謂立，循于道之謂備，不以物挫志之謂完。君子明于此十者，則韜乎其事心之大也，沛乎其爲萬物逝也。若然者，藏金于山，藏珠于淵；不利貨財，不近貴富；不樂壽，不哀夭；不榮通，不醜窮；不拘一世之利以爲己私分，不以王天下爲己處顯。顯則明，萬物一府，死生同狀。」「夫子曰」連上文，疑即老子，下文「夫子問于老聃」，則明指孔子矣。碧虛曰：首稱「夫子曰」者，莊子受長桑公微言也。唐曰：夫子多指孔子。

【閒翁曼衍】

①折曰：如來十號十身。具足十法，人人本有。孟子曰：萬物皆備于我矣。何妨一句合頭？

此妙在饒一句曰：沛乎其爲萬物逝也，因无所住而生其心。

①夫子曰："夫道，淵乎其居也，漻音溜。乎其清也。金石不得無以鳴，故金石有聲，不考不鳴。萬物孰能定之？夫王德之人，素逝而恥通于事，立之本原而知音智。通于神，故其德廣。其心之出，有物採之。故形非道不生，生非德不明。存形窮生，立德明道，非王德者邪？蕩蕩乎！忽然出，勃然動，而萬物從之乎！此謂王德之人，視乎冥冥，聽乎無聲。冥冥之中，獨見曉焉；無聲之中，獨聞和焉。故深之又深，而能物焉；神之又神，而能精焉。故其于萬物接也，至無而供其求，時騁而要其宿，大小、長短、近遠。"②口義作"近遠"，一本作"修遠"。

【集評】

孝曰：今之愛守逍遥無事窟者，倖素逝也。電火中轉物，劍刃上翻身，是真素逝也。君子志學知命，素位從心，時時位其位，即時時素其素。

【閒翁曼衍】

①愚曰：素其位而行，逝者如斯夫，莊生提作一個招牌，後來遂有三際俱斷、萬古扯長作門對

子。是個漢見曉即要宿矣，何用更尋玄珠，爲二鍾所惑？如何是見曉能物？曰：海日生殘夜。如何是供求要宿？曰：江春入舊年。

②素逝而耻通于事，俋俋乎無落吾事，是精物否？

①**黄帝遊乎赤水之北，登乎崑崙之丘而南望。**還音旋。**歸，遺其玄珠。使知**音智。**索之而不得，使離朱索之而不得，使喫**口獺反。**詬**口豆反。**索之而不得也。乃使象罔，象罔得之。黄帝曰：「異哉！象罔乃可以得之乎！」**喫詬，多力也。象則非無，罔則非有。伏北望南，向明本冥也。

【集評】

杖曰：以黄而帝乎中，而不爲四方色相之所變易者，唯罔象爲能也。居乎北之靜，而遊乎南之動，有幾不遺其神性之珠，而與之俱周旋哉！如更使知見聰明而力索之，不亦將心覓心，何自而得？故不居于人我之山，而忘乎動靜之際，則自得之也。此一小喻不數語，卻勝前段長篇。②

愚曰：佛前女子入定，文殊盡其神力不能出，下方罔明菩薩于女子前彈指便出。覺範謂與莊語，獅乳驢乳。有辨者麽？若云此以象罔爲玄關，則罔明亦黑路。若云出不出之本定，則得不得本玄也。未可低昂，聊且軒輊。

【閒翁曼衍】

①徑山杲頌罔明出定，曰：出得出不得，是定非正定。罔明與文殊，喪卻窮性命。無準範曰：古老相傳鬼叫坑，看來人鬼不多爭。早知鬼便是人作，夜半三更也可行。浮山題一絶句，曰：風風雨雨繡毬花，四瓣團團裡面遮。惟有高樓天日在，年年開落不爭差。且道與得珠出定，有何干涉？

②季蘆子曰：失珠得珠，孟子以操存寫之，大易以藏用寫之，曾一索否？世有買櫝而還珠、剖腹而藏珠者，還者失珠，藏者豈遂得珠乎？請問莊子如何發付？

①堯之師曰許由，許由之師曰齧缺，齧缺之師曰王倪，王倪之師曰被衣。堯問于許由曰：「齧缺可以配天乎？吾藉王倪以要之。」許由曰：「殆哉，圾音岌。乎天下！齧缺之爲人也，聰明睿智，給數音朔。以敏，其性過人，而又乃以人受天。彼審乎禁過，而不知過之所由生。與之配乎天〔一〕，彼且乘人而無天。方且本身而異形，方且尊知而

〔一〕乎天，集釋本莊子天地作「天乎」。

火馳，方且爲緒使，方且爲物絯，公才反。方且四顧而物應，方且應衆宜，方且與物化而未始有恒。夫何足以配天乎？雖然，有族有祖，可以爲衆父，而不可以爲衆父父。治，亂之率也，北面之禍也，南面之賊也。」「圾」與「岌」同。絯，束也。率，大凡也。

【集評】

義曰：尊知火馳，是最大病。惟慎獨可免。

【閒翁曼衍】

①這洗耳漢，專傌其師，而放過師祖。曾知爲三翻山水之影艸乎？曾知爲衆父者，爲衆父父者，灼然不是兩代也乎？依汝作兩層言之，祖非不親也，于父則已殺。親喪三年，祖期焉耳。故曰天不如屋，屋不如衣。大而無當之天，不能與細而切用之天爭權，莊兄知之乎？

①

堯觀乎華。華封人曰：「嘻，聖人！請祝聖人，使聖人壽。」堯曰：「辭。」「使聖人富。」堯曰：「辭。」「使聖人多男子。」堯曰：「辭。」封人曰：「壽、富、多男子，人之所欲也。女獨不欲，何邪？」堯曰：「多男子則多懼，富則多事，壽則多辱。是三者非所以養德也，故辭。」封人曰：「始也我以汝爲聖人邪，今然，君子也。天生萬民，必授之職。多男子而授之職，則何懼之有？富而使人分之，則何事之有？夫聖人鶉居而鷇食，鳥行而無彰，天下有道則與物皆昌，天下無道則修德就閒。千歲厭世，去而上仙，乘彼白雲，至于帝鄉。三患莫至，身常無殃，則何辱之有？」封人去之，堯隨之曰：「請問。」封人曰：「退已！」華，地名。封人，守封疆人也。

【集評】

愚曰：孔子遇儀封人，奉以木鐸。堯隨華封人，則三祝而退已。你道讚歎得及否？

【閒翁曼衍】

①剎竿所在，金章紫綬，求祝成羣。達磨之壁冷笑久矣。只聽得云：禮拜了退！

①

堯治天下，伯成子高立爲諸侯。堯授舜，舜授禹，伯成子高辭爲諸侯而耕。禹往見之，則耕在野。禹趨就下風，立而問焉，曰：「昔堯治天下，吾子立爲諸侯。堯授舜，舜授予，吾子辭爲諸侯而耕。敢問其故何也？」高曰：「昔堯治天下，不賞而民勸，不罰而民畏。今子賞罰而民且不仁。德自此衰，刑自此立，後世之亂，自此始矣。夫子闔行邪？無落吾事。」俋俋音邑。乎耕而不顧。通變經云：老子從天地開闢以來，吾身一千三百變，後世得道，伯成子高是也。無落吾事，言無廢我耕也。俋俋，低首耕狀。

【閒翁曼衍】

①禹亦曰：無落吾事。俋俋乎治天下而不輟。夫治天下，即堯、舜、禹之耕也。或問開先行瑛曰：如何是道？瑛曰：萬頃良田。曰：學人不會。瑛曰：春不耕，秋無望。

① 泰初有無無，有無名。一之所起，有一而未形。物得以生，謂之德。未形者有分，且然無間，謂之命。留動而生物，物成生理，謂之形。形體保神，各有儀則，謂之性。性修反德，德至同于初。同乃虛，虛乃大。合喙鳴，喙鳴合，與天地爲合。其合緡緡，咸

② 若愚若昏，是謂玄德，同乎大順。易說云：泰初，氣之始也。有無皆無，而有無皆名。巾反。物得以生，明物生之自得，聖人因而物物。

【集評】

杖云：一之所起，有一而未形，物得以生，妙于贊伏羲之畫，與堯舜之精一、夫子之一貫也。一而未形，描寫輕妙。留而動，動而留，此正造化之無間，天命之生物也。鳴非謂言也，合喙鳴，喙鳴合，此喻陰陽開闔之義，與天地合德。鳴即隱而見，合即見而隱也。

【閒翁曼衍】

①且問形後之性，與天命之性同否？雪厓欽曰：動是誑，寂是謗。動寂向上，有事在。老僧口門窄，不能與汝説。扶光曰：曾知喙鳴難合耶？依然合喙而順其鳴。

②汾州無業問馬祖曰：禪門即心是佛，實未能了。祖曰：只未了底心即是。又問西來密傳，祖曰：正鬧在，且去，別時來。業出，祖召曰：大德。業回首，祖曰：是甚麼？業便領悟禮拜，祖曰：者鈍漢，禮拜作麼？圓悟勤曰：護生須明殺意。坐斷舌頭，乃殺得盡。然雖如是，釋迦也殺不盡，西天唐土也殺不盡。要明不盡底，須是放卻從前見解，玄妙理性，殊勝奇特，淨潔剗除，不留毫末。也不到極盡處，只如正淨處，又合作麼生？深山大澤無人到，聚頭正好共商量。噓室曰：喙鳴合否，且道了未了、盡不盡，如何商量？

夫子問于老聃曰：「有人治道若相放，音傲〔一〕。**可不可，然不然。辨者有言曰：『離堅白，若縣寓。』若是則可謂聖人乎？」老聃曰：「是胥易技係、勞形怵心者也。執留**「留」一作「狸」。**之狗成思，猨狙之便，自山林來。丘，予告若而所不能聞與而所不能**

〔一〕傲，疑當作「仿」。

言。凡有首有趾、無心無耳者衆，有形者與無形無狀而皆存者盡無。其動，止也；其死，生也；其廢，起也。此又非其所以也。有治在人。忘乎物，忘乎天，其名爲忘己。忘己之人，是之謂入于天。」縣寓，若天地義。胥易，見應帝王。

【集評】

焦曰：盡無者，非動止、死生、廢起皆與人異也。人動亦動，人止亦止，人死生亦死生。

①白曰：忘乎物，又忘天，曰兩忘，是謂忘己，是謂忘其兩忘。無落吾事，依然物物而已矣。

【閒翁曼衍】

①一曰視其所以，一曰所以者何，則故而已矣。合喙鳴，喙鳴合，未知中否？啼得血流无用處，不如緘口過殘春。

①蔣閭葂音免。一作「將菀」。見季徹，曰：「魯君謂葂也曰：『請受教。』辭不獲命。既已告矣，未知中去聲。否，請嘗薦之。吾謂魯君曰：『必服恭儉，拔出公忠之屬，而無阿②私，民孰敢不輯。』」季徹局局然笑曰：「若夫子之言，于帝王之德，猶螳蜋之怒臂以當車轍，「轍」一作「軼」。則必不勝任矣。且若是，則其自爲處，危其觀去聲。臺，多物將

往，投迹者衆。」蔣閭葂覤覤然驚曰：「葂也汒若于夫子之所言矣。雖然，願先生之言其風也。」季徹曰：「大聖之治天下也，摇蕩民心，使之成教易俗，舉滅其賊心，而皆進其獨志，若性之自爲，而民不知其所由然。若然者，豈兄堯舜之教民，溟涬然弟之哉！欲同乎德而心居矣。」輯，和也。局局，笑貌。覤覤，驚貌。

【集評】

義曰：摇蕩，從風説來。書曰：從欲以治，四方風動。

【間翁曼衍】

①扈謙曰：風從牖中入，酒在盃中摇。巍莪蘂蓍下，獨向冥理笑。

②虚舟曰：笑豈止此？即舉第一義，亦惟有局局然笑耳。老曰：上士聞道，勤而行之；中士聞道，若存若亡；下士聞道，大笑之。紫柏曰：中士聞道，勤而行之；下士聞道，若存若亡；上士聞道，大笑之。未知中否？

子貢南遊于楚，反于晉，過漢陰，見一丈人，方將爲圃畦，鑿隧而入井，抱甕而出灌，搰搰若骨反。然用力甚多，而見功寡。子貢曰：「有械于此，一日浸百畦，用力甚寡，而

①見功多，夫子不欲乎？」爲圃者卬即仰。而視之曰：「奈何？」曰：「鑿木爲機，後重前輕，挈水若抽，數如泆音溢。湯，其名爲槔。」爲圃者忿然作色而笑曰：「吾聞之吾師：有機械者必有機事，有機事者必有機心。存于胸中〔一〕，則純白不備；純白不備，則神生不定；神生不定者，道之所不載也。吾非不知，羞而不爲也。」子貢瞞然慙，俯而②不對。有間，爲圃者曰：「子奚爲者邪？」曰：「孔丘之徒也。」爲圃者曰：「子非夫博學以擬聖，於于以蓋衆，獨弦哀歌，以賣名聲于天下者乎？汝方將忘汝神氣，墮汝形③骸，而庶幾乎〔二〕！而身之不能治，而何暇于治天下乎？子往矣！無乏吾事。」子貢卑陬失色，頊頊一作「旭旭」。然不自得，行三十里而後愈。其弟子曰：「向之人何爲者④邪？夫子何故見之變容失色，終日不自反耶？」曰：「始吾以爲天下一人耳，不知復有夫人。吾聞之夫子，事求可，功求成，用力少，見功多者，聖人之道。今徒不然。執道者德全，德全者形全，形全者神全，神全者，聖人之道也。託生與民並行而不知其

〔一〕存于胸中，集釋本莊子天地上重「機心」二字。

〔二〕幾，原無，據集釋本莊子天地補。

所之，汒乎淳備哉！功利機巧，必忘夫人之心。若夫人者，非其志不之，非其心不爲。雖以天下譽之，得其所謂，謷然不顧；以天下非之，失其所謂，儻然不受。天下之非譽無益損焉，是謂全德之人哉！我之謂風波之民。」反于魯，以告孔子。孔子曰：「彼假修渾沌氏之術者也。識其一，不知其二；治其内，而不治其外。夫明白入素，無爲復朴，體性抱神，以遊世俗之間者，汝將固驚邪？且混沌氏之術，予與汝何足以識之哉？」於于，或作「於吁」。頊頊，自失貌。

【集評】

郭曰：夫用時之所用，乃淳備也。斯人欲修淳備，而抱一守古，失其旨矣。子貢迷于此人，若列子心醉季咸也。孔子以其背今向古，修爲世事，故知其非真，徒知修古抱灌之朴，而不知因時任物之易也。

潛云：六十四卦即是太極，何足以識之？天何言哉！不識即真渾沌。而欲識渾沌以爲奇特，皆假修渾沌、遁天竊高者也。愚固勸人受用天地，切忌另求渾沌。

【間翁曼衍】

①一切水本自桔槔，無終無始，有不負此灌者否？

②辰曰：獨弦哀歌，逼人甚矣。彼賣没弦琴者，何以識之，不爲所驚？

③李衷一曰：不善則械，善用則道。修混沌如丈人，未始全于神，適以假于術矣。道不可執，子貢不免爲甕所惑。

④杖曰：三段波瀾，要人自得之言外。使莊子爲老圃，亦必桔橰，不如此矯。

①諄芒將東之大壑，適遇苑風於東海之濱。苑風曰：「子將奚之？」曰：「將之大壑。」曰：「奚爲焉？」曰：「夫大壑之爲物也，注焉而不滿，酌焉而不竭。吾將遊焉。」苑風曰：「夫子無意于横目之民乎？願聞聖治。」諄芒曰：「聖治乎？官施而不失其宜，拔舉而不失其能，畢見其情事，而行其所爲，行言自爲天下化。手撓顧指，四方之民莫不俱至，此之謂聖治。」「願聞德人。」曰：「德人者，居無思，行無慮，不藏是非美惡。②四海之内，共利之之爲悦，共給之之爲安。怊音超。乎若嬰兒之失其母也，儻乎若行而失其道也。財用有餘而不知其所自來，飲食取足而不知其所從，此謂德人之容。」「願聞神人。」曰：「上神乘光，與形滅亡，此謂照曠。致命盡情，天地樂而萬事銷亡，萬物復情，此之謂混冥。」混冥不在照曠之外。

【閒翁曼衍】

①逍遥畫一帝堯，畫一許由，畫一藐姑。此處畫一聖治，畫一德人，畫一神人。易曰：惟幾也，惟深也，惟神也。中庸三謂、論語三知，何故如此諄芒耶？苑風又將何如？雪峰因玄沙來，三毬一時輥出。沙作卧勢，峰曰：你尋常用幾個？曰：三即一，一即三。

②杖曰：舉一明三，目幾銖兩，須是其人，爭奈罕逢穿耳客，多遇刻舟人。

門無鬼與赤張滿稽觀于武王之師，赤張滿稽曰：「不及有虞氏乎！故離此患也。」門無鬼曰：「天下均治，而有虞氏治之邪？其亂而後治之與？」赤張滿稽曰：「天下均治之爲願，而何計以有虞氏爲！有虞氏之藥瘍音羊。也，秃而施髢，音剃。病而求醫。孝子操藥以修慈父，其色燋然，聖人羞之。至德之世，不尚賢，不使能，上如標枝，民如野鹿。端正而不知以爲義，相愛而不知以爲仁，實而不知以爲忠，當而不知以爲信，蠢動而相使，不以爲賜。是故行而無迹，事而無傳。」髢，髮也。「修」當作「羞」，進也。無心在上如標枝。孝子不諛其親，忠臣不諂其君，臣、子之盛也。親之所言而然，所行而善，則世俗謂之不肖子；君之所言而然，所行而善，則世俗謂之不肖臣。而未知此其必然邪？世俗之所謂然而然之，所謂善而善之，則不謂之道諛之人也。然則俗故嚴于親而尊于君邪？謂己道人，則勃然作色；謂己諛人，則怫然作色；而終身道人也，終身諛人也。合譬飾辭聚衆也，是終始本末不相坐。垂衣裳，設采色，動容貌，以①媚一世，而不自謂道諛；與夫人之爲徒，通是非，而不自謂衆人，愚之至也。知其愚者，非大愚也；知其惑者，非大惑也。大惑者，終身不解；大愚者，終身不靈。三人行而一人惑，所適者猶可致也，惑者少也；二人惑，則勞而不至，惑者勝也。而今也以天下惑，予雖有祈嚮，不可得也，不亦悲乎！大聲不入於里耳。折揚、黄華，則嗑音呷。然而笑。②是故高言不止于衆人之心，至言不出，俗言勝也。以二缶鍾惑，而所適不得矣。而今也以天下惑，予雖有祈嚮，其庸可得邪？知其不可得也而强之，又一惑也，故莫若釋之而不推。不推，誰其比憂？」折揚、皇華，古歌曲也。二缶鍾，郭作「垂踵」，甚鑿。循本云：設有二人，擊瓦鍾以爲音，則人必喜而爲所惑矣。

【集評】魏冰叔曰：人有偏好，及立定一意，要人從我，皆能召諛。彼諛者，我好忠義便投以忠義，我好簡朴便投以簡朴，甚至我直諒，彼便正顔厲色，隨事責善，投以直諒。件件與諛事相反，卻件件與諛字神玅，比嗜慾之好更易惑人。然則何以免此耶？

【間翁曼衍】

①今者以天地未分前惑，故作連環，豈特一缶鍾乎？且放下着。又放不下，更增煩惱，安得不以天地未分前作麻沸湯耶？知而故犯，是何檻囊？硬説誰其比憂，亦是厲人生子。此處須自悟一回始得。

②昭覺曰：掃蕩佛祖，不存性命。又曰：豈顧殃及兒孫，且圖眼中出屑。將謂釋之而不推耶？抑取火而視之？

厲之人，夜半生其子，遽取火而視之，汲汲然唯恐其似己也。厲，謂癩也。

【集評】

杖云：病以無鬼者不可醫。厲人之門，喜有心鬼，能自創，而恐其似己。一喻妙甚，此亦解惑一方法也。

①

百年之木，破爲犧樽，青黄而文之，其斷在溝中。比犧樽于溝中之斷，則美惡有間矣，其于失性一也。跖與曾史，行義有間矣，然其失性均也。且夫失性有五：一曰五色亂目，使目不明；二曰五聲亂耳，使耳不聰；三曰五臭薰鼻，困惾子公反。中顙；四曰五味濁口，使口厲爽；五曰趣舍滑心，使性飛揚。此五者，皆生之害也。而楊墨乃始離跂，自以爲得，非吾所謂得也。夫得者困，可以爲得乎？則鳩鴞之在于籠也，亦可以爲得矣。且夫趣舍聲色以柴其内，皮弁、鷸冠、搢笏、紳修以約其外，内支盈于柴柵〔一〕，音策。外重纆繳，音灼。睆睆音玩。然在纆繳之中而自以爲得，則是罪人交臂歷指，而虎豹在于囊檻，亦可以爲得矣。㥄，惱痛貌。鷸冠，翠羽爲冠。睆睆，窮視貌。交臂，反縛也。歷指，猶拶指也。

②

【集評】

杖曰：外篇果詆毁乎？人泥于常習見聞之名相功利，或指斥名相功利于始作俑者。毁之則疑，疑則所見爲驚，所聞爲熒。平日道理無所用，心知迷無所從。無從則惑，惑則困，困則愚，愚則神，此正疑始而後攖寧也。嗟乎！看此鬬諍堅固世界，怎免詆毁？可惜多少正人奇人未過此關，而正坐幡竿，恰是檻囊纆繳。

〔一〕支，原作「之」，據集釋本莊子天地改。

【間翁曼衍】

①石公曰：饒汝掀倒禪床，喝散大衆，將謂奇特則不無，只是還有兩句告報：不可假借，不可獨行。

②一喝不作一喝用，何故着忙？到此點銕成金易，點金成銕難。愚者曰：莫若釋之而不推。

藥地炮莊卷之五

天界覺杖人評　極丸學人弘智集
三一齋老人正　涉江子陳丹衷訂

天道第十三

①天道運而無所積，故萬物成；帝道運而無所積，故天下歸；聖道運而無所積，故海内服。②明于天，通于聖，六通四辟于帝王之德者，其自爲也，昧然無不靜者矣。聖人之靜也，非曰靜也善，故靜也；萬物無足以鐃心者，故靜也。水靜則明燭鬚眉，平中准，大匠取法焉。水靜猶明，而況精神？聖人之心靜乎，天地之鑑也，萬物之鏡也。夫虚靜恬淡、寂寞無爲者，天地之平，而道德之至。③故帝王、聖人休焉。休則虚，虚則實，實者倫矣；虚則靜，靜則動，動則得矣。靜則無爲，無爲也，則任事者責矣。無爲則俞俞。俞俞者，憂患不能處，年壽長矣。夫虚靜恬淡、寂寞無爲者，萬物之本也。明此以南鄉，堯之爲君也；明此以北面，舜之爲臣也。④以此處上，帝王天子之德也；以此處下，玄聖素王之道也。以此退居而閒遊，江海山林之士服；以此進爲而撫世，則

功大名顯而天下一也。⑤

【集評】

王弼曰：復者，反本也。天地以本爲心者也。凡動息則靜，靜非對動也；語息則默，默非對語也。

東坡答畢仲舉曰：陳述古好論禪，而見鄙爲淺陋。嘗以龍猪肉解之。爲出三界，遂作佛乎？尚與僕輩俯仰也。學佛老者，本期靜而達。靜似懶，達似放。學者未至其所期，而先得其所似，不爲無害。

陽明子曰：理無動者也。循理則酬酢萬變而未嘗動，不則雖稿心而未嘗靜。良知之體，本自寧靜，卻添個求寧靜；本自生生，卻添個欲無生。非獨聖門致知不如此，佛氏之學亦未必如此。將迎意必也，只是致良知，徹首徹尾，即是前念不滅，後念不生。今欲前念易滅，後念不生，是佛所謂斷滅種性也。

高忠憲曰：聖學不全靠靜。精神短弱，須靜養豐碩。

舟曰：善貫動靜，八卦惟艮表止，而子曰動靜不失其時。樂記動靜之間，邵子會焉。老莊從坤入，守中，非時中也。佛體圜中而立處即真，乃時中也。

魏善伯曰：自謂性直，必粗躁暴戾未除也。自謂性朴，必鄙野苟且未除也。自謂不好事，必怠惰昏散未除也。自謂守理，必執拗矯僻未除也。人各一弊，而取似美者自寬，非自欺耶？惟平心乃能自見。

【閒翁曼衍】

①讀太白、長吉，奇語太多。更讀淵明、子美老朴平淡之句，愈覺无窮。可信奇本乎正，莫奇于正。

②公安句曰：高飛知鳥意，淡放解花情。鶴瘦行藏穩，鷗閒飲啄工。杖人賞之。飛高放淡、瘦穩閒工之妙，有知此者，許伊善讀莊子。

③聞子將言作文法：邊鼓打得極多，中間也少不得幾下。此是莊子中間幾下耶？愚曰：中邊分不得，只有疾徐中節、露板隱雷而已。試撾撾看，但恐手不知心。

④潛曰：何處非天地之心？因復乃見。關尹曰：以劍揮物則利，以手握刃則傷。且如不遠復、休復、頻復、獨復、敦復，與上之迷復，有鑑其善不善者否？枯樹崖前差路多，顛拂熏黃，浚恒振恒，皆握刃之所不免者矣。龍肉猪肉，請自平准。

⑤魯岳公曰：務矯而返之示創，則曰翻案；務因而申之以明守，則曰拾瀋。殆亦習氣使然，而創與守兩失之。張三聘曰：徒資口耳，無裨身心，乃說鈴耳。照心非動，將謂先統後乎？安心亦照，將謂波即水乎？無照無妄，將以妄爲照、以照爲妄乎？何不看善故靜也、督故正

也！試問君臣道合，喚作有君有臣耶？喚作無君無臣耶？都是剩語。

靜而聖，動而王，無爲也而尊，樸素而天下莫能與之爭美。夫明白于天地之德者，此之謂大本大宗，與天和者也。所以均調天下，與人和者也。與人和者，謂之人樂；與天和者，謂之天樂。莊子曰：「吾師乎！吾師乎！𩐎音齎。萬物而不爲戾，澤及萬世而不爲仁，長于上古而不爲壽，覆載天地、雕刻衆形而不爲巧，此之謂天樂。」故曰：知天樂者，其生也天行，其死也物化，靜而與陰同德，動而與陽同波。故知天樂者，無天怨，無人非，無物累，無鬼責。故曰：其動也天，其靜也地，一心定而王天下；其鬼不祟，其魂不疲，一心定而萬物服。言以虛靜推于天地，通于萬物，此之謂天樂。天樂者，聖人之心以畜天下也。楚辭吹𩐎即虀。今口義本作「𩐎」，訛也。

【集評】

沈括曰：易妙二畜。坡曰：乾所少者學問，巽艮畜之。

① 夫帝王之德，以天地爲宗，以道德爲主，以無爲爲常。無爲也，則用天下而有餘；有爲也，則爲天下用而不足。故古之人貴夫無爲也。上無爲也，下亦無爲也，是下與上

②同德，下與上同德則不臣；下有爲也，上亦有爲也，是上與下同道，上與下同道則不主。上必無爲而用天下，下必有爲爲天下用，此不易之道也。故古之王天下者，知雖落天地，不自慮也；辯雖雕萬物，不自説也；能雖窮海内，不自爲也。天不産而萬物化，地不長而萬物育，帝王無爲而天下功。故曰：莫神于天，莫富于地，莫大于帝王。故曰：帝王之德配天地。此乘天地，馳萬物，而用人羣之道也。

【集評】

正曰：靜敬入誠，用在循理。正窮理時，有二心乎？有爲無爲，言有無之質也。因舉費隱混闢焉，窮過乃能不惑。君臣道合，悟其本誠，理亦化矣，物物而已。

【閒翁曼衍】

①君臣道合，總是一心。莊生于此話作兩橛，不曾消融，何怪後來截作許多層數，而只護頭上安頭之大帽耶？三墮縱横，未許悄地夢見。

②郭曰：工無爲于刻木，而有爲于用斧。主無爲于親事，而有爲于用臣。柳州演梓人傳，手筆相忘，方圓同用。不見智永演爲心成頌乎？噓曰：黄帝創立萬古法，崆峒亦被踢一踢。神農百艸天下嘗，炎帝何曾動齒頰？馳萬物，用人羣，誰知漆園窮漢之生殺？

①本在于上，末在于下，要在于主，詳在于臣。三軍五兵之運，德之末也；賞罰利害，五刑之辟，教之末也；禮法度數，刑名比詳，治之末也；鐘鼓之音，羽旄之容，樂之末也；哭泣衰絰，隆殺之服，哀之末也。此五末者，須精神之運，心術之動，然後從之者也。末學者古人有之，而非所以先也。君先而臣從，父先而子從，兄先而弟從，長先而少從，男先而女從，夫先而婦從。夫尊卑先後，天地之行也，故聖人取象焉。天尊地卑，神明之位也；春夏先，秋冬後，四時之序也；萬物化作，萌區有狀，盛衰之殺，變化之流也。夫天地至神，而有尊卑先後之序，而況人道乎！宗廟尚親，朝廷尚尊，鄉黨尚齒，行事尚賢，大道之序也。語道而非其序者，非道也。語道而非其道者，安取道？

【集評】

②郭云：君臣父子之先後，雖是人事，皆在至理中來，非聖人之所作也。正曰：狂愚專謂食色爲性，道理爲聖人所作，而詭隨又抹摋道理以媚之。故儒明性理而徽其固有，何如達人口中一句證明？

杖曰：序數存焉，別即是總，此莊子之六經也。

【閒翁曼衍】

①衡環九洛，猶言上下四維之宇；縱探九變，猶言古往今來之宙。攝末于本，攝本于末，一念原无階級，時乘自其羅經。透過畫前畫後，和盤托出方圓。華嚴樓閣彈開，毛刹全彰主伴。不見道是法住法位，世間相常住。然須三番山水，乃知甘苦輪繙。寂歷同時，是誰著察？

②來矣鮮曰：羲圖左右錯，文卦上下綜，其義理謂之序。陳幾亭曰：倫之無象處是性，性之有象處是倫。潛艸曰：彌綸有無，詳要在乎中節耳。祇爲天無先後，不曾窮盡歸家，所以折攝離微，便爲諸方雲霧。

①是故古之明大道者，先明天，而道德次之；道德已明，而仁義次之；仁義已明，而分守次之；分守已明，而形名次之；形名已明，而因任次之；因任已明，而原省次之；原省已明，而是非次之；是非已明，而賞罰次之；賞罰已明，而愚知處宜，貴賤履位，仁賢不肖襲情，必分其能，必由其名。以此事上，以此畜下，以此治物，以此修身，知謀不用，必歸其天，此之謂太平，治之至也。故書曰有形有名，形名者，古人有之，而非所以先也。②古之語大道者，五變而形名可舉，九變而賞罰可言也。驟而語形名，不知其本也；驟而語賞罰，不知其始也。倒道而言、迕音悟。道而説者，人之所治也，安

能治人？」驟而語形名賞罰，此有知治之具，非知治之道，可用于天下，不足以用天下，此之謂辯士，一曲之人也。禮法度數，形名比詳，古人有之，此下之所以事上，非上之所以畜下也。因任者，因革也。原者，增設也。迕，横也。

【集評】

正曰：不用九層，姑作兩句。一則森然辯别之名分時位也，一則於穆浩淵之神明變化也。究不可離，即器是道，故雅言以畜之。天道不可驟語也，遠人而偏言天道，正是辨士一曲之人。

【閒翁曼衍】

①知所先後，此顯先也；知無先無後之爲最先乎，此密先也。知顯即是密乎？到此始不爲巧言先着者之所惑。莊子對戰國之症，消稷下之辨，而爲此層累界畫耶？果畏天命，亦是金殿重重顯至尊。

②抹去九變，約爲費隱兩合；君臣互用，便具五位三玄。因而不言費隱，只言出入；因而計其出入，只言用不用。本自妙叶，有斲此輪者否？莫以一乘驕鼠璞，何妨九折過羊腸？

①昔者舜問于堯曰：「天王之用心何如？」堯曰：「吾不傲無告，不廢窮民，苦死者，嘉

孺子而哀婦人，此吾所以用心已。」舜曰：「美則美矣，而未大也。」堯曰：「然則何如？」舜曰：「天德而出寧，日月照而四時行，若晝夜之有經，雲行而雨施矣。」堯曰：「然則膠膠擾擾乎？子，天之合也；我，人之合也。」夫天地者，古之所大也，而黄帝、堯、舜之所共美也。故古之王天下者奚爲哉？天地而已矣。

【集評】

正曰：繫傳只從天地説起，而先後在中。

【閒翁曼衍】

①本無來去，即今作麼生？晝夜有經，豈患膠擾？然則抹倒天地，掉出前頭，供一尊神主，何其郎當費力耶？曰：即墨繞烏鳶。

① 孔子西藏書于周室，子路謀曰：「由聞周之徵藏史，有老聃者，免而歸居。夫子欲藏書，則試往因焉。」孔子曰：「善。」往見老聃，而老聃不許，於是繙十二經以説。老聃中其説，曰：「大音泰。謾！願聞其要。」孔子曰：「要在仁義。」老聃曰：「請問，仁義人

② 之性邪？」孔子曰：「然！君子不仁則不成，不義則不生。仁義真人之性也，又將奚

③爲矣？」老聃曰：「請問，何謂仁義？」孔子曰：「中心物一作「勿」。愷，兼愛無私，此仁義之情也。」老聃曰：「意，音噫。幾乎後言！夫兼愛，不亦迂乎！無私焉，乃私也。夫子若欲使天下無失其牧乎？則天地固有常矣，日月固有明矣，星辰固有列矣，禽獸固有羣矣，樹木固有立矣。夫子亦放德而行，循道而趨，已至矣！又何偈偈居竭反。乎揭仁義，若擊鼓而求亡子焉？意！夫子亂人之性也。」徵藏，藏名也。六經、六緯爲十二。

【集評】

曹心易曰：玄士矜高，法士持格，則剿天地、傌帝王、供客氣而已。大人至至人，而不住于至人，故立政府而後能公享無爲之性，正是緣于不得已。其所以然，豈憂爛卻乎？

【閒翁曼衍】

①無忝曰：徵藏者，藏書處也。老子原是羽蠹，化爲牛毛，將以柱下爲嵩山，誰信免歸見關吏耶？不用大謾，一徵便見。曾拂人曰：莊周持籌西藏中，東方偷兒夜窺户。青牛不授言五千，雖曰猶龍亦死鼠。笑翁曰：繙。

②別曰：未始有物，未始有始，兩埽三推，當面熱謾，誰中其說耶？尼山不下注脚，看這大耳作何鉗口？

③如何是仁義？豎起兩指。如何是道德？捏起拳頭。且道豎指捏拳，免得擊鼓揭竿耶？不是閒人閒不得，三時耕種一冬操。

①士成綺見老子而問曰：「吾聞夫子，聖人也。吾固不辭遠道而來願見，百舍重趼古顯反。而不敢息。今吾觀子，非聖人也。鼠壤有餘蔬而棄妹，不仁也；生熟不盡於前而積斂無崖。」老子漠然不應。士成綺明日復見，曰：「昔者吾有刺于子，今吾心正郤矣，何故也？」②老子曰：「夫巧知音智。神聖之人，吾自以爲脱焉。昔者子呼我牛也而謂之牛，呼我馬也而謂之馬。苟有其實，人與之名而弗受，再受其殃。吾服也恒服，吾非以服有服。」士成綺鴈行避影，履行遂進而問：「修身若何？」老子曰：「而容崖然，而目衝然，而顙頯然，而口闞然，而狀義然，似繫馬而止也，動而持，發也機，察而審，知巧而覩于泰，凡以爲不信。邊竟音境。有人焉，其名爲竊。」百舍，百日止宿也。趼，胝也。

【集評】

吕曰：邊竟非遊于道之中，竊則非其有而襲之。

【閒翁曼衍】

①縛脱皆病。急説本無縛脱者，亦是病。曹山曰：知有即得，用免則邪。然雖如此，溪山各别。老子大似怕士成綺，一番遮飾。刺則不無，竊更不少。

②名寔既如形影，因有顛倒名寔以竊遁者。其爲動持也，發機也，又孰若繫馬而止者耶？芳草歇時難怪鴂，良苗荒盡枉迎貓。

①

夫子曰：「天道〔一〕，于大不終，于小不遺，故萬物備。廣廣乎其無不容也，淵乎其不可測也。形德仁義，神之末也，非至人孰能定之？夫至人有世，不亦大乎，而不足以爲之累。天下奮棅音丙。而不與之偕，審乎無假而不與利遷，極物之真，能守其本，故外天地、遺萬物，而神未嘗有所困也。通乎道，合乎德，退仁義，賓禮樂，至人之心有所定矣。」棅即柄，一作「枋」，周禮用之。

【集評】

正曰：棅不與偕，龍無首也。定字，明知止無縛無脱。

〔一〕天，集釋本莊子天道作「夫」。

【閒翁曼衍】

①將謂達磨奇特，誰知偷抄輪扁文字。後來偷抄者，以不通文字爲不立文字，世豈識之哉？笑曰：閉卻兩片皮，早寫了也。

①世之所貴道者，書也。書不過語，語有貴也。語之所貴者意也。意有所隨。意之所隨者，不可以言傳也。而世因貴言傳書。世雖貴之，我猶不足貴也〔一〕，爲去聲。其貴非其貴也。故視而可見者，形與色也；聽而可聞者，名與聲也。悲夫！世人以形色名聲爲足以得彼之情。夫形色名聲，果不足以得彼之情，則知者不言，言者不知，而世豈識之哉！桓公讀書于堂上，輪扁斲輪于堂下，釋椎鑿而上，問桓公曰：「敢問公之所讀者爲何言邪？」公曰：「聖人之言也。」曰：「聖人在乎？」公曰：「已死矣。」曰：「然則君之所讀者，古人之糟魄已夫。」桓公曰：「寡人讀書，輪人安得議乎？有②說則可，無說則死！」輪扁曰：「臣也以臣之事觀之。斲輪，徐則甘而不固，疾則苦而

〔一〕我，原作「哉」，據集釋本莊子天道改。

不入，不徐不疾，得之于手而應于心，口不能言，有數存焉于其間。臣不能以喻臣之子，臣之子亦不能受之于臣，是以行年七十而老斲輪。古之人與其不可傳也死矣，然則君之所讀者，古人之糟魄已夫！」

【集評】

③紫柏曰：釋迦文佛以文設教，文殊輔之。楞嚴會上選觀音當機，無敢議其私者。實相般若，正因佛性也；觀察般若，了因佛性也；文字般若，緣因佛性也。語言文字如春之花，棄花覓春，非愚狂耶？明其所以然，即文字可也，離文字可也；如其未明，即文字與離文字皆不可也，非即非離亦不可也。

④侯廣成曰：凡書之傳，于其異，不于其同，而偏全不與也；于其識，不于其文，而純疵不與也。別路奇才，恰生戰國，使之以廢中權，天之成莊子也巧哉！

⑤杖云：學而時習之，則知有數存焉于其間，而自得之也。又誰知斲輪子能以糟粕而醉千古之人哉！

宋末有序晦山雲居賦曰：文字見除，雖諢謎皆妙義，何況詩賦耶！文字見立，雖棒喝轉語都是文字。譬鏡照物，物還其物之則，毫髮不爽，鏡無硋也。若圖佳麗入鏡面，礙矣！即圖如來妙相，而礙滋甚。

【閒翁曼衍】

①磬曰：以事觀之即有，不識即空，如何免得？藥曰：實腹自容徵藏史，空心正賞轉輪人。曰：起心即助，歇下即忘，如何相應？藥曰：高低自信弦歌合，甘苦超于斧斲勤。曰：心口手俱不知，又云有數存焉，是誰數得出？藥曰：屈指圖書欺不得，當堂日月自知時。别曰：了事餔糟，可耳。因舉妙喜剥荔枝不解吞話，禮侍者曰：吞即禍事。余曰：直須吞得下、屙得出始了。

②生此六合七尺，秘本一切現成。羹牆即破微塵，畫前原自歷歷。聖人只是抄書客耳。龍龜自信鳶魚，脉望不愁亥豕。心外無法、法外無心且置，但問：書是何物？所爲讀書者又是何物？知甘苦否？

③僧問法幢：如何是和尚家風？曰：有讀書人請進。曰：讀書人來也。曰：昔居門外，今入堂中。

④僧問：一切諸佛及阿耨多羅三藐三菩提皆從此經出，且道如何是此經？壽昌經曰：學而第一。

⑤季蘆子曰：庖丁解牛〔一〕，從容中道乎？輪扁斲輪，行所無事乎？但惠文君一悟而得養生〔二〕，

〔一〕丁，原作「牛」，據上下文改。

〔二〕惠文，疑當作「文惠」，下同。

桓公遂無轉語，豈桓公智出惠文下乎？留此一段，以待後之真讀書者。

①天運第十四

②「天其運乎？地其處乎？日月其爭于所乎？孰主張是？孰綱維是？孰居無事推而行是？意者其有機緘而不得已耶？意者其運轉而不能自止耶？雲者爲雨乎？雨者爲雲乎？孰隆施是？孰居無事淫樂而勸是？風起北方，一西一東，有上彷徨，孰噓吸是？孰居無事而披拂是？敢問何故？」巫咸袑曰：「來！吾語女。天有六極五常，帝王順之則治，逆之則凶。九洛之事，治成德備，監照下土，天下戴之，此謂上皇。」

【集評】

③愚曰：黄帝表新洛、陰洛，即九洛也。虛舟子衍河圖爲洛書，足證易範皆用九洛，中一，旋四，倍八，而綱維具矣。此非人思慮所及也。莊子所謂本數末度其備乎！質測運處，岐伯云大氣舉之，佛以空配四大，攝于見識，會于惟心。此篇答在問處，會否？

【閒翁曼衍】

①無端誕問，嚇得帝釋天口如扁担。可惜巫咸不會祖師禪，卻墮講師茶飯。

②笑翁曰：野馬飄蕩而不動，旋嵐偃岳而常静，江河競注而不流，日月歷天而不周，陳詳道但抄肇論，足以答天運乎？妙在巫咸袑不作滑語，劈破三玄作兩邊，直令天下不敢違。此方是真祖師禪。

③季蘆子曰：支者枝也，生而必極。干者幹也，持以爲常。極字、常字尚解不通，何言運乎、處乎？聖人參贊化育，不外燮理陰陽。曾知燮理之逆不得、順不得乎？監照下土，莫是下風蒼蒼耶？律襲同時，備此者誰？

①商大宰蕩問仁于莊子。莊子曰：「虎狼，仁也。」曰：「何謂也？」莊子曰：「父子相親，何爲不仁？」曰：「請問至仁。」莊子曰：「至仁無親。」大宰曰：「蕩聞之，無親則不愛，不愛則不孝。謂至仁不孝，可乎？」莊子曰：「不然。夫至仁尚矣，孝固不足以言之。②此非過孝之言也，不及孝之言也。夫南行者至于郢，北面而不見冥山，是何也？則去之遠也。故曰：以敬孝易，以愛孝難；以愛孝易，而忘親難；忘親易，使親忘我難；使親忘我易，兼忘天下難；兼忘天下易，使天下兼忘我難。夫德遺堯舜而不爲也，利澤施于萬世，天下莫知也，豈直太息而言仁孝乎哉！夫孝弟仁義、忠信貞廉，此皆自勉以役其德者也，不足多也。故曰：至貴，國爵并焉；至富，國財并焉；至願，名譽并

焉。是以道不渝。」前章表兼，此章表并。

【集評】

③ 杖云：古今之人物，在皇帝、堯、舜、周、孔之化育中，何嘗不兼忘天下，何嘗天下不兼忘先聖哉！

【閒翁曼衍】

①詒曰：過孝不及孝，巧于藏中，而賣俏口齒耳。不可爲夷俟之獨脛，因而帶累易簀之手足。

②迂曰：老而夷俟杖叩其脛，及乎母死，登木而歌，孔子反若弗聞而過之，何其罪赦偏枯，重小失大！果是包荒親故耶？兼并固有道耶？真是其人則得耶？魯司寇若見累騎者，當比尹諧之例耶？抑弗聞耶？祇爲藉口者多，古成訧正不可少。

③翁山曰：扣脛而原壤不置一語，與楚狂趨而避之有同異否？此處不明，何能兼忘？一扣一避，何謂兼忘？

① 北門成問于黃帝曰：「帝張咸池之樂于洞庭之野，吾始聞之懼，復聞之怠，卒聞之而惑，蕩蕩默默，乃不自得。」帝曰：「女殆其然哉！吾奏之以人，徵之以天，行之以禮義，建之以太清。夫至樂者，先應之以人事，順之以天理，行之以五德，應之以自然，

然後調理四時，太和萬物。「夫至樂者」至此三十五字，原是注，誤作大書。四時迭起，萬物循生；一盛一衰，文武倫經；一清一濁，陰陽調和，流光其聲。蟄蟲始作，吾驚之以雷霆。其卒無尾，其始無首。一死一生，一憤一起〔一〕，所常無窮，而一不可待，女故懼也。②吾又奏之以陰陽之和，燭之以日月之明。其聲能短能長，能柔能剛，變化齊一，不主故常。在谷滿谷，在阬滿阬，塗郤音隙。守神，以物爲量。其聲揮綽，其名高明。③是故鬼神守其幽，日月星辰行其紀。吾止之于有窮，流之于無止，子欲慮之而不能知也，望之而不能見也，逐之而不能及也，儻然立于四虛之道，倚于槁梧而吟。目知窮乎所欲見，力屈乎所欲逐，吾既不及已矣！形充空虛，乃至委蛇。女委蛇，故怠。吾又奏之以無怠之聲，調之以自然之命。故若混逐叢生，林樂而無形，布揮而不曳，幽昏而無聲。動于無方，居于窨冥。或謂之死，或謂之生；或謂之實，或謂之榮；行流散徙，不主常聲。世疑之，稽于聖人。聖也者，達于情而遂于命也。天機不張，而五官皆備，此之謂天樂，無言而心説。故有焱音標。氏爲之頌曰：『聽之不聞其聲，視

〔一〕憤，集釋本莊子天運作「僨」。

④之不見其形，充滿天地，苞裹六極。』女欲聽之而無接焉，而故惑也。樂也者，始于懼，懼故祟；音歲。吾又次之以怠，怠故遁；卒之於惑，惑故愚，愚故道。道可載而與之俱也。」

【集評】

辰曰：其所言者，非樂之謂也，以聽者爲主，又高！

杖云：子語魯太師樂曰：樂其可知也。不過是始作翕如，從之純如、皦如、繹如，以成。女還知樂之所自來乎？今黄帝與北門成説樂，又妙于孔子而昌言之，亦當知所可知與所不可知者之所自來否？

農父曰：荀子偏言立于禮，莊子偏言成于樂。聞諸鹿湖夫子云：禮自外作，樂由中出。蓋禮乃建中于中節之和，樂乃和合其未發之中。書訓而詩興之，春秋衡而易統之，皆禮樂也。禮運學畊，成于播樂，以安天運。愚故載道，兼并妙矣。曾聞楊椒山之言元聲乎？乃冒⑤總也。損益節度，以定清濁高下之旋宮，則九洛五常之帝則也。

【閒翁曼衍】

①杖云：惜乎此老生于禪宗佛法之前，使生于宗教之後，則又何讓馬祖、石頭之機用哉！以故

到了愚而道處，便不能打破渾沌，而披舞青州布衫也。愚曰：莊子生馬祖、石頭後，則正笑青州布衫爲糟粕，而芻狗數昧之矣。開天地眼者，容天地間之胼枝，容天地間之醫胼枝，容天地間之披舞青州布衫，挈領垂袖，如是已耳。噫！

②一種没絃琴，是誰彈得妙？不知成連島上惑過幾人？

③宋祁曰：名天以上帝而配之，未必圓顱方趾，耳鼻食息，如人者也。以人事天，引天以自近，親之也。轟然寫金石、入匏竹，無所加其德可矣。鳳未始來，獸未始舞也，百工雁行而獸參其間，何恠也？有如祖考來格，將見堯叟闖然于堂上耶？然則莊子正恐人誤解尚書，故自家遁于來儀率舞之中，一場魚龍曼衍。

④騶忌聞齊威王鼓琴而善之，曰：大絃濁以春温者，君也；小絃廉折以清者，相也；攫之深，醳之愉者，政令也；鈞諧以鳴，大小相益，回邪而不相害者，四時也。非惟語音，治國家、弭人民皆在其中。威王乍聞之，按劍以爲欺己，而乃授以相印，何也？知騶忌之惑故愚，而載與俱乎？謝逵之琴無忤容，桓伊之笛不交言，知其愚故道乎？一部莊子，成于樂，而此篇以樂寓言，是亦相印也。今亦無按劍者矣。莊子曰：愚故道。愚者曰：愚故寓。

⑤北門成表合止之節制，有猋氏表熏風之南來。鯤鵬倏忽，黄帝載之。曾聞此鈞天否？

孔子西遊于衛。①顔淵問師金曰：「以夫子之行爲奚如？」師金曰：「惜乎，而夫子其

窮哉！」顏淵曰：「何也？」師金曰：「夫芻狗之未陳也，盛音成。以篋衍，巾以文繡，
②尸祝齋戒以將之。及其已陳也，行者踐其首脊，蘇者取而爨之而已。將復取而盛以
篋衍，巾以文繡，遊居寢卧其下，彼不得夢，必且數音朔。眯焉。今而夫子亦取先王
③已陳芻狗，取弟子遊居寢卧其下，故伐樹于宋，削迹于衛，窮于商周，是非其夢耶？圍
于陳蔡之間，七日不火食，死生相與鄰，是非其眯耶？夫水行莫如用舟，而陸行莫如
④用車。以舟之可行于水也，而求推之于陸，則没世不行尋常。古今非水陸與？周魯
非舟車與？今蘄行周于魯，是猶推舟于陸也。勞而無功，身心有殃〔一〕。彼未知夫無
⑤方之傳，應物而不窮者也。且子獨不見夫桔槔者乎？引之則俯，舍之則仰。彼，人
之所引，非引人也，故俯仰而不得罪于人。故夫三皇、五帝之禮義法度，不矜于同
而矜于治。故譬三皇、五帝之禮義法度，其猶柤音查。梨橘柚耶！其味相反，而皆
⑥可于口。故禮義法度者，應時而變者也。今取猨狙而衣以周公之服，彼必齕音核。
齧挽裂，盡去而後慊。觀古今之異，猶猨狙之異乎周公也。故西施病心而矉音顰。

〔一〕心，集釋本莊子天運作「必」。

其里，其里之醜人見而美之，歸亦捧心而矉其里，其里之富人見之，堅閉門而不出；貧人見之，挈妻子而去之走。彼知美矉〔一〕，而不知矉之所以美。惜乎，而夫子其窮哉！」師金，魯太師，名金。芻狗，結芻爲狗，巫祝用之。衍，笥也。蘇，取草也。眯，厭也，或作「魘」，夢中怪也。蹙額曰矉。正曰：法度可變，禮義不變，只在經權中節耳。究竟一切，皆本不變。

【集評】

杖曰：真個只可行于周不可行于魯乎？果然，莊子何以責天下不爲三代以前耶？多少人作夢眯會。

【閒翁曼衍】

①杖云：此借孔子罵後世也。男兒自有衝天志，不向如來行處行。門庭施設，何妨應時通變？

②天地以萬物爲芻狗，至人以天地爲芻狗，聖人以至人爲芻狗。有得夢者否？

③拺曰：必欲剥衣冠爲裸袒，與衣猨狙何異？嫌鐘鼓玉帛爲芻狗，而遂真爲鬼魅也可乎？

〔一〕美矉，集釋本莊子天運作「矉美」。

矉否？

④莊生顛倒英雄，若弄芻狗，亦是貪坐無事窟，自奉承其芻狗而已。切忌效顰，必且數眯。

⑤辰曰：覷而多責，使人流涕。凡覩乎此者，皆將望而責于我，一不至則前者失矣。語有反而相成，咈于意而意真。晚而悟，悟而無及，豈可與癡人道？愚者曰：矉。

⑥天地亦蘧廬也。此蘧廬中，如何當家？愚者曰：矉。

孔子行年五十有一而不聞道，乃南之沛，見老聃。老聃曰：「子來乎？吾聞子，北方之賢者也，子亦得道乎？」孔子曰：「未得也。」老子曰：「子惡乎求之哉？」曰：「吾求之于度數，五年而未得也。」老子曰：「子又惡乎求之哉〔一〕？」曰：「吾求之于陰陽，十有二年而未得。」老子曰：「然。使道而可獻，則人莫不獻之于其君；使道而可進，則人莫不進之於其親；使道而可以告人，則人莫不告其兄弟〔二〕；使道而可以與人，則人莫不與其子孫。然而不可者，無他也，中無主而不止，外無正而不行。由中出者，

〔一〕乎，原作「夫」，據集釋本莊子天運改。

〔二〕人，原無，據集釋本莊子天運補。

不受于外，聖人不出；由外入者，無主於中，聖人不隱。名，公器也，不可多取。仁義，先王之蘧廬也，止可以一宿，而不可以久處，覯而多責。古之至人，假道于仁，託宿于義，以遊逍遥之虚，音墟。食于苟簡之田，立于不貸之圃。逍遥，無爲也；苟簡，易養也；不貸，無出也。古者謂是采真之遊。以富爲是者，不能讓禄；以顯爲是者，①不能讓名；親權者，不能與人柄，操之則慄，舍之則悲，而一無所鑑，以闚其所不休者，是天之戮民也。怨、恩、取、與、諫、教、生、殺八者，正之器也，惟循大變無所湮者爲能用之。故曰：正者，正也。其心以爲不然者，天門弗開矣。」

【集評】

②杖曰：即如孔子説求于陰陽十二年不得，此答語意，全與前不相蒙，的乎非莊子手筆。

【閒翁曼衍】

① 據堂雹拂，正令早是淆訛；杜口毗耶，剿絶更成造作。然則莊之談自然也，又奚傑然若負建鼓而求亡子者耶？埋菴曰：芥子封門待逸多。

② 一翳在眼，空花亂墜，畢竟如何保任耶？曰：眼即是翳。曰：只當空空無知耶？曰：空即是花。

①孔子見老聃而語仁義。老聃曰：「夫播糠眯目，則天地四方易位矣；蚊虻噆音匝。膚，則通昔音夕。不寐矣。夫仁義憯然，乃憤吾心，亂莫大焉。吾子使天下無失其朴，吾子亦放風而動，總德而立矣。又奚傑然若負建鼓而求亡子者耶？夫鵠不日浴而白，烏不日黔而黑。黑白之朴，不足以爲辨；名譽之觀，去聲。不足以爲廣。泉涸，魚相處于陸，相呴音吁。以濕，相濡以沫，不若相忘于江湖。」孔子見老聃歸，三日不談。弟子問曰：「夫子見老聃，亦將何規哉？」孔子曰：「吾乃今于是乎見龍。龍，合而成體，散而成章，乘乎雲氣，而養乎陰陽。予口張而不能嗋，予又何規老聃哉？」

放，依也，依無爲之風而動也。

【集評】

王志遠曰：恂恂常常，不縵不繢，見之使人意消，不使人氣索。老子教孔曰：去驕志與淫態。已乃使人一見驚以爲龍，至口張而不能嗋，殆非真老聃也。

【間翁曼衍】

①集孔曰：讀莊子之書，未有不神蕩情移者，糠眯耶？數眯耶？莊之眯人至矣。愚曰：瞎卻頂門眼，方有説話分。不惟莊子用此法，朱子亦善用此法。集孔曰：何謂也？愚曰：莊子以淵

藻菁峭之文換人眼睛，此巧于眯人者也。朱子以萬世茶飯註解，塞殺天下聰明好奇之眼，此法更奇。一菴曰：莊子到是聲聞禪，朱子卻是真祖師禪。

①子貢曰：「然則人固有尸居而龍見，雷聲而淵默，發動如天地者乎？賜亦可得而觀乎？」遂以孔子聲見老聃。老聃方將倨堂而應，微曰：「予年運而往矣，子將何以戒②我乎？」子貢曰：「夫三皇、五帝之治天下不同，其係聲名一也，而先生獨以爲非聖人，如何哉？」老聃曰：「小子少進！子何以謂不同？」對曰：「堯授舜，舜授禹，禹用力而湯用兵，文王順紂而不敢逆，武王逆紂而不肯順，故曰不同。」老聃曰：「小子少進！余語女三王、五帝之治天下。黃帝治天下，使民心一，民有其親死不哭而民不非也。堯之治天下，使民心親，民有爲其親殺所戒反。其殺而民不非也。舜之治天下，③使民心競，民孕婦十月生子，子生五月而能言，不至乎孩而始誰，則人始有夭矣。禹④之治天下，使民心變，人有心而兵有順，殺盜非殺，人自爲種音踵。而天下耳，是以天下大駭，儒墨皆起。其作始有倫，而今乎婦女，何言哉！余語女：三皇、五帝之治天⑤下，名曰治之，而亂莫甚焉。「三皇」以下，平仲云可刪。三皇之知，上悖日月之明，下睽

三川之精，中墮四時之施。其知音智。慘音慘。於蠣敕邁。蠆之尾〔一〕、鮮規之獸，莫得安其性命之情者，而猶自以爲聖人，不可恥乎？其無恥也！」子貢蹴蹴然立不安。

鮮規，明貌，小獸也。

⑥

【集評】

郭云：百代之弊，非作始之無理，但至理之弊，遂至於此，復何言哉！正曰：聖人裁成揚遏，正爲此自然之弊不可委也。將曰法必弊而廢法乎？法有九利，不能必其無一害；有始弊而大利，不能必其不終弊。嫉惰利口者，執其一害終弊者姍笑之，素無識學之賢者，又附和之。或曰天下本無事，安常襲故何妨；或曰時勢本難爲，好動喜事何苦；至于不可爲，則付之天命，可歎也！堯舜無不弊之法，而恃有不弊之身，用救弊之人，以善天下之治，如此而已。

杖曰：老子時何嘗有儒墨之名？語意俱無倫次，後一段又當刪。人以莊子謗先聖，皆僞篇之過。

〔一〕敕邁，當注於「蠆」字下。

【閒翁曼衍】

①劉曰：見龍固奇，説龍更奇。一曰：劉累豢龍，豈不更奇？即如歐陽集古，載張路斯九子化龍，祇堪一唾。王志遠之閒規，其飯龍乎？

②杖曰：這老賊弄子貢。

③不至乎孩而始誰，此句奇。天人原自一，至此則人與天分矣。

④作始有倫，而今乎婦女者，世惟有好色而已。孝衰于妻子，親愛畏敬之僻，幾能解脱？

⑤造舟涉江，而曰設不造舟，豈有溺人之患？立教勸善，而曰善必至于惡，逸士憤而逃隱，其情真也，其詞偏也。主法不明，反爲深談所惑。東坡言江瑶柱不可多食。吴華最厭渺莽，如誤服蝤蛑，使人暴下。然在水邊林下，亦可夜消。

⑥劉叔導曰：侯味虚著百官本艸，于御史曰：大熱有毒，主除奸邪攻貪濁。然而後來成抹桌布，無門無毒。何以免此？馬燧爲夜叉所逼，吐火歕血，幾于喪身失命，而終不敢越胡二姊之灰。是何揚遏？請撥灰看。

①

孔子謂老聃曰：「丘治詩、書、禮、樂、易、春秋六經，自以爲久矣，孰知其故矣，以奸者七十二君，論先王之道而明周召之迹，一君無所鉤用。甚矣，夫人之難説音稅。也！

道之難明耶！」老子曰：「幸也，子之不遇治世之君也。夫六經，先王之陳迹也，豈其所以迹哉？今子之所言，猶迹也。夫迹，履之所出，而迹豈履哉？夫白鶂之相視，眸子不運而風化；蟲，雄鳴于上風，雌應于下風而化。類自爲雌雄，故風化。性不可易，命不可變，時不可止，道不可壅。苟得于道，無自而不可；失焉者，無自而可。」孔子不出三月，復見曰：「丘得之矣！烏鵲孺，魚傳沫〔一〕，細要者化，有弟而兄啼。久矣夫！丘不與化爲人。不與化爲人，安能化人？」老子曰：「可，丘得之矣。」鶂，鶺鶂也。風化，風氣化生也。山海經：亶猿山獸狀如狸而有髦，曰類，自爲牝牡。郭璞註引莊子。烏鵲孺，乎而生也。傳沫，魚不交，但仰其吐沫也。細要，蜂屬。唐曰：烏鵲孺，卵生。魚傳沫，濕生。細腰者化，化生。有弟而兄啼，胎生。佛所謂四生本此。

【集評】

②杖云：六經皆先人之迹，而所傳者先人之神。誰能如白鶂之相視，雌雄迎風而化乎？不與化爲人，又安能化人？互相發明此不傳之秘，此真莊生鶂視孔老之語也。知無自而不可，

〔一〕傳，集釋本莊子天運作「傅」。

迹即是神矣。

愚曰：有弟而兄啼，説得妬忌出于胞胎，可發一笑。然則薛包、趙禮盡被賢聖薰成者乎？可發一痛。

【閒翁曼衍】

①世人要見白鶂風化之老子麽？五千迹履，原是孤雁雙飛。要見鵲孺魚沫之孔子麽？六經與化爲人，正是鴛鴦獨立。

②仲尼焉不學？而亦何嘗師之有〔一〕？是子貢之鶂視也。近溪曰：子貢到老信不得孔子，且説得邦家。愚曰：邦家亦鶂視也。學賢是常事；學不賢，非孔子不能。

刻意第十五

①

刻意尚行，離世異俗，高論怨誹，爲亢而已矣，此山谷之士，非世之人，枯槁赴淵者之所好也。語仁義忠信，恭儉推讓，爲修而已矣，此平世之士，教誨之人，遊居學者之所

〔一〕嘗，疑當作「常」。

好也。語大功，立大名，禮君臣，正上下，爲治而已矣，此朝廷之士，尊主彊國之人，致功并兼者之所好也。就藪澤，處閒曠，釣魚閒處，無爲而已矣，此江海之士，避世之②人，閒暇者之所好也。吹呴呼吸，吐故納新，熊經鳥申，爲壽而已矣，此道引之士，養形之人，彭祖壽考者之所好也。若夫不刻意而高，無仁義而修，無功名而治，無江海而閒，不道引而壽，無不忘也，無不有也，澹然無極而衆美從之，此天地之道、聖人之德也。故曰：夫恬淡寂寞，虚無無爲，此天地之平而道德之質也。刻，削也，峻其意也。

【集評】

心易曰：循天之理，表修治之經，適民之所當爲，此平之至矣，意何用刻！若標四無，早刻意矣。

③愚曰：修治者，帝王飲食也；無爲者，帝王之味也。亢則過，而壽則亨也。聖人統乎亢潛，夭壽不二，龍虎濕燥，各從其類，本治本忘，豈不休乎？

【閒翁曼衍】

①知有爲之病在刻意矣，知刻意無爲之病乎？意果可無乎？酷言無意者，非刻意乎？雙破雙融，化質用質，有無不落，遂太平乎？只爲意不肯平，故爾意句相剗，聊用塗中解渴乎？僧問

博山：如何是一際平等？答曰：乾三連，坤六斷。

② 杖云：收拾歸吾藥籠中，治天下之病，玅玅！金剛經曰：一切諸佛及諸佛阿耨多羅三藐三菩提法，皆從此經出。須菩提，所謂佛法者，即非佛法。拈云：金亶大冶，玉出藍田，須要得他個出身處。芭蕉無耳而聞雷，葵花無目而向日，還有知他底神應麽？

③ 庚子嵩作意賦，從子文康問曰：若有意耶，非賦之所盡；若無意耶，復何所賦？答曰：正在有意無意之間。愚者曰：一句有意無意之間，引後世人刻意作此口角者，帶累多少？

故曰：聖人休休焉，則平易矣；平易則恬惔矣；平易恬惔，則憂患不能入，邪氣不能襲，故其德全而神不虧。故曰：聖人之生也天行，其死也物化。靜而與陰同德，動而與陽同波。不爲福先，不爲禍始。感而後應，迫而後動，不得已而後起。去知與故，循天之理，故無天災，無物累，無人非，無鬼責。其生若浮，其死若休，不思慮，不豫謀。光矣而不耀，信矣而不期。其寢不夢，其覺無憂，其神純粹，其魂不罷。音皮。虛無恬惔，乃合天德。故曰：悲樂者，德之邪；喜怒者，道之過；好惡者，德之失。故心不憂樂，德之至也；一而不變，靜之至也；無所于忤，音悟。虛之至也；不與物交，淡之至也；無所于逆，粹之至也。

【集評】正曰：聖人拈休休爲宰相經。即曰唯仁人能好人，能惡人。靜而聖，動而王，何如不落動靜之中正乎？杖云：聖人以德具衆美而不自居，乃能爲休休。非若枯槁之士，未透此牢關，以畏事而休休者也。

①故曰：形勞而不休則弊，精用而不已則勞，勞則竭。水之性，不雜則清，莫動則平；鬱閉而不流，亦不能清，天德之象也。故曰：純粹而不雜，靜一而不變，淡而無爲，動而以天行，此養神之道也。夫有干越之劍者，柙而藏之，不敢用也，寶之至也。精神四達並流，無所不極，上際于天，下蟠于地，化育萬物，不可爲象，其名爲同帝。純素之道，唯神是守；守而勿失，與神爲一；一之精通，合于天倫。野語有之曰：「衆人重利，廉士重名，賢士尚志，聖人貴精。」故素也者，謂其無所與雜也；純也者，謂其不虧其神也。能體純素，謂之真人。吴有干溪，出劍。

②【集評】管見曰：歷叙古人立志各異。若夷齊爲亢，孔孟爲修，伊傅爲治，巢許爲閒，老彭爲壽，

③迹亦似偏。然有不累有，無不溺無，因時利用，故爲聖賢也。天行物化，同德同波，知故不留，動合天理，則灾累非責，何從而至？死生謀慮，何由而滑哉？純素謂真，則刻尚爲假矣。徐節孝曰：楊綰清儉在位，士或敝衣求合，惟武元衡素好鮮美，不改所爲，至其議論，則未嘗苟從。此東萊所以賞徐邈也。和洽曰：儉素過中，處身則可。若崇難堪之行，以簡殊塗，必有疲瘁詭激，則容隱僞矣。杜正獻公曰：當履中道，不宜矯飾。朱子曰：事至過當便僞。和洽言是也。刻意，病矣；然須窮盡無意、無無意，乃可謂之誠意。

正曰：精通合倫，乃體純素，可悟精義即是何思何慮。

涉江曰：世無真病，安有真藥？果其尚志貴精，何妨刻意？今全無刻意學問者，而預以此放散之乎？

【間翁曼衍】

①辰曰：舉劍而精神之可寶自喻。其詞之有益于學者至切近也，而人以爲荒唐無用之言。及其荒唐無用也，未必知也。寓曰：專直以清之，慎獨以淬之，六藝以流之，是能寶水者乎？果其精神四達並流，則荒唐無用之言亦是同帝之劍，而況其非荒唐者哉？笑曰：玅在未必知，亦是同帝之劍。

②前云恬惔乃合天德，此云精通合于天倫，是兩層乎？一層乎？

③或問鼓山：大開爐鞲〔一〕，煆煉聖凡，忽有個非凡非聖者如何？曰：三十棒。曰：過在何處？曰：過在非凡非聖。曰：能凡能聖者來，又何如？曰：三十棒。曰：過在何處？曰：過在能凡能聖。舉及此，一客曰：爲其刻意耳。愚曰：造此爐鞲，早是刻意。

①

繕性第十六

繕性於俗學，以求復其初；滑音骨。欲於俗思，以求致其明，謂之蔽蒙之民。古之治道者，以恬養知。知生而無以知爲也〔二〕，謂之以知養恬。知與恬交相養，而和理出其性。夫德，和也；道，理也。德無不容，仁也；道無不理，義也；義明而物親，忠也；忠純實而反乎情，樂也；信行容體而順乎文，禮也。禮樂偏行〔三〕，則天下亂矣。彼正而蒙己德，德則不冒，冒則物必失其性也。歸曰：信行容體，說禮有味。許石城曰：他說樂在禮前。知恬交養，即仁智交圓。

〔一〕鞲，疑當作「鞴」。下同。

〔二〕知生，「知」字原缺，據集釋本莊子繕性補。

〔三〕偏，集釋本莊子繕性作「偏」。

【集評】

② 山谷曰：臨大節而不可奪，始非俗人。涇凡曰：古今人惟狂獧不俗。虛舟曰：世人俗于嗜慾，而講學人之鄙吝相媚、護短忮懻，俗何如耶？以方内爲拘，而逃之方外。今方外人之造險鬭狠以爭名高，俗何如耶？俗無首，便是無恥；俗忠恕，便是鄉愿；俗剛毅，便是鹵莽；

③ 俗出格，便是隱恠。雅俗對稱，一步深一步，亦各以其所好而稱之耳。道無真俗，而法有分別。莊子正欲爲俗人而爲此語耳。誰看破乎？

【閒翁曼衍】

① 教家言離俗歸真，又言回真向俗，毋乃偏行而相矛盾乎？又要拔萃，又要寓庸，毋乃偏行而相矛盾乎？莫是真俗交蔽而中諦蒙之耶？或問一師：如何是恬養知？曰：明眼落井。如何是知養恬？曰：珊瑚撑月。或舉問愚者：如何是恬養知？曰：已在言前。如何是知養恬？曰：不落句後。

② 劉云：憤憤不知何指，而使人有省。名曰繕性，將無言性者皆若此其俗也？胡休復曰：虎丘以石，慧山以泉。二山亦似有熟氣，而入世俗之味。愚曰：今之冒莊，得無二山之熟氣乎？

③文滅質，博溺心，則伏羲不當畫六十四卦，黄帝不當作甲子干支矣。且問天地列許多日月星辰、七十二候，人身生許多經絡、骨節、穴道，是文是質耶？如何博？如何約？請棘子成與子貢再一烹炮看。

古之人，在混芒之中，與一世而得澹漠焉。當是時也，陰陽和靜，鬼神不擾，四時得節，萬物不傷，羣生不夭，人雖有知，無所用之，此之謂至一。當是時也，莫之爲而常自然。①逮德下衰，及燧人、伏戲始爲天下，是故順而不一。德又下衰，及神農、黄帝始爲天下，是故安而不順。德又下衰，及唐虞始爲天下，興治化之流，澆音澆。醇散朴，離道以善，險德以行，然後去性而從於心。心與心識知而不足以定天下，然後附之以文，益之以博。②文滅質，博溺心，然後民始惑亂，無以反其性情而復其初。辰云：「心與心識知」句連。

【集評】

正蒙曰：性無爲，心有覺。心能盡性，性不能檢心。可知戒慎恐懼者心也，不覩不聞者性也。思不出位，内外兩忘矣。不獲其身，不見其人，兩忘也；不硋乎身其身、人其人，是兩忘也。宗一曰：別傳多互換説，妙以破執，而又破其破，則并心性亦掃矣。陽明曰：戒慎恐懼是本體，不睹不聞是工夫。是互換否？

研園曰：孔子言博學于文，約之以禮，慮學者博非其博，則道以支離龐襍而畔；約非其約，則道以虛無玄寂而畔。莊、禪以空虛轉換人，而後予以飲食耳。半路誤殺者何限？大決傷人又何限？

正曰：文質博約，乃天地間一用二之幾也。人心苟庸而好勝，因以奇救庸，而遂有奇險鬭勝之禍；因以反本救之，彼奇險者即借拔本塞源之説，掃法而便逞矣。管子曰：人不一事，著業不得不多。文質博約，乃貫混闢表裏者也。

【閒翁曼衍】

①涉江曰：莊大哥，你這部書數十萬言，是文滅質否？博溺心否？民更惑亂否？

②隱故不自隱，其繕何如？農父曰：隱不違親，貞不絶俗。北窗彌縫，誰致此曲？一杖轆環，處處林谷；韋編常絶，處處簾卜。天地一呼吸，何必窮途哭？蓮池曰：人多除境不除心，智者除心不除境。厭喧求寂，豈知動定智拔之旨者乎？秋濤曰：二氏蓋隱士之深者。關尹曰：道寓，天地寓。苟離于寓，道亦不立。易之潛，其潛于三百八十四之中乎！或問船子之藏身處没踪跡，曰：用九，見羣龍无首。如何是没踪跡處莫藏身？曰：用六，利永貞。如何是返一而待？曰：將謂九六是兩個耶？

①由是觀之，世喪道矣〔一〕，世與道交相喪也。道之人何由興乎世？世亦何由興乎道哉？道無以興乎世，世無以興乎道，雖聖人不在山林之中，其德隱矣。隱，故不自隱。古之所謂隱士者，非伏其身而弗見也，非閉其言而不出也，非藏其知而不發也，時命大謬也。當時命而大行乎天下，則返一無迹；不當時命而大窮乎天下，則深根寧極而待。此存身之道也。

【集評】

②宋書隱逸傳云：何適非世，而有避世之目耶？因知義惟晦道，非曰藏身。長白曰：豪傑有所約結，不如舍去，而狂者語以爲高，陋士飾以自固耳。

杖曰：能存身于道，即所以存道于身世也。深根寧極之待，即莊生不行于時。萬世卒賴此言，而見先聖之大全也。天下何能窮吾之不可窮乎！

【間翁曼衍】

①坡曰：惟有王城最堪隱，萬人如海一身藏。李端叔題王思道舍曰藏海齋，藏則覺，覺則定，定

〔一〕世喪道矣，集釋本莊子繕性「矣」後有「道喪世矣」四字。

則隱矣。杖曰：世已爲吾隱，何勞更買山？抱山曰：吾今爲世隱，何必不山林？但問閒遊福，莫存行道心。將謂有以異乎？愚者曰：世故不自世。

②季蘆子曰：孔子栖皇，其腸愈熱；莊生深根，其説愈冷。或曰：莊子亦是熱腸難忍，而冷地説説耳。時命謬之也，窮故不自窮。

①古之存身者，不以辨飾知，去聲。不以知窮天下，不以知窮德，危然處其所而反其性已，又何爲哉！道固不小行，德固不小識。小識傷德，小行傷道。故曰：正己而已矣。樂全之謂得志。古之所謂得志者，非軒冕之謂也，謂其無以益其樂而已矣。今之所謂得志者，軒冕之謂也。軒冕在身，非性命也，物之儻來寄也。寄之，其來不可圉，其去不可止。故不爲軒冕肆志，不爲窮約趨俗，其樂彼與此同，故無憂而已矣。②今寄去則不樂。由是觀之，雖樂，未嘗不荒也。故曰：喪己于物、失性于俗者，謂之倒置之民。

【集評】

劉曰：前言蔽蒙，後言倒置，且謂且笑，竭一語而終焉。

正曰：郭子雍告蔣行簡曰：天命謂性，非天命不謂性。程子曰：人生而静，以上不容説。

③紫柏曰：心之前謂之性，何修乎？修情而已。温公謂性如地，同莊告否？故曰節性率性，下學而上達，見性而緣生無性，蓋達上而學下乎？陽明曰：今是説性，非見性。三一曰：真見性者，止有一事，總謂之繕也可。

姚陟仲曰：醫俗難于醫病，而病乃俗士之參苓。性宗今爲俗宗，而安俗反爲見性之飯盌矣。

杖曰：危處其所而全其性已，又何爲何不爲哉！又曰：道固不小行，而小者未嘗不行；德固不小識，而小者未嘗不識。如孔子之於七十子，各行其所識，而千古之下，亦各識其所行也。得其全者，非莊子輩又何足以知之？

【閒翁曼衍】

①看破故語妙，雖樂而荒，更看得細。潛曰：偏高埽鄙一切，以混沌爲樂，非樂荒耶？

②聲聞見性，如夜見月。菩薩見性，如晝見日。僧問雪峰，見性如何？峰打三下。僧問巖頭，頭打三掌。雪竇云：應病設藥，且與三下。若據令而行，合打多少？古南曰：兩個老漢，捉兔亦全其力。雪竇將勤補拙，然不知此僧病在膏肓。若有問我，但云性之一字，吾不喜聞。且道與古人相去多少？

③楫曰：然則永叔不喜言性，是闇合耶？

秋水第十七

①秋水時至，百川灌河，涇流之大，兩涘渚涯之間，不辨牛馬。於是焉河伯欣然自喜，以②天下之美爲盡在己。順流而東行，至于北海，東面而視，不見水端。于是焉河伯始旋其面目，望洋向若而歎曰：「野語有之曰『聞道百，以爲莫己若』者，我之謂也。且夫我嘗聞少仲尼之聞，而輕伯夷之義者，始吾弗信。今我睹子之難窮也。吾非至于子之門則殆矣。吾長見笑于大方之家。」北海若曰：「井蛙不可以語于海者，拘于虛③也；夏蟲不可以語于冰者，篤于時也；曲士不可以語于道者，束于教也。今爾出于涯涘，觀于大海，乃知爾醜，爾將可與語大理矣。天下之水，莫大于海。萬川歸之，不知何時止而不盈；尾閭泄之，不知何時已而不虛；春秋不變，水旱不知。此其過江河之流，不可爲量數。而吾未嘗以此自多者，自以比形于天地，而受氣于陰陽，吾在天地之間，猶小石小木之在大山也，方存乎見少，又奚以自多？計四海之在天地間也，不似礨空音孔。之在大澤乎？計中國之在海内，不似稊米之在太倉乎？號物之數謂之萬，人處一焉；人卒九州，穀食之所生，舟車之所通，人處一焉。此其比萬物

也，不似毫末之在於馬體乎？五帝之所連，三王之所爭，仁人之所憂，任士之所勞，盡此矣。伯夷辭之以爲名，仲尼語之以爲博，此其自多也，不似爾向之自多于水乎？」

④ 尾閭，沃焦也。見山海經。

【集評】

愚者曰：何處非沃焦、歸墟乎？中衍曰：人皆謂源一而流分，曾知源分而流合乎？水出于山，山各一谷，漸合而溝澮，漸合而江河，歸于海，則大合矣，豈非流合而源分乎？然則源一之説奈何？曰：源爲流之源，流則源之源也。地形如胡桃肉，凸者爲山，凹者爲海。海各歸地心，地心轉出于山頂，猶人身之血也。自非格物者以費表隱，何能決信？

【閒翁曼衍】

① 愚曰：智者樂水，爲此曼詞耳。謝安石泛海濤而自若，不覺曰：如此，將安歸耶？請再旋其面目。

② 杖曰：卻似一個具操方眼底衲子，能見大宗匠底門庭，創然生大慚愧。

③ 龐蘊曰：不與萬法侶者，是甚麼人？馬師曰：待汝一口吸盡西江水，即向汝道。龐因有省，方解道：心如境亦如，不是聖賢，了事凡夫。今日看來，河伯爲北海若一口吸盡，北海若又被

何人吸盡耶？可惜龐公，被馬駒以西江水没頭淹殺矣。莊子以北海波濤亂潑天下人，有不受其潑者否？或問藥地：如何處分？曰：河水灌田，海水煎鹽。吸到崑崙頂，處處流甘泉。

④向曰：溪澗豈能留得住？終歸滄澥作波濤。愚則曰：滄澥豈能留得住？終歸山頂作甘泉。正恐北海若聽此二句，又將望源而歎。

河伯曰：「然則吾大天地而小毫末，可乎？」北海若曰：「否。夫物量無窮，時無止，分無常，終始無故。是故大知觀于遠近，故小而不寡，大而不多，知量無窮。證曏今故，故遥而不悶，掇而不跂，知時無止。察乎盈虚，故得而不喜，失而不憂，知分之無常也。明乎坦途，故生而不説，死而不禍，知終始之不可故也。計人之所知，不若其所不知；其生之時，不若未生之時；以其至小，求窮其至大之域，是故迷亂而不能自得也。由此觀之，又何以知豪末之足以定至細之倪？又何以知天地之足以窮至大之域？」

①②

【集評】

杖曰：原始反終，乃知幽明之故，正是知終始之不可故也。不可故乃深于故哉！語大莫載，語小莫破，又誰知大小之何從乎？

【閒翁曼衍】

①直饒大毫末而小天地，猶未許證歸今故也。

②前曰盡此矣，以此眼逼人出世。此曰又何以知，以此眼招人安于世間。

①河伯曰：「世之議者，皆曰至精無形，至大不可圍。是信情乎？」北海若曰：「夫自細②視大者不盡，自大視細者不明。夫精，小之微也；垺，音孚。大之殷也，故異便。此勢之有也。夫精粗者，期于有形者也；無形者，數之所不能分也；不可圍者，數之所不能窮也。可以言論者，物之粗也；可以意致者，物之精也；言之所不能論、意之所不能察致者，不期精粗焉。是故大人之行，不出乎害人，不多仁恩；動不爲利，不賤門隸；貨財弗爭，不多辭讓；事焉不借人，不多食乎力，不賤貪污；行殊乎俗，不多辟異；爲在從衆，不賤佞諂。世之爵祿不足以爲勸，僇耻不足以爲辱；知是非之不可爲分，細大之不可爲倪。聞曰：『道人不聞，至德不得，大人無己。』音紀。約分之至也。」既知其總，須知約分。悟理一而分殊，則總別同時，復何疑乎！

【閒翁曼衍】

①杖云：正説得妙，又落在粗淺去，可惜！涉江曰：又道不期精粗。

②言大則小者駭矣，曾知費隱一章，大小俱盡？二華毛刹，魚鱗鳶羽，然而必開演之乃驚詫者，天精橋頭聽評話慣耳。笑翁曰：文殊、普賢若不相打爭顯，世尊能貶他向二銕圍山？窮毗盧，富彌勒，若不磨碎，怎顯得枕籍樓頭，看秋水之自在耶？拄杖子曰：爭似我穿卻鳶魚。

河伯曰：「若物之外，若物之内，惡至而倪貴賤？惡至而倪小大？」北海若曰：「以道觀之，物無貴賤。以物觀之，自貴而相賤。以俗觀之，貴賤不在己。以差觀之，因其所大而大之，則萬物莫不大；因其所小而小之，則萬物莫不小。知天地之爲稊米也，知毫末之爲丘山也，則差數覩矣。以功觀之，因其所有而有之，則萬物莫不有；因其所無而無之，則萬物莫不無。知東西之相反而不可以相無，則功分定矣。以趣觀之，因其所然而然之，則萬物莫不然；因其所非而非之，則萬物莫不非。知堯桀之自然而相非，則趣操覩矣。昔者堯舜讓而帝，之噲讓而絶；湯武爭而王，白公爭而滅。由是觀之，爭讓之禮，堯桀之行，貴賤有時，未可以爲常也。白公，楚平王孫。

【集評】

舊義曰：舉天地之全，無以異於稊米。然而毫末之積，高于丘山；貴賤有時，而善用爲貴；常變互異，而倫物家常。豈得聽其相非而不決耶？透過反衍，須知公衍。

正曰：以道、物、俗爲三種觀，又以差數、功分、趣操爲三種觀，約分易簡，亦概具矣。人非執别而迷總，即執總而惡别。聖人豁然，即别是總，所以不壞行布而另求圓融。

①「梁麗可以衝城，而不可以窒穴，言殊器也；騏驥驊騮，一日而馳千里，捕鼠不如狸狌，言殊技也；鴟鵂夜撮蚤，察毫末，晝出瞋目而不見丘山，言殊性也。故曰：蓋師是而無非，師治而無亂乎？是未明天地之理、萬物之情者也。是猶師天而無地，師陰而無陽，其不可行明矣。然且語而不舍，非愚則誣也。帝王殊禪，三代殊繼。差其時、逆其俗者，謂之篡夫；當其時、順其俗者，謂之義之徒。默默乎河伯，女惡知貴賤之門、小大之家！」梁麗，與「欐」同。

【閒翁曼衍】

①澇年梨，旱年棗。彼接梨如毬、火釘加棗者，是何師乎？驟而聞之，亦是愚誣。

①

②河伯何不曰：默默乎海若，汝安得誣貴賤之門，愚小大之家？

③既知分殊，則堯桀不可並論，明矣。既知當時順俗，則三代以下，不可以上古之治治之，明矣。莊子何以應？

河伯曰：「然則我何爲乎？何不爲乎？吾辭受趣舍，吾終奈何？」北海若曰：「以道觀之，何貴何賤，是謂反衍；無拘而志，與道大蹇。何少何多，是謂謝施；無一而行，與道參差。嚴乎若國之有君，其無私德；繇繇乎若祭之有社，其無私福；汎汎乎其若四方之無窮，其無所畛域。兼懷萬物，其孰承翼，是謂無方。萬物一齊，孰短孰長？道無終始，物有生死，不恃其成。一虚一滿，不位乎其形。年不可舉，時不可止。消息盈虚，終則有始。是所以語大義之方，論萬物之理也。物之生也，若驟若馳，無動而不變，無時而不移。何爲乎？何不爲乎？夫固將自化。」謝，代也。施，用也。不代其德，是爲代施。劉曰：大蹇者，一步又退一步也。

【集評】

杖曰：即道無生死，物有終始也；不恃其成物，正不位乎其形也。此周流六虚、變動不居之妙旨。

【閒翁曼衍】

①河伯正疑無貴賤矣，无是非矣，則我之辭受取舍，將何所從？

①河伯曰：「然則何貴于道耶？」北海若曰：「知道者必達于理，達理者必明于權，明于權者不以物害己。至德者，火弗能熱，水弗能溺，寒暑弗能害，禽獸弗能賊。非謂其薄之也，言察乎安危，寧于禍福，謹于去就，莫之能害也。故曰：天在內，人在外，德在乎天。知天人之行，本乎天，位乎得，蹢躅而屈伸，反要而語極。」曰：「何謂天？何謂人？」北海若曰：「牛馬四足，是謂天；絡馬首，穿牛鼻，是謂人。故曰：無以人滅天，無以故滅命，無以得狥名。謹守而勿失，是謂反其真。」褚曰：自篇首至此，凡六問答，如風驅遠浪，漸近漸激；至是如雪浪噴薄，使人應接不暇；須臾澄靜，則波光萬頃，一碧涵天。自非反真之士，誰能識之？

【集評】

郭云：人能不服牛乘馬乎？服牛乘馬，可不穿絡之乎？牛馬不辭穿絡者，天命之固當也。當乎天命，則雖寄之人事，而本在乎天也。走作過分，驅步失節，則天理滅矣。不因其

②自爲而故爲之者，命安在乎？所得有常分，殉名則過也。反其真，爲真在性分也。

正曰：漢儒以反經合道爲權，程子非之，而邵子曰一端也，心迹之間，有權存焉。錢海石曰：明于道乃能知權，明于權乃能行道。鄧潛谷曰：伯樂善治馬，而馬死過半，則是率天下之馬而棄之也。不獨廢伯樂，亦且廢馬。

時論曰：九卦履謙制禮，而巽制行權，貴用之中節也，可知禮即大權。知立乃可與權，故爲之辨正權、奇權、冥權焉。

杖云：明于權者，便能轉造化之神。不惟不爲物所生殺，偏能生殺萬物，而機不可測。

愚曰：權無我，物有則。可立與權，何遠之有？正中者，立也；時中者，權也。惟無我而好學者方能知之。

【閒翁曼衍】

①既委造化，何用學道？故發急曰：然則何貴于道耶？只此一問，逼得海若不敢顚頊，吐出寔際理地。

②廢伯樂，又廢馬，安知非造迷之權耶？馬欲脱閑，何妨自廢？中土本不知騎，騎法自塞外來，則伯樂久已廢矣。試問曰者，如何得廢？

① 夔憐蚿，音玄。蚿憐蛇，蛇憐風，風憐目，目憐心。夔謂蚿曰：「吾以一足跉踔黄公紹引說文：踸踔，行無常也。莊子作跉，丑甚切。踔，敕角切。而行，予無如矣。今子之使萬足，獨奈何？」蚿曰：「不然。子不見夫唾者乎？噴則大者如珠，小者如霧，雜而下者不可勝數也。今予動吾天機，而不知其所以然。」蚿謂蛇曰：「吾以衆足行，而不及子之無足，何也？」蛇曰：「夫天機之所動，何可易耶？吾安用足哉？」蛇謂風曰：「予動吾脊脅而行，則有似也。今子蓬蓬然起于北海，蓬蓬然入于南海，而似無有，何也？」風曰：「然。予蓬蓬然起于北海而入于南海也。然而指我則勝我，鰌我亦勝我。雖然，夫折大木、蜚大屋者，唯我能也。」故以衆小不勝爲大勝也。爲大勝者，唯聖人能之。

【集評】

② 杖曰：爲小勝不如大勝，爲有勝不如無勝。惟神人則無大小有無，而不勝人，而人自不能勝之。

寫天新語曰：速莫如火藥之彈，算七日而周地，是太陽四刻，即彈之周歲也。鼻一呼吸，日行四千餘里，宗動天行十六萬餘里。愚者曰：更有一速于天日者，本自如此，乃今知之，此莊子可憐處。

【閒翁曼衍】

①杖云：佛説經畢，卻又説呪。如心經已妙極其大神大明，無上無等等矣，而曰揭諦揭諦娑婆訶。莊子秋水篇方説大理，何乃亂扯夔、蚿、蛇、風而噴出心目耶？末後又去將經解呪，果是縱横殺活，具大機用也耶？天用物耶？物用天耶？幸是可憐生，如何忍瞎用！

②歇菴曰：諸佛言教，似喻嬰兒索物，而語音未了。譯復工拙，拙者類吃人。以口吃之語，傳未了之音，非深求之，意可得耶？休那曰：何如高座道人對諸名士作胡呪乎？笑翁曰：佛與莊子，是古今第一善藏拙者，誰其憐之？

孔子遊于匡，宋人圍之數帀，而弦歌不輟。子路入見，曰：「何夫子之娱也？」孔子曰：「來，吾語女。我諱窮久矣，而不免，命也；求通久矣，而不得，時也。當堯舜而天下無窮人，非知得也；當桀紂而天下無通人，非知失也，時勢適然。夫水行不避蛟龍者，漁父之勇也；陸行不避虎兕者，獵夫之勇也；白刃交於前，視死若生者，烈士之勇也；知窮之有命，知通之有時，臨大難而不懼者，聖人之勇也。由，處矣！吾命有所制矣。」無幾何，將甲者進，辭曰：「以爲陽虎，故圍之。今非也，請辭而退。」「宋」當作「衛」。匡，衛邑也。

【集評】

杖云：我諱窮久矣，乃今始見窮命之有真也；求通久矣，乃今始得通窮之時也。窮通皆有命也，不見其真也，非知命也；窮通皆有時也，不知適時，非自得也。由，汝知吾命之所制，乃見于真能適時，而不變乎中耶？

【閒翁曼衍】

①杖曰：陽虎之與陰虎何異？太極曰：吽吽。

①

公孫龍問于魏牟曰：「龍少學先王之道，長而明仁義之行。合同異，離堅白，然不然，可不可，困百家之知，窮衆口之辨，吾自以爲至達已。今吾聞莊子之言，汒音芒。焉異之，不知論之不及與？知之弗若與？今吾無所開吾喙，敢問其方。」公子牟隱機音几。大息，仰天而笑曰：「子獨不聞夫埳井之鼃乎？謂東海之鱉曰：『吾樂與！吾跳梁乎井幹之上〔一〕，入休乎缺甃之崖，赴水則接腋持頤，蹶泥則沒足滅跗。音扶。還音

〔一〕吾，集釋本莊子秋水作「出」。

旋。蚈音寒。蟹與科斗，莫吾能若也。且夫擅一壑之水，而跨跱埳井之樂，此亦至矣。夫子奚不時來入觀乎？』東海之鱉左足未入，而右膝已縶矣。於是逡巡而卻，告之海曰：『夫千里之遠，不足以舉其大；千仞之高，不足以極其深。禹之時，十年九潦，而水弗爲加益；湯之時，八年七旱，而崖不爲加損。夫不爲頃久推移，不以多少進退者，此亦東海之大樂也。』于是埳井之鼃聞之，適適然驚，規規然自失也。且夫知不知是非之竟，而猶欲觀于莊子之言，是猶使蚊負山、商蚷馳河也，必不勝任矣。且夫知不知論極妙之言，而自適一時之利者，是非埳井之鼃與？且彼方跐黄泉而登大皇，無南無北，奭然四解，淪于不測；無東無西，始于玄冥，反于大通。子乃規規然而求之以察，索之以辨，是真用管闚天、用錐指地也，不亦小乎？子往矣！且子獨不聞夫壽陵餘子之學行於邯鄲與？未得國能，又失其故行矣，直匍匐而歸耳。今子不去，將忘子之故，失子之業。」公孫龍口呿而不合，舌舉而不下，乃逸而走。蚈，赤虫也。商蚷，虫名。

②

【集評】

愚曰：公孫龍離堅白、翻名實以困人，不過大小互换耳。莊生取其大小互换以爲玄，而又欲壓之以爲名，公孫笑破口矣。按公孫龍子曰：聖人之道猶坦途，諸子之説猶斜逕。適坦途者有津梁，之斜逕者多荆棘。是則胸中了然矣。前此白馬非馬之辯，特逃玄設難以取娱耳，亦安知非膠盆驗人，而令其不惑也乎？

【閒翁曼衍】

①杖云：此段必是妒莊子之妙絶，故攙此自誇，以賣其小而敗之乎！不則，何處得此粗鄙？

②口呿舌舉，大小莊子，早被公孫龍勘破。

① 莊子釣于濮水，楚王使大夫二人往先焉，曰：「願以境内累矣。」莊子持竿不顧，曰：
② 「吾聞楚有神龜，死已三千歲矣。王巾笥而藏之廟堂之上。此龜者，寧其死爲留骨而貴乎？寧其生而曳尾於塗中乎？」二大夫曰：「寧生而曳尾塗中。」莊子曰：「往矣！
③ 吾將曳尾于塗中。」濮，陳地水也。

【集評】

易曰：遯尾之厲，不往何災？張竒、胡昭，孟德不强屈之；文舉復戀大中大夫，此自往取災也。尾不爲天下先，其申屠蟠乎？司空圖已厲矣。

【閒翁曼衍】

①濮水持竿不顧者，釣個甚麽？

②使者曰：塗中之龜可食也。醫者曰：生龜之甲可藥也。莊子如之何？

③興畜曰：龍無首，龜曳尾，或藏六，或乘六。畜靈自有常貴，原不作生死計也。愚者舉拂子曰：且看他曳尾何如？

惠子相梁，莊子往見之。或謂惠子曰：「莊子來，欲代子相。」于是惠子恐，搜于國中，三日三夜。莊子往見之，曰：「南方有鳥，其名鵷鶵，子知之乎？夫鵷鶵發于南海，而飛于北海，非梧桐不止，非練實不食，非醴泉不飲。于是鴟得腐鼠，鵷鶵過之，仰而視之曰：『嚇！』今子欲以子之梁國而嚇我耶？」①

【集評】

愚曰：知韋忠之嚇華傾、傅嘏之嚇玄晏乎？知陶謙之嚇許邵、孫權之嚇張昭乎？莊子不能治事，而大言譏世，惠子故意嚇之，何爲不可？

【閒翁曼衍】

①惠施如此出醜耶？周叙五曰：惠子錯矣。惠子竟讓莊子作相，不知如何出醜！農父曰：莊

子必不作梁相，卻喜梁王請他爲相而彼辭之，賣弄耳。笑翁曰：搜殺人，嚇殺人。愚曰：鵷妨遊客作相，搜而殺之，便與清談。惠子若于此時下得一嚇，猶較些子。

莊子與惠子遊于濠梁之上。莊子曰：「鯈音條。**魚出遊從容，是魚樂也。」惠子曰：「子非魚，安知魚之樂？」莊子曰：「子非我，安知我不知魚之樂？」惠子曰：「我非子，固不知子矣；子固非魚也，子之不知魚之樂，全矣。」莊子曰：「請循其本。子曰『女安知魚樂』云者，既已知吾知之而問我。我知之濠上也。」**①

【集評】

丹鉛録曰：曾皙狂者，本有用世大志，而知世之不我以也，故爲此言，以銷壯心而耗餘年。一降則爲莊列，再降則爲嵇阮。敘五曰：由此論之，濠梁一沂浴也。

歸曰：一論大通之理，二論大勝之力，三論達命之事，四論至言之妙，五論全身之高，六論心知之道。王宗沐曰：莊子一部，惟此篇深言之。禪書萬卷，曾不出此。愚則曰：莊子一部，惟此篇淺言之。

紫柏曰：義非文而不詮，意非義而不得，旨非意而不冥。冥則無思，無思則同，同則無實，無實則無同。若然，同而無待，異亦無待也。辟如一指屈伸，伸喻同，屈喻異。故正伸時，伸本無待；正屈時，屈亦無待。雖然，且道離屈伸之外，全指在甚麼處？

杖曰：自知之，則知天地人物之知；自亦有所不知，則知天地人物亦有所不知，此天下之真知也。惠莊一段激揚，知音有幾？

或曰：删卻鴟嚇一段，秋水真大觀哉！愚曰：莊子一書，不過以大嚇小、以死嚇生耳。闊一步，不過以無嚇有、以不可知嚇一切知見而已。此篇讀至風憐目、目憐心，濠上海旋，煞可憐生！

【閒翁曼衍】

① 綱透金鱗，未審以何爲食？或舉鴻濛拊髀雀躍曰遊。愚者曰：饒汝掉臂便行，怎奈鯤鵬鵷鴟，總不能勾出網。

藥地炮莊卷之六

天界覺杖人評　極丸學人弘智集
三一齋老人正　涉江子陳丹衷訂

至樂第十八

①天下有至樂無有哉？有可以活身者無有哉？今奚爲奚據？奚避奚處？奚就奚去？奚樂奚惡？夫天下之所尊者，富貴壽善也；所樂者，身安、厚味、美服、好色、音聲也；所下者，貧賤夭惡也；所苦者，身不得安逸〔一〕，口不得厚味，形不得美服，目不得好色，耳不得音聲。

②若不得者，則大憂以懼，其爲形也亦愚哉！夫富者，苦身疾作，多積財而不得盡用，其爲形也亦外矣！夫貴者，夜以繼日，思慮善否，其爲形也亦疏矣。

③人之生也，與憂俱生，壽者惛惛，久憂不死，何之苦也！其爲形也亦遠矣！烈士爲天下見善矣，未足以活身。吾未知善之誠善邪？誠不善邪？若以爲善矣，不足活身；

〔一〕得，原無，據集釋本莊子至樂補。

以爲不善矣，足以活人。故曰：忠諫不聽，蹲循勿爭。故夫子胥爭之，以殘其形；不爭，名亦不成。誠有善無有哉？今俗之所爲，與其所樂，吾又未知樂之果樂耶？果不樂耶？吾觀夫俗之所樂，舉羣趣者，誙音阬。然如將不得已〔一〕，而皆曰樂者，吾未

④之樂也，亦未之不樂也。果有樂無有哉？吾以無爲誠樂矣，又俗之所大苦也。故曰：至樂無樂，至譽無譽。天下是非，果未可定也。雖然，無爲可以定是非。至樂活

⑤身，唯無爲幾存。請嘗試言之：天無爲以之清，地無爲以之寧。故兩無爲相合，萬物皆化。芒乎芴乎，而無從出乎！芴乎芒乎，而無有象乎！萬物職職，皆從無爲殖。故曰：天地無爲也，而無不爲也。人也孰能得無爲哉！蹲循，逡巡。誙誙、硜硜同。職職，各有所主也。

【集評】

舊義曰：必提「富貴壽善」四字作案，何耶？古人就所樂以鼓之，又就所懼以覺之，故攻苦以發憤忘憂，此一出入機也；造毒以困塞得通，亦一出入機也。末流遂以大悟無道作狡獪

〔一〕誙，集釋本莊子至樂「誙」字重。按據後注，作「誙誙」者是。

矣，曾知大道無悟乎？

路史曰：爲者敗之，而無爲之説，爲患不淺。二程所憂先窘閉不堪、後放蕩不堪者也。莊曰「人孰得無爲哉」，擊艸驚蛇耳。須知正訓、消遣，各是一例。

一菴曰：佛始言求真常、真樂、真我、真淨，繼言無常、無樂、無我、無淨，究言常、樂、我、淨。何爲三番乎？接人先因所近而容其入門，已視所執而奪之，于是更化而歸一寔，則至樂矣。本體不落哀樂，即在時哀時樂之中節中。其如匿道販機白誤何？

【閒翁曼衍】

①髑髏兩拈，喪偶鼓盆，豈非以死而樂其生乎？寔則以未嘗生、未嘗死之理，而樂其生還生、死還死之事也。潛艸曰：世間美不過餓後飯，不可不嚼，然究竟各忘其嚼。

②孟博謂子曰：吾欲子爲惡，則惡不可爲；欲子爲善，則我不爲惡。莊生此語，矢上加尖。聖人自有活身、活人之至善，其如美食不中飽人喫何？

③陰符經曰：至樂「性餘」二字玅，不足則相愛，有餘則相忘。可與此篇活身、活人同參。

④高峰曰：大海無魚，大地無艸，大富無糧，大悟無道。子作麽生會？學記曰：大德不官，大道不器，大信不約，大時不齊。子作麽生會？若瞥見莊子、佛法中一個「無」字，便偷作護身符。苦哉！苦哉！

⑤羅大經言閒居得友、泉石枕籍之樂：山靜似太古，日長如小年。牽黃臂蒼，馬頭駒影，烏能識之？李學光題楊銕崖真樂窩曰：世人爲樂千種巧，不如讀書、鼓琴之樂常可保。何必更説生死、談道德耶？楊龍友曰：清福錫之上帝，忌盈偏深；飲啄隨之一身，流行自衍。貪無爲者，未可恃在。歇菴曰：不幸力豐材贍，亦且追逐，何暇從事寂寥哉？雖然，有營，一也，安知今所從事，非惑之尤乎？事固有逆施而後獲者，勤之所以息也。姚休那曰：閒居適性，此福在堯、舜、釋迦之上。人生那得如此？切忌妄想。李之彦曰：日月運行，天地且不得閒，而閒豈人所易得哉？藥地曰：引得水埽竈上，依然柴在山中。

①

莊子妻死，惠子弔之，莊子則方箕踞鼓盆而歌。惠子曰：「與人長子〔一〕、老身，死不哭亦足矣，又鼓盆而歌，不亦甚乎？」莊子曰：「不然。是其始死也，我獨何能無概！然察其始而本無生；非徒無生也，而本無形；非徒無形也，而本無氣。雜乎芒芴之間，變而有氣，氣變而有形，形變而有生，又變而之死，是相與爲春秋冬夏四時行也。

〔一〕與人，集釋本莊子至樂作「與人居」。

人且偃然寢于巨室，而我噭噭音叫〔一〕。然隨而哭之，自以爲不通乎命，故止也。」②

【集評】

杖云：前莊子説善惡因果之法，以勸世俗之不善生者；此又説朝聞夕死之道，以勸世智之不善死者。其爲亡妻超薦乎？寔已超薦千古之無主孤魂矣！在人且偃然寢于巨室，此以涅槃爲頻婆果乎？非執斷滅靈性者比，亦非計狗寶神我者比也。

【閒翁曼衍】

①張和仲曰：未能忘情，故歌以遣之。夏君憲曰：婦人好榦家功名。莊子一生曠達，必是被老婆逼拶不過，方得脱然，不覺手舞足蹈。著此書必在鼓盆之後。

②用此一劑芒硝，正好裁天用命。若住在涅槃爲樂，乃是倩鬼扶針。

支離叔與滑音骨。介叔觀於冥伯之丘、崑崙之虚，黄帝之所休。①俄而柳生其左肘，其意蹶蹶然惡之。支離叔曰：「子惡之乎？」滑介叔曰：「亡！予何惡？生者，假借也；②假之而生，生者塵垢也。死生爲晝夜。且吾與子觀化，而化及我，我又何惡焉？」

〔一〕叫，原作「叶」，據文意改。

【集評】

杖云：冥伯之丘，言陰幽也。黃帝休焉，正以靜爲根柢。又妙是俄而柳生滑介之肘，吾與子觀化而化及我，天地人物，化爲一葉久矣！

【閒翁曼衍】

①柳生左肘，誕甚！妙甚！丁固夢松生腹，又何惡焉？曲柳而枕之，且請蝴蝶圓夢。

②杖人題觀化居曰：觀化者何人，化何以及我？覩影忽逢渠，冰毬一天火。

①莊子之楚，見空髑音獨。髏，音婁。髐音嘐。然有形，撽若吊反。以馬捶，因而問之，曰：「夫子貪生失理而爲此乎？將子有亡國之事、斧鉞之誅而爲此乎？將子有不善之行，愧遺父母妻子之醜而爲此乎？將子有凍餒之患而爲此乎？將子之春秋故及此乎？」於是語卒，援髑髏，枕而卧。夜半，髑髏見夢曰：「子之談者，似辯士。②諸子所言〔一〕，皆生人之累也，死則無此矣。子欲聞死之説乎？」莊子曰：「然。」髑髏曰：

〔一〕諸，集釋本莊子至樂作「視」。

「死，無君於上，無臣於下，亦無四時之事，從音縱。然以天地爲春秋，雖南面王樂，不能過也。」莊子不信，曰：「吾使司命復生子形，爲子骨肉肌膚，反子父母妻子、閭里知識，子其欲之乎？」髑髏深矉蹙頞曰：「吾安能棄南面王樂，而復爲人間之勞乎！」

③

【集評】

郭云：舊説莊子樂死惡生，謬矣！若然，何謂齊乎？所謂齊者，生時安生，死時安死。生死之情既齊，則無爲當生而憂死耳。此莊子之旨也。

【間翁曼衍】

①元結作哀丘表，李華吊古戰場，袁山松道上行殯，張湛屋下陳尸，寒溪郭生作挽歌，李委吹笛隺南飛，誰非馬捶敲髑髏乎？妙在莊子不信一句，你道他如何矉蹙？

②李孟白曰：隨人魚肉，隨天困厄，惟有佛法自解。始悟佛説法，皆萬不得已，無可奈何，而自寬自解，并解諸衆生也。笑曰：一場顰蹙。

③吳觀我曰：忘塵息念方名死，死後翻成慧命長。若道漆園談斷滅，君臣都盡有何王？

顔淵東之齊，孔子有憂色。子貢下席而問曰：「小子敢問，回東之齊，夫子有憂色，何

①

也？」孔子曰：「善哉女問！昔者管子有言，丘甚善之，曰：『褚小者不可以懷大，綆短者不可以汲深。』夫若是者，以爲命有所成而形有所適也，夫不可損益。吾恐回與齊侯言堯、舜、黄帝之道，而重以燧人、神農之言，彼將内求于己而不得，不得則惑，人惑則死。且女獨不聞邪？昔者海鳥止於魯郊，魯侯御音迓。而觴之于廟，奏九韶以爲樂，具太牢以爲膳，鳥乃眩視憂悲，不敢食一臠，不敢飲一盃，三日而死。此以己養養鳥也，非以鳥養養鳥也。夫以鳥養養鳥者，宜棲之深林，遊之壇陸，浮之江湖，食之鰌音攸。鰷，音由。隨行列而止，委蛇而處。彼唯人言之惡聞，奚以夫譊譊爲乎？咸池、九韶之樂，張之洞庭之野，鳥聞之而飛，獸聞之而走，魚聞之而下入，人卒音猝。聞之，相與還而觀之。魚處水而生，人處水而死，彼必相與異其好惡，故異也。故先聖不一其能，不同其事，名止于寔，義設于適，是之謂條達而福持。」壇音但，水沙澶也。條達，言理而達也。

【集評】

正曰：不一其能，不同其事，名止于寔，義設于適，各中其節而已。條達福持，自無鹵莽刻薄之禍。

【閒翁曼衍】

①季蘆子曰：尼山既以未知生、焉知死答子路矣，又呼之曰，誨汝知之乎？知之爲知之，不知爲不知，是知也。此老婆心，正恐人深曠蹙頞。

列子行食於道，從見百歲髑髏，攓蓬而指之曰：「唯予與女知而未嘗死、未嘗生也。若果養乎？予果歡乎？」種有機，得水則爲㡭，即繼。鄭景望曰：此下有「繩爲鶉」三字。得水土之際則爲鼃音蛙。蠙之衣，生於陵屯則爲陵舄，音夕。得鬱棲則爲烏足〔一〕，烏足之根爲蠐螬，其葉爲胡蝶。胡蝶，胥也。化而爲蟲，生於竈下，其狀若脱，其名爲鴝掇。都括反。鴝掇千日爲鳥，其名爲乾音干。餘骨。乾餘骨之沫爲斯彌，斯彌爲食醯。頤輅生乎食醯，黄軦一作「軏」。生乎九猷，瞀音茂。芮生乎腐蠸，音懽。羊奚比乎不箰音筍。久竹生青寧，青寧生程，程生馬，馬生人，人又反入於機。萬物皆出於機，皆入於機。自濕化而言，塵牽如絲，其名爲㡭。蓋水苔欲生，河中先有此朕，其在水土相交之

〔一〕得，集釋本莊子至樂其上有「陵舄」二字。

③際。水得土氣，凝爲體質，名鼃蠙之衣，即水舄也。生于水爲舄，詩所謂蕢也，鼃與蚌依其下焉；生于陵屯，則爲陵舄，詩所謂芣苢也。陵舄得鬱棲糞壤而化爲烏足，或云墨艸，其根化蠐螬，而葉化胡蝶。胥，相也，蝶類，又相化而爲蟲也。蓋艸化爲虫，質多蠕弱。又生野灶之下者，得火之氣，化而爲虫，无皮无殼，其狀若脱，名鴝掇。鴝掇伏土千日，化而爲鳥，名乾餘骨。乾餘骨之沫化爲斯彌，斯彌化爲食醯。食醯，蠛蠓也，喜酸而聚醯者。頤輅、九猷、黄軏、腐蠸，蠸，螢也。瞀芮，遞遞相生。「羊奚比乎不箰久竹生青寧」爲一句。羊奚，艸名，根如芜菁。比，合也，其根連于久不生笋之竹，則生青寧，青寧，竹根虫也。循本言萬載人曾見一虫，連竹根未變者。尸子曰：越人呼豹曰程。筆談言延州呼之。青寧生程，程生馬，馬生人，世間自有此事。如史言長涉武陵蠻生于畜狗〔一〕、元始祖胎于狼鹿之類，不可以耳目所限而斷之。愚謂莊子名物不必苦解，呼豹爲程，乃呼虫爲程也。

【集評】

④子夏曰：聖人用天下之物，成天下之事，取異物相制相合，其類多矣。易約幾曰：陰符之機，聖人以陽藏之，故曰不一其能，不同其事，是謂條達而福持。譚峭化書曰：水易動而自

〔一〕涉，疑當作「沙」。

清，民易變而自平，在不逆萬物之情。自天子庶人，萬族皆可以食而通之。惟大人之機，天地莫能見，鬼神莫能窺。夫何故？道德仁義之所爲。

【閒翁曼衍】

①杖云：子書不經。唯不經，所以爲子書。此中亦别有一種不可解處，是彼之妙解也。聞聲悟道，見色明心。觀世音將錢買胡餅，放下手，卻是饅頭。

②浮山、亞侯同看壁題云：天風醉花鳥。鍾伯敬賞之，因論出機入機、道入與物同體之樂。愚舉晦堂心打狗則走、打案不走，情與無情，如何得一體去？居士無語。愚指曰：久竹生青寧，天風醉花鳥。

③舉世間王、孟、錢、劉、元、白之調亦太熟矣，安得不珍重老杜？久之杜亦厭矣，必取李賀、盧仝、長吉、韓愈矣。久之復歸平淡温雅者，勢也。莊子亦自在風力中，豈自知哉！宗與教、慎與曠、平與奇、虚與實亦一出入機也。麥芽化糯作飴糖，銀硃入罐升輕粉，且道是那一機？

④楚石曰：門前種萵苣，萵苣生火筋，火筋開蓮花，蓮花結木瓜，忽然攧落地，撒去無數芝蔴。且問與至樂篇煞尾一機相去多少？

達生第十九

①達生之情者，不務生之所無以爲；達命之情者，不務知之所無奈何。養形必先之

物〔一〕，物有餘而形不養者有之矣；有生必先無離形，形不離而生亡者有之矣。生之來不能卻，其去不能止。悲夫！世之人以爲養形足以存生，而養形果不足以存生，則世奚足爲哉？雖不足爲而不可不爲者，其爲不免矣。夫欲免爲形者，莫如棄世。棄

②世則無累，無累則正平，正平則與彼更生，更生則幾矣。事奚足棄而生奚足遺？棄事則形不勞，遺生則精不虧。夫形全精復，與天爲一。天地者，萬物之父母也。合則成體，散則成始。形精不虧，是謂能移。精而又精，反以相天。

【集評】

③杖曰：達生不爲物累則精全，達命不爲知累則神全。真知物造于不形，而止於無所化，則死生驚懼不入其中，而神藏于天，氣守于形，莫之傷矣。開天者德生，開人者賊生。不厭其天，不忽于人，此非知巧果敢之列也。世人厭于無知，不能藏乎無端之紀；忽于有造，不能處乎不淫之度，故天德日消而命亂，人賊日起而生亡，誰能自全于終始哉？

愚曰：乾曰旁通，情也。利貞者，性情也。觀其咸、恒、萃，而天地萬物之情可見矣。原

〔一〕物，集釋本莊子達生作「以物」。

不説壞情字，只以中其本然之節而節之。以天地正大之情節萬物之情，此聖人之情見乎調矣。

【閒翁曼衍】

①不厭其天，不忽于人，精而又精，反以相天。誰透此覓不可得之牆壁耶？誰得此三拜依位立之髓耶？靈堂忘御者曰：無生長生，止是達生。龠山道人曰：各安生理，乃是達生。猶不達耶？神曲任生蟲，煮用長流水。

②世奚足爲而爲不免。三翻兩折之能移，何如一句正平耶？如何是正平一句？曰：固原蘿蔔大，甘州枸杞小。

③瑞龍幼璋上堂曰：請方終無異説，衹教歇卻狂心。休從他覓，但隨方狂真，亦無真可任；隨時受用，亦無時可用。設垂慈苦口，且不可喚晝作夜；更饒善巧，終不能指東爲西。脱或能爾，自是神通作怪，非干我事。若是學語之流，不自省己知非，直欲向空裡栽花、波中取月，還着得心力麽？

①

子列子問關尹曰：「至人潛行不窒，蹈火不熱，行乎萬物之上而不慄，請問何以至于此？」關尹曰：「是純氣之守也，非知巧果敢之列。居，予語女。凡有貌象聲色者，皆物也。物何以相遠〔一〕？夫奚足以至乎先？是色而已。則物之造乎不形，而止乎無所化。夫得是而窮之者，物焉得而止焉！彼將處乎不淫之度，而藏乎無端之紀，遊乎萬物之所終始；壹其性，養其氣，合其德，以通乎物之所造。夫若是者，其天守全，其神無郤，音隙。物奚自入焉！夫醉者之墜車，雖疾不死。骨節與人同，而犯害與人異，其神全也。乘亦不知也，墜亦不知也，死生驚懼不入乎其胸中，是故遻音悟。物而不慴。音折。彼得全于酒而猶若是，而況得全于天乎！聖人藏于天，故莫之能傷也。復仇者不折鏌干，雖有忮心者，不怨飄瓦，是以天下均平。故無攻戰之亂，無殺戮之刑者，由此道也。不開人之天，而開天之天。開天者德生，開人者賊生。不厭其天，不忽于人，民幾乎以其真。」

②

【集評】

潛艸曰：董子俞子篇曰：上探正天，下詳得失。正天豈氣數之天乎？開人之天者，以食色爲見成而任縱矣。開天之天者，庖丁信手，依乎天理，而物物住法位者也。不厭其天，豈

〔一〕物，集釋本莊子達生下有「與物」二字。

有奇刻造怪之弊！不忽乎人，豈有悖倫藐蕩之弊！

【閒翁曼衍】

①萬曆戊午，焦弱侯問覺杖人：親見壽昌，有何言句？杖曰：過時茶飯，不堪奉人。焦曰：不必吝教。杖曰：雹光不可追矣。焦曰：所得豈無據乎？杖曰：覿面不曾藏，何勞標月指？焦顧衆曰：大似現成語一般。杖曰：可煞太解新，諸公不領略耳。焦曰：元來作家。杖曰：也不消得。因論參究工夫。杖曰：祇如吃粥已饑了，公教我作甚麼參究？焦咲曰：快討點心來。杖曰：有甚麼禪參不透？有甚生死了不得？正好向這裡參、這裡了。回頭轉腦，論教求宗，敢保鍾山倒卓，未夢見在。焦大喜曰：前見瑞龍上堂，有個快處。今日得師一印證矣。愚曰：道路雖明卻誤人。

②遲物不慴，是素位自得之玄酒也。今人則以敢于遲物爲蒙酣酒矣。爲嶽神受戒者曰：不爲酒困，是不飲戒。易終飲酒濡首，子曰亦不知節也。吾杯雙解太和湯，幾人漱口知回味？

①仲尼適楚，出于林中，見痀音居。僂音屢。者承蜩，猶掇之也。仲尼曰：「子巧乎？有道邪？」曰：「我有道也。五六月累上聲。丸二而不墜，則失者錙銖；累三而不墜，則失者十一；累五而不墜，猶掇之也。吾處身也，若厥即橛。株拘；音渠。吾執臂也，若

② 槁木之枝。雖天地之大，萬物之多，而唯蜩翼之知。吾不反不側，不以萬物易蜩之翼，何爲而不得？」孔子顧謂弟子曰：「用志不分，乃疑于神。其痀僂丈人之謂乎！」

瞿譔云〔一〕：厥株枸，斷樹也。疑，即凝，東坡作「疑」。智按：凝、疑古通，儀禮「疑立君側」、「疑丞」是也。

【集評】

杖云：此精一之功也。累二累三至五，而後猶掇之，蓋其用志能分而不雜，故凝神愈精，足以貫攝天地萬物，唯吾掇之也。又如操舟者善遊數能，以忘其外水之險，而不傷吾之内神，則形生俱輕，與物同化。學而時習之，不亦悦乎，注解在此。

【間翁曼衍】

① 艮背行庭，亦累丸乎？不聞五百車聲，亦蜩翼乎？蓮池曰：高鳳讀書而漂麥，彼入何定？可笑今人自諉，安知精一？

② 東坡曰：以無所得故而得，則承蜩意鉤，履狶畫墁，未有不與如來同者也。王聖俞曰：東坡

〔一〕瞿，疑當作「崔」。

天美老饕，設語標新，解牛承蜩，黠鼠驂駕。康伯曰：文章中有黠鼠老饕，學術中亦有黠鼠老饕，誰則知之？食蒼者蒼，食黄者黄。習伏衆神，危哉微哉！

顏淵問仲尼曰：「吾嘗濟乎觴深之淵，津人操舟若神。吾問焉，曰：『操舟可學邪？』曰：『可。善遊者數音朔。能。若乃夫没人，則未嘗見舟而便操之也。』吾問焉而不吾告，敢問何謂也？」仲尼曰：「善遊者數能，忘水也。若乃夫没人之未嘗見舟而便操之也，彼視淵若陵，視舟之覆猶其車卻也。覆卻萬方陳乎前，而不得入其舍，惡往而不暇！以瓦注者巧，以鉤注者憚，以黄金注者殙。其巧一也，而有所矜，則重外也。凡外重者内拙。」

①

②

【集評】

正曰：定則能遊，明則能定，平則自明，輕之則能平，空之則能輕，險之則能空，此盡變之必至也。危微方始，不能透過，層層皆是殙注。

【閒翁曼衍】

①季蘆子曰：毁外矜内，猶是殙注。閒翁曰：曾知有毁内、外而矜中者之殙注乎？咲翁曰：曾

知毁內、外、中而矜無者之殙注乎？

②白白齋曰：貪賈三之，廉賈五之，太史公得賈三昧；金注則殙，瓦注則巧，南華公得博三昧。

①田開之見周威公，威公曰：「吾聞祝腎學生，吾子與祝腎遊，亦何聞焉？」田開之曰：「開之操拔篲以侍門庭，亦何聞於夫子？」威公曰：「田子無讓，寡人願聞之。」開之②曰：「聞之夫子曰：『善養生者，若牧羊然，視其後者而鞭之。』」威公曰：「何謂也？」田開之曰：「魯有單音善。豹者，巖居而水飲，不與民共利，行年七十而猶有嬰兒之色。不幸遇餓虎，餓虎殺而食之。有張毅者，高門縣薄無不走也，行年四十，而有內熱之病以死。豹養其內，而虎食其外；毅養其外，而病攻其內。此二子者，皆不鞭其後者也。仲尼曰：『無入而藏，無出而陽，柴立其中央。三者若得，其名必極。』夫畏塗者十殺一人，則父子兄弟相戒也，必盛卒徒而後敢出焉，不亦知乎？人之所取畏者，衽席之上，飲食之間，而不知爲之戒者，過也！」拔篲，范无隱云：拔讀如拂。高門，大家也。縣薄，謂縣帷薄于門首，閭閻小户也。

【集評】

郭云：藏既內矣，而又入之，過于入也；陽既外矣，而又出之，過于出也。柴立者，無心也。中央適立，則不憂其後矣。三者若得，其名必極，名極而寔當者也。子瞻曰：君子理養心，故心行而腎從之。小人反是。

愚曰：神統精氣，氣生精神，而精足乃氣足而生神，故表以祝腎。末段訓戒風流，又兼祝胃。

【間翁曼衍】

①出入兩症，寒熱相爭，中央立柴，鞭未可已。兩岸猿聲，輕舟已過，往來舞渡，須識風雲。執臂蹈淵，端在柁手矣。紙船鐵梢公，攤錢高浪中。切忌預先説過。

②子長曰：千金之子，不死于市。白白曰：能不死于飲食、衽席乎？徐太室曰：水火凍暍，多橫被于孤貧；虛癆惑溺，必先纏乎貴介。天網恢恢，何嘗不鞭人之後耶！

①

祝宗人玄端以臨牢筴，説音税。彘曰：「汝奚惡死？吾將三月豢女，十日戒，三日齋，藉白茅，加女肩尻乎雕俎之上，則汝爲之乎？」爲彘謀曰，不如食以糠糟，而錯之牢筴之中。自爲謀，苟有軒冕之尊〔一〕，死得于腞直轉反。楯之上、聚僂之中則爲之。爲彘

〔一〕苟有，集釋本莊子達生作「則苟生有」。

謀則去之，自爲謀則取之，所異彘者何也？牢筴，豕圈也。腞楯，畫盾也。詩：「蒙伐有菀。」謂畫雉羽之文于盾上。聚僂，曲薄所以捲聚物者。陸氏云：腞楯，字當作「篆輴」。畫輴車，所以藏柩。聚當作「菆」，才官反。僂當作「蔞」，力九反。謂殯于菆塗翣蔞之中也。智按莊生行文，意到則通用耳。僂與蔞通。聚僂，與後之卷婁同，蓋盛肉之籃器也。

【閒翁曼衍】

①辰曰：語意曲折懇到。玄冠説彘，皆奇事也。犧牛卜龜之外，有此遺論，作者何窮？

①桓公田於澤，管仲御，見鬼焉。公撫管仲之手曰：「仲父何見？」對曰：「臣無所見。」公反，誒音熙。詒音怡。爲病，數日不出。齊士有皇子告敖者，曰：「公則自傷，鬼惡能傷公？夫忿滀音畜。之氣，散而不反，則爲不足；上而不下，則使人善怒；下而不上，則使人善忘；不上不下，中身當心，則爲病。」桓公曰：「然則有鬼乎？」曰：「有。沈有履，竈有髻。音詰。户内之煩壤，雷霆處之；東北方之下者，倍音裴。阿、鮭音蛙。蠪音龍。躍之；西北方之下者，則泆音逸。陽處之。水有罔象，丘有峷，韻會音辛，一作「崒」。山有夔，野有方皇，即傍徨。澤有委蛇。」公曰：「請問委蛇之狀何如？」皇子曰：「委蛇，其大如轂，其長如轅，紫衣而朱冠。其爲物也，惡聞雷車之聲，則捧其首

而立，見之者殆乎霸。」桓公辴丑忍反。徐邈音秩。監韻作「囅」，誤。然而笑曰：「此寡人之所見者也。」于是正衣冠與之坐〔一〕，不終日而不知病之去也。愚按公紹曰：沈，濁黕也，引莊子「沈有漏」。今作「履」，其誤耶？李軌曰：髻，竈神名。赤衣如美女，即陰就傳注之郭禪也。阮堅之曰：竈額謂之髻。詰皋，太陰。雷赫，太陽。户向陽，故屬之耳。倍阿，培阿也。鮭蠪，即白澤所云門室精謂之傒龍也。彪曰：蠪，赤駁蜉蝣也。西北尤爲陰方，故曰泆陽。説文：夔，神魖也，如龍，一足。國語：木石之怪夔、蝄蜽。孔叢子：木石之怪龍、罔象。郝楚望曰：罔兩、罔宦、罔象、方相，皆一聲之轉。彷徨、往來，即白澤所謂慶忌也。管子言俞兒，見者霸，即委蛇也。山有峷，亦可，安知峷非傳訛，而韻會收之耶？莊子隨意安名，不必苦辯。

【集評】管見云：桓公因疑而致疾，告敖以妄而止妄。所載鬼名，似涉怪誕。天下有道，其鬼不神。

杖云：桓公與管仲同田見鬼，仲對以臣無所見，則公獨見鬼而生病，此管仲之毒也。皇子告敖又何知見此鬼者當霸？得非管仲藉此見鬼以起桓公作霸之心哉？此治國用兵之奇

〔一〕正，原無，據集釋本莊子達生補。

術，即莊生亦未必見及此也。此于達生、立命、善鞭其後者，百尺竿頭，更進一步矣。彼岩居水飲，養如嬰兒，與夫宴安鴆毒者，又何知生於生死畏途而別有轉變，能于先天立命、與天下人造命哉？

愚曰：人情聞恠即駭，駭則肝發而氣上舒，或以恐伏之，或以喜引之，此治神之醫方也。有則俱有，達者造名，以鬼從類耳。奇在有名而鬼即因之，心幾自神，不可思議，惟聖人能知其故而不惑。

【間翁曼衍】

① 你看這一位醫王，妙在診知病症，不妨一頓支離，使人立地搆去。在巽之漸，曰巽在牀下。用史巫紛若，將以決巽之進退，利武人之貞耶？若不善用，未免喪其資斧。

① 紀渻音省。子爲王養鬭雞，十日而問：「雞已乎？」曰：「未也，方虛憍而恃氣。」十日又問，曰：「未也，猶應響景。」十日又問，曰：「未也，猶疾視而盛氣。」十日又問，曰：

② 「幾矣，雞雖有鳴者，已無變矣，望之似木雞矣，其德全矣。異雞無敢應者，反走矣。」

【集評】

魏子敬瘞鬭雞銘取其義也，因歎猛鷙之不可恃，足以補此。

【閒翁曼衍】

①惠曰：今之機鋒開鋪、鬬險成仇者，泥牛木馬，總是虛憍恃氣。孟嘗以雞鳴之客過關，猶可枯椿舊處尋乎？

②余全人曰：養生者，爲雞之飲喙。達生者，爲鷄之德全。滕公剡曰：達生而鬬，謂何不若無生。嘘室曰：今以無生鬬者謂何？

①孔子觀于呂梁，縣水三十仞，流沫四十里，黿鼉魚鼈之所不能遊也。見一丈夫遊之，以爲苦而欲死也，使弟子並流而拯之。數百步而出，被髮行歌而遊于塘下。孔子從而問焉，曰：「吾以子爲鬼，察子則人也。請問：蹈水有道乎？」曰：「亡，吾無道。吾始乎故，長乎性，成乎命，與齊音臍。俱入，與汩音骨。偕出，從水之道而不爲私焉。此吾所以蹈之也。」孔子曰：「何謂始乎故，長乎性，成乎命？」曰：「吾生于陵而安于陵，故也；長于水而安于水，性也；不知吾所以然而然，命也。」齊與臍同，左氏「噬臍」，亦作「齊」，水漩入處也。汩，水滚出處也。家語亦載圜流之丈夫對孔子曰：「始吾之入也，先以忠信；及吾之出也，又從以忠信，措吾軀于波流，而不敢用吾私。」孔子曰：「二三子識之，水且猶可以忠信之身親之，而況于人乎？」

【集評】

郭曰：此言人有偏能，得其所能而任之，天下無難。

孫湛曰：故，素也。愚曰：故者，則故而已矣。此三句可與易之繼善成性同參。

【閒翁曼衍】

①杖曰：前問以有道乎，曰吾有道也。此問有道乎，曰亡，吾無道也。變化紗甚。始乎故，長乎性，成乎命，與齊俱入，與汩偕出，無道安能？此與養木雞、削木鐻、御良馬，匠心自化，愈出愈奇。入聖藥引，生薑更辣。且説以天合天，不應以私，巴鼻在甚麽處？如何下口？

梓慶削木爲鐻，音據。鐻成，見者驚猶鬼神。魯侯見而問焉，曰：「子何術以爲焉？」對曰：「臣工人，何術之有？雖然，有一焉。臣將爲鐻，未嘗敢以耗氣也，必齊音齋。以靜心。齊三日，而不敢懷慶賞爵禄；齊五日，不敢懷非譽巧拙；齊七日，輒然忘吾有四肢形體也。當是時也，無公朝，其巧專而外滑音骨。消，然後入山林，觀天性，形軀至矣，然後成，見鐻然後加手焉。不然則已。則以天合天，器之所以疑神者其是歟？」①鐻，鐘鼓之柎。

【閒翁曼衍】

①文王繫觀卦曰：盥而不薦。曾疑此否？周公繫兑二曰：孚乃利用禴。曾疑此否？

①

東野稷以御見莊公，進退中繩，左右旋中規。莊公以爲文弗過也，使之鉤百而反。顔闔遇之，入見曰：「稷之馬將敗。」公密而不應。少焉，果敗而反。公曰：「子何以知之？」曰：「其馬力竭矣，而猶求焉，故曰敗。」

【集評】

韓嬰曰：舜工于使人，造父工于使馬。不窮其民，故無逸民；不窮其馬，故無逸馬。故達命者，不務知之所無奈何也。

【閒翁曼衍】

①左不得右不得者，燒淬相煅耳。今執此以鬬勝者，毋乃故欲窮馬而敗之乎？不然者，又欲廢羈絡而使馬者也。誰見鞭影而行？

工倕旋而蓋規矩，指與物化，而不以心稽，故其靈臺一而不桎。蓋，猶過也。

忘足，屨之適也；忘要，平聲。帶之適也。知忘是非，心之適也。不內變，不外從，事會之適也。始乎適而未嘗不適者，忘適之適也。

【集評】

正曰：又須知不以忘腰而廢帶、忘足而廢屨也。曾知曳履束帶乃本忘乎？

①有孫休者，踵門而詫于扁慶子曰：「休居鄉不見謂不修，臨難不見謂不勇，然而田原不遇歲，事君不遇世，賓音擯。于鄉里，逐于州部，則胡罪乎天哉？休惡音烏。遇此命也。」扁子曰：「子獨不聞夫至人之自行耶？忘其肝膽，遺其耳目，芒然彷徨乎塵垢之
②外，逍遥乎無事之業，是謂爲而不恃，長而不宰。今汝飾知以驚愚，修身以明汙，昭昭乎若揭日月而行也。汝得全而形軀，具而九竅，無中道夭于聾盲跛蹇而比于人數，亦幸矣！又何暇乎天之怨哉？子往矣！」孫子出，扁子入。坐有間，仰天而歎。弟子問曰：「先生何爲歎乎？」扁子曰：「向者休來，吾告以至人之德，吾恐其驚而遂至于惑
③也。」弟子曰：「不然。孫子之所言是耶，先生之所言非耶，非固不能惑是。孫子所言非耶，先生所言是耶，彼固惑而來矣，又奚罪焉！」扁子曰：「不然。昔者鳥止于魯

郊，魯君悦之，爲具太牢以饗之，奏九韶以樂之。鳥乃始憂悲眩視，不敢飲食。此之謂以己養養鳥也。若夫以鳥養養鳥者，宜棲之深林，浮之江湖，食之以委蛇，則平陸而已矣。今休，款啓寡聞之民也，吾告以至人之德，譬之若載鼷以車馬，樂鴳以鐘鼓也，又惡能無驚乎哉！」款啓，小見。

④

【集評】

杜子美遣興詩曰：淵明未聞道，達生豈是足？將謂鞭淵明耶？老杜自己亦是踵門而詫。淵明形贈影詩曰：我無騰化術，必汝不復疑。影答形曰：立善有遺愛，胡爲不自竭？神釋曰：結託善惡同，安得不相語？立善常所欣，誰當爲汝譽？甚念傷吾生，正宜委運去。縱浪大化中，不喜亦不懼。非醉車之墮耶？葉少藴以爲未在。且謂葉與杜，其旨同否？黄山谷曰：俗人謂杜譏陶，所謂癡人前不得説夢。然則葉不許陶，毋乃自詫癡人能説夢耶？

【閒翁曼衍】

①孫休烏龜鑽破壁，扁子入水見長人。無端角弓反張，只爲踵門而詫。

②吴觀我曰：此是達生一篇自煮甘艸、自加薑棗之法。以達生而縱生者惑矣，聞外生、達生而

無決者惑矣，柴立中央而執者惑矣。掃此三説以驚而惑人者，惑何如哉？

③季蘆子曰：將謂扁子鞭俗人，不知並鞭離俗之人。鼷鷃驚則不無，卻笑踦門自詫。

④噓室曰：陶、杜、黄、葉，驚耶？詫耶？墨歷山頭炮漆吏，止圖説夢作癡人。

山木第二十

①莊子行于山中，見大木，枝葉盛茂，伐木者止其旁而不取也。問其故，曰：「無所可用。」莊子曰：「此木以不材得終其天年。」夫子出于山〔一〕，舍于故人之家。故人喜，命豎子殺雁而烹之。豎子請曰：「其一能鳴，其一不能鳴，請奚殺？」主人曰：「殺不能鳴者。」明日，弟子問于莊子曰：「昨日山中之木，以不材得終其天年。今主人之雁，以不材死。先生將何處？」莊子笑曰：「周將處夫材與不材之間。材與不材之間，似之而非也，故未免乎累。

②若夫乘道德而浮游則不然。無譽無訾，一龍一蛇，與時俱化，而無肯專爲。一上一下，以和爲量，浮游乎萬物之祖，物物而不物于物，則胡

〔一〕夫，原作「大」，據集釋本莊子山木改。

可得而累耶？此神農、黃帝之法則也。若夫萬物之情、人倫之傳則不然，合則離，成則毀，廉則挫，尊則議，有爲則虧，賢則謀，不肖則欺，胡可得而必乎哉？悲夫，弟子志之，唯道德之鄉乎！」

【集評】

潛艸曰：若無臣民，君何貴焉？材固材，藏于不材，亦材也。成德達材，時乘化雨，傳倫物中，在己無居耳。

【閒翁曼衍】

①杖云：觸背俱非，如大火聚，使人不執死法，自求出身活路耳。甘廡生曰：同床作夢猶分路，仰面看天枉費詞。欲得居高無衆指，各人痛癢一人知。世醫拱手看相送，國老將軍總不支。那得徙薪無事日，一人痛癢各人知。

②季蘆子曰：時乎乾三則惕，時乎坤四則括。甕渫甃洌，共此井收。枕險困亨，同爲涣血。且如胡昭、張䅲，原不挫毀；韋夐、徐曠，搶攘何虧？祇爲美才招忌，時勢迫人，不得不尋異路，乘霧遊空，且以消心，且以弄眼云爾。廖圖句曰：直疑松小難留隺，未信山低住得雲。

市南宜僚見魯侯，魯侯有憂色。市南子曰：「君有憂色，何也？」魯侯曰：「吾學先王之道，修先君之業，吾敬鬼尊賢，親而行之，無須臾離居，然不免于患，吾是以憂。」市南子曰：「君之除患之術淺矣！夫豐狐、文豹棲于山林，伏于巖穴，靜也；夜行晝居，戒也；雖饑渴隱約，猶且胥疏于江湖之上而求食焉，定也。然且不免于網羅機辟之患，是何罪之有哉？其皮爲之災也。今魯國獨非君之皮耶？吾願君刳形去皮，灑心去欲，而遊于無人之野。南越有邑焉，名爲建德之國。其民愚而朴，少私而寡欲；知作而不知藏，與而不求其報；不知義之所適，不知禮之所將；猖狂妄行，乃蹈乎大

①方；其生可樂，其死可葬。吾願君去國捐俗，與道相輔而行。」君曰：「彼其道遠而險，又有江山，我無舟車，奈何？」市南子曰：「君無形倨，無留居，以爲君車。」君曰：「彼其道幽遠而無人，吾誰與爲鄰？吾無糧，我無食，安得而至焉？」市南子曰：「少君之費，寡君之欲，雖無糧而乃足。君其涉于江而浮于海，望之而不見其崖，愈往而不知

②其所窮。送君者皆自崖而反，君自此遠矣！故有人者累，見有于人者憂。故堯非有人，非見有于人也。吾願去君之累，除君之憂，而獨有道遊于大莫之國〔一〕。方舟而

〔一〕有，集釋本莊子山木作「與」。

濟于河，有虛船來觸舟，雖有惼音編。心之人不怒。有一人在其上，則呼張歙之。一呼而不聞，再呼而不聞，于是三呼邪，則必以惡聲隨之。向也不怒而今也怒，向也虛而今也實。人能虛己以遊世，其孰能害之？」

【集評】

愚曰：屈平不與上官奏艸。鍾會作四本論，擲與嵇康便走，康乃使人至此。才不虛己，不免見有于人。

【閒翁曼衍】

①辰曰：物外盡其所見，歷歷指迷，又結駟裹粮而送之。以爲幻則幻，以爲仙則仙。此論道德之鄉，文章之玅，一至于此。愚曰：大莫之國是何物？道是何物？遊者又是何物？説似一物即不中。望崖而返矣，可惜自累，卻去呼張。

②雪關誾爲博山首座，一日出問話。博山曰：止。莫該第二座問。

北宮奢爲衛靈公賦斂以爲鍾，爲壇乎郭門之外，三月而成上下之縣。王子慶忌見而問焉，曰：「子何術之設？」奢曰：「一之間，無敢設也。奢聞之：『既雕既琢，復歸于朴。』侗乎其無識，儻乎無怠疑〔一〕；萃乎芒乎，其送往而迎來；來者勿禁，往者勿止；從其彊梁，隨其曲傅，因其自窮。故朝夕賦斂而毫毛不挫，而況有大塗者乎！」北宫奢，衛大夫也。上下之懸，設架編鍾也。彊梁，多力也。曲傅，謂曲附己者隨之也。

【集評】

杖云：一篇鍾賦，虛靈寂感，與時俱化，無肯專爲，非有人，非見有于人，而虛己遊世，一之間無敢設也。孰謂賦斂富有，而不通乎大塗哉！

孔子圍於陳蔡之間，七日不火食。大公任往弔之，曰：「子幾死乎？」曰：「然。」「子惡死乎？」曰：「然。」任曰：「予嘗言不死之道。東海有鳥焉，名曰意怠。其爲鳥也，翂翂翐翐，而似無能；引援而飛，迫脅而棲；進不敢爲前，退不敢爲後；食不敢先嘗，必取其緒。故其行列不斥，而外人卒不得害，是以免于患。直木先伐，甘井先竭。子其意者飾知以驚愚，修身以明汙，昭昭乎如揭日月而行，故不免也。昔吾聞之大成之

〔一〕無，集釋本莊子山木作「其」。

人曰：『自伐者無功，功成者隳，名成者虧。』孰能去功與名，而還與衆人？道流而不明居，得行而明不處〔一〕；管見曰：「德」訛「得」，「名」訛「明」〔二〕。純純常常，乃比于狂；削迹捐勢，不爲功名。是故無責于人，人亦無責焉。至人不聞，子何喜哉？」孔子曰：「善哉！」辭其交遊，去其弟子，逃于大澤，衣裘褐，食杼音序。智按：與「栩」同。栗，入獸不亂羣，入鳥不亂行。鳥獸不惡，而況人乎？⿰犭彡⿰犭彡⿰犭失⿰犭失，舒遲貌。

【閒翁曼衍】

① 如此患難，交遊弟子自去，不勞汝辭。

② 須知鳥獸不可與同羣者，正是入鳥不亂羣。必求無責，將逃雨耶？髑髏眼睛猶帶喜在。

孔子問子桑雽曰：「吾再逐于魯，伐樹于宋，削迹于衛，窮于商周，圍于陳蔡之間。吾犯此數患，親交益疏，徒友益散，何歟？」子桑雽曰：「子獨不聞假人之亡與？林回棄千金之璧，負赤子而趨。或曰：『爲其布與？赤子之布寡矣；爲其累與？赤子之累

〔一〕明不處，集釋本莊子山木作「不名處」。

〔二〕名訛明，原作「明訛名」，據上下文改。

③

多矣。棄千金之璧，負赤子而趨，何也？』林回曰：『彼以利合，此以天屬也。』夫以利合者，迫窮禍患害相棄也；以天屬者，迫窮禍患害相收也。夫相收之與相棄亦遠矣。且君子之交淡若水，小人之交甘若醴；君子淡以親，小人甘以絶。彼無故以合者，則無故以離。」孔子曰：「敬聞命矣！」徐行翔佯而歸，絶學捐書，弟子無挹于前，其愛益加進。異日，桑雽又曰：「舜之將死，真冷禹曰：『汝戒之哉！形莫若緣，情莫若率。』緣則不離，率則不勞。不離不勞，則不求文以待形，固不待物〔一〕。」桑雽，隱人也。林回，殷逃民。布，謂貨財也。真冷，是「其命」之譌。升菴曰：真冷，即丁寧。

【間翁曼衍】

①辰曰：林回十字，悠然無限，真意不待解。又別説相收之與相弃也亦遠矣，冷語疊得清切。世路交情，更事乃見。

②姚康伯曰：老老大大，被人换卻書本，弃其天屬。

③陳膺題雷雨護嬰圖曰：莊周以疾雷不驚爲至人，然則孔子驚乎？曰：敬也。王勉曰：襁褓癡

〔一〕「固不」句上，集釋本莊子山木重「不求文以待形」六字。

兒豈解驚？與兒掩耳自忘生。英雄匕箸有時失，何況人間兒女心？張紳曰：畫風以歘，畫雨以垂，此畫雷以耳也。林曰：護嬰亦是畫意。若遇迅雷烈風，莊生定躲在古廟中。

①

莊子衣大布而補之，正緳音絜。係履而過魏王。魏王曰：「何先生之憊耶？」莊子曰：「貧也，非憊也。士有道德不能行，憊也；衣弊履穿，貧也，非憊也，此所謂非遭時也。王獨不見夫騰猿乎？其得柟梓豫章也，攬蔓其枝而王長其間，雖羿、逢蒙不能睥睨也。及其得柘棘枳枸之間也，危行側視，振動悼慄，此筋骨非有加急而不柔也，處勢不便，未足以逞其能也。今處昏上亂相之間，而欲無憊，奚可得耶？此比干之見剖心，徵也夫！」大布，粗布也。緳，帶也。係履，弊而以索穿之也。憊，病。攬，把也。蔓，纏繞也。王長，言其志盛意得也。

【閒翁曼衍】

①愚曰：你看這漢自救不了，只因曳尾討便宜心急，其憊在此。同時有屈平、王蠋自剖其心，且置不論，即如同時孟子，遊于昏上亂相之間，而百二十歲乃老。後世戴其功，不在禹下。同時魯連蹈海不帝秦，亦遊圍城而无恙。以發願剖心，而反得不憊耳。嗣宗愛莊，偏媚時以貪生。叔夜愛莊，偏尊己而敖世。毫釐之間，相去愈遠矣。

孔子窮于陳蔡之間，七日不火食。左據槁木，右擊槁枝，而歌焱音標。氏之風，有其①具而無其數，有其聲而無宮角。木聲與人聲，犂然有當于人之心。顔回端拱還目而窺之，仲尼恐其廣己而造大也，愛己而造哀也，曰：「回，無受天損易，無受人益難。②無始而非卒也，人與天一也。夫今之歌者其誰乎？」回曰：「敢問無受天損易。」仲尼曰：「饑渴寒暑，窮桎不行，天地之行也，運物之泄也，言與之偕逝之謂也。爲人臣者不敢去之。執臣之道猶若是，而况乎所以待天乎？」「何謂無受人益難？」仲尼曰：「始用四達，爵禄並至而不窮。物之所利，乃非己也，吾命有在外者也。君子不爲盜，賢人不爲竊，吾若取之，何哉？故曰：鳥莫知于鷾鴯，目之所不宜處不給視，雖落其實，棄之而走。其畏人也，而襲諸人間，社稷存焉耳。」「何謂無始而非卒？」仲尼曰：「化其萬物而不知其禪之者，焉知其所終？焉知其所始？正而待之而已耳。」「何謂人與天一耶？」仲尼曰：「有人，天也；有天，亦天也。人之不能有天，性也。聖人晏然體逝而終矣。」鷾鴯，燕也。

【集評】

正曰：物之爲物，天也。物則即天則也。聖人表其性之德，而薪水以學問，亦天也。

【閒翁曼衍】

①或彈鋏，或扣角，或擊筑，或撫無絃琴。倘亦有當于人之心，晏然體逝，何問天人？正而待之，何分始卒？奚用端拱還目而窺之？

②蕭介曰：管幼安、袁曜卿但安坐耳。世好窺人，世又誰肯端拱還目窺人乎？只此陳蔡一段，入破鑼鼓。他處重新搬演，又弄出箇推琴反琴，扢干而舞。誰能覩此，三月不廷。

莊周遊乎雕陵之樊，覩一異鵲自南方來者，翼廣七尺，目大運寸，感周之顙，而集于栗林。莊周曰：「此何鳥哉？翼殷不逝，目大不覩。」蹇裳躩步，執彈而留之。覩一蟬，方得美蔭而忘其身。螳螂執翳而搏之，見得而忘其形。異鵲從而利之，見利而忘其真。莊周怵然曰：「噫！物固相累，二類相召也。」捐彈而反走，虞人逐而誶之。莊周反入，三月不庭。藺且從而問之：「夫子何爲頃間甚不庭乎？」莊周曰：「吾守形而忘身，觀夫濁水而迷清淵。且吾聞諸夫子曰：『入其俗，從其俗。』碧虛本作「從其令」。今吾遊于雕陵而忘吾身，異鵲感吾顙，遊于栗林而忘真，栗林虞人以吾爲戮，吾所以不庭也。」雕陵，陵名也。樊，山名也。運寸，可回一寸也。殷，大也。留，伺其便也。誶，詈也。

①三月，當是「日」，以「頃間」照之可見。

【集評】郭曰：目能覩，翼能逝，今見利，故忘之。夫相爲利者恒相爲累；有欲于物者，物亦有欲之也。以吾爲戮，以見問爲戮也。莊子每寄言以出意，乃毁仲尼，賤老聃，上掊擊乎三皇，下痛病其一身也。

吕獨抱曰：吹疵求免，故言出世，世可出乎？出心而已，忘之于不可知耳。不可知，則本忘也，入俗從令而已。緣則不離，率則不勞，此行賢不自賢之方乎！

【閒翁曼衍】

①相爲利者恒相爲累。以吾爲戮，果能出意乎哉？僧問曹山何不自殺，曰：無下手處。超心曰：大小曹山，被者僧勘破。

陽子之宋，宿于逆旅。逆旅人有妾二人，其一人美，其一人惡，惡者貴而美者賤。陽子問其故，逆旅小子對曰：「其美者自美，吾不知其美也；其惡者自惡，吾不知其惡也。」陽子曰：「弟子記之：行賢而去自賢之行，安往而不愛哉！」①陽子，陽朱也。

【集評】張四維曰：驕盈矜伐，人神不與；虚己循理，天下樂推。以此而往，孰能距之？江遹曰：

老云「天下皆知美之爲美，斯惡矣」，非惡美也，惡知其美而驕妬生耳。

管見曰：山木即樗櫟意。又以雁不能鳴而見殺，則世諦亦熟矣。物之窮通係乎命分，不以不材幸免也。中間一路，猶涉殽謞，似之而非，未免乎累。結以行賢去自賢之行，是超乎材與不材之間者也。

【閒翁曼衍】

①楞嚴曰：魔但爲客，五陰爲主。主人若迷，客得其便，因而違之，因而刳之，因而引之，迫心飛出，故多隔見。眦目放手，復還故處。此亦有得便者否？客有去來，郵亭如故，亦曰忘之已耳。寬時高談，迫乃情見，幾能免耶？問取逆旅小子。超心曰：惡貴美賤，爲因途路不得力，逆旅小子亦未審其端的。好與震威一喝，直教人逢大國，水到瀟湘。

田子方第二十一

①

田子方侍坐於魏文侯，數音朔。稱谿工。文侯曰：「谿工，子之師耶？」子方曰：「非也，無擇之里人也。稱道數當，故無擇稱之。」文侯曰：「然則子無師耶？」子方曰：「有。」曰：「子之師誰耶？」子方曰：「東郭順子。」文侯曰：「然則夫子何故未嘗稱之？」子方曰：「其爲人也真，人貌而天，虚緣而葆真，清而容物。物無道，正容以悟之，使人之意也消。無擇何足以稱之？」子方出，文侯儻然，終日不言，召前立臣而語之曰：「遠矣，全德之君子！始吾以聖知之言、仁義之行爲至矣。吾聞子方之師，吾形解而不欲動，口鉗而不欲言。吾所學者，直土梗耳！夫魏真爲我累耳。」儻然，失志貌。土梗，土人也。考索曰：子夏之後爲田子方，子方之後爲莊周，莊周之後爲荀卿，荀卿之後爲李斯。

【集評】

正曰：汪洋千頃，坐春風中，自然意消。

【閒翁曼衍】

①高座横眠丞相榻，兀然消受下將軍。蜀洛相逢皆土梗，烏知東郭雪中温？當時東坡見伊川，致敬曰：侍御舍身莊嚴。伊川曰：學士聰明蓋世。即得，豈不冰炭同消？

① 温伯雪子適齊，舍于魯。魯人有請見之者，温伯雪子曰：「不可。吾聞中國之君子，

② 明乎禮義而陋于知人心，吾不欲見也。」至于齊，反舍于魯，是人也又請見。温伯雪子

③ 曰：「往也蕲見我，今也又蕲見我，是必有以振我也。」出而見客，入而歎。明日見客，

④又入而歎。其僕曰：「每見之客也，必入而歎，何邪？」曰：「吾固告子矣，中國之民明乎禮義，而陋于知人心。昔之見我者，進退一成規、一成矩，從容一若龍、一若虎，其諫我也似子，其道我也似父，是以歎也。」仲尼見之而不言。子路曰：「吾子欲見温伯雪子久矣。見之而不言，何耶？」仲尼曰：「若夫人者，目擊而道存矣，亦不可以容

⑤聲矣！」

【集評】

正曰：陋于人心，則禮義所自來亦茫茫矣。

【閒翁曼衍】

①淺見之人，兩片皮就忍不住。幸是魯多君子，不用拳頭。

②此僕同坑無異土，好管主人公閒事作麽？

③文殊問不二法門，維摩默然。不妨放過一着。

④德山小參：今夜不答話，問話者三十棒。將謂有甚奇特？只好入而歎。

⑤圓悟爲表自舉德山小參不答話，便掩其口，曰：只恁麽看。表自揚聲云：屈屈。後有人點之，頓釋疑情。嘗榜門云：東山有三句，道得即掛搭。有僧徑造丈室曰：我道不得，只要掛

搭。表自令于明窗下安排。愚者曰：也是一歎。

①

顔淵問于仲尼曰：「夫子步亦步，夫子趨亦趨，夫子馳亦馳，夫子奔逸絶塵，而回瞠若乎後矣〔一〕。」夫子曰：「回，何謂邪？」曰：「夫子步，亦步也；夫子言，亦言也；夫子趨，亦趨也；夫子辯，亦辯也；夫子馳，亦馳也；夫子言道，回亦言道也。及奔逸絶塵，而回瞠若乎後者，夫子不言而信，不比而周，無器而民蹈乎前，而不知所以然而已矣。」仲尼曰：「惡！可不察與！夫哀莫大于心死，而人死亦次之。日出東方而入于西極，萬物莫不比方。有目有趾者〔二〕，待是而後成功，是出則存，是入則亡。萬物亦然，有待也而死，有待也而生。吾一受其成形，而不化以待盡，効物而動，日夜無隙，而不知其所終，薰然其成形，知命不能規乎其前，丘以是日徂。吾終身與女交一臂而失之，可不哀與！女殆著乎吾所以著也。彼已盡矣，而女求之以爲有，是求馬于唐肆也。吾服女也甚忘，女服吾也亦甚忘。雖然，女奚患焉？雖忘乎故吾，吾有不忘者

〔一〕若瞠，據後文，當作「瞠若」。

〔二〕趾，集釋本莊子田子方作「趾」。

存。」瞠，直視貌。唐肆固鬻馬之處，而豈常有馬哉？詩云「中唐有甓」，注：中唐爲庭中路。漢書：建章宫西有唐中數十里。班固西都賦：前唐中而後太液。智按：唐、塘、蕩皆通，今吴人呼堤路爲塘。

【集評】

杖曰：哀莫大于心死，乃指出東入西之日，萬物比待成功，而吾與汝交一臂失之，一何誕耶！儆顔子曰：女殆步趨吾所以著，而未能著吾所以未著之者。不與化俱盡，是人之所忘，吾所不能忘而自存者也。日出而作，日入而息，百姓不知承吾秉彝天則之力，是亦瞠若乎否耶？倘至乎此，又何可以聲音相貌而步趨吾超逸絶塵之天命哉？

【閒翁曼衍】

① 刹那生死，哀哉尚享。交一臂而失之，六種震動矣。且道吾有不忘者存，如何是不忘者？曰：日不記東西。

孔子見老聃，老聃新沐，方將被髮而乾，音干。熱音聶。然似非人。孔子便而待之。少焉，見曰：「丘也眩與？其信然與？向者先生形體掘若槁木，似遺物離人而立於獨也。」老聃曰：「吾遊心於物之初。」孔子曰：「何謂也？」曰：「心困焉而不能知，口辟①

②焉而不能言。嘗爲女議乎其將。至陰肅肅，至陽赫赫。肅肅出乎天，赫赫發乎地，兩者交通成和而物生焉。或爲之紀，而莫見其形。消息滿虚，一晦一明。日改月化，日有所爲，而莫見其功。生有所乎萌，死有所乎歸，始終相反乎無端，而莫知乎其所窮。非是也，且孰爲之宗？」孔子曰：「請問遊是。」老聃曰：「夫得是，至美至樂
③也；得至美而遊乎至樂，謂之至人。」孔子曰：「願聞其方。」曰：「草食之獸，不疾易藪；水生之蟲，不疾易水。行小變而不失其大常也，喜怒哀樂不入于胸次。夫天下也者，萬物之所一也。得其所一而同焉，則四肢百體將爲塵垢，而死生終始將爲晝夜，而莫之能滑，而況得喪禍福之所介乎！棄隸者若棄泥塗，知身貴于隸也，貴在于我而不失于變。且萬化而未始有極也，夫孰足以患心已！爲道者解乎此。」孔子曰：「夫子德配天地，而猶假至言以修心。古之君子，孰能説音脱。焉！」老聃
④曰：「不然。夫水之於汋也，無爲而才自然矣。至人之于德也，不修而物不能離焉。若天之自高，地之自厚，日月之自明，夫何修焉？」孔子出，以告顔回曰：「丘之于道也，其猶醯雞與！微夫子之發吾覆也，吾不知天地之大全也。」汋，激也。議乎其將，謂端幾也。

【集評】

杖曰：皆易傳語也。寓作青牛水艸，以藏龍馬風雲。

正曰：假至言以消心，或假至言以縱過，發此覆否？

【閒翁曼衍】

①温雪表無言，孔、顔、老表有言即無言也。諸人要識奔逸絶塵者麽？東家點燈。要識被髮而乾者麽？西家暗坐。

②留書曰：立于其將，方盛方來也。如龍如蛇，長爲之尾，不使易究。愚曰：棋盤先一着，黑白是雙關。超出青霄外，卻來觀世間。

③孰爲之宗？反問一句妙。向上原無開口處，回頭不覺綴旒删。若猶不知，請問遊是，則醯雞也。兼山曰：寄車勞鬉下，問影急流中。一汋一覆，終不可少。

④猶龍且許視白馬，醯雞亦會吞青牛。請問遊人，得此方否？

莊子見魯哀公。哀公曰：「魯多儒士，少爲先生方者。」莊子曰：「魯少儒。」哀公曰：「舉魯國而儒服，何謂少乎？」莊子曰：「周聞之：儒者冠圜冠者，知天時；履句屨者，知地形；緩珮玦者，事至而斷。君子有其道者，未必爲其服也；爲其服者，未必知其

①道也。公固以爲不然〔一〕，何不號于國中曰：『無此道而爲此服者，其罪死！』」于是哀公號之五日，而魯國無敢儒服者。獨有一丈夫，儒服而立乎公門，公即召而問以國事，千轉萬變而不窮。莊子曰：「以魯國而儒者一人耳，可謂多乎？」句，一作「方」。

【閒翁曼衍】

①杖云：此獨揭出孔子一人。曾見子思一號，而無憚之中庸脱卻炙脂帽。孟子一號，而楊墨鄉原剥卻鶻臭布衫。號豈得已哉？

①百里奚爵禄不入于心，故飯牛而牛肥，使秦穆公忘其賤，與之政也。有虞氏死生不入于心，故足以動人。宋元君將畫圖，衆史皆至，受揖而立，舐筆和墨，在外者半。有一史後至者，儃音但。儃然不趨，受揖不立，因之舍。公使人視之，則解衣般礴，臝。君曰：「可矣，是真畫者也。」儃儃，猶澶漫也，舒遲自得之意。般礴，箕踞之狀。臝與裸同。此言内足者之横逸也。

〔一〕固，原作「同」，據集釋本莊子田子方改。

【閒翁曼衍】

①日袖曰：好畫則云似山，好山則云似畫。畫不在畫，豈特光浮紙外爲有餘耶？李長蘅曰：勝絶處，每恍惚不自持，强欲從之，縱之旋去。此人解衣盤礴，裸則裸矣，正恐亦畫不出。

① 文王觀于臧，見一丈人釣，而其釣莫釣。非持其釣有釣者也，常釣也。文王欲舉而授之政，而恐大臣父兄之弗安也；欲終而釋之，而不忍百姓之無天也。於是旦而屬之大夫曰：「昔者寡人夢見良人，黑色而頿，音髯。乘駁馬而偏朱蹄，號曰：「寓而政於臧丈人，庶幾乎民有瘳乎！」諸大夫蹴然曰：「先君王也。」文王曰：「然則卜之。」諸大夫曰：「先君之命，王其無他，又何卜焉？」遂迎臧丈人而授之政。典法無更，偏令無出。三年，文王觀于國，則列士壞植散羣，長官者不成德，斔音庾。斛不敢入於四竟。列士壞植散羣，則尚同也；長官者不成德，則同務也；斔斛不敢入于四竟，則諸侯無二心也。文王於是焉以爲太師，北面而問曰：「政可以及天下乎？」臧丈人昧然而不應，泛然而辭，朝令而夜遁，終身無聞。

② 顏淵問于仲尼曰：「文王其猶未邪？又何以夢

爲乎？」仲尼曰：「默！女無言。夫文盡之也〔一〕，而又何論刺焉！彼直以循斯須也。」

偏朱蹄，一蹄偏赤也。壞植散羣，言不黨也。不成德，不利功名也。六斛四斗曰鍭，鍭與庾同。

【集評】

③杖曰：殷至文王，亦非嘗之變。如此一釣，豈尋常之釣哉？文王之所以爲文，固亦循斯須之奇乎。

【閒翁曼衍】

①莊子一書總是釣奇，吞鰥曝腮，連累多少？因起吟曰：偶向白雲頭上立，遠峰青與半天爭。

②巢、由、稷、契，皆堯天之所釣。璿璣漂杵，斯須夢裡一循。昧然而辭，饒汝論刺。

③高宗于版築，非釣耶？劉概遮之，此又深于田單之奉神人矣。信得大雅稱上帝、河圖見五老乎？何恠大一化爲毗盧，不來投燕吞餌？

列禦寇爲伯昏無人射，引之盈貫，措杯水其肘上，發之，適即鏑。矢復音覆。沓，方矢

〔一〕文，集釋本莊子田子方下有「王」字。

①復寓。當是時，猶象人也。伯昏無人曰：「是射之射，非不射之射也。嘗與女登高山，履危石，臨百仞之淵，若能射乎？」於是無人遂登高山，履危石，臨百仞之淵，背逡巡，足二分垂在外，揖禦寇而進之。禦寇伏地，汗流至踵。伯昏無人曰：「夫至人者，上窺青天，下潛黄泉，揮斥八極，神氣不變。今女怵然有恂即瞬。目之志，爾于中也殆矣夫！」何承天云：瞬目爲眴。智按：眴、旬、恂、瞬通。

【集評】

杖曰：揮斥八極卻易，足二分垂在外，爲此不射之射卻難。大似參禪，到縣崖撒手處，始得通身汗下。雖然，此喻甚奇。我常見修塔匠人，登九層簷上立定不悚，此蓋習之慣熟，如走索踏竿，而神氣不變，豈真能勘破死生而然哉？正以學道者在慣熟此生死結交處，而無自欺耳。若草草領略去，他日觸發真機，能不怵然于中乎？

【閒翁曼衍】

①愚者笑曰：使莊子登高山、履危石而射，其汗更多于列子幾倍邪？

①肩吾問於孫叔敖曰：「子三爲令尹而不榮華，三去之而無憂色。吾始也疑子，今視子

②之鼻間栩栩然，子之用心獨奈何？」孫叔敖曰：「吾何以過人哉？吾以其來不可卻也，其去不可止也。吾以爲得失之非我也，而無憂色而已矣。我何以過人哉？且不知其在彼乎？其在我乎？其在彼邪？亡乎我；在我邪？亡乎彼。方將躊躇，方將四顧，何暇至乎人貴人賤哉！」仲尼聞之，曰：「古之真人，知者不得説，美人不得濫，盜人不得劫，伏戲、黄帝不得友。死生亦大矣，而無變乎己，況爵禄乎！若然者，其神經乎大山而無介，入乎淵泉而不濡，處卑細而不憊，充滿天地，既以與人，己愈有。」

【間翁曼衍】

①觀人顏色，勘到鼻間；船泊征亭，大書門上，都可噴飯。

②既以與人己愈有，鑚火傳燈從來不朽。遍地鉤錐漫天網，就路還家真好手。只爲鼻間栩栩然，不覺貴賤成老叟。

①楚王與凡君坐，少焉，楚王左右曰「凡亡」者三。凡君曰：「凡之亡也，不足以喪吾存。

②夫凡之亡不足以喪吾存，則楚之存不足以存存。由是觀之，則凡未始亡，而楚未始存

也。」凡，國名，周公之後。

【集評】

喻林曰：聖不自聖，與凡夫同。凡可亡耶？楚楚自見，豈足以存存耶？真存存者，乃存亡之所不到也。

【閒翁曼衍】

①杖云：腦後見腮，莫與往來。此人惹不得，纔坐着，便來罵人也。妙妙！

②杖曰：古人善罵者，罵一人，即可罵殺天下萬世人，亦可罵活天下萬世人。所以罵凡夫易，呵佛罵祖之人卻是難。田間曰：罵佛祖甚易，罵凡夫卻難。何故？佛祖不認帳，凡夫卻惹不得。

知北遊第二十二

①

知北遊於玄水之上，登隱弅音墳。之丘，而適遭無爲謂焉。知謂無爲謂曰：「予欲有問乎若，何思何慮則知道？何處何服則安道？何從何道則得道？」三問而無爲謂不答也。②非不答，不知答也。知不得問，反于白水之南，登狐闋之上，而睹狂屈焉。知

③以之言也問乎狂屈，狂屈曰：「唉！予知之，將語若。中欲言而忘其所欲言。」知不得問，反于帝宮，見黃帝而問焉。黃帝曰：「無思無慮始知道，無處無服始安道，無從無道始得道。」知問黃帝曰：「我與若知之，彼與彼不知也，其孰是耶？」黃帝曰：「彼無爲謂真是也，狂屈似之，我與女終不近也。夫知者不言，言者不知，故聖人行不言之教。道不可致，德不可至。仁可爲也，義可虧也，禮相僞也。故曰：失道而後德，失④德而後仁，失仁而後義，失義而後禮。禮者，道之華而亂之首也。故曰：爲道者日⑤損，損之又損之，以至于無爲。無爲而無不爲也。今已爲物也，欲復歸根，不亦難乎！其易也，其唯大人乎！生也死之徒，死也生之始，孰知其紀？人之生，氣之聚也。聚則爲生，散則爲死。若死生爲徒，吾又何患？故萬物一也，是其所美者爲神奇，其⑥所惡者爲臭腐。臭腐復化爲神奇，神奇復化爲臭腐。故曰：通天下一氣耳。聖人故貴一。」知謂黃帝曰：「吾問無爲謂，無爲謂不應我，非不應我，不知應我也。吾問狂屈，中欲告我而不我告，非不我告，中欲告而忘之也。今予問乎若，若知之，奚故不⑦近？」黃帝曰：「彼其真是也，以其不知也；此其似之也，以其忘之也；予與若終不近也，以其知之也。」狂屈聞之，以黃帝爲知言。

【集評】

筆乘云：無爲謂之真是也，以其不言也。黄帝之不近也，以其言之也。此特相與激揚此一大事耳。黄帝之于道，寔非減于無爲謂也。淨名經諸菩薩共論不二法門，淨名獨默然無言，意以無言爲至矣。乃舍利弗默然，天女不之許也。曰解脱者，不内不外，不在兩間；語言文字，亦不内不外，不在兩間。是故無離言語文字説解脱相也。知此，則言默一如，知不知一體。有思有慮，亦可以知道；有處有服，亦可以安道；有從有道，亦可以得道。何以故？思慮盡空，處服无所，從亦無從，道寔非道故耳。

正曰：通天下一氣耳，聖人故貴一，非執氣也。所以爲氣者何邪？不得已而理之。理因心知，心與理來，特因事物時位而顯其常變。聖人一眼看徹，故明此天下一氣中之理，還天下一氣中之物，乘天下一氣之時位，而安天下一氣之本事。好言泯乎？泯之至矣，故曰以理馭氣之理，即統理氣之理。只爲世厭平常，故販奇貨者，開此黑豆换人之鋪。

【閒翁曼衍】

① 知白守黑之義耳，化作無爲謂、狂屈、黄帝三身，爲三即一之毬，有蹴者否？可惜雪峰一滚，依然不知黑白。

②徐文長曰：老子守黑，莊子生白，將謂有背觸耶？

③問：如何是世諦立一切法？曰：白。如何是真諦泯一切法？曰：黑。如何是中諦統一切法？曰：不落黑白。如何是立泯于統？曰：三更日午。如何是統泯于立？曰：日午三更。浮山遠公黑白未分前一着如何？曰：棋盤現在。問：正下棋時如何？曰：着着是先着。

④虚舟曰：或言不落黑白，或言知白守黑，或言白即是黑，此亦一毬三蹴否？

⑤三問何非三拳？一答早已聾耳。沔南冰鑑，轉轉説佳。若遇趙州，冷茶潑出。

⑥宗鏡曰：益是益其知見，損是損其情慾。洪覺範曰：百川不竭，爲學日益也；水落石出，爲道日損也。今不知爲學日益，又安知爲道日損乎？

⑦大慧云：上士聞道，如印印空。中士如印印水，下士如印印泥。此印與空、水、泥無差别，因上、中、下士，故有差别。今欲徑入，和印擊碎始得。或曰第一句印空，第二句印水，第三句印泥，薦得之人无差别，因空、水、泥之句，故有差别。今欲徑入，和薦得之人，掃縱滅迹始得。然則知北遊之三印，在黄帝掌，有眼者見否？銷刻同時，不容人薦。

天地有大美而不言，四時有明法而不議，萬物有成理而不説。聖人者，原天地之美，而達萬物之理。是故至人無爲，大聖不作，觀於天地之謂也。今彼神明至精，與彼百

① 化。物已死生方圓，莫知其根也。扁然而萬物自古以固存。六合爲巨，未離其內；秋毫爲小，待之成體；天下莫不沉浮，終身不故；陰陽四時運行，各得其序。惛然若亡而存，油然不形而神，萬物畜而不知，此之謂根本〔一〕，可以觀於天。今彼神明，劉得一本作「合彼神明」〔二〕。

【閒翁曼衍】

①大畜日新，終身不故。世士好新，何不觀天？

齧缺問道乎被衣，被衣曰：「若正汝形，一汝視，天和將至；攝汝知，一汝度，神將來舍。德將爲汝美，道將爲汝居。汝瞳焉，如新生之犢而無求其故。」言未卒，齧缺睡

① 寐。被衣大說，行歌而去之，曰：「形若槁骸，心若死灰，真其實知，不以故自持。媒媒晦晦，無心而不可與謀。彼何人哉？」瞳，未有知之貌。

〔一〕根本，集釋本莊子知北遊作「本根」。
〔二〕一，原無，據集釋本莊子知北遊補。

【聞翁曼衍】

①聽此套話，果然欲睡。一歌聒耳，又是無腔。

①舜問乎丞曰：「道可得而有乎？」曰：「汝身非汝有也，汝何得有夫道？」舜曰：「吾身非吾有也，孰有之哉？」曰：「是天地之委形也。生非汝有，是天地之委和也；性命非汝有，是天地之委順也；孫子非汝有，是天地之委蜕也。故行不知所往，處不知所持，食不知所味。天地之彊陽氣也，又胡可得而有邪？」左輔右弼，前疑後丞，古四輔之官也。

【集評】

乾知坤行，君主相用。丞之對舜如此，可悟政府宰民，而并宰其君。

【聞翁曼衍】

①闤闠中物，盡是死門。水上胡盧，仍非活路。盤中轉語，難逃意下。丹青影子藏身，終是鬼家活計。古人道：商量極處見題目，途路窮邊入試場。曾見莊生之試場麽？大耳翁只好沐頭。喑醷物晏問一日。

①孔子問於老聃曰：「今日晏閒，敢問至道。」老聃曰：「汝齊戒，疏瀹而心，澡雪而精神，掊擊而知。夫道，窅然難言哉！將爲汝言其崖略。夫昭昭生於冥冥，有倫生于無形，精神生于道，形本生于精，而萬物以形相生。故九竅者胎生，八竅者卵生。其來無跡，其往無崖，無門無房，四達之皇皇也。邀于此者，四肢彊，思慮恂達，耳目聰明。其用心不勞，其應物無方。天不得不高，地不得不廣，日月不得不行，萬物不得不昌，

②此其道與！且夫博之不必知，辯之不必慧，聖人以斷之矣。若夫益之而不加益，損之而不加損者，聖人之所保也。淵淵乎其若海，魏魏音危。乎其終則復始也，運量萬物

③而不匱，則君子之道，彼其外與！萬物皆往，資焉而不匱，此其道與！中國有人焉，非陰非陽，處于天地之間，直且爲人，將反于宗。自本觀之，生者喑音蔭。醷物也，雖有壽夭，相去幾何？須臾之説也，奚足以爲堯桀之是非？果蓏乃果反。有理，人倫雖難，所以相齒。聖人遭之而不違，過之而不守。調而應之，德也；偶而應之，道也。帝之所興，王之所起也。人生天地之間，若白駒之過郤，忽然而已。注然勃然，莫不出焉；油然漻然，莫不入焉。已化而生，又化而死。生物哀之，人類悲之。解其天

④弢，隳音墮。其天袠，音秩。紛乎宛乎，魂魄將往，乃身從之，乃大歸乎！不形之形，是

人之所同知也〔一〕；非將至之所務也，此衆人之所同論也。彼至則不論，論則不至；明見無值，辯不若默；道不可聞，聞不若塞。此之謂大得。」木寔曰果，草寔曰蓏，弓囊曰弢，衣囊曰袠。

【閒翁曼衍】

①須臾即萬古，萬古即須臾，非荒卻也。如此氣急殺人，猶是懲咽廢食。蓏理相齒，正好吞吐喑醷。積須臾爲萬古，一日盡一日之本分，使人各盡一日之本分，即各盡萬古之本分。聖人没奈屎溺何，傷心而經綸之，六經三藏，不過經綸屎溺而已矣。笑曰：喑醷。

②杖曰：此論亦奇。非莊子深有所見，亦不敢開此口。語亦幾近吾禪，而其意以每下愈況，則與禪相去甚遠。愚者曰：論則不至。

③中曰：趙州與侍者文遠食果，鬭劣許食。州曰：我是一驢。文曰：我是驢胃。州曰：我是驢糞。文曰：我是糞中虫。州曰：你在裡邊作麽？文曰：我在此中過夏。州曰：把將果子來。此亦每下愈況否？古人意在喉嚨裡，且快一時喑醷耳。閒翁曰：聞不若塞，聞即是塞。

④不形之形，形之不形，魂魄將往，乃身從之，此非神我窠窟耶？曰：不見捶鉤者云，用假不用，

〔一〕「是人」句上，集釋本莊子知北遊有「形之不形」四字。

以長得其用乎？笑翁曰：無乎逃物，論則不至。

東郭子問于莊子曰：「所謂道，惡乎在？」莊子曰：「無所不在。」東郭子曰：「期而後可。」莊子曰：「在螻蟻。」曰：「何其下耶？」曰：「在稊稗。」曰：「何其愈下耶？」曰：「在瓦甓。」曰：「何其愈甚耶？」曰：「在屎溺。」乃弔反。東郭子不應。莊子曰：「夫子之問也，固不及質。正獲之問于監平聲。市履豨也，每下愈況。汝唯莫必，無乎逃物。至道若是，大言亦然。

【集評】

虛舟曰：鄧潛谷標孔子「不過乎物」一句，此篇曰無乎逃物，合觀之，玅于物際矣。肇論以物各還物，謂物不遷。空印駁之，謂何不言性空爲不遷。蓮池復駁空印之論，謂物各還物，即是本空。肇曰：本無也，實相也，法相也，法空也，緣會也，五者一義也，何用駁乎？外物，藥也；格物，茶飯也。

正曰：物無貴賤，浩浩其天也；物有貴賤，法位歷然也。物有時貴，此盡變之用也；物有常變，此聖賢之宰也。諸家偏執，即相爭矣。神明用之，寂歷同時。客曰：何能同時？答曰：一家藹然，主自統僕。

①「周、徧、咸三者，異名同實，其指一也。嘗與遊乎無何有之宮，同合而論，無所終窮乎！嘗相與無爲乎！澹而靜乎！漠而清乎！調而間音閑。乎！寥已吾志，無往焉而不知其所至。去而來，不知其所止。吾已往來焉，而不知其所終。彷徨乎馮音頻。閎，大知入焉而不知其所窮。物物者與物無際，而物有際者，所謂物際者也。不際之際，際之不際者也。謂盈虚衰殺，彼爲盈虚非盈虚，彼爲衰殺非衰殺，彼爲本末非本末，彼爲積散非積散也。」監市，市魁也。

【集評】

虚舟曰：物與無物，際與無際，皆楞伽之百八句，雙掃者也。金剛三句，法華歸實，尚有一着子在，何況莊生半提耶！劉孝標曰：藏舟潛往，交臂恒謝。一息不流，忽然生滅。故飛鳥之影，莫見其移；馳車之輪，曾不掩地。是以去不去矣，庸有至乎？至不至矣，庸有去乎？然則前至不異後至，此至之名所以生；前去不異後去，此去之名所以立。今天下無去矣，而去者非假哉？既爲假矣，而至者豈寔哉？樂廣麈尾确几，與龐公會取未舉托盤時，有以異乎？先言無常者，以破世之常執；後言常者，以破頑空之斷執也。公孫龍、惠施早窺一斑，而夸造爲互換相奪之語耳。不過十玄門關，不徵易準，此處定爲人惑。

【閒翁曼衍】

①粉碎無爲、狂屈、黄帝之三身，化爲周、徧、咸三者，而又攝作兩句。請以金剛三丸折作楞伽雙奪，是何際耶？際先際後，切忌贅疣兩橛。而正在際中之差別，歷然不得顢頇。曾物物否？

①婀音阿。荷甘與神農同學于老龍吉。神農隱几闔户晝瞑，婀荷甘日中奓户而入，曰：「老龍死矣！」神農隱几擁杖而起，嚗音剥。然放杖而笑曰：「天知予僻陋慢訑，音移。故棄予而死。已矣，夫子無所發予之狂言而死矣夫！」弇堈弔聞之，曰：「夫體道者，天下之君子所繫焉。今于道，秋毫之端，萬分未得處一焉，猶知藏其狂言而死，又況

②乎體道者乎！」視之無形，聽之無聲，於人之論者，謂之冥冥，所以論道而非道也。於是泰清問乎無窮曰：「子知道乎？」無窮曰：「吾不知。」又問乎無爲，無爲曰：「吾知道。」曰：「子之知道，亦有數乎？」曰：「有。」曰：「其數若何？」無爲曰：「吾知道之可以貴、可以賤、可以約、可以散，此吾所以知道之數也。」泰清以之言也問乎無始，

③曰：「若是，則無窮之弗知，與無爲之知，孰是而孰非乎？」無始曰：「不知深矣，知之

淺矣；弗知内矣，知之外矣。」于是泰清中而歎曰：「弗知乃知乎？知乃不知乎？孰知不知之知？」無始曰：「道不可聞，聞而非也；道不可見，見而非也；道不可言，言而非也。知形形之不形乎？道不當名。」無始曰：「有問道而應之者，不知道也；雖問道者，亦未聞道。道無問，問無應。無問問之，是問窮也；無應應之，是無内也。以無内待問窮，若是者，外不觀乎宇宙，内不知乎大初。是不過乎崑崙，不遊乎太虛。」

【集評】

正曰：王仲祖、劉真長造殷中軍談，談竟去，劉曰：「淵源真可。」王曰：「卿故墮其雲霧中。」由此觀之，以微言博趣爲名家莫盛於此時矣。才人高人，不覺入其中者，爲其引人入勝地也。古德曰：若有寔法可得，土亦難消。猶不了耶？東坡所謂匿形設械、推墮滉漾，非漆吏倆耶？莊生已歎倍譎謑髁，火馳不反，日出多僞矣，毋亦知其如是，而且如是，以卮曼窮年耶？須是其人、是其時。

④ 叙五曰：藏罕于雅，而隨民日用；抱蜀不言，而論事宜詳。此聖人之一貫也。問辯曰：爲衆人法而以上智之所難知，則民何從識之？莊生亦自曰：知道易，勿言難。然如隱居放

言，噤口不住何？舍其可知，而欲窮人以不可知，又窮人以不許其知，而謂止於不知。連環巧閉，而又云周鼎鑄，倕啣指，又更巧矣。然而棘端母猴，窺日畫策，故是屠龍之伎。

【閒翁曼衍】

①返擲捋鬚，瞎驢滅卻正眼；將謂別有，回顧覆其師船。隱几擁杖而起，嚗然放杖而笑，如此哭師心喪，有知者否？杖人頌拈花曰：我亦常如此，拈起如意子。不遇這般人，自倒還自起。愚者曰：嚗。

②將謂有何了義，依舊躲跟掠虛。良久，中而歎曰：道無問，問無應，漆園昨夜冬雷震。一言盡，中庸結舌成話柄。無端拈出作膠盆，一二三四五不論，切忌傍着，喪身失命。

③藏一曰：道無問，問無應，大家吹滅暗中證。長得其用，剔燈炊飯家家共。物出不得先物也，米鹽醬醋藏天下。不一其能，不同其事，法住法位是物際。中而歎，法身病苦半邊綻。泰清問無窮，只在代明錯行中。弗知乃知，向上無上嚗者誰？

④世尊見二人舁豬過，問是甚麽，二人曰：佛具一切智，豬也不識？世尊曰：也須問過。

①

光曜問乎無有曰：「夫子有乎？其無有乎？」光曜不得問，而孰視其狀貌，窅然空然，終日視之而不見，聽之而不聞，搏之而不得也。光曜曰：「至矣！其孰能至此乎？予

能有無矣，而未能無無也。及爲無有矣，何從至此哉！」及爲無有矣，當是無無。

【集評】

正曰：光曜者，明也。無有者，神也。物格而以物佑神，物即神矣，無亦無矣。此知神明一貫者，直下逍遥。

【閒翁曼衍】

① 鹿門不會賓主句，點破于守廓喝中；興化會得賓主句，折倒于大覺棒下。紫羅帳裡撒珍珠，一喝不作一喝用。孤睽兩路齊拈出，三玄三要同時𠯋。人或見莊生之棒光曜矣，曾見莊生之喝無有耶？水黑爐紅，捶鉤有守。東生西落，不失毫芒。

大馬之捶鉤者，年八十矣，而不失毫芒。大馬曰：「子巧與？有道與？」曰：「臣有守也。臣之年二十而好捶鉤，於物無視也，非鉤無察也。是用之者假不用也以長得其用，而況乎無不用者乎？物孰不資焉？」大馬，大司馬也。江東、三魏之間，謂鍛爲捶。鉤，劍名。

【集評】

輸子陽謂其子曰：良工漸乎矩鑿之中。矩鑿之中，固無物而不周。聖王以治民，造父以治焉，醫駱以治病，因材而各自取焉。前一節光曜問於無有，此言所以巧、所以有道者，正長得其用於有守也。

冉求問於仲尼曰：「未有天地，可知邪？」仲尼曰：「可。古猶今也。」冉求失問而退。明日復見，曰：「昔者吾問：『未有天地，可知乎？』夫子曰：『可。古猶今也。』昔日吾昭然，今日吾昧然。敢問何謂也？」仲尼曰：「昔之昭然也，神者先受之；今之昧然也，且又爲不神者求耶？無古無今，無始無終。未有子孫而有子孫，可乎？」冉求未對，仲尼曰：「已矣！未應矣。不以生生死，不以死死生。死生有待耶？皆有所一體。有先天地生者，物耶？物物者非物，物出不得先物也，猶其有物也，猶其有物也無已。聖人之愛人也終無已者，亦乃取於是者也。」①

【集評】

郭曰：仲尼言天地常存，虛心待命，斯神受也，思求則更致不了。故自古無未有之時也，子孫言世世無極也。夫死者獨化而死耳，非生者生此死也；生者亦獨化而生。死生無待，獨化而足，各自成體，誰得先物者乎哉！吾以爲先物，而陰陽即所謂物耳，誰又先陰陽者乎？吾以自然爲先之，而自然即物之自爾耳；吾以至道爲先之矣，而至道者乃至無也。既以無矣，又奚爲先？然則先物者誰乎哉？而猶有物無已，明物之自然，非有使然也。聖人愛人無已者，亦取於自爾，故恩流百代而不廢也。

②

杖曰：聖人見幾于未發之先，乃能順理于已成之後。故示上根以危微未兆，示中根以隱見初分，示下根以善惡已變。物格知至，又何物能逃于原始反終之故哉！

集云：天地孰名之？知所以名天地者，則知所以生天地者；知所以生天地者，則未有天地，猶今而已。一畫以前，萬象歷然；一畫以後，萬理寂然。寂歷同時之家，惟在子孫善理其家事而已。明物之自然，而物之則即天之則也。原物還物，是謂本定；知其本定而不惑，是謂不起一念。

鼎薪曰：禾苗，末也；禾根，本也。此顯本末也。深論之，苗末，而根亦末也；禾之種，乃大本也，猶言天地未分前也。種入土生芽，而種已爛，不可得矣，于是上發禾苗，下生禾根，而全禾即全種、全末即全本也。是已分後之天地，即未分前之天地，猶畫後之易，即畫前之易也。此密本末也。密、顯豈兩截哉？所謂物出不得先物也，聖人與民同患而諄諄者，耕田、芸艸、灌水、除蝨，自盡其人事耳。豈曰全末即全本，而委之天乎？生理在生氣中，貫混闢，通顯密，寂歷同時，不動絲毫。此衆人之所不知，而聖人神明徹貫者也。絲忽朦朧，便失千里。

【間翁曼衍】

①「古猶今」三字，即无古今，寔是盡今。昭然昧然者誰耶？大慧曰：這一個，那一個，更一個。愚曰：弄丸故奇，只在手裡。兒孫得力，祖父從來不出門。只此一語，昭然昧然，原非影事。

②廣喻曰：不昧同體之仁，各得其所之義，餿酸久矣。今以根枝榦種畫作全圖，樹後樹前，大家試看看麽。將斬枝、伐榦、掘根而求其核中之仁乎？將珍襲一核而收之乎？抑將種之乎？一身痿痺，謂之不仁，此信得及者也。既悟全樹全仁而復昧同體、不肯體仁者，何耶？舍此全樹，别無樹中之仁，則榦爲分枝生花、從腦生根之主明矣，而自傷其榦，何耶？向曰法非道而法生道，下生子孫，上生父母，誰能悟及此耶？今曰未發之中爲天下之大本，非是修身爲本之本，有昧然而疑者否？少頃，又曰：修身之本，即未發之大本，有昭然而長得其用者否？如猶昔昭今昧乎？何不看莊子畫出曰物出不得先物也？己身現在，莫問影本。

①顏淵問乎仲尼曰：「回嘗聞諸夫子曰：『無有所將，無有所迎。』回敢問其遊。」仲尼曰：「古之人，外化而内不化；今之人，内化而外不化。與物化者，一不化者也。安化安不化，安與之相靡，必與之莫多。狶韋氏之囿，黄帝之圃，有虞氏之宫，湯武之室，②君子之人，若儒、墨者師，故以是非相𩐋音齏。也，而況今人乎？聖人處物不傷物，不

③傷物者，物亦不能傷也。唯無所傷者，爲能與人相將迎。山林與！皐壤與！使我欣欣然而樂與！樂未畢也，哀又繼之。哀樂之來，吾不能禦；其去，弗能止。悲夫！世

④人直謂物逆旅耳，未知遇而不知所不遇〔一〕，知能能而不知所不能。無知無能者，固

⑤人之所不免也。夫務免乎人之所不免者，豈不亦悲哉？至言去言，至爲去爲，齊知之所知則淺矣！」靡，相磨也。整，齏粉也，傷字應此。

【集評】

舊評曰：使其言必窮于問，使其議必愧于知，使其説必窮于辯，是莊之巧乎？心易曰：生死如晝夜，有何不了？死固可怕，怕亦要死。所貴乎人者，當盡人之職耳。時然後言，不必去言；當爲者爲，不必去爲。曾知舞蹈王路之謂無爲乎？曾知風浴六經之謂無言乎？曾知各安生理之謂全生適性乎？誤世敗教，豈論深淺？閒翁曰：彼深談不可知，而

⑥多方誤之者，亦一天地間之一種生理乎哉！彼亦自磨自整以自傷己耳。既已大家磨碎，不妨同遊。

〔一〕未，集釋本莊子知北遊作「夫」。

杖曰：至言去言，至爲去爲。若不多方盡奪之，安能放下而自覺乎？杜工部曰：欲覺聞晨鍾，令人發深省。若無欲覺，雖每日聞鍾，誰發深省乎？曾子則唯，門人不覺，如杏仁在核中，未有浸爛之力，其仁中之根榦花果，皆隱藏未現也。佛稱爲悟無生法忍。忍者仁也，藏也，太極含二五之純粹精也。莊生亦是忍人，且問他忍得住否。

【閒翁曼衍】

①樂未畢也，哀又繼之。人生世間，幾開笑口？或問：不能禦，不能止，此悲難免？曰：聖人自有免法。曰：何法？曰：耕者耕，讀者讀。

②芑山曰：見山堂之嗚咽，西臺之慟哭，皆至性也，皆至樂也。今人既不哭，見哭者又羣起而笑之矣。愚者曰：整。

③高峰曰：既是迷悟兩忘，人法俱遣，共語話者，又是阿誰？愚者曰：整。

④快書曰：古人務接引世俗，故深人强作淺語；今人務自高，故淺人强作深語。愚者曰：整。

⑤杖人在李孟白西堂，有問「朝聞夕可」者，杖人擲如意曰：聞麽？衆默然。曰：且聽一喻。有客舉玉杯而墮破者，客失色，主人怡然。客歎其高，主人曰：此假玉盃也。客曰：怪道不驚，元來先勘破了也。更請其真玉盃看。主人曰：方撲破時，真玉盃已儼然呈獻矣，乃諸君自不具眼耳。愚者曰：整。

夫糲之善化，果有其理，然爲賣糲計耳。末世之不務實學，而口口至言去言、至爲去爲者，其去賣糲幾何？愚者曰：鏊。

⑥張大復曰：藏米有糲，而患其廢也，乃曰糲能化食，不煩脾運，于是人爭買之。

藥地炮莊卷之七

天界覺杖人評　極丸學人弘智集
三一齋老人正　涉江子陳丹衷訂

襍篇

庚桑楚第二十三

①老聃之役，有庚桑楚者，偏得老聃之道，以北居畏壘之山。其臣之畫然知者去之，其
②妾之挈然仁者遠之，擁腫之與居，鞅掌之爲使。居三年，畏壘大壤。一作「穰」。畏壘
之民相與言曰：「庚桑子之始來，吾灑然異之。今吾日計之而不足，歲計之而有餘，
庶幾其聖人乎？子胡不相與尸而祝之、社而稷之乎？」庚桑子聞之，南面而不釋然，
弟子異之。庚桑子曰：「弟子何異於予？夫春氣發而百草生，正得秋而萬寶成。夫
③春與秋，豈無得而然哉？大一作「天」。道已行矣。吾聞至人尸居環堵之室，而百姓

④猖狂，不知所如往。今以畏壘之細民，而竊竊焉欲俎豆予于賢人之間，我其杓之人耶？吾是以不釋於老聃之言。」役，徒也。史記「亢桑」，一作「亢倉」。禹貢羽山，即畏壘，見洞靈經。鞅掌，叢脞貌。杓，標也。

【集評】

正曰：春與秋，豈無得而然哉？易經三立，妙在三與。隱恠之述，捷于中庸。俎豆雖辭，自成古廟。至人擅行，奇人造駭，誰非終南捷徑耶？名不必杓，杓不必避，隨位自盡，而適享其春秋矣。

【間翁曼衍】

①北居畏壘者偏得耶？如何是全？何怪南面而不釋然？

②愚曰：歲計有餘，其如躁何？因立法曰不許人計，而其躁愈甚。何不看春與秋？

③畏壘俎豆不入腹，北居南面春艸香。東家杓柄短，西家杓柄長。

④我其杓之人耶？且問杓柄在誰手裡？若是別路尊貴，有甚麽不釋然？或問：如何是別路尊貴？曰：破木杓。

弟子曰：「不然。夫尋常之溝，巨魚無所還音旋。其體，而鯢鰌爲之制；步仞之丘陵，巨獸無所隱其軀，而孽狐爲之祥。且夫尊賢授能，先善與利，自古堯舜以然，而況畏壘之民乎？夫子亦聽矣。」庚桑子曰：「小子來！夫函車之獸，介而離山，則不免于罔罟之患；吞舟之魚，碭而失水，則蟻能苦之。故鳥獸不厭高，魚鱉不厭深。夫全其形①生之人，藏其身也，不厭深眇而已矣。且夫二子者，又何足以稱揚哉？是其於辯也，將妄鑿垣墻而殖蓬蒿也，簡髮而櫛，數米而炊，竊竊乎又何足以濟世哉！舉賢則民相軋，任智則民相盜。之數物者，不足以厚民。民之於利甚勤，子有殺父，臣有殺君，正②晝爲盜，日中穴阫。音裴。吾語汝：大亂之本，必生於堯舜之間，其末存乎千世之後。千世之後，其必有人與人相食者也。」

【集評】

③迂曰：一死生壽夭，是虛談之大帽；全軀保妻子，是閒居之實情。業已如此，而騙人忘之；又不耐其撩著，而自欲忘之，故嘵嘵如此，又將誰瞞？

正曰：有飽則有饑，無飽則無饑，果能不食乎？例曰有即無，則食即不食矣；人相食，即是不相食矣。有善食、節食之中道焉。使天下各食其力而忘帝力，則玉食萬方，謂之不嚼粒米可也。謂此生時安生、死時安死之理，爲無飽無饑、無生無死可也。

杖云：古人舉賢任知如用藥。庸醫昧病症方藥，妄爲調治，而民病愈盛。繼治者，治藥之病，以藥醫藥也。老莊一輩浚語，是猶遣去醫病。後世不達，即藥與醫皆遣去，是豈真知藥症之所忌哉？人有不善食而噎者，遂欲驅天下盡不食，可乎？

【閒翁曼衍】

①百孔千瘡利如此，舉賢任知寧可已。本末看破將如何？有口自然嗽牙齒。險于山川居畏壘，不厭深渺而已矣。鑿垣殖蒿且藏身，環堵日炊一杓米。

②笑翁曰：天地初開之時，予人以口，已知其人與人相食矣，毋乃混沌生天地爲禍胎乎？

③歇菴曰：嬰兒疾病，爲乳所傷，良醫審證，止乳與藥，疾則旋已。又病久困，爲藥所傷，智人知之，遣醫罷藥，患亦隨愈。然不妨乳常哺養，藥有療功。止乳是權而概奪乎？遣醫是暫而例遣乎？笑翁曰：一種陋充自雄，專以懲咽廢食爲迅陗之招牌。于是乎庸醫、奇醫皆有可殺之罪矣，因而諱疾忌醫、逃學嫉法者，市集衆咻，羣起攘臂，以殺醫爲悟道矣。你道此一症候作麽生救？

① 南榮趎音疇。蹴然正坐曰：「若趎之年者已長矣，將惡乎託業以及此言耶？」庚桑子

② 曰：「全汝形，抱汝生，無使汝思慮營營。若此三年，則可以及此言也。」南榮趎曰：

③「目之與形，吾不知其異也，而盲者不能自見；耳之與形，吾不知其異也〔一〕，而聾者不能自聞；心之與形，吾不知其異也，而狂者不能自得。形之與形亦辟音闢。矣，而物或間之邪？欲相求而不能相得。今謂趎曰：『全汝形，抱汝生，勿使汝思慮營營。』趎勉聞道達耳矣！」庚桑子曰：「辭盡矣。曰奔蜂不能化藿蠋，越鷄不伏鵠卵〔二〕，魯鷄固能矣。鷄之與雞，其德非不同也，有能與不能者，其才固有巨小也。今吾才小，不足以化子。子胡不南見老子？」南榮趎，古今人表作南榮疇。奔蜂，小蜂也。藿蠋，豆藿中大青虫也。鵠、鶴古通。智按：黄鵠磯上作黄鶴樓，此是明證。

【閒翁曼衍】

①演若達多爲此犯手下注脚耳。物或間之耶？可憐哉！

②南榮趎無端咬人鉤線，騎驢覓驢。庚桑楚嫁禍藏身，卻是擔枷過狀。

③僧問雪峰曰：臨濟四喝，意旨如何？雪峰曰：他家宗旨，我所未知，汝尋彼兒孫問之。僧以

〔一〕「而盲者」至「不知其異也」十七字，原無，據集釋本莊子庚桑楚補。

〔二〕不，集釋本莊子庚桑楚下有「能」字。

問南院，且言雪峰嘗遣之。南院望雪峰再拜曰：和尚真善知識。笑翁曰：越雞魯雞，土上加泥。

①南榮趎贏糧，七日七夜至老子之所。老子曰：「子自楚之所來乎？」南榮趎曰：「唯。」老子曰：「子何與人偕來之衆也？」南榮趎懼然顧其後。老子曰：「子不知吾所謂乎？」南榮趎俯而慙，仰而歎，曰：「今者吾忘吾答，因失吾問。」老子曰：「何謂也？」南榮趎曰：「不知乎人謂我朱愚，知乎反愁我軀；不仁則害人，仁則反愁我身；不義則傷彼，義則反愁我己。我安逃此而可？此三言者，趎之所患也。願因楚而問之。」老子曰：「向吾見若眉睫之間，吾因以得汝矣，今汝又言而信之。若規規然若喪父母，揭竿而求諸海也。汝亡人哉！惘惘乎，汝欲反汝情性而無由入，可憐哉！」贏，擔也。朱愚，猶顓愚也，古人音近。七日七夜，表來復，通日夜也。

【集評】

郭云：與人偕來之衆，挾三言而來故也。

【閒翁曼衍】

①左藏一嘗問愚曰：放不下，擔將去。葉石林以爲從此出。然耶？愚曰：將謂嚴陽放不下

耶？石林猶慚；子謂嚴陽擔將去耶？依然猶慚。一曰：慚箇甚麼？愚曰：還我話頭來。

①南榮趎請入就舍，召其所好，去其所惡。十日自愁，復見老子。老子曰：「汝自灑濯，孰哉鬱鬱乎！然而其中津津乎猶有惡也。夫外韄音霍。者不可繁而捉，將内揵；音
②蹇。内韄者不可繆而捉，將外揵。外内韄者，道德不能持，而況放道而行者乎？」南榮趎曰：「里人有病，里人問之，病者能言其病，然其病病者猶未病也。若趎之聞大道，譬猶飲藥以加病也。趎願聞衛生之經而已矣。」老子曰：「衛生之經，能抱一乎？能勿失乎？能無卜筮而知吉凶乎？能止乎？能已乎？能舍諸人而求諸己乎？能翛然乎？能侗然乎？能兒子乎？兒子終日嗥而嗌音益。不嗄，於邁反。和之至也；終日
③握而手不捝，音藝。共其德也；終日視而目不瞚，音瞬。偏不在外也。行不知所之，居不知所爲，與物委蛇而同其波。是衛生之經已。」共，音拱。德，猶性也。
④南榮趎曰：「然則是至人之德已乎？」曰：「非也。是乃所謂冰解凍釋者。夫至人者，相與交食乎地，而交樂乎天，不以人物利害相攖，不相與爲怪，不相與爲謀，不相與爲事，翛然而往，侗然而來，是謂衛生之經已。」曰：「然則是至乎？」曰：「未也。吾固告女曰：『能兒子乎？』兒子動不知所爲，行不知所之，身若槁木之枝，而心若死灰。若

是者，禍亦不至，福亦不來。禍福無有，惡有人災也？」

⑤

【集評】

管見曰：真性如水，虚明澄湛；物欲蔽結，水凍成冰。悟理則冰解凍釋，清靈何損焉？交食乎地，耕鑿共給也；交樂乎天，均陶大和也。人物利害何由及？恠行謀爲何所用？往來自適，生經自衛，學道造此，而猶曰未也，又引前兒子以告，此師家作略耶？

【閒翁曼衍】

①或曰：參學人善疑乃善悟。疑情發得起，豈容自已？愚曰：吉刺酒燒金絲烟，不知何年入中原。打箇銀管吞一口，跌得額穿頭破，卻道好烟。

②杖云：心之與形，吾不知其異，而狂者不能自得。或有物間之，欲相求而不相得。此疑情之自發，如生死之結心，必求其自解始快耳。然南榮自知病病者未病，何故復飲藥以加病耶？閒翁曰：人不識好，賺殺卻肯。

③層層拶進，如剥芭蕉。雖然如此，曲中不是路，賺過換頭腔。

④路宣叔曰：病知居士安心處，貧是詩人换骨時。愚者曰：未也，切忌作師家鈍置會。

⑤老子曰未也，可惜後邊潦倒，只管兒子兒子。

宇泰定者，發乎天光。發乎天光者，人見其人。人有修者，乃今有恒。有恒者，人舍之，天助之。人之所舍，謂之天民；天之所助，謂之天子。學者，學其所不能學也。行者，行其所不能行也。辯者，辯其所不能辯也。知止乎其所不能知，至矣！若有不即是者，天鈞敗之。

【集評】

正曰：學其可學，而不能學者自致；知其可知，而不可知者自止。不如此者，不即是者也。

①

備物以將形，藏不虞以生心，敬中以達彼。若是而萬惡至，皆天也，而非人也。不足以滑成，不可内于靈臺。靈臺者，有持而不知其所持，而不可持者也。不見其誠己而發，每發而不當，業入而不舍，每更爲失。爲不善乎顯明之中者，人得而誅之；爲不善乎幽閒之中者，鬼得而誅之。明乎人、明乎鬼者，然後能獨行。券内者，行乎無名；券外者，志乎期費。行乎無名者，唯庸有光；志乎期費者，唯賈人也。人見其跂，猶之魁然。與物窮者，物入焉；與物且者，其身之不能容，焉能容人？不能容人者無親，無親者盡人。兵莫憯音慘。於志，鏌鋣爲下；寇莫大於陰陽，無所逃於天地之間。非陰陽賊之，心則使之也。

【集評】

辰曰：券者，合也。合於内者無名；合于外者，常有期望及耗費也。跂而立者，人見其魁然，而真魁然者不跂也。然期費而勉强者猶此。逐物而往，物亦入焉，化於物也。與且者，姑與之爲雷同，而志不在焉者也。志不在，則自身且無所容於其間，安能與人同？如此則身外無親，無親則皆衆人之人耳。

杖曰：如此説道理，始令人讀之心神愈創而不厭。藏不虞以生心，靈臺有持不可持，與應無所住而生其心，有券者乎？殺活權寔，神出鬼没矣。券外者志乎期費，如賈人與物窮而物入，且身之不能容，焉能容人？故無親而盡人。則愈見券内者行乎無名，天人本一也。兵莫憯于志，寇莫大於陰陽，心則使之，此處拈出心之出入鬼神，爲是舉移是之秘，真千古不泄之機用也。可惜人人蹉過。幸得蹉過！

【閒翁曼衍】

① 三心既不可得，云何應無所住而生其心？且問持即非持非非持，與物且乎？券外固是賈人，

券内難免業入。果能不内靈臺否？是誰使之？若猶來也，備藏敬，三門大開，請入。

①道通其分也，其成也，毀也。所惡乎分者，其分也以備。所以惡乎備者，其有以備。故出而不反，見其鬼。出而得，是謂得死。滅而有實，鬼之一也。以有形者象無形者而定矣。出無本，入無竅，有實而無乎處，有長而無乎本剽，有所出而無竅者有實。②有實而無乎處者，宇也；有長而無本剽者，宙也。有乎生，有乎死，有乎出，有乎入。入出而無見其形，是謂天門。天門者，無有也。萬物出乎無有。有不能以有爲有，必出乎無有，而無有一無有。聖人藏乎是。

【集評】

潛艸曰：以有形者象無形者而定矣，必自易象極物來。以費知隱，是謂大定。若不得此正印，誰能決宇宙生死而不惑哉？

杖曰：天地之道，一陰一陽。善用中者，能用陰陽；不善用者，則爲陰陽之所成毀，不知成毀皆陰陽之功，道用之妙。無分而不通乎一也，不知者，惡其分而有生死之異，强爲之備，又誰知强爲之備，則反失其道之自備于我也耶？故於生之出而不知反，則猶夫死而見鬼也。如出而能得乎生之本無生，則不必于死，已先得乎鬼之爲神，原不死也。觀于滅而有寔而不盡滅，則鬼之於神，何曾有二而不一哉！不在別處見，即於有形而得無形，則吾心之見有定，自不爲陰陽所寇，而天地門户，在我心自開闔，用之則行，舍之則藏。欲求吾之本竅，渾無朕兆可得。所謂未始有物者，孰能以首生尻死，而異同吾之公族哉！妙乎有生如黬之不知何所自也，忽而拔然，已移是矣。然以公族之異，而變其所祖宗者有矣，故亦强言其移是。此不可知者，不可不知也。如臘祭之骰，有膍有胲；如觀室之周，有廟有偃。此常分常合、常移常是者也。有本有師，有名有寔，可攷其質，因以死償節，此妙于先以節償生也。曾子曰：人之將死，其言也善。此死是人之所歸。使生也能以死爲心，則人之心終無死地，爲不亡也。動容貌，正顔色，出辭氣，在人則視之爲聲音相貌也；誰知動之、出之、正之，皆道之所司存乎？莊子舉臘之膍胲、室之廟偃，猶孟子以動容周旋爲盛德之至。即形色是天性，何曾以人事而妨天理哉！觀室之妙，彼語自解也。心無天游，則六鑿相攘；室無空虚，則婦姑勃谿。此至仁無親、動而無已之妙。唯虫能天。兒子嗥握，同出于和，順心于不得已者，何其神也！大人不失赤子之心，而又能爲天之虫，以御人天之本，成天地之文，其鼓舞此渾沌而不至打死瞌睡也，奇哉！

【間翁曼衍】

① 有物先天地，呼客灼黿；无形本寂寥，隔靴搔痒。能爲萬象主，垛生招箭；不逐四時凋，平地

喫交。有能于此抽腦後釘、去眼中屑者麽？切忌見鬼，不若深藏。

②藏曰：有形者象無形定，易圖輪迴是真本。忽然説個無有一無有，打瞎頂門偏不省。生小念孰費而隱，問無聲臭便縮頸。不究此心何來，終被人推下井。

①古之人，其知有所至矣。惡乎至？有以爲未始有物者，至矣，盡矣，弗可以加矣。其次以爲有物矣，將以生爲喪也，以死爲反也，是以分已。其次曰始無有，既而有生，生俄而死。以無有爲首，以生爲體，以死爲尻，孰知有無死生之一守者，吾與之爲友。是三者雖異，公族也。昭景也，著戴也；甲氏也，著封也，非一也。有生，黬音闇。也。

②披然曰移是。嘗言移是，非所言也。雖然，不可知者也。請嘗言移是。褚曰：此五字當在此。臘者之有膍胲，音該。可散而不可散也；觀室者周于寢廟，又適其偃焉。爲是舉移是，請嘗言移是。是以生爲本，以知爲師，因以乘是非。果有名實，因以己爲質，使人以爲己節，因以死償節。若然者，以用爲知，以不用爲愚；以徹爲名，以窮爲辱。移是，今之人也，是蜩與鷽鳩同于同也。秦以三戌祭爲臘。膍，牛百葉。胲，足指毛肉也。偃，屏廁偃溲處也。或以秦臘疑此篇僞，然入理甚精，非莊不辦。然精于鏤空者有之，試問陰符、亢倉、關尹、鶡冠，何者非託？揭暄曰：左傳「虞不臘矣」，則臘之名著于春秋前，至莊始

三百餘年，而猶疑臘字爲僞耶？臘或久行于世，至秦始建而名月，未可知也。如佛于漢武時已通中國，屢見于史傳，至明帝始議迎之，非始自明帝也。如以六月爲焦月，九月爲朽月，民間恒稱之，寧必關自廟堂哉？

【集評】

正曰：止説得午先爲子，自子丑寅而午耳。聖人直下見得貫子午中之理而安之，尚不以無子無午之説夸其所藏，又何用贅疣一「無」字日賣弄哉？

虚舟曰：移是者，所是之理當移也，立處皆真之佛也，時中也。不移者，萬劫不變之佛也，大本之中也。嘗巧移其言以亂人，則非所言也；若欲抹殺之，則不可知之理本如是也。一曰無，一曰有，一曰始無而既有，是三説也。披然曰：未始有物之全體，移而爲有生之黬，亦不可知者也。黬，職任也。封，封邑也。三者雖異，譬昭、景、甲，皆楚之公族，特或以職著，或以封著，而有不同耳。又如臘祭者，分膍與胲於俎上，是可散也，而總一牲之體則不可散。又如觀室者，周帀寢廟，方謂之全室，然必視其偃息之所觀之，蓋言分之而合、合之而分也。

【閒翁曼衍】

① 未始有物者至矣，這一部莊子，是從那裏來的？口口空諸所有矣，這滿世界源流拂子，是從

那裏來的？僧問汾陽：面前一切是有，那個是無？汾曰：汝問最分明。

②莊子知人好奇特，姑以奇特之杓洒之。十日自愁，內外韄揵，乃舉其不即是之券，乃舉移是之贓，在人自悟其偏中耳。楊大年曰：喚作奇特，早是不中也。我道釋迦是敗軍之將，迦葉是喪身失命底人，汝等且怎生會？不見道涅槃生死俱是夢言，佛與衆生並爲增語。于此未明，敢保乖張不少。愚者曰：未也，爲是舉移是，試定當看。

蹍女展切。市人之足，則辭以放驁，兄則以嫗，大親則已矣。故曰：至禮有不人，至義不物，至知不謀，至仁無親，至信辟音屏。金。徹志之勃，解心之謬，去德之累，達道之塞。貴、富、顯、嚴、名、利，六者勃志也；容、動、色、理、氣、意，六者謬心也；惡、欲、喜、怒、哀、樂，六者累德也。去、就、取、與、知、能，六者塞道也。此四六者不盪，胸中則正，正則靜，靜則明，明則虛，虛則無爲而無不爲也。道者，德之欽也；生者，德之光也；性者，生之質也。性之動謂之爲，爲之僞謂之失。知者，接也；知者，謨也。知者之所不知，猶睨也。動以不得已之謂德，動無非我之謂治，名相反而實相順也。

【集評】

曹曰：性以氣爲質，而稱性之德曰善。其理見于事物時位，而有當不當焉。舍日無歲，安得不言名實？欲當，則此四六皆無硋也。庸醫必清盡人身之火，火盡而人豈復可醫哉？奇醫遂欲委之。

羿工乎中微，而拙乎使人無己譽。聖人工乎天，而拙乎人。夫工乎天而佷乎人者，唯全人能之。唯虫能虫，唯虫能天。全人惡天，惡人之天，而況吾天乎人乎！一雀適羿，羿必得之，威也；以天下爲之籠，則雀無所逃。是故湯以胞音庖。人籠伊尹，秦穆公以五羊之皮籠百里奚。是故非以其所好籠之而可得者，無有也。介者拸音侈。畫，外非譽也；胥靡登高而不懼，遺死生也。夫復謵音習。口義作「謂」。不餽一作「愧」。而忘人，忘人因以爲天人矣。故敬之而不喜，侮之而不怒者，唯同乎天和者爲然。出怒不怒，則怒出于不怒矣；出爲無爲，則爲出於無爲矣。欲靜則平氣，欲神則順心。有爲也欲當，則緣于不得已。不得已之類，聖人之道。

①②③

【集評】

迂曰：財、色、名、食、睡，五欲也。一曰起念即是欲，果可斷乎？果可任乎？一則曰無欲故靜，一則曰從心所欲，得無相悖乎？有爲也欲當，則緣於不得已。當之一字，真神武刀！藏正因、了因于緣因，止有一事寔，是公當也。勿欺好學，隨分自盡今時，是各各之私當即公當也。鼓山曰：尋常謂諸佛無情慮、絶知解，一有情慮知解，便是衆生。余謂諸佛衆生，同此情慮知解，但佛之情慮出于無私，而衆生之情慮蔽於有私也。佛知解玅于常覺，而衆生知解滯于不覺也。一菴曰：楞嚴是不名見，固了了矣。聖人之欲，是不名欲。石塘子曰：豁然頭上安頭，則悟生來死去矣。彼一贅旒，誠無事矣，而現在隨緣本分，正有事在。時此時，土此土，辨名當物，盡倫協藝之飲食薪火，如何可避？避得亦是僻見，亦是暗癡。莊曰欲當則緣于不得已，無爲無不爲，蓋爲其所當爲耳。治教尚明，故決于正告，使天下畫一、遵行不惑者也。奥室尚晦，以煅煉知命、造命之善巧也。多作兩末之説，一往之論，至於電拂陷虎。惟在造疑，一切奪之，至當之旨，皆藏喉中。然今時訛傳，皆執消心之方便，作實法治事，莽殃害政，其能免乎？然世人可笑，直告決然不信，以天笳繫綴之，則駭而受制矣，又將奈何？

朱震青曰：心洗者以身爲滯形，神圓者以心爲圂識，虚致者以神爲礙影。心密于形，神密于心，至虚而止矣。錢沃心曰：朱公懼近來隨緣放曠之説溺人，故於空空何有中，逼取戒慎恐懼真旨，苦心哉！愚者曰：用寔者虚，用虚者寔，故曰無寔無虚，祇歸寔于法住法位而已。法住法位，則隨緣當當矣。簞瓢曲肱，轍環刪述，皆其隨緣放曠也。聖人以「當」字懼萬世，即以「當」字養萬世，自不容己，是謂至密。

【閒翁曼衍】

① 愚曰：蠹信禹王留篆字，烏呵望帝記前身。虫則能天，人不如烏。信耶？呵耶？誰分工拙？

②聖人以庸爲籠，佛以空爲籠，五宗以疑爲籠。仔細看來，人自籠人，本不得已。

③枯樹果能斷根，燒菴定然發火。費盡虎鈴繫解，仍舊鳶魚造端。出爲無爲，是誰定當？有者云感恩有分，未免偏袒；有者云黃金增色，仍是護竿。天童曰：正當與麼時，驗賊不驗贓。可憐這漢子，將謂别商量。夢筆云：我有深情不在君。復謵不謉，難逃此籠；聖人結款，惟有欲當。

徐无鬼第二十四〔一〕

①徐无鬼因女商見魏武侯，武侯勞之曰：「先生病矣，苦于山林之勞，故乃肯見於寡人。」②徐无鬼曰：「我則勞于君，君有何勞於我？君將盈嗜欲、長好惡，則性命之情病矣；君將黜嗜欲、掔音牽。好惡，則耳目病矣。我將勞君，君有何勞于我？」武侯超然不對。少焉，徐无鬼曰：「嘗語君：吾相狗也。下之質，執飽而止，是狸德也；中之質，若視日；上之質，若亡其一。吾相狗又不若吾相馬也。吾相馬，直者中繩，曲者中鉤，方者中矩，圓者中規，是國馬也，而未若天下馬也。天下馬有成材，若卹若失，

〔一〕徐无鬼，原作「徐無鬼」，據集釋本莊子改。下同。

彪本作「佚」。若喪其一。若是者，超軼絶塵，不知其所。」武侯大説而笑。徐无鬼出，女商曰：「先生獨何以説吾君乎？吾所以説吾君者，横説之則以詩、書、禮、樂，從説則以金板、六弢，奉事而大有功者不可爲數，而吾君未嘗啓齒。今先生何以説吾君，使吾君説若此乎？」徐无鬼曰：「吾直告之吾相狗馬耳。」女商曰：「若是乎？」曰：「子不聞夫越之流人乎？去國數日，見其所知而喜；去國旬月，見所嘗見於國中者喜；及其年也〔一〕，見似人者而喜矣。不亦去人滋久，思人滋深乎？夫逃虚空者，藜藋柱乎鼪鼩一作「鼬」。之逕，踉音良。位其空，聞人足音，跫然而喜矣，況乎昆弟親戚之謦欬其側者乎？久矣夫，莫以真人之言謦欬吾君之側乎！」釋文：无鬼，緡山人，魏隱士。爾雅：掔，固也。若亡其一〔二〕，言若亡其身，所謂望木雞也。直，謂馬齒。曲，謂背。方，謂頭。圓，謂目。卹佚，驚竦若飛也。六弢，太公兵法。金板，猶金匱也。踉，踉蹡也。位，猶處也。跫然，行步聲。謦欬，喉中聲。

〔一〕其，集釋本莊子徐无鬼作「期」。
〔二〕亡，原作「志」，據經典釋文莊子音義下改。

之言也。

【集評】

新傳曰：武侯之性，中材也。不可卒告以至道，而當于所好通之。此无鬼所以有相狗馬

①便設兩難之鋒，使彼自己上鉤。超然不對，玅甚！怎奈猩猩嘗酒。

【閒翁曼衍】

②支林、殷浩在相王許。王曰：淵源崤函之固，君其慎焉。支初改轍遠之，數四交，不覺入其玄中。王撫肩而大笑。平叟歎曰：自從蒼頡引得鬼哭，而陰符遂爲鬼谷作倀矣。你看无鬼一雙鬼眼，現成狗馬，可惜武侯不能撫肩而笑。

徐无鬼見武侯。武侯曰：「先生居山林，食芧栗，口義作「茅栗」。厭葱韭，以賓寡人，久矣夫！今老邪？其欲干酒肉之味耶？其寡人亦有社稷之福邪？」徐无鬼曰：「无鬼生于貧賤，未嘗敢飲食君之酒肉，將來勞君也。」君曰：「何哉？奚勞寡人？」曰：「勞君之神與形。」武侯曰：「何謂邪？」徐无鬼曰：「天地之養也一，登高不可以爲長，居下不可以爲短。君獨爲萬乘之主，以苦一國之民，以養耳目鼻口，夫神者不自許也。①

夫神者，好和而惡姦。夫姦，病也，故勞之。唯君所病之何也？」武侯曰：「欲見先生久矣！吾欲愛民而爲義偃兵，其可乎？」徐无鬼曰：「不可。愛民，害民之始也；爲義偃兵，造兵之本也。君自此爲之，則殆不成。凡成美，惡器也。君雖爲仁義，幾且僞哉！形固造形，成固有伐，變固外戰。君亦必無盛鶴列于麗譙之間，無徒驥于錙壇之宫，無藏逆於得，無以巧勝人，無以謀勝人，無以戰勝人。夫殺人之士民，兼人之土地，以養吾私與吾神者，其戰不知孰善，勝之惡乎在？君若勿已矣，修胸中之誠以應天地之情而勿攖。夫民死已脱矣，君將惡乎用夫偃兵哉！」鶴列，陳兵也。麗譙，高樓也。

【閒翁曼衍】

① 犬馬訬于引笑，飲食亦可勞君。梁惠盎説宋康王，四累而後托出，猶詞費矣。何似五斗米答話，三兩粉點燈？

①
黄帝將見大隗乎具茨之山，方明爲御，昌寓驂乘，張若、謵朋前馬，昆閽、滑稽後車，至于襄城之野，七聖皆迷，無所問塗。適遇牧馬童子，問塗焉，曰：「若知具茨之山

②
乎？」曰：「然。」「若知大隗之所存乎？」曰：「然。」黄帝曰：「異哉小童！非徒知具茨

之山，又知大隗之所存。請問爲天下。」小童曰：「夫爲天下者，亦若此而已矣，又奚事焉？予少而自遊于六合之内，予適有瞀音茂。病，有長者教予曰：『若乘日之車，而遊於襄城之野。』今予病少痊，予又且復遊于六合之外。夫爲天下亦若此而已，予又奚事焉！」黄帝曰：「夫爲天下者，則誠非吾子之事。雖然，請問爲天下。」小童辭，黄帝又問，小童曰：「夫爲天下者，亦奚以異乎牧馬者哉！亦去其害馬者而已矣。」黄帝再拜稽首，稱天師而退。

【集評】

杖曰：黄帝之道，貴乎存中。而求見大隗于高山，則是心外有法，馳于物情。七情之聖，皆迷昧乎來時路矣。惟此童心，不縱意馬之外馳，則如乘日輪之車，自照寰中，天下不求治而自治矣。天下紛紛，皆自求其欲樂而不知反。能拜童子，帝馭自回，要須知此天師不在山上。③

正曰：言無爲自然者，皆曰黄老。按黄帝五十二戰，且登空峒、王屋、鴻堤、金谷，肆志昆臺、紫宫，投策鐘山，且占星日，作書銘，定律數，勸蠶鑄鼎，脊脊多事，而謂之無爲。孔子稱舜無爲而治，而舜封山濬川，命官敷治，至勤民事而野死之。豈非爲即無爲乎？莊子剔出其心而描邈之耳。④

【間翁曼衍】

①杖云：須菩提問世尊：云何應住？云何降伏其心？世尊云：善哉！應如是住，如是降伏其心。此童子答黄帝，亦若此而已矣，又奚事焉？

②别拈云：須菩提見個甚麽？莫是尋常忽略，今乃冷覷耶？幸可憐生，猶要討個護身符子在。如云善護念，誰是要人護的？誰是能護人的？到此如何見得是發菩提心？既發心，如何又要求住？又求降伏？發的心，住的心，降伏的心，是三？是一？如何結歘？不然，要求住，轉不得住；求降，轉不得降，何足爲希有哉？黄帝再拜稽首，畢竟是個痛快漢子。

③自遊復遊，割截内外，此病痊否？

④方南陔曰：以子長之才傳儒林，寥落無色。及讀游俠諸傳，無不拍掌而樂。正性人誦伊川詩，悶悶而已。讀出師表、丁零洋〔一〕，則感憤而樂。人情好痛快，亦是囿于天耶？莊子亦是知而故犯，遭時無所用于世，而故以此種嶔歆澒洞，痛快其漆園之毛錐已耳。誰其憐之？

知士無思慮之變則不樂，辯士無談説之序則不樂，察士無凌誶之事則不樂，皆囿于物

〔一〕丁零洋，疑當作「零丁洋」。

者也。招世之士興朝，中民之士榮官，筋力之士矜難，勇敢之士奮忠〔一〕，兵革之士樂戰，枯槁之士宿名，法律之士廣治，禮樂之士敬容，仁義之士貴際。農夫無草萊之事則不比，商賈無市井之事則不比。庶人有旦暮之業則勸，百工有器械之巧則壯。錢財不積則貪者憂，權勢不尤則夸者悲。勢物之徒樂變，遭時有所用，不能無爲也。此皆順比于歲，不物於易者也。馳其形性，潛之萬物，終身不反，悲夫！①

【集評】

郭云：業得其志則勸，事非其巧則惰。士用各有時，不遭時，欲自用，其可得乎？故貴賤無常。士之所能，各有其極，若四時之不可易耳。當其時物，順其倫次，則各有用矣。是以順歲則時序，易性則不物。若不用一家之能，而之夫萬方以要時利，故有匍匐而歸者，所以悲也。通曰：囿于物者三：身居事外，用智者也，順比于歲者十五；身居事内，用力者也；不物于易，不爲物之能變者也。又添幾句曰：畸士無恢恑曼衍之説則不樂，怨困無寥闊激歎之言則不樂，文士無波瀾標新之言則不樂。

〔一〕奮忠，集釋本莊子徐无鬼多作「奮患」，太平御覽二百九十九引作「奮忠」。

迂曰：十八種各好用其所長，此難忍之物情也。仁以正念通之，義以分位宜之，禮以中節而中之，樂以兩忘而和之，此聖人之所以裁成天地、範圍曲成也。莊生故意排突，列于穢瑣之中，而聳其不囿于物之自受用以爲高，隱劣顯勝之巧，有看破此白着穿窬者否？夫物物而不物于物，正是仁之至、義之至、中和之至，足以安頓萬世之終身不反者，此禮樂也。悲夫！庸人奇人，各各跺跟，才士好新不反，如我迂漢一句公道，亦不可少。

【閒翁曼衍】

①點睛只在末後一句。終身不反，悲夫！獨脱者誰？景璧曰：聖人不繫着，亦不繫脱。子玄曰：不用一家之能，而之萬方以要時利，故有匍匐而歸者。德山鑑曰：都是依艸附木精魂，所以從頭棒將去。或有一個獨脱者，與他商量。浮山遠曰：直饒獨脱底，亦是依艸附木精魂。笑翁曰：用盡自己心，笑破他人口。匍匐而歸，悲夫！

①

莊子曰：「射者非前期而中，謂之善射，天下皆羿也，可乎？」惠子曰：「可。」莊子曰：「天下非有公是也，而各是其所是，天下皆堯也，可乎？」惠子曰：「可。」莊子曰：「然則儒、墨、楊、秉四，與夫子爲五，果孰是耶？或者若魯遽音渠。者邪？其弟子曰：『我得夫子之道矣！吾能冬爨鼎而夏造冰矣。』魯遽曰：『是直以陽召陽，以陰召陰，非吾

②所謂道也。吾示子乎吾道。』於是乎爲之調瑟，廢一于堂，廢一于室，鼓宮宮動，鼓角角動，音律同矣。夫或改調一弦，於五音無當也，鼓之，二十五弦皆動，未始異于聲，而音之君已。且若是者邪？」惠子曰：「今夫儒、墨、楊、秉且方與我以辯，相拂以辭，相鎮以聲，而未始吾非也，則奚若矣？」莊子曰：「齊人蹢音直。子於宋者，其命閽也不以完，其求鈃音刑。鍾也以束縛，其求唐子也而未始出域，有遺類矣！夫楚人寄而蹢閽者，夜半于無人之時而與舟人鬭，未始離于岑而足以造於怨也。」鬳曰：楊、秉，楊朱、公孫龍也。調瑟于堂而室柱動者，律同，故聲應也。呂曰：唐曹紹夔知洛陽，僧房磬與鍾叶律，故齋時鳴，鑢之而聲遂絕。又李嗣真得車鐸，振之，地中有應者，掘之得鐘，蓋有此事。唐子者，堂塗給使令之人，猶周禮云門子，今俗云廳子耳。智按：唐，古與「蕩」通。

【集評】

③杖曰：惠子是莊子之告子。有足以發難而定其是非，皆破五子之偏見，而出喻折伏其强辯亦甚奇。即魯遽之非其子弟而自是其道，以調瑟改弦曾無異乎音之君，則又何異乎以陰陽之自召哉！惠子以諸子共辯，而未始吾非以自是，正以各不自知其非爲是，豈可爲天下之公是公非哉！更引齊人不愛其子，投諸宋，而不保其全爲是，又以愛外物，恐其傷以束縛之，

甚相反也。又求亡子，不出域而不得，竟謂之無，是豈真無哉？夜半無人時，謂與舟人鬬；既與舟人鬬，又不離乎岑，此豈真有哉？諸子以是爲非、以非爲是，以有爲無、以無爲有，但逞口給而全無實據，西天六十二見外道耳。

【間翁曼衍】

①杖曰：亡子已出域矣，而求之於域内，以爲無子，可乎？

②又曰：既謂夜半無人，又誰與爲鬬？既謂不離岑，又誰在舟中？怨又從何處造乎？此何異空手把鉏頭，步行又騎水牛哉？不妨帶累傅大士，以快此引喻之奇。

③生來死去，或作有見，或作無見，或亦有亦無見、非有非無見，矯亂不可究詰，所謂九十六見外道也。然後諦聽佛曰：三界唯心，萬法唯識。豈不運斤成風也哉？外道固其質也，亦佛之示現以醒人之斵耳。惠聽莊斵，莊又示現以聽後世之斵，有斵者麽？

①

莊子送葬，過惠子之墓，顧謂從者曰：「郢人堊漫其鼻端，若蠅翼，使匠石斵之。匠石運斤成風，聽而斵之，盡堊而鼻不傷。郢人立不失容。宋元君聞之，召匠石曰：『嘗試爲寡人爲之。』匠石曰：『臣則嘗能斵之。雖然，臣之質死久矣。』自夫子之死也，吾無以爲質矣，吾無與言之矣！」

【集評】杖曰：惠子死而莊子無斤可運矣，惜乎！莊孟同生戰國，而兩家絶無一言相及，此又天地造物留此一段誵訛公案與千古下之明眼。於此運斤據欵，恐亦難于着手也。雖是相思不相見，未有疑情誰解參？

【間翁曼衍】
①一滴水洗去甚妙，何用郢斤？莊子以此法驢天下，愚者未嘗過而問也。近爲寒山埽帚，賣俏成風，不妨袖手磨刀，有豎指者即割。

①管仲有病，桓公問之曰：「仲父之病病矣！可不謂云，至于大病，則寡人惡乎屬國而可？」管仲曰：「公誰欲與？」公曰：「鮑叔牙。」曰：「不可。其爲人潔廉，善士也，其于不己若者不比之；又一聞人之過，終身不忘。使之治國，上且鉤乎君，下且逆乎民，其得罪于君也將弗久矣。」公曰：「然則孰可？」對曰：「勿已，則隰朋可〔一〕。其爲

〔一〕隰朋，原作「濕朋」，據集釋本莊子徐无鬼改。下同。

②人也，上忘而下畔，愧不若黄帝〔一〕，而哀不己若者。以得分人謂之聖，以財分人謂之賢。以賢臨人，未有得人者也；以賢下人，未有不得人者也。其于國有不聞也，其於家有不見也。勿已，則隰朋可。」③

【集評】

杖曰：鮑叔使桓用仲以霸天下，知人之明，已足千古。及桓公欲屬國于鮑，而仲止之，此正所以保全知己，不負桓公也。然不知隰朋果如仲之所言乎？果如其言，則其功業不在管仲之下，又當使桓公王天下矣，豈特伯者之業哉！桓公死，齊大亂，此決非隰朋之有足爲也。果管子之言如此，則又不當于此時與公言，早將舉之大用，以代己之不及矣。

【間翁曼衍】

①管子曰：鮑叔直而不能爲詘。管以詘而使齊，鮑以申而使管，非風斤耶？

②質直矣，慮以下人，非風斤耶？

③季蘆子曰：管子以待君自反爲風，而運其内政之斤。隆中比管，以待其三顧爲風，而運其魚

〔一〕黄帝，原作「皇帝」，據集釋本莊子徐无鬼改。

水之斤。殷浩，鈍斤。王安石，則傷其鼻矣。

①吳王浮于江，登乎狙之山。衆狙見之，恂然棄而走，逃于深蓁。有一狙焉，委蛇攫搔，即搔。見巧乎王。王射之，敏給搏捷矢。王命相者趨音促。射之，狙執死。王顧謂其友顏不疑曰：「之狙也，伐其巧，恃其便，以敖予，以至此殛也，戒之哉！嗟乎！無以汝色驕人哉！」顏不疑歸，而師董梧，以助音鉏。其色，去樂辭顯，三年而國人稱之。

搔，曲折攀援也。

【集評】

呂曰：以色驕人者，心驕人而見于色。鋤色者，去其心而已。

【閒翁曼衍】

①三年而國人稱之，不亦見巧于國乎！攫搔搏捷，有戒者否？

①南伯子綦隱几而坐，仰天而噓。顏成子入見曰：「夫子，物之尤也。形固可使若槁
②木，心固可使若死灰乎？」曰：「吾嘗居山穴之中矣。當是時也，田禾一覩我，而齊國之衆三賀之。我必先之，彼固知之；我必賣之，彼固鬻之。若我而不有之，彼惡得而

知之？若我而不賣之，彼惡得而鬻之？嗟乎！我悲人之自喪者，吾又悲夫悲人者，吾又悲夫悲人之悲者，其後而日遠矣！」

【集評】

愚曰：止向自身上消而已矣。三層自解，悲能免乎？

【聞翁曼衍】

①三賀三悲，何非弄丸法耶？聊自解耳，何非秉羽法耶？

②內有一悲，是斲平地上人；有一悲，是斲高高立者；有一悲，是斲深深行者。辨得來風否？看破如此買賣，依舊仰天而噓。

①

仲尼之楚，楚人觴之。孫叔敖執爵而立，市南宜僚受酒而祭曰：「古之人乎！於此言已。」曰：「丘也聞不言之言矣，未之嘗言，于此乎言之。市南宜僚弄丸，而兩家之難解；孫叔敖甘音酣。寢秉羽，而郢人投兵。丘願有喙三尺。」彼之謂不道之道，此之謂不言之辯。故德總乎道之所一，而言休乎知之所不知，至矣。道之所一者，德不能同也；知之所不能知者，辯不能舉也。名若儒墨而凶矣。故海不辭東流，大之至也；

聖人并包天地，澤及天下，而不知其誰氏。是故生無爵，死無謚，實不聚，名不立，此之謂大人。狗不以善吠爲良，人不以善言爲賢，而況爲大乎！夫爲大不足以爲大，而況爲德乎！夫大備矣，莫若天地。然奚求焉而大備矣？知大備者，無求，無失，無棄，不以物易己也。反己而不窮，循古而不摩，大人之誠。

【閒翁曼衍】

①喙長三尺不得語，弄丸秉羽雷布鼓。言休乎知之所不知，反爲此粉蒨丹青，亦何苦？莫是盧同對馬異，結交長篇閉門語。

子綦有八子，陳諸前，召九方歅曰：「爲我相吾子，孰爲祥？」九方歅曰：「梱也爲祥。」子綦瞿然喜曰：「奚若？」曰：「梱也，將與國君同食以終其身。」子綦索然出涕曰：①「吾子何爲以至於是極也！」九方歅曰：「夫與國君同食，澤及三族，而況於父母乎？今夫子聞之而泣，是禦福也。子則祥矣，父則不祥。」子綦曰：「歅，女何足以識之！而梱祥耶？盡于酒肉，入于鼻口矣，而何足以知其所自來？吾未嘗爲牧，而牂生于奥；未嘗好田，而鶉生于宎。若勿怪，何邪？吾所與吾子遊者，遊于天地。吾與之邀

②

樂于天，吾與之邀食于地；吾不與之爲事，不與之爲謀，不與之爲恠。與之乘天地之誠，而不以物與之相攖；吾與之一委蛇，而不與之爲事所宜。今也然有世俗之償焉！凡有恠徵者必有恠行。殆乎，非我與吾子之罪，幾天與之也！吾是以泣也。」無幾何而使梱之於燕，盜得之于道。全而鬻之則難，不若刖之則易。於是刖而鬻之於齊，適當渠公之街，然身食肉而終。

【集評】

鄧止仲曰：澹定之極，彌見深至。間溢爲崇巒激湍之言，亦第以寫其孤往，而不與物相抹摋。

【間翁曼衍】

①人要許多痴福作麽？鵓鳩樹上啼，意在畬田裡。棒喝獨尊，非以恠徵謀福耶？不見道鵓鳩樹上啼。

②渠公之街，亦可行菩薩行。王駘遇之，把臂何如？

①

齧缺遇許由，曰：「子將奚之？」曰：「將逃堯。」曰：「奚謂耶？」曰：「夫堯畜畜然仁，

②

吾恐其爲天下笑，後世其人與人相食與！夫民不難聚也，愛之則親，利之則至，譽之則勸，致其所惡則散。愛利出乎仁義，捐仁義者寡，利仁義者衆。夫仁義之行，唯且無誠，且假夫禽貪者器。是以一人之斷制利天下，譬之猶一覕與「瞥」同。也。夫堯知賢人之利天下也，而不知其賊天下也。夫唯外乎賢者知之矣。」有暖音烜。姝者，有濡需者，有卷音權。婁者。所謂暖姝者，學一先生之言，則暖暖姝姝而私自説音悦。也，自以爲足矣，而未知未始有物也。是以謂暖姝者也。濡需者，豕蝨是也，擇疏鬣，以爲廣宫大囿，奎蹏曲隈，乳間股脚，自以爲安室利處，不知屠者之一旦鼓臂布草，操煙火，而己與豕俱焦也。此以域進，此以域退，此其所謂濡需者也。卷婁者，舜也。羊肉不慕蟻，蟻慕羊肉，羊肉羶也。舜有羶行，百姓悦之，故三徙成都，至鄧之虚音墟。而十有萬家。堯聞舜之賢，舉之童土之地，曰冀得其來之澤。舜舉乎童土之地，年齒長矣，聰明衰矣，而不得休歸，所謂卷婁者也。是以神人惡衆至，衆至則不比，不比則不利也。故無所甚親，無所甚疎，抱德煬和，以順天下，此謂真人。於蟻棄知，於魚得計，於羊棄意。以目視目，以耳視耳〔一〕，以心復心。若然者，其平也繩，其變也

〔一〕視，集釋本莊子徐无鬼作「聽」。

循。仇池筆記言卷婁爲羊者，誤。智以聚僂證之，當是盛羊肉器。

【集評】

余賡之師曰：神人惡衆至，聖人包衆至。平者多流懦，故曰繩。變者多譎蕩，故曰循。

【閒翁曼衍】

①以一覑爲受用，莊子亦是暖姝之悦也。貪曳泥尾，莊子亦是濡需之域也。遠想萬世之知，而近嚇河侯之粟，使後人從此躱跟，莊子亦是卷婁之羶也。于蟻弃智，于魚得計，于羊棄意，畢竟奈何？休誇性海波瀾闊，卻是奇談誤後生。

②透聲透色絶遮欄，蓋天蓋地無向背。豈止棒頭取證，喝下承當，直饒千眼頓開，未免依艸附木。將謂把斷要津，不通凡聖，便得計麽？是亦一覑也，是亦終矜也。莫學笛中高背宫，不如正調省氣力。

①古之真人，以天待之，不以人入天。古之真人，得之也生，失之也死；得之也死，失之也生。藥也，其實堇也，桔梗也，鷄廱也，豕零也，是時爲帝者也，何可勝言？句踐也以甲楯三千棲于會稽，唯種也能知亡之所以存，唯種也不知其身之所以愁。故曰：

鴟目有所適，鶴脛有所節，解之也悲。故曰：風之過河也有損焉，日之過河也有損焉。請只風與日相與守河，而河以爲未始其攖也，恃源而往者也。故水之守土也審，影之守人也審，物之守物也審。故目之於明也殆，耳之于聰也殆，心之于殉也殆。凡能其于府也殆，殆之成也不給改。禍之長也滋萃，其反也緣功，其果也待久。而人以爲己寶，不亦悲乎！故有亡國戮民而已〔一〕，不知問是也。堇，烏頭也。鷄廱，芡也。豕苓，豨苓也。此言應病予藥，當審其症與藥性也。

【集評】

郭曰：居無事以待事，事斯得；以有事求無事，事愈荒。死生得失，各隨其所居耳。無意則止于分，所以爲審；有意則無涯，故殆。

② 循本曰：自「鴟目」下，五用「故」字申言其義。鴟目夜明，鶴脛長不可節，但當因其自然也。風日一節，説向親切，不是教人事物之來强排遣也，直是自有主本，如水之有源頭，方能如此。守土、守人、守物，言此理相守，未嘗相離，如水之守土，影之守人，物之守物，審定而

〔一〕而已，集釋本莊子徐无鬼作「無已」。

不移也。又以三「殆」字反前三「審」字，狥外則不能審定矣。殆之成不及可改，而禍之長滋積，言過則甚速，而反殆爲安，則甚難也。

【閒翁曼衍】

①巖頭曰：咬住咬去，有時咬住即去，有時咬去即住，有時一向不住，有時一向不去。藥也時爲帝也，以兩重門，作四料揀。解之也悲，固然不知問是；恃源而往，究竟問是不知。石球曰：果物戲人人戲物，爲風乘我我乘風。

②劉禹錫曰：醫用毒以攻疹，用和以安神，易則兩躓矣。愚曰：藥時爲帝，有常帝焉。硝毒于參，而有時貴于參。參貴于粒，而能使粒不貴于參乎？杖人曰：喫得飯，痾得屎，雖有扁鵲，亦何所用？

①故足之於地也踐，雖踐，恃其所不蹍而後善博也；人之知也少，雖少，恃其所不知而②後知天之所謂也。知大一，知大陰，知大目，知大均，知大方，知大信，知大定，至矣。大一通之，大陰解音蟹。之，大目視之，大均緣之，大方體之，大信稽之，大定持之。盡有天，循有照，冥有樞，始有彼。則其解之也似不解之者，其知之也似不知之也，不知而後知之。其問之也，不可以有崖，而不可以無崖。頡滑有實，古今不代，而不可

以虧，則可不謂有大揚搉乎！闔亦不問是已〔一〕，奚惑然爲？以不惑解惑，復于不惑，是尚大不惑。頡滑，錯亂也。揚，舉也。搉，引也。

【集評】

郭曰：惑不可解，從而任之。

管見曰：儒、墨、楊、秉、惠，五者各執一偏，自以爲道盡于是。然其言論機鋒所觸，亦有賴以發明道妙者，猶郢人聽斲，足以成匠石之功。

正曰：理家多不知無用之用，偏高在不知有用之用。正人時有執見而不失其正，邪人則專藉玄談以自縱而已矣。知其故而不惑，乃能時中正用。

大力曰：天地大交在冬，大别在夏；小周成歲，大周成運。徒好言大，而不知大中之差别，難言不惑。

愚曰：七大兼用，正是虚實妙叶，大小時宜。今言大陰而不言大陽者，將謂世人止見陽，而我貴陰符乎？將謂陽統陰陽乎？故曰天無寒暑，而寒暑即天，此一大揚搉也。鄧止仲曰：冬必極寒，夏必極燠，究數而止，無半至者，而物無怨焉，誠故也。藏一曰：酷寒當使山

〔一〕亦不，集釋本莊子徐无鬼作「不亦」。

海俱凍，而今則冬至即回；酷暑當使金石俱焦，而今則夏至即回，此天之用半而不盡者也。聖人明其正用于寒暑之中，自不爲寒暑所移，即可以用寒暑矣，是曰大不惑。

【閒翁曼衍】

①七大不言大陽，有疑其漏者否？

②達摩東來，止求不被人惑亂者，解似不解，知似不知，問不以有崖，不以無崖，莫是頡滑造惑以試人耶？壽昌推石悟曰：欲參無上菩提道，急急疏通大好山。知道始知山不好，翻身跳出祖師關。東苑頌云：白蛇當路果能誅，赤眼英雄別有圖。一自鴻門離虎穴，暴秦强楚爲先驅。藥地曰：關已跳了，別圖甚麽？此一大揚搉，是有崖？是無崖？

③一曰寒暑無半至者，一曰寒暑用半而不盡，不早惑耶？

則陽第二十五

①則陽遊於楚，夷節言之于王，王未之見，夷節歸。彭陽見王果曰：「夫子何不談我於王？」王果曰：「我不若公閱休。」彭陽曰：「公閱休奚爲者耶？」曰：「冬則擉測角切。鼈于江，夏則休乎山樊。有過而問者，曰：『此予宅也。』夫夷節已不能，而況我乎？

②吾又不若夷節。夫夷節之爲人也，無德而有知，不自許，以之神其交，固顛冥乎富貴之地，非相助以德，相助消也。夫凍者假衣於春，暍者反冬乎冷風。夫楚王之爲人也，形尊而嚴；其於罪也，無赦如虎，非夫佞人正德，其孰能撓焉？故聖人其窮也，使家人忘其貧；其達也，使王公忘爵禄而化卑。其於物也，與之爲娛矣；其于人也，樂物之通而保己焉。故或不言而飲人以和，與人並立而使人化父子之宜。彼其音記。乎歸居，而一閒其所施。其于人心者，若是其遠也。故曰待公閱休。」魯人彭陽，字則陽。夷節，楚人。王果，楚大夫。公閱休，隱者也。

【集評】

方子及曰：凍必假衣，衣雖厚，不若春和凍解也；暍必願風，風雖冷，不若冬至暍消也。慕用者假資權門，不若恬退者之自貴也。待公閱休，蓋規之也。

【閒翁曼衍】

①彭陽躁見，虧此厚顔。王果一喝，綿裹鐵橛。王旦曰：張師德狀元及第，何乃兩及吾門？然則退之三上宰相書，其亦受人之綿鐵橛矣。

②季蘆子曰：取涼于箑，孰若清風徐來？然無風則箑不可缺。汲水于槔，孰若甘雨時降？然無

雨則棹不可遲。此言人當自盡，勿委天耳。與物爲娱，樂人之通而保己焉，此漆園之綢繆篁、棹乎！

①聖人達綢繆，周盡一體矣，而不知其然，性也。復命摇作，而以天爲師，人則從而命之也。憂乎知，而所行恒無幾時，其有止也若之何！生而美者，人與之鑑，不告則不知其美于人也。若知之，若不知之，若聞之，若不聞之，其可喜也終無已，人之好之亦無已，性也。聖人之愛人也，人與之名，不告則不知其愛人也。若知之，若不知之，若聞之，若不聞之，其愛人也終無已，人之安之亦無已，性也。綢繆，猶纏綿也。一體，天也。命，名也。此亦從情上説性。聖人以情之中節處表性天之理。觀子思之三謂、孟子兩不謂，尚不達綢繆耶？

【集評】

②循本曰：綢繆，事理轇轕處，惟聖人爲能達之。合天下爲一體，周盡此理，而不言其所以然，所謂性之也。其靜也歸根復命，其動也撼摇興作，皆合乎天，人則從而名之爲聖人。

【閒翁曼衍】

①靈隱曰：有般漢，便擬向法無定相、遇緣即宗處躲跟。我則曰宗無定相，遇緣即辨，汝等又作

麽生辨？

②狐正丘首，熟路難忘。山光鳥性，暢然依舊。趙溯曰：晴日未消千嶂雪，煖風先放一川花。

①舊國舊都，望之暢然。雖使丘陵艸木之緡，入之者十九，猶之暢然，況見見聞聞者也？以十仞之臺縣音玄。衆間者也。冉相氏得其環中以隨成，與物無終無始，無幾無時。日與物化者，一不化者也，闔嘗舍之！夫師天而不得師天，與物皆殉，其以爲事也若之何？夫聖人未始有天，未始有人，未始有始，未始有物，與世偕行而不替，所行之備而不洫，其合之也若之何？湯得其司御，門尹登恒爲之傅之，從師而不囿，得其隨成。爲之司其名，之名贏法，得其兩見。仲尼之盡慮，爲之傅之。容成氏曰：「除日無歲，無内無外。」暢然，喜悦貌。間，亦作「閒」。洫，與内篇老洫同，謂熟想成漏也。

【集評】

吕曰：湯得司御，主調御，門尹正所入。登恒成有恒之修，其精爲道，其贏爲法。見其名之所由生，則知法之所由成，是爲兩見。

正曰：湯知心師而得門尹登恒爲傅，所謂合也；得冉相之環中隨成爲師，引名贏法。仲尼盡慮爲傅，所爲合也。此即君臣道合也。除日無歲，則不知有宙；無内無外，則不知有宇。

愚謂除日無歲，所謂傅即是師；無内無外，所謂師即是傅。

愚曰：人無不以境轉，人無不以類合。聞跫然而喜，望舊都而暢，熟故也。化人而不隨物現身，其轉物也窮矣。

【閒翁曼衍】

①博山悟入矣，壽昌舉蟻子解尋腥處走，蒼蠅偏向臭邊飛，重被硋塞三年。且問是物殉天耶？天殉物耶？直饒未始有物，未始有天，未始有始，亦不免于蠻觸。可悟臺縣衆間，師傅獨當其責。家無小使，不成君子。歲日兩見，誰達綢繆？

①魏瑩與田侯牟約，田侯牟背之。魏瑩怒，將使人刺之。犀首聞而耻之，曰：「君爲萬乘之君也，而以匹夫從讎。衍請受甲二十萬，爲君攻之，虜其人民，係其牛馬，使其君内熱發于背，然後拔其國。忌也出走，然後抶其背，折其脊。」季子聞而耻之，曰：「築十仞之城，城者既十仞矣，則又壞之，此胥靡之所苦也。今兵不起七年矣，此王之基也。衍，亂人，不可聽也。」華子聞而醜之，曰：「善言伐齊者，亂人也；善言勿伐者，亦亂人也；謂伐之與不伐亂人也者，又亂人也。」君曰：「然則若何？」曰：「君求其道而②已矣。」惠子聞之，而見戴晉人。戴晉人曰：「有所謂蝸者，君知之乎？」曰：「然。」「有

國於蝸之左角者，曰觸氏；有國于蝸之右角者，曰蠻氏。時相與爭地而戰，伏尸數萬，逐北旬有五日而後反。」君曰：「噫，其虚言與！」曰：「臣請爲君實之。君以意在四方上下有窮乎？」君曰：「無窮。」曰：「知遊心于無窮，而反在通達之國，若存若亡乎？」君曰：「然。」曰：「通達之中有魏，於魏中有梁，於梁中有王，王與蠻氏有辯乎？」君曰：「無辯。」客出而君惝然若有亡也。客出，惠子見。君曰：「客，大人也，聖人不足以當之。」惠子曰：「夫吹筦也，猶有嗃也；吹劍首者，吷而已矣。堯舜，人之所譽也。道堯舜於戴晉人之前，譬猶一吷也。」犀首，官名，公孫衍爲此官。抶，擊也。惝，惘也。嗃，管聲。劍首，劍環頭小孔也。吷，吷然如風過也。

【閒翁曼衍】

①三掃而一吷，其于物也，亦與之爲娭乎？兩見而達綢繆者，時乎用之。

②以吷息爭，亦蝸蜒之殺蝍蛆也。爭吷殺人，能免蠻貐之觸耶？蓮池曰：血氣之爭不可有，義理之爭不可無。猶不信蓮池之吷乎？乘天地之正，以禦六氣之辨，猶不信莊子之吷乎？

①

孔子之楚，舍于蟻丘之漿。其鄰有夫妻臣妾登極者，子路曰：「是稯稯音總。何爲者耶？」仲尼曰：「是聖人僕也。是自埋于民，自藏於畔。其聲銷，其志無窮，其口雖

② 言，其心未嘗言。方且與世違，而心不屑與之俱。是陸沉者也，是其市南宜僚耶？」子路請往召之，孔子曰：「已矣！彼知丘之著于己也，知丘之適楚也，以丘爲必使楚王之召己也，彼且以丘爲佞人也。夫若然者，其於佞人也，羞聞其言，而況親見其身乎？而何以爲存！」子路往視之，其室虛矣。蟻丘，山名。漿，賣漿也。極，屋棟。稯，言紛也。陸沉，當顯而隱。熊宜僚，居市南。

【集評】

郭曰：埋于民，與民同也。藏于畔，進不榮華，退不枯槁也。

【閒翁曼衍】

①十方虛空，悉皆消殞，亦是陸沉放筆。過此以往，未之或知，亦是陸沉放筆耶？五祖演曰：若人發真歸元，十方虛空，觸着磕着。昭覺勤曰：若人發真歸元，十方虛空，錦上添花。

②愚曰：何遠之有本虛，登極自埋于僕。然則謂龍山和尚果然燒菴，猶是泥牛枯樁，豈知莊生之吷？

① 長梧封人問子牢曰：「君爲政焉勿鹵莽，治民焉勿滅裂。昔予爲禾，耕而鹵莽之，則

其寔亦鹵莽而報予；芸而滅裂之，其實亦滅裂而報予。予來年變齊，去聲。深其耕而熟耰之，其禾繁以滋，予終年厭飧。」莊子聞之，曰：「今人之治其形，理其心，多有似封人之所謂，遁其天，離其性，滅其情，亡其神，以衆爲。故鹵莽其性者，欲惡之孽，爲性萑音丸。葦蒹葭，始萌以扶吾形，尋擢吾性。並潰漏發，不擇所出，漂疽疥癰，内熱溲膏是也。」齊與分劑同，耕法也。葦，葭蘆也。並潰漏發，謂積氣散泄，上潰下漏，不擇所出也。升菴曰：耕不善曰鹵莽，芸不善曰滅裂。耕剛鹵之地必加功，吕覽所謂强土而弱之也。

【閒翁曼衍】

①愚曰：華山之博大，多説些寔話亦好。向虚空掘窟籠，唤磚頭作古鏡，裝面雷同，土苴數見矣。趙州曰：一切仍舊，仍舊是人面皮，仍舊要捧飯盌，仍舊篩米，仍舊耕田。

柏矩學於老聃，曰：「請之天下遊。」老聃曰：「已矣！天下猶是也。」又請之，老聃曰：「汝將何始？」曰：「始于齊。」至齊，見辜人焉，推而强之，解朝服而幕之，號天而哭之，曰：①「子乎！子乎！天下有大菑，子獨先離之。曰莫爲盜，莫爲殺人。榮辱立，然後覩所病；貨財聚，然後覩所爭。今立人之所病，聚人之所爭，窮困人之身，使無休

②時。欲無至此，得乎？古之君人者，以得爲在民，以失爲在己；以正爲在民，以枉爲在己。故一形當作「一物」。有失其形者，退而自責。今則不然，匿爲物而愚不識，大爲難而罪不敢，重爲任而罰不勝，遠其塗而誅不至。民知力竭，則以僞繼之；日出多僞，士民安取不僞？夫力不足則僞，知不足則欺，財不足則盜。盜竊之行，於誰責而可乎？」③辜，罪也。幕，覆也。④離，著也。

【集評】

杖曰：老聃游於無矩之矩，從心所欲而不踰也。柏矩是有矩之矩，從人所欲而不踰也。善游者矩與無矩，亦猶是而已。老子待柏矩胸中迸出，使千古爲政皆當出自本心，則無違世違人之病，皆能反求諸己而不責人，天下孰得盜之、爭之而相欺哉？至於匿大重遠之出僞，世法心法，莫不皆然。汝能爲之，彼亦能爲之，但有路可上，更高人也行。即汝能以無路截人，人亦能以無路截汝。末路更當代老聃曰：「子之游已矣乎！天下亦猶是也。」

迂曰：時其時，土其土，人其人，事其事，應當茶飯，各食其天；四民四教，誰非一心？猶一二三四五之不欺乎河洛算盤，耳目手足之不欺乎備物反身也。夫天下亦猶是也，初謂有多少奇特，窮盡而反，一切依舊，便覺索然，寧可挑撓遊霧。

【閒翁曼衍】

①專門生死招牌，其爲匿大重遠何如耶？直須打瞎頂門眼，奪卻肘後符，方有說話分，不然，爲人則禍生。不見道大事未明，如喪考妣；大事已明，如喪考妣。

②節其有餘，養其不足。師傳謂何？無厭足王入大寂定，責將誰歸？聖人達綢繆，直看到此。杖曰：識得拄杖子，參學事畢；識得拄杖子，打折驢腰。

③平叟曰：驅畊奪食，甚至艸竊荼毒，以轟己之峻峭門庭，此老久看破矣。然恐自家反脣效尤不免。何故偏鋒好變，水上拋毬？索性雷鼓曰：已乎已乎，且無所逃。笑翁曰：看破則已矣。一頓藤條，又容竿木。

④姜箕簹曰：貧而樂者，枯木撒花；奇而英者，咳唾珠玉；鞠而瘁者，鑊湯避暑。各不欺其才，寧爭雞鶩食？衆人固不識，天下亦猶是也。只爲張楷作霧成市，莫累本身；不如東坡招人說鬼，猶藏于畔。

①蘧伯玉行年六十而六十化，未嘗不始於是之而卒詘之以非也。未知今之所謂是之非五十九非也。萬物有乎生而莫見其根，有乎出而莫見其門。人皆尊其知之所知，而莫知恃其知之所不知而後知，可不謂大疑乎？已乎已乎！且無所逃，此則所謂然與

然乎？

【集評】

集曰：孰爲根？孰爲門？孰爲知？可謂善發疑情。現前參究者誰？必欲見見，即此是疑；見即莫見，疑即不疑。然與然乎，此謂疑始，此謂莫之爲、或之使，疑之所假者乎！

【閒翁曼衍】

① 濫賤年記，更加十歲。近關兩出，不知曾見此門。

② 潙山果云：維摩不二門高，壁立萬仞，擬心則差，動念則隔，不擬不動，落在無事界中。諸人作麽生入？良久云：退後，退後！

仲尼問於大史大弢、伯常騫、狶韋曰：「夫衛靈公飲酒湛樂，不聽國家之政；田獵畢弋，不應諸侯之際，其所以爲靈公者何邪？」大弢曰：「是因是也。」伯常騫曰：「夫靈公有妻三人，同濫而浴。史鰌奉御而進所，搏幣而扶翼。其慢若彼之甚也，見賢人若此其肅也，是其所以爲靈公也。」狶韋曰：「夫靈公也死，卜葬于故墓不吉，卜葬于沙丘而吉。掘之數仞，得石椁焉，洗而視之，有銘焉，曰：『不馮音憑。其子，靈公奪而里音埋。之。』夫靈公之爲靈也久矣！之二人何足以識之？」濫，浴器也。鰌，史魚名。里，居處也。不馮其子，言子孫不足託，故使公得此處爲冢也。方思善曰：里，一作「埋」。古稱窀穸爲蒿里，則作里可也。

①少知問于大公調曰：「何謂丘里之言？」大公調曰：「丘里者，合十姓百名而以爲風俗也。合異以爲同，散同以爲異。今指馬之百體而不得馬，而馬係于前者，立其百體而謂之馬也。②是故丘山積卑而爲高，江河合水而爲大，大人合并而爲公。是以自外入者，有主而不執；由中出者，有正而不距。四時殊氣，天不賜，故歲成；五官殊職，君不私，故國治；文武，大人不賜，故德備；萬物殊理，道不私，故無名。無名故無爲，無爲而無不爲。時有終始，世有變化，禍福淳淳，至有所拂者，而有所宜；自殉殊面，有所正者，有所差。比于大澤，百材皆度；觀乎大山，木石同壇。此之謂丘里之言。」

③少知曰：「然則謂之道足乎？」大公調曰：「不然。今計物之數，不止於萬，而期曰萬物者，以數之多者號而讀之也。是故天地者，形之大者也；陰陽者，氣之大者也；道者爲之公。因其大以號而讀之，則可也；已有之矣，乃將得比哉？則若以斯辯，譬猶狗馬，其不及遠矣！」周禮四井爲邑，四邑爲丘，五家爲部，五部爲里。賜，與也。拂，

戾也。心各不同，是非殊致，故有所正，亦有所差也。大澤百材皆度，大山木石同壇，合其別而見總也。

【集評】

循本曰：大人合并而爲公，是以自外入者，中有公道爲主而不執滯；由中出者，外有公道相是正而不距絶。

杖曰：佛欲言智，則是文殊、舍利弗之徒起座；如欲言行，則是普賢、功德林之徒起座；如説般若，則須菩提等當機。此寓言少知問于大公調，與知北問於無爲，皆得表法之妙，非大權示現之密爲利導者乎？以丘里之言，合異爲同，散同爲異，喻之指馬之百體不得馬，立馬于前，百體合爲是馬，此老子所謂有之以爲利，無之以爲用，如百體九竅共爲一體，而歸于一心也。大人能合并而爲公，竗于自外入者有主而不執，由中出者有正而不距。耕鑿順則，擊壤日歌〔一〕，此無名無爲而無不爲也。自殉殊面，有正有差，總而觀之，百材皆度。可信形氣之大，以道爲公，一任其萬物橋起，原不出雌雄之片合而庸有也。大號極物，虚寔同理，讀其所自化，原是意之所將爲。至于或之使、莫之爲，未免乎可言可意，況乎未生之不可忌，已

〔一〕擊，原作「繫」，據文義改。

死之不可徂。正是生死非遠，而理不可睹。只此或之使、莫之爲，不是吾人生乎始終所假之結根大疑情乎？或能疑之極而致其曲，則言默不足以載其上天之載矣。萬物本無聲臭，丘里即是通方。誰是調御天人大宗師乎？大公調現在！

【閒翁曼衍】

①「佛」之一字，莫非號而讀之麽？即心是佛，莫非丘里之言麽？非心非佛，莫非自殉殊面麽？曰：不然。曰：何故不然？曰：若然，如何止得小兒啼？

②僧問：趙州曰「佛」之一字，吾不喜聞；浮山大師何爲勸人念佛？浮山曰：喚竹篦子。僧曰：喚作竹篦子則觸，不喚作竹篦子則背，畢竟喚作甚麽？山曰：南無阿彌陀佛。僧曰：如此曉得了。山打一竹篦，曰：曉個甚麽？僧曰：南無佛。山又打兩下。曰：又觸又背。

③金剛經云：佛所説義，無有定法。所以者何？一切賢聖，皆以無爲法而有差别。杖人拈云：風急鳥聲碎，日高花影重。至興闌則啼鳥緩，生久則落花多，可中卻有個冷眼尠人在？愚者曰：且請號而讀之。

①

少知曰：「四方之内，六合之裏，萬物之所生惡起？」大公調曰：「陰陽相照、相蓋、相治，四時相代、相生、相殺。欲惡去就，於是橋起；雌雄片合，于是庸有。安危相易，禍福相生。緩急相摩，聚散以成。此名實之可紀，精之可志也〔一〕。隨序之相理，橋運之相使，窮則反，終則始。此物之所有，言之所盡，知之所至，極物而已。睹道之人，不隨其所廢，不原其所起，此議之所止。」

【集評】

集曰：通一不用而寓諸庸，于是庸有，極物而已。全瓮是水，全瓮是甘，濯纓濯足，不隨其所廢也。萬劫無始，今日是也；萬里者，一步是也，不原其所起也。董穀冥影契曰：舍萬象欲得太虛者，權奇影事耳。無象前之虛，亦無象外之虛。

整菴困知記曰：格物正合内外之道，而顧以爲非，且欲固執此心，而物理更不窮究，則雖名合一，而實二之矣。天理通天地人物而言，易所謂性命之理是也。若但認取知覺之玅，執爲天理，則凡艸木之無知，金石之至頑，謂之無性，可乎？

魏和公曰：擬議變化，奚啻霄壤！乃曰擬議以成其變化，故知擬議極其精詳，而變化斯極其神玅。細心人遇一物，看了又看，而此中之蘊藉精微，俱看出矣。若求變化于奇怪荒誕

〔一〕精，集釋本莊子則陽作「精微」。

之中，何其舛謬？

①不隨其所廢，則斗斛權衡果是貫天地之髓矣。不原其所起，則三層未始有，頭上安頭，當下推倒耶？外物一棒打殉物者，極物一棒打外物者，莊子到此四顧曰：更有下得手者麽？快與我一頓。

【閒翁曼衍】

①少知曰：「季真之莫爲，接子之或使，二家之議，孰正于其情？孰偏於其理？」大公調曰：「雞鳴犬吠，是人之所知。雖有大知，不能以言讀其所自化，又不能以意其所將爲。斯而析之，精至于無倫，大至于不可圍。或之使，莫之爲，未免于物，而終以爲過。或使則實，莫爲則虛。有名有實，是物之名〔一〕；無名無實，在物之虛。可言可②意，言而愈疏。未生不可忌，已死不可徂。一作「阻」。死生非遠也，理不可睹。或之使，莫之爲，疑之所假。吾觀之本，其往無窮；吾求之末，其來無止。無窮無止，言之無也，與物同理。或使、莫爲，言之本也，與物終始。道不可有，有不可無。道之爲

〔一〕名，集釋本莊子則陽篇作「居」。

③名，所假而行。或使、莫爲，在物一曲，夫胡爲于大方！言而足，則終日言而盡道；言而不足，則終日言而盡物。道，物之極，言默不足以載。非言非默，議其有極。」橋起，言起之勁也。隨序，變化隨次序也。橋運，謂相橋代頓至也，如橋之拱而圓也。

【集評】

中峰曰：至公者，道也；大公者，教也；小公者，物務也。合并爲公，道、教、務豈三乎？心泯于事，故物務者至寔之地也。莊子終言物物而已，道不可致而自化。

【閒翁曼衍】

①興化打中間的古廟避雨消息，父子不傳。浮山街上問中書，早漏洩也。認花認拈，一俱是錯。公調、少知，潦倒何堪？反不如季真、接子，兩個無孔鐵錐，猶可一弄。

②大慧呵默照邪禪，陽明嘗言默有四僞，既到此處，開口不得，閉口不得，大難大難！

③乘六曰：同人類族辨物，睽以同而異。既要同，又要異，不相悖乎？晝夜寒暑皆相反，人身五藏互生克。且問大公調安在？

藥地炮莊卷之八

天界覺杖人評　極丸學人弘智集
三一齋老人正　涉江子陳丹衷訂

外物第二十六

①外物不可必，故龍逢誅，比干戮，箕子狂，惡來死，桀紂亡。人主莫不欲其臣之忠，而忠未必信，故伍員音云。流于江，萇弘死于蜀，藏其血，三年而化爲碧。人親莫不欲其子之孝，而孝未必愛，故孝己憂而曾參悲。木與木相摩則然，金與火相守則流。陰②陽錯行，則天地大絯，音該。於是乎有雷有霆，水中有火，乃焚大槐。有甚憂兩陷而無所逃，螴音陳。蜳音惇。不得成，心若縣于天地之間，慰暋沈屯，利害相摩，生火甚多，衆人焚和，月固不勝火，於是乎有僓音頹。然而道盡。惡來，紂臣。螴蜳，讀曰沖融，言怖畏不安也。慰，鬱。暋，悶。沉，深。屯，難也。口義曰：桀紂之時，賢不肖均于被禍，是不可必也。萇弘被放歸蜀，刳腸而死，蜀人以匱藏其血，三年而化爲碧玉。晉元帝託糧運不至而殺其臣，其血逆柱而上；齊以明月之讖殺斛律光，其血在地，去之不滅，亦此類。孝己，殷高宗

③

子，見逐于後母。曾參芸瓜，大杖則走，皆以孝而害身。

【集評】

洪邁曰：郭象以爲大而闇不若小而明，陋哉！子瞻爲更之曰：月固不勝燭，言月能燭天地，而不能燭毫釐，此其所以不勝火也。朱元城萍洲可談曰：王介甫在修撰經義局，因見舉燭，言佛典有日月燈明佛，燈光豈足以配日月乎？呂吉甫曰：日煜乎晝，月煜乎夜，燈煜乎日月所不及，其用無差别。介甫大然之。予以莊子之旨，謂人心如月，湛然虚靜，而爲利害所薄，生火熾然，以焚其和，則月不能勝之矣，非論其明闇也。

副墨云：五行之氣，惟火最烈。參同契云：水火同侣，火陰根陽，寄位于木，因動而發，反傷其母。故木與木相摩則然，陰符云「火生于木，禍發必克」是也。即金性至堅，與火相守，亦爲所爍。若使陰陽錯雜，鬱而不舒，則雷擊霆奮，水中起火，乃焚大槐。槐者，東方之木，老而生火。在人身，則所謂五志之火難以直折是也。老、莊、羅漢，息火之藥也。聖人則以燧薪釜竈亨其功、防其禍而已矣。

白笴曰：君子知常變之代錯，而知常統常變，故止道其常。奇人窺常變之不一也，遂乃常其變而變其常，痛語云爾。夫忠孝即是和，豈以不見信愛而憤激悖逃也耶？先幾善處，自有批欵之刀，泰伯、許由，皆自盡者也。故聖人始終條理，使之隨分自盡而已。安物之則者，物其物即天其天，而又何内何外乎？人不知此理，依位而立，徒計自便，以逃免累，卒無所逃，而流遁于以冥縱獸，嗚呼哀哉！閒翁曰：一箇氣急，一箇又氣急，只爲恐人錯聽耳。生火甚多，衆人焚和，月固不勝火，此是憤世嫉俗之深談，而究類萬物之情，必然如此者也。惟有大乘菩薩看破之後，捨身耐煩，詳症審藥。若稍急性，便欲瞥向一邊。依然難瞥，聊且快口。

【閒翁曼衍】

①小令曰：九方皋相馬，見牡以爲牝，見驪以爲黄；屈平放于湘潭，仰天而問，正是陳蜉慰瞥焉耳。侘傺苦士，不當讀騷生悲，當讀莊以解之。若更深觀，轉增一慟。

②余季蘆子曰：權德輿馬祖碑云：九流六學，扃然理世之具，豈資出世之方？惟度門正覺，爲上智宅心之域耳。佛曰三界無安，猶如火宅，而地藏琛則曰：將三界來，與汝出。莊子曰外物，而又曰無乎逃物，儃然道盡，是誰知之？無可奈何花落去耶？不可註解，且去看月。

③人身病生于火，然養此身者亦此火也。東垣曰：火與元氣不兩立。丹溪曰：氣有餘即是火。此處曾相摩否？繆仲淳曰：少火生氣，壯火食氣。水火交濟，即享中和。本一物也，有放下儃然者乎？盡則安免。

①

莊周家貧，故往貸粟于監河侯。監河侯曰：「諾。我將得邑金，將貸子三百金，可

② 乎？」莊周忿然作色曰：「周昨來，有中道而呼者，周顧視車轍中有鮒魚焉。周問之曰：『鮒魚來，子何爲者耶？』對曰：『我東海之波臣也。君豈有斗升之水而活我哉？』周曰：『諾。我且南遊吳越之王，激西江之水而迎子，可乎？』鮒魚忿然作色曰：『吾失我常與，我無所處。吾得斗升之水然活耳，君乃言此，曾不如早索我于枯魚之肆！』」監河侯，説苑作「魏文侯」。邑金，采邑之租金。鮒，鰿也。波臣，猶水官。常與，常相與之水也。褚云：「王」是「土」字。

【集評】

郭曰：此段言當理無小；苟其不當，雖大何益？下段任公之鉤，言經世之宜，大小各有所適也。

呂曰：莊子貸粟一節，明養生者止于活身而不務有餘。鉤餌一節，言經世者志于大成而不期近効。

【間翁曼衍】

① 莊周手忙脚亂了也。若責汝小民也，何以不仕不畊？遁上遁下，反來干謁，好厚面皮，不知莊周如何作色？

②寓林曰：王維謂淵明屈腰，可省扣門乞食，是未知田夫乞貸之常，非屈體赴物也。如范史雲，則一味枯酸耳。維又引無可無不可，宜其赴舉爲主家伶，此何能長揖陶公前耶？馬援稱漢高無可無不可，大似有神，終不可誤用也。日生曰：謝玄爲戴逵治宅，符載乞于頔十萬買山錢，何嘗以升斗而忿然作色乎哉？正恐後來戴石屏之潤匾，帶累布袋之一文耳。可笑竊鉤者誅，以大鉤釣者，其貸反在發冢之上。

①

任公子爲大鉤巨緇，五十犗音界。以爲餌，蹲乎會稽，投竿東海，旦旦而釣，期年不得魚。已而大魚食之，牽巨鉤錎音陷。没而下，騖揚而奮鬐，白波若山，海水震蕩，聲侔鬼神，憚赫千里。任公子得若魚，離而腊之，自制音浙。河以東，蒼梧以北，莫不厭若魚者。已而後世輇音荃。才諷説之徒，皆驚而相告也。夫揭竿累，力追切。趣灌瀆，守鯢鮒，其於得大魚難矣！飾小説以干縣令，其于大達亦遠矣！是以未嘗聞任氏之風俗，其不可與經于世亦遠矣！巨緇，大黑綸也。輇才，評論人才也。諷説，誦説已成也。累，小繩綸也。縣令，猶賞格。

【閒翁曼衍】

①天如漁歌曰：楝子花開石首來，填溝塞壑聚成堆。任公徒廢釣鰲餌，日日灘頭空手回。任公

聞之，手舞足蹈，狂笑不休。你道笑個甚麽？莊大哥正貪此驁相告耳。若欲經世，切忌買此大鉤。

①

儒以詩禮發冢。大儒臚傳曰：「東方作矣，事之何若？」小儒曰：「未解裙襦，口中有珠。詩固有之曰：『青青之麥，生于陵陂。生不布施，死何含珠爲？』」接其鬢，壓其顪，音誨。儒以金椎控其頤，徐別其頰，無傷口中珠。自上傳語于下曰臚。壓，一指按也。顪，頤下毛也。假公濟私，何法不然？

【閒翁曼衍】

①若以大鉤釣名利，亦發冢也。髑髏裏眼睛，事之何若？景覃曰：蘭芳切禁當門種，李苦何妨並道生。

①

老萊子之弟子出薪，遇仲尼，反以告曰：「有人於彼，修上而趍下，末僂而後耳，視若營四海，不知其誰氏之子。」老萊子曰：「是丘也，召而來。」仲尼至，曰：「丘，去汝躬矜與汝容知，斯爲君子矣。」仲尼揖而退，蹙然改容而問曰：「業可得進乎？」老萊子曰：「夫不忍一世之傷而驁萬世之患，抑固窶邪？亡其略弗及邪？惠以歡爲驁，終身

②之醜，中民之行進焉耳。相引以名，相結以隱。與其譽堯而非桀，不如兩忘而閉其所譽。反無非傷也，動無非邪也，聖人躊躇以興事，以每成功。奈何哉其載焉終矜爾！」老萊子，楚人。末謂頭，或云背也。

【集評】

謝上蔡曰：吾三十年來，止去一「矜」字。直到已悟，正須吐卻「悟」字。

【閒翁曼衍】

①白白曰：覽天地棺槨之言，不知何疏于螻蟻而厚于烏鳶？讀太史椎埋之語，又似有恨于交親而有情于盜賊。招隱曰：鍾繇發韋誕之墳，溫韜發昭陵之帖，雖惡而猶韻也。若夫汲郡之家藏書，億翁以井埋篋，豈不望後世人發之爲知己乎？一笑。

②楞嚴世尊迴憑寶几，説五十魔，止爲一作聖解，魔便乘之。約曰：不失其初，不爲所累，不作聖解，如是焉可矣。若過量人，略亦弗及。何妨齒缺嘗開口，敲得寒冰煮活茶。

宋元君夜半而夢人被髮闚阿門，曰：「予自宰路之淵，予爲清江使河伯之所，漁者余且得予。」元君覺，使人占之，曰：「此神龜也。」君曰：「漁者有余且乎？」左右曰：

「有。」君曰：「令余且會朝。」明日，余且朝，君曰：「漁何得？」對曰：「且之網得白龜
①焉，箕圓五尺。」君曰：「獻若之龜。」龜至，君再欲殺之，再欲活之，心疑，卜之。曰：
「殺龜以卜，吉。」乃刳龜，七十二鑽而無遺筴。仲尼曰：「神龜能見夢于元君，而不能
②避余且之網；知能七十二鑽而無遺筴，不能避刳腸之患。如是則知有所困，神有所
不及也。雖有至知，萬人謀之。魚不畏網而畏鵜鶘，去小知而大知明，去善而自善
矣。嬰兒生，無石師而能言，與能言者處也。」阿門，旁門也。宰路，淵名。余且，史記作
「豫且」。鵜鶘，一名陶河。子瞻云：魚畏鵜鶘，畏其大也。此與羿之雀、養由基之猨無異。石、
碩古通用。與能言者處而能言，號爲不學不習，全在學習中。

【集評】

循本曰：魚知鵜鶘之能害己，而網出于其所不覺，殊不知鵜鶘之害小，網之害大。人能去小知而大知明矣，不矜其善而自善矣。嬰兒無石師以教之而自能言，蓋與能言者處也。人雖有知，亦當與衆謀之。

【間翁曼衍】

①杖曰：網之害，更大于鵜鶘。今所謂一網打盡，出于人之所不畏也，此尤可畏。

②嬰兒雖無石師，而有能言之石心。使無能言之石心，則露柱與能言者處，露柱終不能言也。

①惠子謂莊子曰：「子言無用。」莊子曰：「知無用而始可與言用矣。夫地非不廣且大也，人之所用，容足耳。然則廁足而墊之，致黃泉，人尚有用乎？」惠子曰：「無用。」莊子曰：「然則無用之爲用也亦明矣。」廁足，置足也。墊，下也，掘也。

【集評】

劉薦叔曰：有用無用，相須而妙叶者也。尚不以有用之用廢無用之用，豈反以無用者廢有用者乎？有物即有用物者，即有容物者，容雖不患其少，而亦不可不知也，況物之所以爲物而可不知乎？決曰：知其總而安其分殊之位，則當矣。安其分殊之位，正是不存知解。

①惠子四稜塌地，只說子言無用，可謂太阿在手，用不換機。莊子捏起喉嚨，只尊無用之用，可謂鳥道摩霄，不縈金網。其相與爲君臣，有穿徹者否？

【閒翁曼衍】

①莊子曰：「人有能遊，且得不遊乎？人而不能遊，且得遊乎？夫流遯之志，決絕之行，噫，其非至知厚德之任與！覆墜而不反，火馳而不顧，雖相與爲君臣，時也，易世而無

以相賤。故曰：至人不留行焉。夫尊古而卑今，學者之流也。且以豨韋氏之流觀今之世，夫孰能不波？惟至人乃能遊于世而不僻，順人而不失己。彼教不學，承意不彼。」

【集評】

郭曰：隨時因物，乃平泯也。至人當時應務，所在爲正。

呂曰：列子曰：至遊者不知所適，至觀者不知所視。物物皆遊，物物皆觀。得道者，物無非道，則物物皆遊，物物皆觀。雖欲不遊，不可得也。流遁之志，因俗而爲卑；決絶之行，離世而爲高，皆非至知厚德之任。蓋蔽于一曲，以至覆墜火馳而不顧，則雖相與爲君臣，名貴己而賤人〔一〕，亦時而已，易世無以相賤，其不當于道則一也。有至知厚德者，卑不爲流遁，高不爲決絶，唯道之從而已。故至人不留行，無轍迹也。因于彼而教之，非學也；達其意而承之，不彼也。

荆川曰：名分莫嚴於君臣，易世則變，況其他耶？只是借此爲至人不留行引起耳。不留

〔一〕名，疑當作「各」。

行即無住着。

正曰：以多生言君臣，則易世而變矣。彼君臣之名分，則原自萬古也。莊子所謂相與爲君臣者，無爲是君，有爲是臣，一説也。以有用之用爲君，則以無用之用爲臣，又一説也。聖人知君臣之本合，而遊乎時中。

【閒翁曼衍】

①天如曰：佛爲大事因緣，欲以佛知見開示衆生知見。山僧爲大事因緣，欲以衆生知見開示佛知見。汝等還甘麽？夫流遁之卑，決絶之高，兩皆不反，時爲君臣，至人有何妙法，能遊世而不僻，順人而不失己耶？若説不留行，早決絶也。若説承意不彼，早流遁也。請莊子答。

①目徹爲明，耳徹爲聰，鼻徹爲顫，音羶。口徹爲甘，心徹爲知，知徹爲德。凡道不欲壅，壅則哽，哽而不止則跈，女展切。跈則衆害生。物之有知者恃息。其不殷，非天之罪。天之穿之，日夜無降，人則顧塞其竇。胞有重閬，心有天游。室無空虚，則婦姑勃谿；心無天遊，則六鑿相攘。大林丘山之善于人也，亦神者不勝。德溢乎名，名溢乎暴，謀稽乎誸，音賢。知出乎爭，柴生乎守，官事果乎衆宜。春雨日時，草木怒生，銚音挑。鎒音耨。於是乎始修，艸木之到植者過半而不知其然。跈或作蹍，履也。書

註：殷，中也。郭云：殷，當也。胞，腹中胎也。閬，空曠也。勃谿，爭激也。謑，急也。柴，塞也。按雞卵中空處皆在中央，不在頭。雌伏時，水煮後，空在上。

【集評】

郭曰：知恃息，息不恃知也。天穿無降者，通理有常運也。

杖曰：徹即不壅，壅即不徹。物之有知者恃息，息即夜氣所生，玄牝之門，是天地根。人之生也，獨賴此一呼一吸，或息以喉，或息以踵，其息深深，誰徹其遊處乎？余初見雞抱卵而生子，見其卵中頭有空處，以爲不足，不知此一膜之空處，即天地有餘之生炁。乃悟胞有重閬，其神如此。吾心空處，即是天遊。如室無空闕，則婦姑雖親而相瀆矣。心不得閒而休，其形神之交接也，寧免六賊之相攘爲勃谿哉？大林丘山之勝，往往移奪人之神，則吾心神之閒靜，能奪天地萬物之勝明矣。即如草木之怒生，以得天時、人事之疏通也，性氣之閒，何難怒生而倒植耶？不見老病者之精神傷勞，而得靜滅以補完其夜氣、踵息以還其玄牝之源也乎？神人遊於無何有之鄉，本自不勞于世，而世亦不勞于神人也。世道之交病已久，又誰能獨相忘于道術，而與世俱相忘哉？

②

③

④

潛艸曰：禮順人情之大竇，即節即適。倫之經之，即以植萬世之生，穿萬世之息，而遊萬世之天。又孰知其然乎？故曰：息機於禮樂，大冥于薪火。若作兩橛，何用知天？

⑤或問：大林丘山之善於人也，亦神者不勝，何謂也？曰：首楞言積想不已，能生勝氣。太白登高詩曰：精神四飛揚，如出天地間。管見曰：火馳已可歎矣。有以山林爲善而閒放終身者，猶之外僻也。孰知屋漏之五岳乎？

【閒翁曼衍】

①心有天遊，事果衆宜，有交徹君臣者乎？銚鎒之善其春雨也，草木之穿其天也，人善用而享其神矣。惟外物者能格物，不爲物壅，而亦不爲外物者之所壅，乃徹乎物物之爲天天也，乃知至于不知其然。且問如何是不知其然，曰：雲有出山勢，水無投澗聲。

②山林之勝，木石同壇，不可作境話會。法眼拈夾山境話曰：我二十年祇作境會，又作麼生？崔塗曰：海棠花底三年客，不見海棠花盛開。卻向江南見圖畫，始慙虚到蜀城來。

③曹能始曰：遊名山，聊免俗耳。蕭伯玉曰：今人之遊，都不關山水。愚者曰：學道人之遊，亦不關山水。且問陶弘景見丘壑輒欲就之，宗少文畫壁卧遊，是關山水不關山水？直饒不關山水，亦是神者不勝。

④陳眉公曰：山川地大水大耳，其旋轉生滅，多賴風輪。風輪則文人之筆是也。强作解人，漫無可否，則山川鄉愿矣。嗒然曰：莊子其噫風輪而勝藐姑之山也乎？何必以道錮莊子？不如且降作文人，以供養後世之遊山水者。噫，莫引出山水鄉愿耶？不妨不妨。只恐磕頭迎

他，他亦不來。

⑤楊傑別芙蓉七年，曰：參禪乎？蓉曰：不打這鼓笛。楊曰：恁麼則空遊山水，百無所能也。蓉曰：別來未久，善能高鑑。

①靜然可以補病，眥㓕可以休老，寧可以止遽。雖然，若是勞者之務也，非佚者之所，未嘗過而問焉；聖人之所以駴天下，神人未嘗過而問焉；賢人所以駴世，聖人未嘗過而問焉；君子所以駴國，賢人未嘗過而問焉；小人所以合時，君子未嘗過而問焉。靜然，疑獨作默。眥㓕，一作「揃搣」。

【集評】

筆乘曰：眥㓕，舊解目病也。病目無所見，雖病也而可以休老。眥㓕蓋養生家之術。按真誥云：時以手按，是檢眼神之道。

【間翁曼衍】

①辰曰：其駴其合，語不造次，各有深意。虛舟曰：隱怪駴世，狂狷亦駴世；時中合時，鄉愿亦合時，寧可不過而問？

①演音踐。門有親死者，以善毀爵爲官師，其黨人毀而死者半。堯與許由天下，許由逃
②之。湯與務光，務光怒之。紀他聞之，帥弟子而踆于窾水，諸侯弔之。三年，申徒狄因以踣音赴。河。演門，宋城門名。踣，僵也。

【閒翁曼衍】

①此亦莊兄過慮。世寧有幾孝子哭死，幾高士辭榮而溺死者乎？

②三宜曰：有時穆天子騎八駿之馬，有時紀信駕九龍之車。事事無硋，霜横籬落花猶在；法法无差，鷺鷥谿上啄清沙。直得是非不立，理事兩忘，金鱗透網，鵬搏九萬。若是蚖蛇戀堀，井蛙拘墟，堪作甚麽？藥地曰：猶是荃蹄。

荃者所以在魚，得魚而忘荃；蹄者所以在兔，得兔而忘蹄；言者所以在意，得意而忘言。吾安得夫忘言之人而與之言哉！荃，魚鉤也。蹄，兔骨也。

【集評】

心仲曰：此篇總在一徹。徹上徹下，則物其物耳，何用外物？忠孝猶是燧蜳之火，詩禮難免盜襲之推。況設爲轉徙遊蕩之談，而蹔脱之於洸洋，以曼衍遺放，又可使後世巧駴謡爭

者盜其荃蹄之機乎哉！松原晤語曰：熏天塞地，是一慾海。而乃鼓逞現成良知，肆無忌憚，行盡如馳矣。彭躬菴曰：此爲羅念菴所針而自解之語也。裴叔則曰：飲人狂藥，責人正禮，世安得有得意忘言之士與之閒語？

寓言第二十七

① 寓言十九，重言十七，巵言日出，和以天倪〔一〕。寓言十九，藉外論之。親父不爲其子媒。親父譽之，不若非其父者也。非吾罪也，人之罪也。與己同則應，不與己同則反；同于己爲是之，異于己爲非之。重言十七，所以已言也。是爲耆艾，年先矣，而
② 無經緯本末以期年耆者，是非先也。人而無以先人，無人道也；人而無人道，是之謂陳人。巵言日出，和以天倪，因以曼衍，所以窮年。不言則齊，齊與言不齊，言與齊不
③ 齊也，故曰無言。言無言，終身言，未嘗言；終身不言，未嘗不言。有自也而可，有自也而不可；有自也而然，有自也而不然。惡乎然？然于然。惡乎不然？不然於不

〔一〕倪，原作「悅」，據集釋本莊子寓言改。

然。惡乎可？可於可。惡乎不可？不可於不可。物固有所然，物固有所可；無物不④然，無物不可。非卮言日出，和以天倪，孰得其久？萬物皆種也。以不同形相禪，始卒若環，莫得其倫，是謂天均。天均者，天倪也。卮，圓酒器也，應器而用也。藉，因也。已言者，止人之爭辯也。

【集評】

郭曰：自然有分，而是非無主，則曼衍矣。付之與物，而就用其言，則彼此是非，居然自齊。

劉禹錫因論曰：造端乎無形，垂訓于至當，立言者也。放詞乎無方，指旨于至適，寓言者⑤也。蒙之智不逮于是，造形而有感，因感而有詞。

呂曰：道近在吾心。以吾心論之，彼疑不信，猶父不爲子媒；藉外論之，人不可與直言⑥故也。書中稱引古昔，以耆艾所聞先於我，非以年也，有經緯本末足以先人，則人從之。人而無以先人，是謂陳久之人，曷足重哉？

劉概曰：終身言，未嘗言；終身不言，未嘗不言，則六經不爲支離，老子不爲簡約矣。

博山曰：問來答去，鼠唧鳥鳴，雖有其聲，都無寔意，豈但無益，恐成賺悞。然則莊子寓言能免賺悞耶？只見古人之言，不見古人行徑，賺悞固矣！有身無眼，直饒坐斷兩頭，轉身氣急，猶在半途，更須知有全提時節。且問全提免賺悞耶？

杖曰：古人以立德、立功、立言爲三不朽，而立言之係，重於天下萬世，其功德有不可較計矣。立言之難，又非一時功業可比。故莊以寓言、重言、卮言自述其旨，此亦吾宗門傍敲正打，與句中玄、意中玄、用中玄，乃爲語不滲漏、見不滲漏、情不滲漏也。立言豈容易哉！寓言豈容易哉！

【閒翁曼衍】

①上天之縡，本不遠人。揭出人道，即天均也。毛猶有倫，故曰莫得其倫，皆種相禪。我曰環無非倫，只爲睨視尚在，故依違耳。背手摸枕，掘地覓天，本自曼衍，何妨藉外而卮、寓之？

②世尊不説説，迦葉不聞聞，只爲曼衍窮年耶？人窮智短，食到涎垂。親父不爲其子媒，故把花枝勸酒卮。

③黄元公曰：種禪若環，何不看方圓圖？伏羲早知人不可與直言，故寓于象。愚者曰：原來易經是大媒人。

④支許在會稽齋，衆共嗟咏二家之美，不辨其理之所在。或曰：時無識者，所以莫辨。閒翁曰：作不了語過日，辨他作麽？

⑤須溪曰：曼衍窮年，兩語最悲。豈不知吾言之汗漫支離哉？所以窮年，不能不藉是爾。其言

寓也，其情真也。欲以言齊之，則已窮矣。劉雲卿曰：莊周枕上非真蝶，樂廣盃中亦假蛇。

⑥季盧子曰：始卒若環，莫得其倫，因以曼衍，莫是因無所住而生其心麽？然説到此，正要問盧行者，最初聞此即有省，如何又要拗折柴擔，向黄梅討米舂去？

①莊子謂惠子曰：「孔子行年六十而六十化，始時所是，卒而非之。未知今之所謂是之，非五十九非也。」惠子曰：「孔子勤志服知也。」莊子曰：「孔子謝之矣，而其未之嘗言。孔子云：『夫受才乎大本，復靈以生，鳴而當律，言而當法，利義陳乎前，而好惡是非，直服人之口而已矣。使人乃以心服而不敢蘁五谷反。立，定天下之定。已乎！已乎！吾且不得及彼乎！』」

【集評】

正曰：莊言孔子但謝言語，而不能言無言之妙，惟當可而服人之口已耳。若使人心服不違以定天下，此人不可得見，吾不能及也。

【閒翁曼衍】

①神在未之嘗言，登座已落七八。結椎卷席，早是賺悮陳人；一卵蒼蒼，上視原非正色。莊子

知人難服，故以爭席謝之耳。瀼溪云：有談道者，我直起去，不見羅隱漫天嶺上之詩乎？西去休言蜀道難，此中危急已多端。到頭未會蒼蒼色，爭得禁他兩度漫。

曾子再仕而心再化，曰：「吾及親仕，三釜而心樂；後仕，三千鍾不洎，音既。吾心悲。」弟子問於仲尼曰：「若參者可謂無所縣其罪乎？」曰：「既已縣矣。夫無所縣者，可以有哀乎？彼視三釜、三千鍾，如觀一作「鸛」。雀蚊虻相過乎前也。」不洎，不及養親也。

【集評】

郭曰：養親以適，不問其具。夫無係者，視榮禄若蚊虻鸛雀之在其前而過去耳，豈有哀樂于其間哉！正曰：真無哀樂於其間者，不妨説吾樂吾哀。

顔成子游謂東郭子綦曰：「自吾聞子之言，一年而野，二年而從，三年而通，四年而物，五年而來，六年而鬼入，七年而天成，八年而不知死、不知生，九年而大妙。生有爲，死也。勸公以其死也，有自也；而生陽也，無自也。而果然乎？惡乎其所適？惡乎其所不適？天有曆數，地有人據，吾惡乎求之？莫知其所終，若之何其無命也？莫知其所始，若之何其有命也？有以相應也，若之何其無鬼耶？無以相應也，若之何其有鬼耶？」鬼入，外形骸也。

【集評】

歸曰：生而學死，有自入也。死而復生陽，乃自然而然，無自入也。愚曰：是自詰之詞。

【閒翁曼衍】

①南郭子綦改作東郭，將與女偶更添個鬼影子耶？佛曰：以大圓覺爲我伽藍，身心安居，平等性智。圓悟曰：雖與個護身符子，猶帶影在。雲居則不然，見成伽藍，九旬安居，拍拍是令。

②兩邊敲擊，不説中間，莫是叩其兩端而竭之捷法耶？一向宫牆高密，水泄不通，誰知旁詠金針，鴛鴦開鋪，舍者與之爭席矣。陰與夜，吾代乎？不知東郭答個甚麼好？不見大慧杲曰：打破鬼門關，白日正當午。

①

衆罔兩問於景音影。曰：「若向也俯而今也仰，向也括而今也被髮，向也坐而今也起，向也行而今也止，何也？」景曰：「搜搜也，奚稍問也！予有而不知其所以。予，蜩甲也，蛇蜕也，似之而非也。火與日，吾屯音豚。也；陰與夜，吾代也。彼吾所以有待

②

耶？而况以有待者乎？彼來則我與之來，彼往則我與之往，彼强陽則我與之强陽。强陽者又何以有問乎？」蜩甲，蟬蜕皮也。屯，聚也。叟叟，一作「搜搜」，音蕭。

【閒翁曼衍】

①與齊物之問景何異？莫是衆問更强陽耶？吕元規題龔開鍾馗曰：前呼後擁中山道，翻與羣妖作主人。

②興化見同參便喝，僧亦喝。化又喝，僧亦喝。化拈棒，僧又喝。化云：看這漢猶作主在。僧擬議，化直打下法堂。嗟乎！只知强陽犯手，用不换機，誰知陰夜轉身，總是吾屯吾代？要知這僧敗處，當斷不斷耶？當如何斷？直饒不顧危亡，掀翻法座，喝散人衆，也只是個撞壁的瞎漢。

陽子居南之沛，老聃西遊於秦，邀於郊，至於梁而遇老子。老子中道仰天而歎曰：「始以汝爲可教，今不可也。」陽子居不答。至舍，進盥漱巾櫛，脱屨户外，膝行而前曰：「向者弟子欲請夫子，夫子行不閒，是以不敢。今閒矣，請問其故〔一〕。」老子曰：

〔一〕故，集釋本莊子寓言作「過」。

「而睢睢音灰。盱盱，音吁。而誰與居？大白若辱，盛德若不足。」陽子居蹴然變容曰：「敬聞命矣。」其往也，舍者迎將，其家公執席，妻執巾櫛〔一〕，舍者避席，煬音漾。者避竈。其反也，舍者與之爭席矣。陽，姓，名戎，字子居。列子作「楊朱」。煬，炊也。

【集評】①

東坡不信讓王、盜跖、説劍、漁父，以爲淺陋不入于道。反復觀之，得于寓言篇終，曰：陽子居遊秦，遇老子，舍者避席；其反也，與之爭席矣。直接列禦寇篇曰：「吾嘗食於十饕，而五饕先饋。」然後笑曰：莊子言未終，而昧者勦之以入其言耳。焦弱侯引其祭徐君猷文云：爭席滿前，無復十饕，而五饋用爲一事。今以寓言、列禦寇二篇合之，涣然冰釋。又按列子第二篇首載禦寇饋饕事，而即綴以楊朱，正與東坡言合。郭云：一曲之才，妄竄奇説，如閼奕、意修、危言、遊鳧，凡諸巧雜，十分有三。

歸曰：首叙言有三項，次二段言拘係者皆無取，又論功有驟進，莫執生死有無之迹，末貴韜斂。

〔一〕巾櫛，原作「中權」，據集釋本莊子寓言改。

沈仲璉曰：嚣譊小言，無聊中極思耳。到處揖忙人，乞升斗，語期期不得入，高之則怒，深之則忌，平之則又睡去，故間以小言諢之。嘗語友人曰：欲賣膏藥，先學弄蛇。今膏藥已罷去，而亦無蛇可弄，始歎莊子負此奇才，不能忍俊，托之寓言，誠不得已。

【閒翁曼衍】

①余全人曰：天下篇列鄒魯、墨翟、別墨、田駢、慎到、關尹、老子而不及楊朱，此處獨收之，應別有旨。我若作爭席者，近前拔他一毛，看他蹵然變容否？

讓王第二十八

堯以天下讓許由，許由不受。又讓於子州支父，子州支父曰：「以我爲天子，猶之可也。雖然，我適有幽憂之病，方且治之，未暇治天下也。」夫天下至重也，而不以害其生，又況他物乎？唯無以天下爲者，可以託天下也。舜讓天下于子州支伯，子州支伯曰：「予適有幽憂之病，方且治之，未暇治天下也。」故天下，大器也，而不以易生，此有道者之所以異乎俗者也。舜以天下讓善卷，善卷曰：「余立于宇宙之中，冬日衣皮毛，夏日衣葛絺。春耕種，形足以勞動；秋收斂，身足以休食。日出而作，日入而息，逍遥于天地之間，而心意自得。吾何以天下爲哉！悲夫，子之不知余也！」遂不受。於是去而入深山，莫知其處。舜以天下讓其友石户之農，石户之農曰：「捲捲乎，后之爲人，葆力之士也。」以舜之德爲未至也。於是夫負妻戴，攜子以入于海，終身不反①也。太王亶父居邠，狄人攻之。事之以皮幣而不受，事之以犬馬而不受，事之以珠玉而不受。狄人之所求者，土地也。太王亶父曰：「與人之兄居而殺其弟，與人之父居而殺其子，吾不忍也。子皆勉居矣！爲吾臣與爲狄人臣，奚以異？且吾聞之，不以所用養害所養。」因杖筴而去之。民相連而從之，遂成國於岐山之下。夫太王亶父可謂能尊生矣。能尊生者，雖富貴不以養傷身，雖貧賤不以利累形。今世之人，居高官尊爵者，皆重失之，見利輕亡其身，豈不惑哉！越人三世弑其君，王子搜患之，逃乎丹穴，而越國無君，求王子搜不得，從之丹穴。王子搜不肯出，越人薰之以艾，乘以王輿。王子搜援綏登車，仰天而呼曰：「君乎，君乎，獨不可舍我乎！」王子搜非惡爲君也，惡爲君之患也。若王子搜者，可謂不以國傷生矣。此固越人之所欲得爲君也。

高誘云：幽憂，幽隱也。捲捲，用力貌。王子搜，淮南作「翳」。爾雅：南戴日爲丹穴。今武陵宜興有善卷壇。

【閒翁曼衍】

①正理戒人厭聽矣，即以尊生之利而誘人輕其富貴之利，庶幾幾分欣然。文言曰：利物足以和義。亦是用棃頭艸，食松柏葉。

①韓魏相與爭侵地，子華子見昭僖侯，昭僖侯有憂色。子華子曰：「今使天下書銘於君之前，書之言曰：『左手攫之，則右手廢；右手攫之，則左手廢。然而攫之者，必有天下。』君能攫之乎？」昭僖侯曰：「寡人不攫也。」子華子曰：「甚善。自是觀之，兩臂重于天下也。身亦重于兩臂。韓之輕于天下亦遠矣，今之所爭者，其輕于韓又遠。君固愁身傷生以憂戚不得也。」僖侯曰：「善哉！教寡人者衆矣，未嘗得聞此言也。」子華子可謂知輕重矣。子華子，魏人。

【集評】

荀子以蠶喻舍身，如來讓歌利王割截，則此說何用？雖然，幾見富貴人肯舍身乎？策士料得定。雖然，策士與富貴人喪身不少。還是閒人看得定。

【閒翁曼衍】

①周末筆鋒，最善設喻，韓、商、國策，何非刻鏤承蜩耶？惟有孟子以鬱刃發揮正命，莊子以吹毛刺出閒心。早已舍身，供萬世之割截之矣。

①魯君聞顏闔得道之人也，使人以幣先焉。顏闔守陋閭，苴布之衣，而自飯牛。魯君之使者至，顏闔自對之。使者曰：「此顏闔之家歟？」顏闔對曰：「此闔之家也。」使者致幣，顏闔對曰：「恐聽者謬而遺使者罪，不若審之〔一〕。」使者還，反審之，復來求之，則不得已。故若顏闔者，真惡富貴也。故曰：道之真，以治身，其緒餘以爲國家，其土苴張位音蠚苴，山谷作川蠚、直蠚，郎假反。直音鮓。以治天下。由此觀之，帝王之功，聖人之餘事也，非所以完身養生也。今世俗之君子，多危身棄生以殉物，豈不悲哉！凡聖人之動作也，必察其所以之與其所以爲。今且有人於此，以隨侯之珠彈千仞之雀，世必笑之。是何也？則其所用者重，而所要者輕也。夫生者豈特隨侯之重哉！苴，

〔一〕「使者致幣」至「不若審之」，原無，據集釋本莊子讓王補。

有子麻。土苴，糞艸也。中履曰：此章全見呂覽，可證莊子在周秦間已亂剿矣。然安知不是漢人剿呂覽以充莊子耶？

【集評】

杖云：道之真能治身，何不可治天下？未有真能治天下而不能養生完身也。察其所以之、所以爲，妙！

【閒翁曼衍】

①真與土苴，亦有見處，可惜打作兩橛。察其所以之與其所以爲，還是保身弄眼，偷閒賣俏，放懷討便宜而已矣。今人治身治世，無内外精粗者，頗會噥噥。察其所以之與其所以爲，毋乃刺肥煽處，患得患失，拼命討便宜者乎？奉勸學道人，既在山林，不如打作兩橛。笑翁曰：兩橛不兩橛，總是土苴。因而笑曰：道之土苴以治心；道之真，還讓富貴。

①

子列子窮，容貌有饑色。客有言之於鄭子陽者，曰：「列禦寇，蓋有道之士也。居君之國而窮，君無乃爲不好士乎？」鄭子陽即令官遺之粟。子列子見使者，再拜而辭。使者去，子列子入，其妻望之而拊心曰：「妾聞爲有道者之妻子，皆得佚樂。今有饑色，君過而遺先生食，先生不受，豈不命耶？」子列子笑謂之曰：「君非自知我也，以人之言而遺我粟，至其罪我也，又且以人之言，此吾所以不受也。」其卒，民果作難而殺子陽。子陽，鄭相，爲人嚴酷，罪者無赦。舍人折弓，畏子陽怒責，因國人逐瘈狗而殺子陽。

【集評】

杖云：列子應先自笑：我何爲而有此妻耶？此豈我妻之言耶？我何由而致此人以此加我耶？

【閒翁曼衍】

①莊子以其死妻而鼓盆，爲世間之藥。列子幸其生妻，而拊心發笑，爲世間之藥。

①楚昭王失國，屠羊説音悦。走而從於昭王。昭王反國，將賞從者，及屠羊説。屠羊説曰：「大王失國，説失屠羊；大王反國，説亦反屠羊。臣之爵禄已復矣，又何賞之有？」王曰：「强之。」强，上聲。屠羊説曰：「大王失國，非臣之罪，故不敢伏其誅；大
②王反國，非臣之功，故不敢當其賞。」王曰：「見之。」屠羊説曰：「楚國之法，必有重賞大功而後得見。今臣之知不足以存國，而勇不足以死寇。吴軍入郢，説畏難而避寇，非故隨大王也。今大王欲廢法毁約而見説，此非臣之所以聞天下也。」王謂司馬子綦

曰：「屠羊説居處卑賤，而陳義甚高。子其爲我延之以三旌之位。」屠羊説曰：「夫三旌之位，吾知其貴於屠羊之肆也；萬鍾之禄，吾知其富于屠羊之利也。然豈可以貪爵禄而使吾君有妄施之名乎？説不敢當，願復反吾屠羊之肆。」遂不受也。

【集評】

董傳策曰：子陵當仕，而處以矯貪；伏波當休，而出以矯猾。夫邀功避難者，視二人爲何如？談理性者，類擯其人爲未學，彼豪傑士，顧又不能傚嚬。拾瀋何爲乎？請看莊子現屠羊説身而講學。

杖曰：屠羊一説，足以救活死麒麟。天下亂賊，直屠其胆。後世有以屠羊説之知見自持，豈讓三代良弼耶？廣額屠兒於涅槃會上放下屠刀，曰：「我是千佛一數。」此公借其化身乎？

【閒翁曼衍】

①元澤曰：誦詩書而發冢，居屠肆而守義，何代無之？夫竊勢以爲己功，市權而邀重賞者，聞此亦知愧矣。笑翁曰：後篇盜跖，正是知愧而爲此詞。閒翁曰：有逼人以无慚愧爲出生死者，曾看破否？

②姚康伯曰：張循，王之園卒，能回易外國，爲王致奇羨名馬，而仍退爲園卒以老，亦奇矣哉！昔婆羅門謗佛無神通，立五丈竿，縣盂食曰：吾施瞿曇弟子，能飛受否？時舍利佛不忍犯佛之戒，隱而過之；賓頭盧不忍佛道之屈，飛而食之。夫園卒之偶見一班，直爲披裘諸公作護法耳，所謂飛而食之者也。愚曰：知屠羊説之飛食乎？莊子辭楚相而著書，爲萬世之遇，正是屠羊而説。

①原憲居魯，環堵之室，茨以生草，蓬户不完，桑以爲樞，而甕牖二室，褐以爲塞，上漏下濕，匡坐而弦。子貢乘大馬，中紺而表素，軒車不容巷，往見原憲。原憲華冠縰履，杖藜而應門。子貢曰：「嘻，先生何病！」原憲應之曰：「憲聞之：無財謂之貧，學而不能行謂之病。今憲貧也，非病也。」子貢逡巡而有愧色。原憲笑曰：「夫希世而行，比周而友，學以爲人，教以爲己，仁義之慝，輿馬之飾，憲不忍爲也。」

②曾子居衛，緼袍無表，顔色腫噲，手足胼音駢。胝，音支。三日不舉火，十年不製衣，正冠而纓絶，捉衿而肘見，納履而踵決。曳縰而歌商頌，聲滿天地，若出金石。天子不得臣，諸侯不得友。故養志者忘形，養形者忘利，致道者忘心矣。孔子謂顔回曰：「回來！家貧居卑，胡不仕乎？」顔回對曰：「不願仕。回有郭外之田五十畝，足以給飦粥；郭内之田十

畝，足以爲絲麻；鼓琴足以自娛；所學夫子之道者，足以自樂也。回不願仕。」孔子愀然變容曰：「善哉，回之意！丘聞之：『知足者，不以利自累也；審自得者，失之而不懼；行修於内者，無位而不怍。』丘誦之久矣，今於回而後見之，是丘之得也。」華冠，樺皮爲冠也。縰，散麻絲也。匡坐，正坐。

③

④

【集評】

鄧潛谷曰：聖人歎美樂取，舉其長，不計其備。宋賢臆論古哲，求過于無過，摘其一，不計其十。康伯子曰：嫌豪爽，惡風流，則責人人爲原憲而後可。自寬克伐怨欲，則僻罪原憲，擯聖門之外。肯曰魏牟公子難爲于布衣耶？必罪其不能自勝，而且罪瞻子重傷之説矣。熊伯甘曰：以我千世下之定名釋千世上所各命之名，以未腊之鼠蒙未剖之玉，而曰彼所賤者乃玉也，可乎哉？不恕即不通矣。笑翁曰：彼殆暗倣别傳之總殺，而不悟其活機，故反自悖乎中道耳。

林确齋曰：事後論人，每將智人説得極愚；局外論人，每將難事説得極易：皆從不忠恕生出。丘慢廡曰：事後，則其人之首尾盡露；局外，則其人四面俱見也。但須替他設身，從事裏局中想耳。

无忝曰：仲長統當獻帝在許時，自言有田園舟車使令，便可隱居適性。呸！此是天話！

人生那得快活享用，何況亂世！顏子六十畝，已是天幸。退之曰：彼遇孔子爲師，而自給如此，何難陋巷！愚者笑曰：衣食粗足，自是物理。然衣食粗足四字内，埋殺古今人。王述曰：足自當止，然世上人幾時得足耶？自須不耻衣食，不忘溝壑，乃能飦粥鼓琴耳。山水詩書，椒湯殺癢，苦瓠甜瓜，不可半邊素位。

【閒翁曼衍】

①嘉興吕常題甕牖圖曰：賜誠不在原思下，晚歲何言聞者微？未必駟車辭見後，始知貧富諂驕非。衆題抑賜，故贅此云。然如石崇取子貢，又自千里。

②貧病何妨？可惜自家注脚，憲不忍爲也，罵太剋毒矣。固何如曾子曳縰而歌，又不若桑户鼓琴若哭。太史公收子貢入貨殖傳，以爲孔子得勢益彰，毋乃剋毒乎？愚者曰：知太史公是曳縰鼓琴也耶？

③「致道者忘心」三句，真非大死一回者不能吐出。漆園筆墨常濕，亦是没奈聲滿天地何耳。雖然，若撞見破沙盆、麻三斤到來，猶笑此老酸氣未盡。

④雖然如此，人不識好，聽其交傌，亦是石攻。不見道藍蛇頭尾螻蛄腰，鵲制蝟，蝟制虎，使虎執鼠不如貓。

① 中山公子牟謂瞻子曰：「身在江海之上，心居乎魏闕之下，奈何？」瞻子曰：「重生。重生則利輕。」中山公子牟曰：「雖知之，未能勝也。」瞻子曰：「不能自勝則從，神無惡乎！不能自勝而强不從者，此之謂重傷。重傷之人，無壽類矣！」魏牟，萬乘之公子也，其隱巖穴也，難爲於布衣之士。雖未至于道，可謂有其意矣。

②

【集評】

周道祖曰：心馳魏闕者，以江湖爲桎梏；情致兩忘者，市朝亦巖穴耳。然而長依廬山，終身不娶，勝矣。兼曰：莊語經理，固不如就情誘情之捷消也。富而可求，執鞭亦爲；如不可求，從吾所好。孔子何等風流耶！無生之藥，因好高之情而對治之；重生之藥，因順物之情而從治之，一撥即歸中道。

【間翁曼衍】

① 或曰：不作壽者相，則夭壽不二，何至不能自勝而重傷乎？答曰：仁者壽，無量壽。現在是生，何妨作壽者相？虛舟曰：理誘君子，情誘衆人，直下倏然幾個乎？紫菘炊黃粱，努力加湌飯。

② 唐子西曰：不能鋭，因以鈍爲體；不能動，因以靜爲用。歇菴曰：墨處鈍鋭、動靜之間，故壽

于筆，夭于研。然鐵堅于石，穴于桑氏，顧所歸何如人。研墨之壽夭，殆未有定也。愚者曰：此是自勝？是重傷？

①

孔子窮於陳蔡之間，七日不火食，藜羹不糝，素感切。顏色甚憊，而弦歌於室。顏回擇菜，子路、子貢相與言曰：「夫子再逐于魯，削迹於衛，伐樹于宋，窮於商周，圍于陳蔡，殺夫子者無罪，籍夫子者無禁，弦歌鼓琴，未嘗絶音。君子之無耻也若此乎？」顏回無以應，入告孔子。孔子推琴，喟然而歎曰：「由與賜，細人也。召而來，吾語之。」子路、子貢入。子路曰：「如此者，可謂窮矣！」孔子曰：「是何言也！君子通於道之謂通，窮于道之謂窮。今丘抱仁義之道以遭亂世之患，其何窮之爲？故内省而不窮於道，臨難而不失其德。天寒既至，霜雪既降，吾是以知松柏之茂也。陳蔡之隘，音厄。於丘其幸乎！」孔子削然反琴而弦歌，子路扢然執干而舞。子貢曰：「吾不知天之高、地之下也。」古之得道者，窮亦樂，通亦樂。所樂非窮通也，道德於此，則窮通爲寒暑風雨之序矣。故許由娱於潁陽，而共音恭。伯得乎丘首。削然，或曰蕭然。扢然，奮武貌。共伯即共和。丘首，一作「共首」。

【閒翁曼衍】

①愚者嘗謂藏一曰：寒暑現前，信得及耶？則天地成壞、元會呼吸亦自現前，百年生死、一念生死亦自現前，何況窮通耶？信得及，則心自不動；不動心，則本無生死矣。只爲信不及哉，須先天死後，剥爛一回耳。擇菜、推琴、扢干之間，回仁、賜智、由勇，終食造次顛沛，狂風冷雨，總過一關。圩頂坦途，式歌且舞。笑翁曰：直饒恁麽，也是重傷自勝。

①

舜以天下讓其友北人無擇，北人無擇曰：「異哉，后之爲人也！居於畎畝之中，而遊堯之門。不若是而已，又欲以其辱行漫我。吾羞見之。」因自投清泠之淵。湯將伐桀，因卞隨而謀。卞隨曰：「非吾事也。」湯曰：「孰可？」曰：「吾不知也。」湯又因瞀光而謀。瞀音務。光曰：「非吾事也。」湯曰：「孰可？」曰：「吾不知也。」湯曰：「伊尹何如？」曰：「强力忍垢，吾不知其他也。」湯遂與伊尹謀伐桀，克之。以讓卞隨，卞隨辭曰：「后之伐桀也，謀乎我，必以我爲賊也；勝桀而讓我，必以我爲貪也。吾生乎亂世，而無道之人再來漫我以其辱行，吾不忍數聞也。」乃自投椆一作「桐」，音桶。水而死。湯又讓瞀光曰：「知者謀之，武者遂之，仁者居之，古之道也。吾子胡不立乎？」瞀光辭曰：「廢上，非義也；殺民，非仁也；人犯其難，我享其利，非廉也。吾聞之曰：『非其義者，不受其祿；無道之世，不踐其土。』況尊我乎？吾不忍久見也。」乃負石而自沉于廬一作「盧」。水。隴上曰畎，隴中曰畝。

①三者磏仁義也。設爲三磏以藏一遂，曾知老子爲强力忍垢之祖乎？愚者曰：傷！

【閒翁曼衍】

①昔周之興，有士二人，處於孤竹，曰伯夷、叔齊。二人相謂曰：「吾聞西方有人，似有道者，試往觀焉。」至于岐陽，武王聞之，使叔旦往見之，與之盟曰：「加富二等，就官一列。」血牲而埋之。二人相視而笑曰：「嘻，異哉！此非吾所謂道也。昔者神農之②有天下也，時祀盡敬而不祈喜；其于人也，忠信盡治而無求焉。樂音洛。與政爲政，樂與治爲治，不以人之壞自成，不以人之卑自高也，不以遭時自利也。今周見殷之亂而遽爲政，上謀而下行貨，阻兵而保威，割牲而盟以爲信，揚行以說音悦。衆，殺伐以③要利，是推亂以易暴也。吾聞古之士，遭治世不避其任，遇亂世不爲苟存。今天下闇，周德衰，其並音傍。乎周以塗吾身也，不如避之以潔吾行。」二子北至于首陽之山，遂餓而死焉。若伯夷、叔齊者，其於富貴也，苟可得已，則必不賴。高節戾行，獨

樂其志，不事於世，此二士之節也。孤竹國在遼西令支縣，今永平有肥如塚。論語疏：姓墨胎，名智亢。

【集評】

郭曰：許由之弊，使人餙讓求進，遂至乎之噲也。伯夷之風，使暴虐之君得肆其毒，而莫④之敢亢也。伊吕之弊，使天下貪冒之雄敢行篡逆。唯聖人無迹，故無弊也。

劉概曰：於不得已而已者，無所不拒，近狷；於得已而不已者，無所不取，近狂。聖人得⑤中道而與之，則二者在所廢，不則二者在所裁矣。夫狂狷固中道之弊，而後世狂者至於貪生愛利，顛冥於嗜慾之地；狷者至於洗耳投淵，以惡堯舜之名，此又狂狷之弊也。莊子謂讓之爲名，處夫授受之間而宜不失者也。

中峰本曰：情所起者愛憎，跡所由者進退，是四者，乃流浪生死之執縛也，亦超越契道之⑥捷徑也。蓋有合道之愛憎，有結業之愛憎，公私之分也。爲己而進學，爲人而建化，或退隱守道，或安分知時，皆合道也。若爭名逐利而進，放懶縱傲而退，惰四體不知慚，背四恩不知報，反譏爲衆之勤、奉公之冗，則非矣。楞嚴謂使汝輪轉生死結根，惟汝六根，更無他物；令汝速證安樂解脱，寂靜妙常，亦汝六根，更非他物。與愛憎進退，能合道，能結業，曾何異焉？

愚者曰：人苦貪根，自護食色之我。貪莫熱于富貴，富貴莫大於天下，此高尚所以斡萬世之蠹也。王而能讓，事物何有哉！死生猶寒暑，則窮通利害，何足以動其心哉？至于本體原平，富貴貧賤，兩俱不受也。舜心豈着糗草玉食之相耶？然而人心下流，執平言平，何能平乎？治制折中情理，而教人取法乎上，僅乃得中。但言中行，鄉愿難免。思得狂狷，文以禮樂，放眼看來，皆病皆藥，只在知症予方而已。咸池搔首可知慚，蘿薜簪纓總不堪。跳出乾坤飛上下，依然前後各三三。

【閒翁曼衍】

①王介甫、魏了翁皆辨夷齊無扣馬諫事，無餓死首陽事。據孔子二語，皆表其讓國也。餓于首陽，字法也。説家浚而狀之，子長拾之。愚者曰：何必以後世之愛惜其死，以愛惜古人之死耶？留作涼藥，有何不可？故王文端作夷齊十辨，鄒一山又作反夷齊十辨。

②愚曰：投孫登、焦先于水而觀其笑，爇介推、秦系之廬而觀其性。既爾好高，自有人來勘驗者。靈均以汨羅爲泰山，幼安以自若勝海神，不消勘驗，原是家常茶飯。

③孟子于陳仲子，先擘之而後蚓之，所以砥俗而衷情也；其于夷惠，兩不由而雙取其風，至于伊尹，則藏之袖中。王天下不與三樂，定四海所性不存焉，猶不悟其旨耶？以此善取，何非涼藥？

④東坡贈周汝南詩曰：先生本全德，廉退乃一隅。因抛彭澤米，偶似西山夫。先生豈我輩，造

化乃其徒。由此觀之，呴吹强羸，聖人與時偕行，偏亦中也。「苟可得已」四字點睛。

⑤嚴君平曰：言爲禍匠，默爲害工；進爲妖式，退爲孽容。然則或呴或吹，或强或羸，詎有一路在雨縫中行乎？苟可得已，與寓于不得已，是兩種話乎？

⑥不如一念緣起無生，超彼三乘權學等見。此是苟可得已耶？是寓于不得已耶？

盜跖第二十九

①孔子與柳下季爲友，柳下季之弟名曰盜跖。之石反。盜跖從卒九千人，横行天下，侵暴諸侯，穴室樞户，驅人牛馬，取人婦女，貪得忘親，不顧父母兄弟，不祭先祖。所過之邑，大國守城，小國入保，萬民苦之。孔子謂柳下季曰：「夫爲人父者，必能詔其
②子；爲人兄者，必能教其弟。若父不能詔其子，兄不能教其弟，則無貴父子兄弟之親矣。今先生，世之才士也，弟爲盜跖，爲天下害，而弗能教也。丘竊爲先生羞之。丘請爲先生往説之。」柳下季曰：「先生言爲人父者，必能詔其子；爲人兄者，必能教其弟，若子不聽父之詔，弟不受兄之教，雖今先生之辯，將奈之何哉？且跖之爲人也，心如涌泉，意如飄風，强足以拒敵，辯足以飾非，順其心則喜，逆其心則怒，易辱人以言。先生必無往！」孔子不聽。顔回爲馭，子貢爲右，往見盜跖。盜跖乃方休卒徒太山之

陽，膾人肝而餔之。孔子下車而前，見謁者曰：「魯人孔丘，聞將軍高義，敬再拜謁者。」謁者入通，盜跖聞之大怒，目如明星，髮上指冠，曰：「此夫魯國之巧僞人孔丘非耶？爲我告之：爾作言造語，妄稱文武，冠枝木之冠，帶死牛之脅，多辭謬説，不耕而③食，不織而衣，摇唇鼓舌，擅生是非，以迷天下之主，使天下學士不反其本，妄作孝弟，④而徼倖於封侯富貴者也。子之罪大極重，疾走歸！不然，我將以子肝益晝餔之膳。」孔子復通曰：「丘得幸于季，願望履幕下。」謁者復通，盜跖曰：「使來前！」孔子趨而進，避席反走，再拜盜跖。盜跖大怒，兩展其足，按劍瞋目，聲如乳虎，曰：「丘來前！若所言順吾意則生，逆吾心則死。」孔子曰：「丘聞之，凡天下有三德：生而長大，美好無雙，少長貴賤，見而皆説之，此上德也；知維天地，能辯諸物，此中德也；勇悍果敢，聚衆率兵，此下德也。凡人有此一德者，足以南面稱孤矣。今將軍兼此三者，身長八尺二寸，面目有光，唇如激丹，齒如齊貝，音中黄鐘，而名曰盜跖，丘竊爲將軍耻不取焉。將軍有意聽臣，臣請南使吴越，北使齊魯，東使宋衛，西使晉楚，使爲將軍造大城數百里，立數十萬户之邑，尊將軍爲諸侯，與天下更始，罷兵休卒，收養昆弟，共祭先祖。此聖人才士之行，而天下之願也。」盜跖大怒，曰：「丘來前！夫可規以利

⑤

而可諫以言者，皆愚陋恒民之謂耳。今長大美好、人見而説之者，此吾父母之遺德也。丘雖不吾譽，吾獨不自知耶？且吾聞之，好面譽人者，亦好背而毁之。今告我以大城衆民，是規我以利而恒民畜我也，安可長久也？城之大者，莫大乎天下矣。堯舜有天下，子孫無置錐之地；湯武立爲天子，而後世絶滅，非以其利大故耶？且吾聞之，古者禽獸多而人民少，於是民皆巢居以避之，晝拾橡栗，暮棲木上，故命之曰有巢氏之民。古者民不知衣服，夏多積薪，冬則煬之，故命之曰知生之民。神農之世，卧則居居，起則于于，民知其母，不知其父，與麋鹿共處，耕而食，織而衣，無有相害之心，此至德之隆也。然而黄帝不能致德，與蚩尤戰于涿鹿之野，流血百里。堯舜作，立羣臣，湯放其主，武王殺紂。自是之後，以强凌弱，以衆暴寡。湯武以來，皆亂人之徒也。今子修文武之道，掌天下之辯，以教後世，縫衣淺帶，矯言僞行，以迷惑天下之主，而欲求富貴焉。盗莫大于子，天下何故不謂子爲盗丘，而乃謂我爲盗跖？子以甘辭説子路而使從之，使子路去其危冠，解其長劍，而受教于子，天下皆曰丘能止暴禁非。其卒之也，子路欲殺衛君而事不成，身菹于衛東門之上，是子教之不至也。子自謂才士聖人耶？則再逐于魯，削迹於衛，窮于齊，圍于陳蔡，不容身于天下。子教子路菹此患，上無以爲身，下無以爲人，子之道豈足貴耶？世之所高，莫若黄帝，黄帝尚不能全德，而戰涿鹿之野，流血百里。堯不慈，舜不孝，禹偏枯，湯放其主，武王伐紂，文王拘羑里。此六子者，世之所高也。孰論之，皆以利惑其真，而强反其情性，其行乃甚可羞也。世之所謂賢士，伯夷、叔齊，辭孤竹之君，而餓死于首陽之山，骨肉不葬。鮑焦飾行非世，抱木而死。申徒狄諫而不聽，負石自投于河，爲魚鱉所食。介子推至忠也，自割其股以食文公。文公後背之，子推怒而去，抱木而燔死。尾生與女子期于梁下，女不來，水至不去，抱梁柱而死。此四者〔一〕，無異於磔犬流豕，操瓢而乞者，皆離音罹。名輕死，不念本養壽命者也。⑥世所謂忠臣者，莫若王子比干、伍子胥。子胥沉江，比干剖心，此二子者，世謂忠臣也，然卒爲天下笑。自上觀之，至于子胥、比干，皆不足貴也。丘之所以説我者，若告我以鬼事，則我不能知也；若告我以人事者，不過此矣，皆吾所聞知也。今吾告子以人之情：目欲視色，耳欲聽聲，口欲察味，⑦志氣欲盈。人上壽百歲，中壽八十，下壽六十，除病瘦死喪憂患，其中開口而笑者，一

〔一〕四，集釋本莊子盜跖作「六」。

月之中不過四五日而已矣。天與地無窮，人死者有時。操有時之具，而托於無窮之間，忽然無異騏驥之馳過隙也。不能説其志意、養其壽命者，皆非通道者也。丘之所言，皆吾之所棄也。亟去走歸，無復言之！子之道，狂狂汲汲，詐巧虛僞事也，非可以全真也，奚足論哉？」孔子再拜趨走，出門上車，執轡三失，目芒然無見，色若死灰，據軾低頭，不能出氣。⑧歸到魯東門外，適遇柳下季。柳下季曰：「今者闕然數日不見，車馬有行色，得微往見跖耶？」孔子仰天而歎曰：「然。」柳下季曰：「跖得無逆汝意若前乎？」孔子曰：「然。丘所謂無病而自灸也。疾走料虎頭，編虎鬚，幾不免虎口哉！」⑨焦氏曰：展禽，魯僖公時人，至孔子生，八十餘年，若至子路之死，百五十歲，不得爲友。是寄言也。⑩

【集評】

管東溟曰：孔子若遇牧野，必爲伯夷；若有盜跖爲之弟，亦必爲柳下惠。

俞部曰：柳下之和，蓋不得已，其亦猶法深之爲竺耶？法深者，王敦之弟也。謝宣隔籬，故是下策。

【閒翁曼衍】

①陰符三盜，誣天厚顏。可笑白拈，偏藏鬼谷。杜子美曰：蘇涣，靜者也，而先爲白跖。其詩曰：徒有疾惡心，奈何不知幾。李涉曰：相逢不用相迴避，天下如今半是君。何如强項魔王，特地現身，猶覺直心快口。

②秦穆寬盜駿之人，楚莊泯絶纓之跡，趙盾餉餓夫于翳桑，袁盎贈侍兒于從史。張説曰：活人於死，榮人于辱，無德不報夫千百中之一二，而乃得之盜乞淫穢之中耶？卓去病曰：到溉不報彦昇，王陶不報姜愚，何其薄也！盜賊能施，張齊賢所遇是也；盜賊能報，秦穆盜駿之人是也。士紳不及久矣。

③盜跖僞聖人不反其本，則今之以反本爲旛竿，而如鬼事、收卒徒者何如耶？莊生之膾人肝也毒哉！

④或曰：暴棄天命，先侮聖言。幸有大人治之，我何憂焉！虚舟曰：後世大人餔肝更甚。曾知有借天命以掃聖言，而自號大人者乎？曾知後世之天其跖、跖其天者，特命莊子爲狀魁耶？盜跖知之熟矣，又何所畏？久而招降，反是功名捷徑。跖所畏者，妻妾耳。終斃於其手，奪其財寶而更適焉。因而歎曰：無厭足王必了于陀須蜜之手矣。陽一陰二，便能制陽。

⑤笑曰：跖猶知有父母之道德乎？此孟子所以道其性之善也。雖爲有生之習所染，而此一點，終不能自欺，豈不神哉！曹瞞欲殺孔文舉，使郤慮誣之曰：父于子有何親？只爲情欲發耳。蓋加其罪于盜跖之上也。彼學三年而名其母，甫剔染而不拜親者，在何等耶？明教嵩費盡心血，著成孝論。沈蓮池出世明倫，牢封末後。此與龍顙虬唇而料虎頭者，其癡功德，寧有二哉？

⑥緯書言盜跖之精，化爲鯷魚，以攻孔子，季路敵之兩傷，顔淵指之而勝。曾開口而笑乎？如來指端，吼五獅子。鬼母刀箭，自生蓮花。仁者之勇，信得及否？莊子托夢胡蝶，亦是打發鯷魚、枕子之勇，信得及否？

⑦何不即告以鬼事？笑翁曰：近日曲録尊我，寔撥因果，而付棍于跖，横打信打，告亦徒然。我若見跖，且與開口而笑。

⑧戴封與盜七縑，齊賢乞盜一飽，張融空自長吟，陸機頓令下拜。胡乃尼山老子反乏黄衣稠覺之吒杖耶？且道假瞷蒸豚一諾，何如親過虎口一關？

⑨瓔曼變作毒蛇去，一空一吼出山虎。羅睺調達，你仰我俯。放下屠刀，問着還鼓。遮卻先生羞，誰識低頭苦？

⑩賀長白曰：跖惡夫不慈孝與淫佚放殺暴亂也，非惡夫六王五霸也。跖爲不知人，未謂不知

道，故曰盜亦有道焉。後世則知其人慈且孝，非淫佚放殺暴亂而惡之，有不如跖者多矣。

①子張問於滿苟得曰：「盍不爲行？無行則不信，不信則不任，不任則不利。故觀之名，計之利，而義真是也。若棄名利，反之于心，則夫士之爲行，不可一日不爲乎！」滿苟得曰：「無恥者富，多信者顯。夫名利之大者，幾在無恥而信。故觀之名，計之利，而信真是也。若棄名利，反之于心，則夫士之爲行，抱其天乎！」子張曰：「昔者桀紂貴爲天子，富有天下。今謂臧聚曰：『汝行如桀紂。』則有怍色，有不服之心者，②小人所賤也。仲尼、墨翟，窮爲匹夫。今謂宰相曰：『子行如仲尼、墨翟。』則變容易色稱不足者，士誠貴也。故勢爲天子，未必貴也；窮爲匹夫，未必賤也。貴賤之分，在行之美惡。」滿苟得曰：「小盜者拘，大盜者爲諸侯，諸侯之門，義士存焉。昔者桓公小白殺兄入嫂，而管仲爲臣；田成子常殺君竊國，而孔子受幣。論則賤之，行則下之，則是言行之情悖戰于胸中也，不亦拂乎？故書曰：『孰惡孰美？成者爲首，不成者爲尾。』」子張曰：「子不爲行，即將疏戚無倫，貴賤無義，長幼無序。五紀六位，將何以爲別乎？」滿苟得曰：「堯殺長子，舜流母弟，疏戚有倫乎？湯放桀，武王殺紂，③貴賤有義乎？王季爲適，音嫡。周公殺兄，長幼有序乎？儒者僞辭，墨者兼愛，五紀

六位將有別乎？且子正爲名，我正爲利。名利之實，不順于理，不監于道。吾日與子訟於無約，曰：『小人狥財，君子狥名，其所以變其情、易其性則異矣，乃至於棄其所爲而狥其所不爲則一也。』故曰：無爲小人，反狥而天；無爲君子，從天之理。若枉若直，相爲天極。面觀四方〔一〕，與時消息。若是若非，執而圓機，獨成而意，與道徘徊。無轉而行，無成而義，將失而所爲。無赴而富，無狥而成，將棄而天。比干剖心，子胥抉音決。眼，忠之禍也；直躬證父，尾生溺死，信之禍也；鮑子立乾，音干。勝平聲。子不自理〔二〕，廉之害也；孔子不見母，匡子不見父，義之失也。此上世之所傳，下世之所語，以爲士者正其言，必其行，故服其殃，離音罹。其患也。」臧聚，臧獲竊聚之人也。鮑子名焦，子貢諫之，遂棄其蔬而餓死。勝子，申生也。林鬳齋曰：戰國時未有稱宰相者，篇中今謂宰相，此爲後人私撰明甚。匡章與孟子同時，子張安得言之？

【問翁曼衍】

①馬遷紀象止舜宮，舜往見之。象曰：我思舜鬱陶。舜曰：然。爾其庶矣。康伯曰：添此一句

〔一〕面，原作「而」，據集釋本莊子盜跖改。

〔二〕勝子，集釋本莊子盜跖作「申子」。

「爾其庶矣」，爲不格姦摹寫，玅甚！舜真入虎口、編虎須者乎！

②或曰：孟子養氣而引黝輩，何也？戰國尚氣俠，猶東晉尚風流也。欲因其風流引之入道耳。愚笑世好荒唐謬悠，而以荒唐謬悠引之乎？將謂世好盜，而即以盜引之入道耶？强盜固不易做，不得已而又以滿苟得引之。莊子早是畫虎不成，且道看狗。

③聽此訟者，誰與結欵？尼山老子，亦没奈何。自己歎曰：如不可求，從吾所好。黄檗念寄吴觀我曰：祇是不肯畫招。

①

無足問於知和曰：「人卒未有不興名就利者。彼富則人歸之，歸則下之，下則貴之。夫見下貴者，所以長生安體樂意之道也。今子獨無意焉，知不足耶？意知而力不能行耶？故推正不忘耶？」知和曰：「今夫此人，以爲與己同時而生、同鄉而處者，以爲夫絶俗過世之士焉。是專無主正，所以覽古今之時、是非之分也，與俗化世，去至重，棄至尊，以爲其所爲也。此其所以論長生安體樂意之道，不亦遠乎？慘怛之疾，恬愉之安，不監於體；怵惕之恐，欣歡之喜，不監于心。知爲爲而不知所以爲，是以貴爲天子，富有天下，而不免于患也。」無足曰：「夫富之于人，無所不利。窮美究埶，至人

②

之所不得逮，聖人之所不能及〔一〕，俠音協。人之勇力以爲威强，秉人之知謀以爲明③察，因人之德以爲賢良，非享國而嚴若君父。且夫聲色滋味權勢之于人，心不待學而樂之，體不待象而安之〔二〕。夫欲惡避就，固不待師，此人之性也。天下雖非我，孰能辭之？」知和曰：「知者之爲，故動以百姓，不違其度，是以足而不爭，無以爲，故不求。不足，故求〔三〕，爭四處而不自以爲貪；有餘，故辭之，棄天下而不自以爲廉。廉④貪之實，非以迫外也，反監之度。勢爲天子，而不以貴驕人；富有天下，而不以財戲人。計其患，慮其反，以爲害於性，故辭而不受也，非以要名譽也。堯舜爲帝而雍，非仁天下也，不以美害生也；善卷、許由得帝而不受，非虚辭讓也，不以事害己也。此皆就其利、辭其害，而天下稱賢焉，則可以有之，彼非以興名譽也。」無足曰：「必持其名，苦體絶甘，約養以持生，則亦久病長阨而不死者也。」知和曰：「平爲福，有餘爲害者，物莫不然，而財其甚者也。今富人，耳營鍾鼓筦籥之聲，口嗛於芻豢醪醴之味，以

〔一〕聖人，集釋本莊子盗跖作「賢者」。
〔二〕待，原無，據集釋本莊子盗跖補。
〔三〕求，集釋本莊子盗跖作「求之」。

感其意，遺忘其業，可謂亂矣；侅音礙。溺于馮氣，若負重行而上也〔一〕，可謂苦矣；貪財而取慰，貪權而取竭，靜居則溺，體澤則馮，可謂疾矣；爲欲富就利，故滿若堵耳而不知避，且馮而不舍，可謂辱矣；財積而無用，服膺而不舍，滿心戚醮，音焦。求益而不止，可謂憂矣；内則疑刦請之賊，外則畏寇盜之害，内周樓疏，外不敢獨行，可謂畏矣。此六者，天下之至害也，皆遺忘而不知察。及其患至，求盡性竭財，單以反一日之無故而不可得也。故觀之名則不見，求之利則不得，繚音了。意絶體而爭此，不亦惑乎？」侅溺于馮氣，舊注飲食至咽爲侅；馮音憤，懣也，楊升菴音憑，言富積負重上行也。靜居則溺晏安，鴆毒聲色所沉也；體澤則馮，言營營然如馮河陷身也。

【集評】

邵子曰：盜跖篇言事無可奈何者，聖人無如之何。孫淇澳曰：形容盜賊心術，原是痛傌後世，而讚聖人之不可及。繼以滿苟得此何物乎，正畫出世間巧鄙自護而吹疵賢者之情也。

潛艸曰：盈虛本然，何苦不知足耶？聖人知萬世人以情，而養萬世人以理。理明，則奪

⑤

〔一〕上也，莊子張君房本及劉文典莊子補正本作「上坂也」。

其羶華劍筆之勢；因情，則足以勢其不驕不倍之理。理懸日月，教鼓風雷，且以名我奪其利我，又以達我消其名我，復以平我約其達我，妙以大我化其小我。物理即是天理，盜情止是人情，智力因泥於分量，才能各食其精神，自相克伏，自相扶推。蓍龜倫藝，鼓舞盡神。巢蜂穴蟻，謀羶即定君臣；蒙袂嗟來，鐵脊自豎天地。聞鶴牽犬，金谷望塵，天網漏亦膽寒。而絃歌蠹魚，北窗東坡，醉車淡味不厭。光明正大，何故不享康衢乎哉！辰翁曰：盜不能免。閒翁曰：不憂其盜。

⑥ 杖曰：此未必是莊子之言，而爲此亦妙。世間原有此聖人，便有如此盜賊。不如此，不見聖人之心，不見聖人之癡。惟此癡而不懼此辱，始作得聖人。余昔讀西遊記，見唐三藏癡極，被妖魔弄，不知妖魔都被這癡極的三藏將金箍子收拾了。人間只聞有金箍咒，不知是何章句。予笑曰：三十六個「癡」字作一氣讀去，讀得靈，則此咒自靈也。呵呵！

⑦ 袁中郎言五教者，三教外有愿教、跖教也。三教亡矣，二教盛行。聞子將曰：古鄉舉，故士勉爲愿。今跅跑任達者，不硋進取，士何以願爲？但增一跖教，而三教皆收拾去矣。虛舟子曰：恨天下皆庸俗，則求一怪人、惡人不可得；恨天下之險譎機械，則求如禽獸而不可得。此憤中作快語耳，豈知帷窺壁聽者認作錦囊耶？末法跖囊更巧矣。不起一念爲總殺，心自本無爲總赦。古人自得中道，而法位隨時。今欲掃禮法，壓聖賢，則曰不立一塵；欲逞

譎智，鬬險狠，則曰不舍一法。口口不受人惑，而反以惑亂天下爲能；口口出生死，而適教人以亡耻爲遊戲。實固陋耳，曰我赤子也，且詬天下之學問；實鄙穢耳，曰我不蓋覆也，且姍天下之躬修。卻以不容詰究，塞人之正論；又以方人不暇，杜人之質辯。庸人利其不立聖凡而護之，才人利其翻案狎侮而護之。世情已厭理之拘矣，理家又未徹源流張弛，而爲淵敺魚，故儕輩簧鼓偏鋒，合衆人之咻以爲快。是豈非媚萬世之巧鄉愿，而竊混沌赤子之强盜跖哉？嗟乎！蓋爲總殺總赦之利器，不應比屋揠苗鬬高，以消心之方便，壞治事之法位。故衆妙之門，適成衆禍之門，便以官不容針之酷科，爲公然私通車馬之捷徑。是以古聖知之，先明折中適用之條理，始受享法住法位之太平，就中醒人因循，故貴清涼之藥。而專門爭勝，迅峭日加，步步相剷，則適見反悖之語，而旁睨訛傳不可言矣。即以出世法言之，宗律妙叶，死甦自悟，須明大法差別。窮兩末之理，而適由中道行，始是真空妙有，平懷泯盡。況維世正經，而欲尊襲洸洋以夸高乎？慎獨于未發，而明安于中節，光明正大，心即是矩矣。隱逸卮寓，則廢權之時位也。莊子特地現外道身，憤激反復，以挑醒正人之眼，苦心哉！

【閒翁曼衍】

①李邈湄曰：極意形容富貴，口津津地，便不似有道者。又有説焉。先主禁酒，得釀具者，皆罪之。簡雍指路上男女曰：此人行淫，當收之。先主問故，雍曰：有其具矣。陳如岡曰：故推

正理，以遏求富貴之心，而不能忘耶？只此一問，膾盡天下人肝。

②口義曰：故動以百姓自處，不放于禮度之外，是以足而不爭。此亦故推正不忘耶？故推故動，此中有張湯故縱科條在。

③舊曰：以此爲性，正是認賊爲子。笑曰：直饒推過三個未始有，錮在虚空，以此爲性，亦是認賊爲子。可憐莊子不得已，搬演一曲禮節樂和，以消磨無厭足王，尚且無人着眼。

④詩曰：神之聽之，終和且平。莊子引此福田，欲以勝爭財者乎？世視爲久病長阨而不死者，正子桑户之琴歌清福也，聽者其誰？而況獺更敺淵。嗟乎！世界樓疏堵耳，盡是搶料燒料。到彼時節，天下自然休心知足矣。方信盗跖現身轉輪，始做得善知識。

⑤俞吾體曰：理破情，坐牙建纛修干城；情勝理，鵲噪蝨生骨堆蟻。詖衺媚人僞理障，猛虎翼縱徧狙壯。引盲惑衆欲滅情，喚鬼掘窖埋層冰。聖人知其故而表其當，牛馬隨人雞犬放。祇爲好新不中聽，造迷弄影摇説鈴。惡人自有惡人磨，一波未已又一波。閒人看破只唱歌，只愁閒得没奈何。

⑥白白齋貨殖傳評曰：武靈王王而餓死，梁武帝帝而餓死，周條侯侯而餓死，豈財之不足哉？盗跖惟畏鬼事，財主只怕一死。故曰：言死所以安生，言鬼所以安人。愚曰：儉嗇以拙富，竊勢以奇富。纖如周，剽如楚，盗跖、滿苟得盡之矣。白白曰：纖者不敢以利其身口，而子孫

之身口亦不得而利之。剽者或喪其身焉，走死以求者，皆以遺其非吾子孫者也。故曰人皆不知好利。

⑦子雲謂太史公愛奇，而傳貨殖尤奇，曰富者必用奇勝。莊子好奇，而盜跖篇尤奇。末段曰財其甚者也，與太史之不遺餘力同一絶倒。愚笑曰：蜀富人以千金托法言而傳，而莊子欲以其書託盜跖、滿苟得而傳，豈不奇哉？豈不痛哉？好奇如好古器，好其款識規製耳。今人不能奇，竟欲以其富當太史、莊子，是鬻銅于好古之門者也，猶且繚意絶體而爭，不亦惑乎！

藥地炮莊卷之九

天界覺杖人評　極丸學人弘智集
三一齋老人正　涉江子陳丹衷訂

説劍第三十

①昔趙文王喜劍，劍士夾門而客三千餘人。日夜相擊於前，死傷者歲百餘人，好之不厭。如是三年，國衰，諸侯謀之。太子悝患之，募左右曰：「孰能説音悦。王之意止劍士者，賜之千金。」左右曰：「莊子當能。」太子乃使人以千金奉莊子。莊子弗受，與使者俱往見太子，曰：「太子何以教周，賜周千金？」太子曰：「聞夫子明聖，謹奉千金以幣從者。夫子弗受，悝尚何敢言？」莊子曰：「聞太子所欲用周者，欲絶王之喜好也。使臣上説音悦。大王而逆王意，下不當太子，則身刑而死，周尚安所事金乎？使臣上説大王，下當太子，趙國何求而不得也？」太子曰：「然。吾王所見，唯劍士也。」

②莊子曰：「諾，周善爲劍。」太子曰：「然吾王所見劍士，皆蓬頭突鬢垂冠，曼莫干反。

③

胡之纓，短後之衣，瞋目而語難〔一〕，王乃説音悦。之。今夫子必儒服而見王，事必大逆。」莊子曰：「請治劍服。」治劍服三日，乃見太子，太子乃與見王。王脱白刃待之。莊子入殿門不趨，見王不拜。王曰：「子欲何以教寡人，使太子先？」曰：「臣聞大王喜劍，故以劍見王。」王曰：「子之劍何能禁制？」曰：「臣之劍，十步一人，千里不留行。」王大説之，曰：「天下無敵矣！」莊子曰：「夫爲劍者，示之以虚，開之以利，後之以發，先之以至。願得試之。」王曰：「夫子休，就舍待命，令設戲，請夫子。」王乃校劍士七日，死傷者六十餘人，得五六人，使奉劍于殿下，乃召莊子曰：「今日試使士敦劍。」莊子曰：「望之久矣。」王曰：「夫子所御杖，長短何如？」曰：「臣之所奉皆可。然臣有三劍，唯王所用。請先言而後試。」王曰：「願聞三劍。」曰：「有天子劍，有諸侯劍，有庶人劍。」王曰：「天子之劍何如？」曰：「天子之劍，以燕谿、石城爲鋒，齊岱爲鍔，晉魏爲脊，周宋爲鐔，音尋。韓魏爲夾，音鋏。包以四夷，裹以四時，繞以渤海，帶以常山，制以五行，論以刑德，開以陰陽，持以春夏，行以秋冬。此劍直之無前，舉之

〔一〕瞋目，原作「瞑目」，據集釋本莊子説劍改。下同。

無上，案之無下，運之無旁，上決浮雲，下絶地紀。此劍一用，匡諸侯，天下服矣。此天子之劍也。」文王芒然自失，曰：「諸侯之劍何如？」曰：「諸侯之劍，以知勇士爲鋒，以清廉士爲鍔，以賢良士爲脊，以忠勝士爲鐔，以豪傑士爲夾。此劍直之亦無前，舉之亦無上，案之亦無下，運之亦無旁。上法圓天，以順三光；下法方地，以順四時；中和民意，以安四鄉。此劍一用，如雷霆之震也，四封之内，無不賓服而聽從君命者矣。此諸侯之劍也。」王曰：「庶人之劍何如？」曰：「庶人之劍，蓬頭突鬢垂冠，曼胡之纓，短後之衣，瞋目而語難，相擊于前，上斬頸領，下決肝肺。此庶人之劍，無異於鬬雞，一旦命已絶矣，無所用於國事。今大王有天子之位，而好庶人之劍，臣竊爲大王薄之。」王乃牽而上殿，宰人上食，王三環之。莊子曰：「大王安坐定氣，劍事已畢奏矣。」於是文王不出宫三月，劍士皆服斃其處也。曼胡，粗纓無文理也。鍔，劍刃也。鐔，劍口也。鋏，把也。一云：鐔從稜向背，鋏從稜向刃也。三環，聞義而愧，繞饌三周，不能坐食也。服斃，謂忿不見禮，皆自殺也。脱，刀出鞘也。

【集評】

涉江曰：學者第一要作得主，不被外物轉，全憑皈依金剛上師，得此慧劍，八面揮截。安坐定氣，果畢奏否？

適莽曰：如來有一語三昧，正語三昧，愛語三昧。此説劍者，愛語也。正語之理，久爲迂士膠鼓，陳陳相因，腐氣令人噦嘔，高士膚之，才士厭之。因而爲轉語、隱語、反語、側語，機鋒所起，亦不得已。故達者不妨隨機接人。伏戎乘莽，先咷後笑，納牖遇巷，孚禴惕號，早見於易象矣。田中插鍬，牀上推枕。劍刃上事，紅爐冰冷。

【閒翁曼衍】

①撥塵見佛，急須揮劍。若不揮劍，漁父栖巢。莊生用此刺破人心肝五臟，人亦有刺破莊生之心肝五臟者乎？瞋目而語難，固不可少。

②或曰：王者劍，諸侯劍，庶人劍，何如眉間挂劍？余舉拳掀之。或人擬議，余曰：喪身失命也不知。

③金剛王劍獨當門，殺活須知匣裏尊。冰水紅爐當百淬，三環設戲久消魂。

漁父第三十一

①孔子遊乎緇帷之林，休坐乎杏壇之上。弟子讀書，孔子絃歌鼓琴。奏曲未半，有漁父者，下船而來，鬚眉交白，披髮揄袂，行原以上，距陸而止，左手據膝，右手持頤以聽。

②

曲終，而招子貢、子路二人俱對。客指孔子曰：「彼何爲者也？」子路對曰：「魯之君子也。」客問其族，子路對曰：「族孔氏。」客曰：「孔氏者何治也？」子路未應，子貢對曰：「孔氏者，性服忠信，身行仁義，飾禮樂，選人倫，上以忠於世主，下以化於齊民，將以利天下，此孔氏之所治也。」又問曰：「有土之君與？」子貢曰：「非也。」「侯王之佐與？」子貢曰：「非也。」客乃笑而還，行言曰：「仁則仁矣，恐不免其身。苦心勞形，以危其真。嗚呼遠哉，其分於道也！」子貢還報孔子，孔子推吐雷反。琴而起曰：「其聖人與？」乃下求之，至於澤畔，方將杖拏而引其船，顧見孔子，還鄉而立。孔子反走，再拜而進。客曰：「子將何求？」孔子曰：「曩者先生有緒言而去，丘不肖，未知所謂，竊待於下風，幸聞咳唾之音以卒相丘也。」客曰：「嘻，甚矣，子之好學也！」孔子再拜而起，曰：「丘少而修學，以至於今，六十九歲矣，無所得聞至教，敢不虛心？」客曰：「同類相從，同聲相應，固天之理也。吾請釋吾之所有，而經子之所以。子之所以者，人事也。天子、諸侯、大夫、庶人，此四者自正，治之美也；四者離位，而亂莫大焉。官治其職，人憂其事，乃無所陵。故田荒室露，衣食不足，徵賦不屬，音燭。妻妾不和，長少無序，庶人之憂也；能不勝任，官事不治，行不清白，羣下荒怠，功美不有，爵祿不持，大夫之憂也；廷無忠臣，國家昏亂，工技不巧，貢賦不美，春秋後倫，不順天子，諸侯之憂也；陰陽不和，寒暑不時，以傷庶物，諸侯暴亂，擅相攘伐，以殘民人，禮樂不節，財用窮匱，人倫不飭，百姓淫亂，天子有司之憂也。今子既上無君侯有司③之勢，而下無大臣職事之官，而擅飭禮樂，選人倫，以化齊民，不泰多事乎？且人有八④疵，事有四患，不可不察也。非其事而事之，謂之總；莫之顧而進之，謂之佞；希意道言，謂之諂；不擇是非而言，謂之諛；好言人之惡，謂之讒；析交離親，謂之賊；稱譽詐僞以敗惡人，謂之慝；不擇善否，兩容頰或「顔」字。適，偷拔其所欲，謂之險。此八疵者，外以亂人，内以傷身，君子不友，明君不臣。所謂四患者，好經大事，變更易常，以挂功名，謂之叨；專知擅事，侵人自用，謂之貪；見過不更，聞諫愈甚，謂之狠；人同於己則可，不同於己，雖善不善，謂之矜。此四患也。能去八疵，無行四患，而始可教已。」孔子愀然而歎，再拜而起，曰：「丘再逐于魯，削迹於衛，伐樹于宋，圍於陳⑤蔡，丘不知所失，而離音罹。此四謗者，何也？」客悽然變容曰：「甚矣，子之難悟也！人有畏影惡迹而去之走者，舉足愈數，而迹愈多，走愈疾，而影不離身，自以爲尚遲，疾走不休，絶力而死。不知處陰以休影，處静以息迹，愚亦甚矣！子審仁義之間，察同異之際，觀動靜之變，適受與之度，理好惡之情，和喜怒之節，而幾於不免矣。謹修而身，慎守其真，還以物與人，則無所累矣。今不修之身而求之人，不亦外乎！」孔子

⑥愀然曰：「請問何謂真？」客曰：「真者，精誠之至也。不精不誠，不能動人。故强哭者雖悲不哀，强怒者雖嚴不威，强親者雖笑不和。真悲無聲而哀，真怒未發而威，真親未笑而和。真在内者，神動于外，是所以貴真也。其用于人理也，事親則慈孝，事君則忠貞，飲酒則歡樂，處喪則悲哀。忠貞以功爲主，飲酒以樂爲主，處喪以哀爲主，

⑦事親以適爲主〔一〕。功成之美，無一其迹矣；事親以適，不論所以矣；飲酒以樂，不選其具矣；處喪以哀，無問其禮矣。禮者，世俗之所爲也；真者，所以受於天也，自然不可易也。故聖人法天貴真，不拘於俗。愚者反此，不能法天而恤于人，不知貴真，

⑧禄禄而受變于俗，故不足。惜哉！子之蚤湛于僞，而晚聞大道也。」孔子又再拜而起，曰：「今者丘得遇也，若天幸然。先生不羞而比之服役，而身教之。敢問舍所在，請

⑨因受業而卒學大道。」客曰：「吾聞之，可與往者，與之至于妙道；不可與往者，不知

〔一〕以，原脱，據集釋本莊子漁父補。

其道，慎勿與之，身乃無咎。子勉之，吾去子矣，吾去子矣！」乃刺船而去，延緣葦間。顏淵還車，子路受綏，孔子不顧，待水波定，不聞拏音而後敢乘。子路旁車而問曰：「由得爲役久矣，未嘗見夫子遇人如此其威也。萬乘之主，千乘之君，見夫子未嘗不分庭抗禮，夫子猶有倨傲之容。今漁父杖拏逆立，而夫子曲要磬折，再拜而應，得無太甚乎？門人皆怪夫子矣，漁父何以得此乎？」孔子伏軾而歎曰：「甚矣，由之難化也！湛于禮義有間矣，而樸鄙之心至今未去。進，吾語汝。夫遇長不敬，失禮也；見賢不尊，不仁也。彼非至仁，不能下人。下人不精，不得其真，故長傷身。惜哉！不仁之於人也，禍莫大焉，而由獨擅之。且道者，萬物之所由也。庶物失之者死，得之者生；爲事逆之則敗，順之則成。故道之所在，聖人尊之。今漁父之於道可謂有矣，吾敢不敬乎？」揄袂，揮袂也。齊民，猶言平民。春秋後倫，朝覲不及等也。

【集評】

愚曰：論語寫下車不得言，楚詞遂去〔一〕，攸然何極！

〔一〕詞，疑當作「辭」。

【閒翁曼衍】

①藥地絃歌曰：緇帷琴瑟不須終，又被風吹别調中。謾道漁郎能叩拽，船頭血浪響叮東。聽此者，莫朦朧，平調何如側調工？龜文隨水陸，鳥道破長空。石門、荷蕢，化身不少。能龍能蛇者，畢竟是龍。

②愚曰：七十從心所欲不踰矩，故斷作六十九耳。若説下地本自如此，未出胎本自如此，豈不笑殺漁父耶？

③八疵四患，今能免乎？奇人尤甚。

④不擇善否，兩容頰適，偷拔其所欲，此非末世偏言無善無惡以藏無忌憚之身者乎？早被莊子捉敗。

⑤蚤湛于僞，其浚恒乎？善用之，可以休影。使八疵四患者偷之，其宽賢餙非之巧又當何如耶？吴日生曰：論有意之必欺，則無君子；論獨之必不可欺，則無小人。凡屬勉强，即呵之爲人僞，勢必公然縱惡，乃可爲真乎？若説調停，又是兩容頰適。請參。

⑥一真法界，惟至誠致行者知之，不則以無真不假、無假不真之冒總，而反爲詭隨作錦囊矣。「用于人理」四字，拈出要緊。

⑦淵明連雨獨飲詩曰：試酌百情遠，重觴忽忘天。天豈去此哉？任真無所先。此選其具？不

選其具？後世專靠酒壺，便爲淵明，又早湛于僞矣。

⑧藥地曰：此下舡之漁父，與鼓枻之漁父，如何相見耶？滄浪兩濯，萬古招魂。息迹真悲，拏波卷地。

⑨支許與謝安集王濛。許問主人有莊子否，正得漁父一篇。謝看題，便各使四坐通。支公先作七百許語，叙致精麗，才藻奇拔，衆咸稱善。四坐各言懷畢，謝後粗難，自叙萬餘語，才峰秀逸，蕭然自得。支曰：一往奔詣，故復自佳耳。愚者曰：何用七百語，又萬餘語？相勝耶？一往奔詣，早落半邊，知是支公一棒否？一客曰：休影息迹，是漁父之真也。吾則曰：迹本自息，何硋乎行？以物與人，虛心自從。我若在還車授綏之時，便當覆此漁父之船，豈不便是潑天一棒？

列禦寇第三十二〔一〕

①列禦寇之齊，中道而反，遇伯昏瞀人。伯昏瞀人曰：「奚方而反？」曰：「吾驚焉。」曰：「惡乎驚？」曰：「吾嘗食於十餐，而五餐先饋。」伯昏瞀人曰：「若是，則汝何爲驚

〔一〕禦，原作「御」，據集釋本莊子改。「第」字原缺，據全書體例補。

②

也？」曰：「夫内誠不解，形諜音牒。成光，以外鎮人心，使人輕乎貴老，而𩐋其所患。夫饕人特爲食羹之貨，多餘之贏，其爲利也薄，其爲權也輕，而猶若是，而況於萬乘之主乎！身勞于國而知盡於事。彼將任我以事，而效我以功，吾是以驚。」伯昏瞀人曰：「善哉觀乎！汝處已，人將保汝矣！」無幾何而往，則户外之屨滿矣。伯昏瞀人北面而立，敦音頓。杖蹙之乎頤，立有間，不言而出。賓音擯。者以告，列子提屨，跣而走，暨乎門，曰：「先生既來，曾不發藥乎？」曰：「已矣！吾固告汝曰：『人將保汝。』果保汝矣。汝能使人保汝〔一〕，而汝不能使人無保汝也，而焉用之感豫出異也！必且有感，摇而本才，一作「性」。又無謂也。與汝遊者，又莫汝告也。彼所小言，盡人毒也。莫覺莫悟，何相孰也。巧者勞而知者憂，無能者無所求，食而遨遊，汎若不繫之舟，虚而遨遊者也！」驚人感己，即違道也。饕，漿。諜，間也。列子作「無多餘之贏」。敦，豎也。

【集評】

五老曰：小言盡人毒也，故爲大言。摇而本才，其毒何如？必曰以毒攻毒，必曰究消其

〔一〕汝，集釋本莊子列禦寇作「非汝」。

毒。閒翁曰：無門無毒，何必杞憂？三山街人羅蠅，封紙而鬻之，曰「仰天笑」，遊閒公子驚奇市之，開則飛去，失笑而已。

【閒翁曼衍】

①炮藥者驚曰：踐形固有方乎？閒諜已誤險矣。杖屨門墻，從來相孰。五饔先饋，亦一莖虀。盡人是毒，奚免捽飲？總爲技成得車，賢材急于自白。孰協唐許，而能不呲其所不爲耶？只得以烏鳶螻蟻，鍛送此龍珠已爾。

②前言奚方，此言發藥。

①鄭人緩也，呻吟裘氏之地，祇音支。三年而緩爲儒，河潤九里，澤及三族。使其弟墨。儒墨相與辯，其父助翟，十年而緩自殺。其父夢之曰：「使而子爲墨者，予也，闔胡嘗視其良，既爲秋柏之實矣。」夫造物者之報人也，不報其人，而報其人之天。彼固使彼。

②夫人以己爲有以異於人，以賤其親，齊人之井飲者相捽音卒。也。故曰：今之世皆緩也。自是有德者以不知也，而況有道者乎？古者謂之遁天之刑。良，良人也。或作「埌」，冢也。

【集評】

東坡曰：茶欲白，墨欲黑。求黑嫌漆白，求白嫌雪黑。愚曰：如此兄弟，自分籬把，尊翁調停不得，世間便有一種不黑不白之茶墨，高價傳家，豈不冤枉！

【閒翁曼衍】

①只爲此一盃天酒，前後請許多客，方纔酣暢。曾見此父子兄弟同異死生，激揚而醉者乎？侍者曰：何不以一盃分人？藥地一掌曰：醉不？

②涉江曰：須知有刑天之遁，又須知有遁于天之刑。杖人與埽菴曰：天下久爲類分裂，有教不使謀各絶。道能大同總其別，海何曾拒百川決？

①

聖人安其所安，不安其所不安；衆人安其所不安，不安其所安。莊子曰：「知道易，勿言難。知而不言，所以之天也。知而言之，所以之人也。古之人，天而不人。」朱泙音平。**漫學屠龍於支離，益單千金之家，三年技成，而無所用其巧。**舊以「益」字斷句，消文方順。

【集評】

杖云：天地間神變莫如龍，而能屠龍者，非神之又神者乎？泙漫所學，曲高無和，德既支離，而道益單矣，窮而奇矣。道大則世莫能容，數奇則不偶。彼握奇而用天下之數，以神變化、行鬼神者，固自有人。

【閒翁曼衍】

①愚曰：知道易，勿言難。正好自己一擱，何故累牘連篇？世尊四十九年說法，不曾說一字。知此即當一擱也耶？聖人止是就事言事。事不厭詳，天何言哉？道不可得而聞也。有者曰：粗言細語，皆第一義。早是忍俊不禁，又當一擱。

聖人以必不必，故無兵；衆人以不必必之，故多兵。順于兵，故行有求。兵，恃之則亡。①

【集評】

亢倉子曰：懷恚未發，兵也。豈止鋒鏑之慘？杖云：兵非干戈，即天下之數也。能不執一，則二三四五能不必也。孔子毋固毋必，不執一，自與天命流行矣。何不可藏乎屠龍之技？

【閒翁曼衍】

①雲居曰：二十年前，興化借一問爲影艸，我機思遲鈍，答不得，今則曰：何必。興化聞曰：二

十年答得何必二字。或問興化如何答，曰：不必。且與必不必有優劣否？

① 小夫之知，不離苞苴竿牘，敝精神乎蹇淺，而欲兼濟道音導。物，太一形虛。若是者，迷惑于宇宙，形累不知太初。彼至人者，歸精神乎無始，而甘冥乎無何有之鄉。水流乎無形，發泄乎太清。悲哉乎！汝爲知在毫毛而不知大寧。竿牘，竹簡爲書，相問遺也。

【集評】

② 杖云：無何有之鄉，非絶物之所也。於有而不見其有，于無而不見其無。太一形虛，而萬物森羅，本自甘冥。聖人删述轍環，即此踐形，即此空空。關尹曰：在己無居，形物自著。豈患宇宙之迷惑乎？

【閒翁曼衍】

① 法眼問子昭曰：萬象之中獨露身，是撥萬象不撥萬象？昭曰：不撥。眼曰：兩個。

② 甘節冥升，如此捏合，猶是氣不分語。

①宋人有曹商者，爲宋王使秦〔一〕。其往也，得車數乘。王説音悦。之，益車百乘。反於宋，見莊子曰：「夫處窮閭阨音隘。巷、困窘織屨、槁項黄馘音國。者，商之所短也；一寤萬乘之主而從車百乘者，商之所長也。」莊子曰：「秦王有病召醫，破癰潰痤者，得車一乘；舐音矢。痔者，得車五乘。所治愈下，得車愈多。子豈治其痔耶？何得車之多也？子行矣！」

【集評】

杖云：嘗觀閹媚螬李，乞播登壟，孟子罵世，慣用吹毛。莊子更難相與，爲其日談無是非，而毒更甚也。嗟乎！生才具眼如此，無一知己，恠不得他。

【閒翁曼衍】

①所治愈下，得車愈多，正謂其曲彌高，其和彌寡。莊生毋乃技癢相孰，不能甘冥，而形諜成光乎？

〔一〕王，原作「玉」，據集釋本莊子列禦寇改。

①魯哀公問於顏闔曰：「吾以仲尼爲貞幹〔一〕，國其有瘳乎？」曰：「殆哉圾乎！仲尼方且飾羽而畫，從事華辭，以支爲旨，忍性以視民，而不知不信。受乎心，宰乎神，夫何足以上民！彼宜汝與？音余。予頤與？誤而可矣。今使民離實學僞，非所以視民②也。爲後世慮，不若休之，難治也。」施於人而不忘，非天布也，商賈不齒。雖以事一作「士」。齒之，神者弗齒。爲外刑者，金與木也；爲内刑者，動與過也。宵人之離音罹。外刑者，金木訊之；離内刑者，陰陽食之。夫免乎外内之刑者，唯真人能之。訊，一作「訙」。

【閒翁曼衍】

①單言悟道，而閉距鈍置，騙過一生，非誤道耶？誤而可矣，不若休之，是一説也。人不識好，甘冥于誤。

②君子懷刑，故免内外之刑；聖人知幾，故磨内外之刑；至人自脱而已。

①孔子曰：「凡人心險于山川，難於知天。天猶有春秋冬夏旦暮之期，人者厚貌深情，

〔一〕幹，原作「榦」，據集釋本莊子列禦寇改。

故有貌愿而益，有長若不肖，有順一作「慎」。懁音狷。而達，有堅而縵，有緩而釬，音旱。故其就義若渴者，其去義若熱。故君子遠使之而觀其忠，近使之而觀其敬，煩使之而觀其能，卒音猝。然問焉而觀其知，急與之期而觀其信，委之以財而觀其仁，告之以危而觀其節，醉之以酒而觀其則，雜之以處而觀其色。九徵至，不肖人得矣。」

【集評】

杖云：大聖至誠待天下，未必盡以此觀人，然亦足以觀人。人自以爲有所得者，毫毛乍起，恐耐不得。

【閒翁曼衍】

① 山川險路去還來，厚貌深情一陣灰。幸是春秋冬夏在，直揮兩手讓人猜。也是明露秋光，暗藏春色。

① 正考父一命而傴，再命而僂，三命而俯，循墻而走，孰敢不軌！如而夫者，一命而呂鉅，再命而于車上儛，三命而名諸父，孰協唐許？賊莫大乎德有心而心有睫，及其有

睫也而内視，内視而敗矣。凶德有五，中德爲首。何謂中德？中德也者，有以自好也而吡音疵。其所不爲者也。窮有八極，達有三必，形有六府。美、髯、長、大、壯、麗、勇、敢，八者俱過人也，因以是窮。緣循、偃佒、音鞅。困畏，不若人，三者俱通達。知慧外通，勇動多怨，仁義多責。達生之情者傀，達于知者肖，達大命者隨，達小命者遭。

②

【集評】

方思善曰：言八者，窮之極也；三者，達之必也。形者表暴於外，府者蓄藏于中。知、慧、勇、動、仁、義，所謂六府也。達生者無心，達知者無睫，達命者與天遊。

焦云：佛說五種眼，惟天眼、肉眼在面，慧、法、佛眼皆在心。彼心眼者，德之成；此心眼者，德之敗。疑否？

【閒翁曼衍】

①劉曰：閒言潑語，冷譏隱刺，不知誰指，而古今常有此人。

②林鬳齋曰：以我之能，誚人之不能，此吡人之心，不可學道。大慧云：切不可道我會他不會。

劉曰：正是怕他會。

①人有見宋王者，錫車十乘，以其十乘驕穉音治。莊子。莊子曰：「河上有家貧恃緯蕭而食者，其子没于淵，得千金之珠。其父謂其子曰：『取石來鍛音斷。之！夫千金之珠，必在九重之淵而驪龍頷下。子能得珠者，必遭其睡也。使驪龍而寤，子尚奚微之有哉！』今宋國之深，非直九重之淵也；宋王之猛，非直驪龍也。子能得車者，必遭其睡也；使宋王而寤，子爲虀粉矣！」或聘于莊子，莊子應其使曰：「子見夫犧牛乎？衣以文繡，食以芻菽，及其牽而入於太廟，雖欲爲孤犢，其可得乎？」緯蕭，織荻也。辭聘重出，此以較得車而明其不爲利禄動耳。下段言達死生，不作人間死後之體面也。問答之詞，支離取韻。

【閒翁曼衍】

①愚曰：其子得千金之珠，其父取石來鍛之。生平寶惜，一時放下。塞天塞地，重新虀粉。正如此時，子順父乎？將返擲乎？十乘驕穉莊子者，固然可笑，莊子捏此空花，驕穉萬世，亦是驕萬世之睡耳。

莊子將死，弟子欲厚葬之。莊子曰：「吾以天地爲棺槨，日月爲連璧，星辰爲珠璣，萬

①物爲齎音資。送，吾葬具豈不備耶？何以加此？」弟子曰：「吾恐烏鳶之食夫子也。」莊子曰：「在上爲烏鳶食，在下爲螻蟻食，奪彼與此，何其偏也！」以不平平，其平也不平；以不徵徵，其徵也不徵。明者惟爲之使，神者徵之。夫明之不勝神也久矣，而愚者恃其所見入于人，其功外也，不亦悲夫！

【集評】

杖云：莊子未死，先將世人活荼毗之，亦敲枷打鎖解脱門也。佛法未來，而莊子自作此荼毗語，亦奇！

【間翁曼衍】

①畏犧、曳尾，不過樂生而已。髑髏聞生而矉蹙，與此同耶？别耶？詹同文曰：前有一尊酒，後有三尺墳。烏鳶螻蟻，亦是送盃小菜。

天下第三十三

①天下之治方術者多矣，皆以其有爲不可加矣。古之所謂道術者，果惡乎在？曰：無乎不在。曰：神何由降？明何由出？聖有所生，王有所成，皆原於一。不離于宗，謂

②之天人；不離于精，謂之神人；不離於真，謂之至人。以天爲宗，以德爲本，以道爲門，兆於變化，謂之聖人；以仁爲恩，以義爲理，以禮爲行，以樂爲和，薰然慈仁，謂之君子；以法爲分，以名爲表，以參一作「操」。爲驗，以稽爲決，其數一二三四是也，百官以此相齒；以事爲常，以衣食爲主，蕃息畜藏，老弱孤寡爲意，皆有以養，民之理也。古之人其備乎！配神明，醇天地，育萬物，和天下，澤及百姓，明于本數，系於末度，六通四辟，音闢。大小精粗，其運無乎不在。其明在數度者，舊法世傳之史，尚多有之。

③其在于詩、書、禮、樂者，鄒魯之士，縉紳先生，多能明之。詩以道志，書以道事，禮以道行，樂以道和，易以道陰陽，春秋以道名分。其數散于天下而設於中國者，百家之學時或稱而道之。天下大亂，賢聖不明，道德不一。天下多得一察焉以自好，

④譬如耳目鼻口，皆有所明，不能相通，猶百家衆技也，皆有所長，時有所用。雖然，不該不遍，一曲之士也。判天地之美，析萬物之理，察古人之全，寡能備於天地之美，稱神明之容。是故内聖外王之道闇而不明，鬱而不發。天下之人，各爲其所欲焉以自爲方，悲夫！百家往而不反，必不合矣。後世之學者，不幸不見天地之純、古人之大體，道術將爲天下裂！

【集評】

⑤杖云：首稱鄒魯之士，明謂孔子刪訂作述，集羣聖之大成。後學不見聖人之大全，自爲不該不遍一曲之士，此大道所以終裂也。故後歷叙諸家，皆是聞風起者，誰能如鄒魯先生之據上風哉！孟子謂尹任而近篡，夷清而近隘，惠和而不恭，獨孔子爲聖之時，集大成而賢於堯舜，自生民以來未有也，此篇議論，正與相同。以天爲宗，以德爲本，以道爲門，兆于變化，謂之聖人，如不稱孔子，又誰能當此稱乎？

⑥潛艸曰：其數一二三四，不言五者，五在其中。從此千之萬之，故曰其數散于天下。邵子曰：四常不壞，而一常不可見，蓋從小衍悟入。孔子只提中五，豈非以本數末度爲端幾，而即費知隱者乎？莊子亦曰「議之所止，極物而已」，「以有形者象無形者而定矣」。胡康侯曰：象數者，天理也，非人之所能爲也。張子歎天秩天序焉，六合七尺，現在不欺。何不參此大體？

愚曰：莊言明于本數，係于末度。節卦曰：「制數度，議德行。」蓋數自有度，因而制之，秩序變化，盡于河圖、洛書矣。故曰：數爲藏本末之端幾，而數中之度乃統本末之適節也，道之籥也。

【閒翁曼衍】

①以方術、道術連提，雖屬同門夙世冤，到底入門須辨主。神何由降，明何由出，早是兩堂下喝，賓主歷然。愚者曰：裂。

②虛舟曰：孔子吐出「學」字，吞卻「悟」字，挂「教」字于庭前，藏「宗」字于背後。魯論逗得有若一句因不失親，誰料子夏徒孫萬言漫天潑出，弄到今日，扯西拽東，一切遮殺。遮殺亦遮，仔細簡點將來，漆園窩臟難免。何以故？祇爲特地挂招牌，各鋪真方賣假藥。愚者曰：且道裂得破裂不破？

③杖曰：志于道，據于德，依於仁，遊於藝，亦可與此同參。一菴曰：清、任、和、時，亦是臨濟四喝。愚者曰：影瘦日光肥，正視難開眼。

④迂莽曰：象勺安業，即是消心節用之薪火；揖讓唯諾，即享采齊、肆夏之和平。自心與事橫分，有與無離奪，而大道裂矣。別徑歷險，盡變稱奇，究歸天下一篇。其議止于極物，然猶賣弄餘波，芒昧未盡，索性爲他打倒，曰將謂別有。

⑤袁公安早炫離跂，晚乃悔悟，曰：向執無聲臭爲圓頓，不知洒埽應對即圓頓也。人知學通于悟爲極則，豈知藏悟于學之無窮乎？昔有句曰：聞道者太多，好學者太少。畫鬼畫犬馬，難易人已曉。琴鼓本自無中邊，節奏入手不可少。恰笑尼山一大癡，韋編三絶不知老。知音

收拾一毫端，莫論拈花與落艸。已而曰：一察難禁，裂即是集。如今有屈指數得出者麽？拍背有分。

⑥試數看：一二三四不言五，四邊不壞中何主？蒼蒼滚入兩撮土，下視磨盤一何苦。不墮諸數，太尊貴生。若無節拍，何能鼓舞？

①不侈於後世，不靡于萬物，不暉于數度，以繩墨自矯，而備世之急。古之道術有在於是者，墨翟、禽滑音骨。釐聞其風而説音悦。之。爲之大過，已之大循。作爲非樂，命之曰節用，生不歌，死無服。墨子氾愛兼利而非鬭，其道不怒，又好學而博，不異，不與先王同，毁古之禮樂。黄帝有咸池，堯有大章，舜有大韶，禹有大夏，湯有大濩，文王有辟音璧。雍之樂，武王、周公作武。古之喪禮，貴賤有儀，上下有等。天子棺槨七重，諸侯五重，大夫三重，士再重。今墨子獨生不歌，死不服，桐棺三寸而無槨，以爲法式。以此教人，恐不愛人；以此自行，固不愛己。未敗墨子道〔一〕。雖然，歌而非歌，哭而非哭，樂而非樂，是果類乎？其生也勤，其死也薄，其道大觳，音恪。使人

〔一〕未，原作「末」，據集釋本莊子天下改。

②憂，使人悲，其行難爲也。恐其不可以爲聖人之道，反天下之心，天下不堪。墨子雖獨能任，奈天下何？離於天下，其去王也遠矣！墨子稱道曰：「昔者禹之湮洪水，決江河而通四夷九州也，名川三百，支川三千，小者無數。禹親自操橐耜而九平聲。雜天下之川，腓無胈，音拔。脛無毛，沐甚雨，櫛疾風〔一〕，置萬國。」禹大聖也，而形勞天下也如此。使後世之墨者，多以裘褐爲衣，以跂蹻口義作「跛蹻」。爲服，日夜不休，以自苦爲極，曰：「不能如此，非禹之道也，不足爲墨。」相里勤之弟子，五侯之徒，南方之墨者苦獲已齒、鄧陵子之屬，俱誦墨經，而倍譎不同，相謂別墨，以堅白同異之辨相訾，以觭偶不仵之辭相應，以巨子爲聖人，皆願爲之尸，冀得爲其後世，至今不決。墨翟、禽滑釐之意則是，其行則非也。將使後世之墨者，必自苦以腓無胈、脛無毛相進而已矣。亂之上也，治之下也。雖然，墨子真天下之好也，將求之不得也，雖枯槁不舍也，才士也夫！轂，光潤也。史記曰：監門之養不轂于此。觭偶，即奇偶也。不仵，所答非所問也，是其倍戾譎詐也。苦獲已齒，苦行而得之，没齒而已，因以爲號。

〔一〕沐甚雨櫛疾風，原作「沐甚風櫛疾雨」，據集釋本莊子天下改。

【集評】

譚曰：世上温飽面目，太可厭生！故急稱之爲才士。只是心切天下，故曰其於王也遠矣。信知莊子非忘世不仁之流。

杖云：今日之宗教，亦大類此。若不得提宗者出，則佛亦雖能獨任，奈天下何者也？不得全提正宗者出，則今日之販拂闢險者曾如別墨否耶？

【閒翁曼衍】

①杖曰：「以繩墨自矯，而備世之急」二語，足以斷墨子矣。矯急可施于天下乎？只爲鄙田茅塞甚，不妨點火一燒山。

②杖曰：外道之不善學靈山者，以麻麥充飯爲苦行，不如此，不能成佛，又烏知佛之所以爲哉？雖然如此，人不識好。若非遠路肚饑回，誰知脱粟如甘露？

不累於俗，不飾於物，不苟於人，不忮於衆，願天下之安寧，以活民命，人我之養，畢足而止，以此白心。古之道術有在于是者，宋鈃、音刑。尹文聞其風而説之。作爲華山之冠以自表，接萬物以別宥爲始。語心之容，命之曰心之行。以聏合驩，以調海内。請欲置之以爲主。見侮不辱，救民之鬭；禁攻寢兵，救世之戰。以此周行天下，上説

①

音稅。下教，雖天下不取，强上聲。聒而不舍者也，故曰上下見厭而强見也。雖然，其爲人太多，其自爲太少，曰：「請欲固置五升之飯足矣。」先生恐不得飽，弟子雖饑，不②忘天下。日夜不休，曰：「我必得活哉！」圖傲乎救世之士哉！曰：「君子不爲苛察，不以身假物。」以爲無益於天下者，明之不如已也。以禁攻寢兵爲外，以情欲寡淺爲内。其大小精粗，其行適至是而止。胹音兒，從肉，調也。孫愐、黄公紹又作「聏」、「眲」，並引莊子，皆訛矣。楊倞注荀子，宋钘即宋牼。

【閒翁曼衍】

①此種略似顛頤，然于利欲之世，可作涼藥，爲其儉約而爲人多也。世有假狂無假狷，閒人扶弱不扶强。

②象魏榜文，卻被墨子挂出。

①公而不黨，易音異。而無私，決然無主，趣物而不兩，不顧於慮，不謀於知，於物無擇，與之俱往。古之道術有在於是者，彭蒙、田駢、慎到聞其風而悦之。齊萬物以爲首，②曰：「天能覆之而不能載之，地能載之而不能覆之，大道能包之而不能辯之。」知萬物皆有所可，有所不可。故曰：「選則不偏，教則不至，道則無遺者矣。」是故慎到棄知去

③

已，而緣不得已。泠音零。汰於物，以爲道理。曰：「知不知，將薄知而後鄰傷之者也。」謑髁無任，而笑天下之上賢也；縱脱無行，而非天下之大聖。椎音追。拍輐斷，與物宛轉，舍是與非，苟可以免。不師知慮，不知前後，魏音危。然而已矣。推吐雷反。而後行，曳而後往，若飄風之還，若羽之旋，若磨石之隧，全而無非，動靜無過，未嘗有罪。是何故？夫無知之物，無建己之患，無用知之累，動靜不離于理，是以終身無譽。故曰：「至于若無知之物而已，無用賢聖，夫塊不失道。」豪傑相與笑之，曰：「慎到之道，非生人之行，而至死人之理。」適得怪焉。田駢亦然，學於彭蒙，得不教焉。彭蒙之師曰：「古之道人，至于莫之是、莫之非而已矣。其風窢音旭。然，惡可而言。」常反人，不聚觀，而不免于魭音輐。斷。其所謂道非道，而所言之韙不免于非。彭蒙、田駢、慎到不知道，雖然，概乎皆嘗有聞者也。謑與諧同。髁，言滑也。隧，磨齒也。窢然，逆風所動之聲。魭斷，猶刓斷也。

【集評】

藏一曰：當時嘗引楊墨，而此叙諸子不及楊，此固楊之流也。莊子其有所諱乎？莫之是、莫之非而已，非莊子之冥合乎？莊子以向上一着，神而藏之，形容相反而實相成。其説往往流於養生，以世人惟愛生，故以此楔誘出名利之楔，亦猶佛知人之畏死，而終日爲生死之説也。聖人則因二以濟民行而已矣。

【閒翁曼衍】

①縱脱無行，謑髁無任，椎拍輐斷，與物宛轉。今執昭昭靈靈之現量，以爲列子之廢心用形者，非其類耶？只爲亂流愁折橋，不如荷鍤自埋心。

②此與齊物論相去多少？而斷斷曰不知道。後世執總惡別，以告子販雄者，大帽在此矣。若知徽麪作麵，亦可畫鬼看門。

③槲峰曰：執三際俱斷者，非椎拍輐斷乎？不存知解，非不師智慮乎？超出兩頭，非舍是與非乎？罪過如須彌山，果能未嘗有罪耶？寔是死人之理，無知之物，猶可笑而置之。若假截斷知解以爲掊聖之刀，而冥肆悍頑以爲州官放火之計，敢于爲怪，以駭世轟名，豪傑盡爲所蒲。雖欲笑之，早已服其毒矣，哀哉哀哉！然後知莊子之特地打搨，以開後世之眼，其功不小。而後世尚自伸黔驢之足，强壁蝸之項，哀哉哀哉！愚曰：只如朝服看鄉儺，與揚觶于矍圃，是裂爲兩樣耶？是純用彌縫耶？此番裂破大體，正圖天下太平。且問如何是大體？曰：無安排處。如何是裂破？曰：直下因果歷然。

① 以本爲精，以物爲粗，以有積爲不足，澹然獨與神明居。古之道術有在於是者，關尹、
② 老聃聞其風而悅之。建之以常無有，主之以太一。以濡弱謙下爲表，以空虛不毀萬物爲實。關尹曰：「在己無居，形物自著。」其動若水，其靜若鏡，其應若響，芴音忽。乎若亡，寂乎若清，同焉者和，得焉者失，未嘗先人而嘗隨人。老聃曰：「知其雄，守其雌，爲天下谿；知其白，守其辱，爲天下谷。」人皆取先，己獨取後，曰受天下之垢；人皆取實，己獨取虛，無藏也故有餘，巋然而有餘。其行身也，徐而不費，無爲也而笑巧。人皆求福，己獨曲全，曰苟免于咎。以深爲根，以約爲紀，曰：「堅則毀矣，銳則挫矣。」常寬容于物，不削於人，可謂至極。關尹、老聃乎，古之博大真人哉！

【集評】

高皇曰：古今以老子爲虛無，謬哉！老子密三皇五帝之仁，法天正己，動以時而舉合宜，言簡而意深。時人不識，爲好仙佛者假之。

弱侯引「在己無居，形物自著」、「以空虛不毀萬物爲寔」〔一〕，證老子之非沉空守寂，然只

〔一〕空虛，原作「虛空」，據正文乙正。

是愛討便宜耳。張元長曰：老莊討便宜，然先卻甘心吃虧。聖人曰：不壞正法，任汝便宜。達士曰：得便宜處失便宜。

杖云：此處獨標博大真人，而後自述其神化莫測，正以叙諸家而賣弄其三不收、八不就也。

【閒翁曼衍】

①磬聞曰：本與物打作兩橛了也，然猶勝似奴郎莫辨。閒翁曰：早被熱謾，曾知彼正以奴郎莫辨爲本耶？噫！

②白子曰：三根正受曰節，賢人獨得曰復，達人適用曰隨。且問艮其股、執其隨，與隨時之義相去多少？世所謂隨，只願騎揚州鶴耳。聖人之隨，隨其節與復而時雨化之。然則老子是執隨者乎？猶是倔强，不肯隨人者哉？有後而先終則始，冬關復見四時春。

①寂寞無形，變化無常，死與生與，平聲。天地並與，神明往與，芒乎何之，忽乎何適，萬物畢羅，莫足以歸。古之道術有在於是者，莊周聞其風而悦之。以謬悠之説，荒唐之

②言，無端崖之辭，時恣縱而不儻，不以觭見之也。以天下爲沉濁，不可與莊語，以卮言爲曼衍，以重言爲真，以寓言爲廣。獨與天地精神往來，而不傲倪於萬物。不譴是

非，以與世俗處。其書雖瓌瑋而連犿，「犿」、「獾」古通。無傷也。其辭雖參差，而諔詭可觀。彼其充實，不可以已。上與造物者遊，而下與外死生、無終始者爲友。其於本也，弘大而辟，深閎而肆；其于宗也，可謂稠音調。適而上遂矣。雖然，其應於化而解於物也，其理不竭，其來不蜕，芒乎昧乎，未之盡者。連犿，宛轉貌。

【集評】

陸方壺曰：莊叟自叙道術，乃在著書上見得。句句是實，卻非他人過爲夸誕者。雖然，下一轉語，正謂上達之玅不離下學之中。

愚曰：莊子雖稱老子，而其學實不盡學老子，故此處特立一帽子自戴之。非芒昧也，何能滑疑？非滑疑也，何能稠適而上遂乎？萬物畢羅，莫足以歸，有捉敗此老曼衍藏身處者否？莊子若生今日，其必舉本數末度、六通四辟之畢羅，重新註解，明矣。雖然如此，説來又滑一疑。

【閒翁曼衍】

① 自問此心，究竟無竟乎？疑則别參乎？莊子到此，亦自不能答，只得芒乎昧乎而已。

② 退之稱長吉，謂鯨呿鰲擲，牛鬼蛇神，不足爲其虚荒誕幻也。且以搔子休之癢。太史曰洸洋自恣以適己，陸曰句句是寔、非過爲夸誕者，何以見得？黄林曰：説破不可莊語，自非欺人到

底，明矣。王履曰：不癖于此，必癖于彼。熟處難忘，有道君子不免也。層樓松風，别録本艸。稚川披榛，猶著抱朴。豈非曼衍窮年，是達士閒居之真樂哉？但曰噫風過樹，不曾挂元字脚，反是濫語寬皮，不關痛癢。

①惠施多方，其書五車，其道舛駁，其言也不中。麻音歷。物之意，曰：至大無外，謂之大一；至小無内，謂之小一。無厚，不可積也，其大千里。天與地卑，山與澤平。日方中方睨，物方生方死。大同而與小同異，此之謂小同異；萬物畢同畢異，此之謂大同異。南方無窮而有窮。今日適越而昔來。連環可解也。②我知天下之中央，燕之北、越之南是也。氾愛萬物，天地一體也。惠施以此爲大觀于天下，而曉辯者，天下之辯者相與樂之。卵有毛；雞三足；郢有天下；犬可以爲羊；馬有卵；丁子有尾；火不熱；山出口；輪不蹍地；目不見；指不至，至不絶；龜長于蛇；矩不方，規不可以爲圓；鑿不圍枘；飛鳥之景未嘗動也；鏃矢之疾，而有不行不止之時；狗非犬；黄馬驪牛三；白狗黑；孤駒未嘗有母〔一〕；③一尺之棰，日取其半，萬世不竭。辯者以此

〔一〕孤，原作「狐」，據集釋本莊子天下改。

與惠施相應，終身無窮。桓團、公孫龍辯者之徒，飾人之心，易人之意，能勝人之口，
不能服人之心，辯者之囿也。惠施日以其知與人之辯，特與天下之辯者爲怪，此其柢
④也。然惠施之口談，自以爲最賢，曰：「天地其壯乎！」施存雄而無術。南方有倚人
焉，曰黄繚，問天地所以不墜不陷、風雨雷霆之故。惠施不辭而應，不慮而對，徧爲萬
物説；説而不休，多而無已，猶以爲寡，益之以恠。以反人爲實，而欲以勝人爲名，是
以與衆不適也。弱于德，强于物，其塗隩矣。由天地之道觀惠施之能，其猶一蚊一虻
之勞者也，其於物也何庸？夫充一尚可，曰愈貴道，幾矣！惠施不能以此自寧，散于
⑤萬物而不厭，卒以善辯爲名。惜乎！惠施之才，駘蕩而不得，逐萬物而不反，是窮響
以聲，形與影競走也。悲夫！智按：厤即歷也。歷物皆以小大、長短、虚寔互換，而顯其道
通爲一耳。丁子，蝦蟆，初生有尾，長則尾化，而彼則曰蝦蟆有尾耳。升菴、弱侯、元美皆爭辨楷
書篆字似支。

【集評】

⑥公孫龍談臧三耳屈孔子高，子高曰：言兩耳甚易而是也，言三耳甚難而寔非也。君從其
易而是者乎？從其難而非者乎？平原君曰：子高理勝于辭。韓嬰曰辯有三至五勝，別殊類

使不相害，序異端使不相悖，輸公通意，揚其所謂，使人預知焉，不務相迷，故辯可觀也。繁文以相假，飾辭以相悖，數譬以相移，外人之身，使不得反其意則論便，然後害生也。夫不疏其指而弗知，謂之隱；外意外身，謂之諱；幾廉倚跌，謂之移；指緣謬辭，謂之苟，君子不爲也。詩曰：無易由言，無曰苟矣。

⑦

劉概曰：道體廣大，包覆無遺。内聖外王者，本末先後一萬〔一〕，未嘗不通也。故時出時處，能長能短，以矯枉而曲當其變焉。伏羲非無法也，而成于堯；二帝非無政也，而備于周。不先時而好新，不後時而玩故，此聖人之在上者有所不能盡備也。伊尹，任也，伯夷矯之以清；清近隘也，柳下惠濟之以和。不逆世以蹈節，不循俗以造名，此聖人之在下者有所不能盡全也。道至于孔子而後集大成，蓋幾千百年而一出。孔子之上，聖人之因時者有不得已也；孔子之下，諸子之立教者各是其是也。道德仁義裂于楊墨，無爲清靜墜于田彭。莊子欲復仲尼之道而非其時，遂高言以矯卑，復朴以絶華，沉濁不可莊語，故荒唐而曼衍。蓋謂道非集大成之時，則雖博大真人，猶在一曲。老聃一書，得吾之本，故調適而上遂；惠子一書，得吾之末，未免一曲而已。嗚呼！諸子何嘗不尊仲尼哉！知其所以尊者莫如莊子，學者致

〔一〕萬，疑當作「貫」。

知于言外可也。

焦云：惠施與公孫龍，語絶相類。范無隱云：恢恑憰怪，道通爲一，存而勿論。然莊生所述，一曲皆道也。

⑧ 曾端甫曰：百家言皆成理，雖至申韓刻薄，鼓吻訢然，此非申韓之奇，而道之奇也。然奇可在道，不可在人，奇在人則害矣。故百家之書，要以兼存而互抑其奇，不可獨行于世。獨行則赤箭與豕零共敗，互抑則雞毒與青芝同功。易曰：險之時用大矣哉！于睽也亦云：險與睽宜無用，而孰知其用之大也。

潛艸曰：莊子首言恀，中言畸人，末言倚人。畸、倚皆奇也。佛曰奇哉，以毒攻毒。惠施造惑以解惑，而天下篇總解之。人皆好奇而暱庸，好勝而護短，是真奇人亦不可禁，惟聖人能化之。數度倫理，易之端幾，協藝樂業，足以竭其智力，彼究安能欺耶？莫奇于佛而向上歸無所得，現前法住法位，止有一事，相即是性，豈以圓融廢行布哉！

⑨ 杖云：又何妨於實有？又何妨於實無？此中悟得亦神化也。然惠子恰未嘗悟此，而莊子乃能盡述其奇而捉敗之。此正莊子之全機大用，得惠子這一段，以神其一生之妙密也。誰謂天下此篇不藏天下于天下哉？此莊子於自己箭上加尖，形容惠子之怪，以展其不傳之秘，而設陷虎之機。惠子跳上三十三天，亦跳不出他金剛圈也。煞有把斷要津、不通凡聖之

⑩ 手眼在。杖人到這裏，且放過他一着。且道何處是放過莊子處？若這裏別具得隻眼，則莊子之孤尚有在也。切忌與混沌曉得。奇侍者曰：卻被大奇曉得也。杖云：汝曉得箇甚麼？曰：和尚以莊子爲托孤，實是和尚托孤于莊子，而莊子又因得托孤於和尚也。杖曰：但得混沌不知便了，汝等知得又何妨乎？奇亦笑曰：如此則留一部莊子公諸千古，不怕人鑿破矣。

⑪ 平應篇曰：公孫龍、惠施，非芥山毛海之昉歟？曰：破象家取以祛苟庸之陋，解膠柱之拘，而後雙破以歸平寔耳。偏才者巧以駭人，而襲循者卒無以辯，辯亦不當也。苟欲會通一貫，深徹幾先，蛇糾鬼攫，不受疑惑，寧可不一過此關乎？方圓鑑曰：觀山河如手一葉。碩果之仁，天地也。小中本大，大中本小矣，非惟片紙圖萬國、六合吹脬豆而後徵也。晝夜通古今，元會猶呼吸，長中本短，短中本長矣，非惟千秋在一字、黃粱畢一生而後徵也〔一〕。空廓隱賾，無非象數森羅；萬睹萬聞，原自無聲無臭。虛中本實，實中本虛矣，非惟椰心納萬卷、鏡光如泡影而後徵也。易爲三才萬理作大譬喻，反對環中，方圓費隱，莫破莫載，同時變化，幾人現前耶？執目前之習見而不能大觀，偏蔽不化。一切反而觀之，一切推而進之，則豁然

⑫ 矣，本無大小、長短、虛寔矣。然執之又一病也。聖人明定中之不定，而決于不定中之一定；

〔一〕黃粱，原作「黃梁」，據文意改。

明大定之各定，而決于時用之細定即大定也。故曰一切本無，而一切歷歷，即差等爲平等。豈必夷岳填壑、抹撥寒暑哉？內外也，頓漸也，生死也，予奪也，亦猶是也。貞夫一者，知貫則用中矣，兩忘則至公矣，自盡則本忘矣。物其物，倫其倫，時其時，位其位，猶官肢持行之不容迴避、不容造作也，歷然各當而寂然矣。物格踐形，無心無物，立泯于統，統泯于立，皆贅語矣。以莊之曠達而必寓諸庸，以禪之玄變而曰了事凡夫，中庸何能逃乎？中庸不可能也。

⑬ 揭暄曰：五老峰擬惠子與莊子書，五車吐氣矣。藥地曰：正爲漆園吐氣耳。近日者又有一招藁焉。世謂惠莊與宋儒必冰炭也，講學開口，動稱萬物一體，孰知此義之出於惠施乎？世又謂惠施與公孫龍皆用倒換機鋒，禪語襲之，愚謂不然。禪家止欲塞斷人識想。公孫龍翻名寔以破人，惠施不執此也，正欲窮大理耳。觀黄繚問天地所以不墜不陷、風雨雷霆之故，此似商高之周髀與太西之質測，核物究理，毫不可鑿空者也，豈畏數逃玄、竊冒總者所能答乎？又豈循牆守常、局咫尺者所能道乎？惠子相梁，事不概見，其不屑儀衍一輩明甚。雪緩葬期，亦忠諷之一斑也。梁既休平，惠亦善終，彼處戰國而全其天，與曳尾泥中復何殊耶？斯人也深明大易之故，而不矜莊士之壇，以五車藏身弄眼者乎！愚故表而出之。

⑭ 嘘室曰：當頭怒笑生風，末後畢羅芒昧，若不得惠施厤物黯段，則大曲無滾遍嗺哨，又何

貴以本律煞尾乎？噓噓，或嫌雪黑，或嫌漆白，大同異，小同異，畢竟如此。往而不反百襍碎，豈憂裂耶！可笑托孤雙選，弄作岐頭一脚。情知兩邊皆棄，不妨鬬劣支離。雖然焚鈔舞更郎當，帖終出家，筆且歸甕。南渡樂部有早行孤、迓行孤、睡孤，正爲窮子捨父，所以建鼓求亡。乃今索性寄煞纏聲，了此獨絃哀歌之曲筆，夢漆吏曰：前言戲之耳！

【閒翁曼衍】

①司馬太傅問謝車騎：惠子五車，何無一言入玄？謝曰：故當是其妙處不傳。虚舟曰：五車言言是玄，人不知耳。劉須溪云：惠施、堅白，特以不近人情，而聽者惑焉。

②愚者曰：莊生縱惠施爲草竊，而己爲後藉，巧矣哉！吞刀吐火略遊戲，總是犛靬獻眩人。

③朔易曰：龍施之翻名寔，不過小大、長短、虚寔顛倒而已。其寔易之反對錯綜和盤托出，然惟證公因者能用之。程子所謂天上淵，淵下天，新建所謂鐘未鳴時轟天赫地，鐘既鳴時寂天寞地，非顛倒乎？聖人本自一視，而歷歷時宜。學者不過此關，安得不驚詫而爲所惑亂？

④濮問曰：蟻無鼻，卵有毛，如何道得平肩句？代云：天寒歸堂向火。愚曰：燒破洸洋。

⑤或曰：既然遊方之外，又要許多匼菫作麽？曰：自非閒人，不暇搬弄。

⑥憂世者曰：莊生意在遺放，以享恬澹，而見其書者，駘蕩競走矣。後世證莊生地位者有幾？而偷莊生駘蕩之筆鋒以縱傲者可勝計耶？或曰：證地位者勿論，駘蕩真才，吾亦未見也。閒

翁曰：李邕云學吾者拙，似吾者死。千古止是戰國一莊子耳，誰容學、誰容似乎？或曰：爲其宗趣，殆至人歟？閒翁曰：縣羊頭賣狗肉，識破不值半文錢。正歎其筆鋒駘蕩，非學可到。

⑦封禪書結云：自此以後，言神祠者甚衆，然其效可睹矣。平準書結曰：事勢之流，相激使然，曷足怪焉？鹿湖老夫曰：由惠施一段觀之，自此以後，天下之以倒换爲方，而以掃空爲道者，其術已可睹矣。以反人爲實，而以勝人爲名，事勢之流，相激使然，曷足怪焉？看破則已矣。覆載官肢，神理周遍。此篇之首，度數本末，四辟六通，運無不在，怎奈惰于格致，遂至掠虚謾人。嗟乎！雲門棒佛，又棒雲門，雖似戲場，卻也冒着。神而明之，能有幾人？安得一一核寔，破其隱占，定歸牛粈雞窗，盡撤歌樓酒肆乎？一怒一笑，難怪漆園；戰國泥深，誰容曳尾？

⑧史記孟子傳中言騶衍怪迂不經，先驗小物，推至無垠，始也濫耳，要歸仁義。或曰：伊尹負鼎而勉湯以王，百里奚飯牛而繆公用霸。作先合，然後引之大道。騶衍其言雖不軌，儻亦有牛鼎之意乎？浮山曰：莊子列墨翟至惠施七段，倘亦有牛鼎之意乎？洛誦之孫新機作合，萬世旦暮終不出此。孔北海曰：函牛之鼎以烹雞。後之以莊子爲牛鼎者，須去物忌，道將一句來。

⑨王元美曰：莊子亦人中天也，其位業所受，則天中人也。其言有倏然而出世外者，則亦人中

天也。出而不能盡，不獲如大雄氏者，則又天中人也。自莊子之言出，而後或獵其奇，或資其博，或疑其誕，或病其詭，皆有以來之。雖然，彼固有以來之，於彼無與也。吾采之，吾以目爲而已，於四者亦無與也。愚者曰：亦是牛鼎。

⑩兆究曰：爲王成易，爲朱震難。李善之生澀不易，丙吉之不言更難。

⑪青原信曰：吾始見山是山，見水是水。參善知識後，見山不是山，見水不是水。今則見山祇是山，見水祇是水。如此三層，緇素得出否？德山暑録曰：如何是知見立知？曰：山是山，水是水。如何是知見無見？曰：山不是山，水不是水。又問：如何是知見立知？曰：山不是山，水不是水。如何是知見無見？曰：山是山，水是水。程子曰：衆人指東爲東，指西爲西；智者知東不必爲東，西不必爲西；聖人明于定分，以東爲東，以西爲西。互觀數則，三翻兩折，反復交格，遮表奇正，猶不豁然也耶？愚者歎曰：能得幾人？少不得一場逼塞。

⑫智圓法師自號中庸子，宋時啓塔，爪髮俱長，亦一奇也。昌黎歎曰：惟恠欲聞。然贊絳碑，和月蝕，未嘗不喜怪也。嗟乎！好奇驚怪，正是物情。俗不可醫，藉此醫之。東溟分善世、遁世兩種中庸，一菴謂出類拔萃必是奇才，元瑞謂莊以奇情成奇文，直饒後人批判，能免于見奇耶？與其太謾，不如一寔。

⑬子宣與中通日窮太西之所未至，如槽九順逆之論，影瘦光肥之論，實天地以來所未聞也。愚

曰：可惜黄繚、惠施不來與他一問。

⑭德不孤〔一〕，必有鄰。以天下托天下，何必建鼓求亡子哉？只爲馮生者兩路皆迷，捏怪者三毒滋甚，没奈何提眉潄口，少不得早暮一通。孤兒行曰：啗瓜者多，願還我蒂。

〔一〕德不孤，大集堂本藥地炮莊此上有「滕楫曰」三字。

附録

一、原書目録

序文 ■首〔一〕

發凡 七則

總論上 集漢唐宋至今諸家論説

總論中 憨山影響論

鼓山寱言一則

天界提正托孤論

總論下 黄林合録

向子與郭子書

惠子與莊子書

藥地總炮七論

噓室一解〔二〕

卷之一 内篇

〔一〕■首，原本「首」上即爲墨釘。

〔二〕有目無文。

二、序跋五則

炮莊末後語

莊子曰：子得千金之珠，父取石來鍛之。荷娜甘日中奓户，曰：「老龍死矣。」神農嚗然放杖而起，猶不悟龍女舍珠成男，善財開閣旋閉耶？子歸就父，父全不顧，若非反擲，豈信刀斧砍不開乎？凡相生相續，皆相鍛也。愚者今日重與漆園一鍛，夢筆一鍛，藥地一鍛。藏天下於天下，即令天下自炮而自吞吐之，何必斤斤託孤云爾耶？洞山曰：半肯半不肯。若全肯，即孤負先師。光孝曰：庭前柏樹子，先師無此語，莫謗先師好。兩個孤老，如此吞吐，其不孤負處，是誰知之？珊瑚枕上，觸著嘗啼。拈尾作頭，未免失笑。然則此一尾聲不可以已乎？曰：佐鍛。

侍者興稴録。

王右軍，書法之聖者也。其子獻之曰：大人宜改體。外人那得知？墨池瑣録曰：右軍字似左氏，大令字似莊周。山谷此言，猶以子美比馬遷也。倪文正曰：堯以天下禪舜，舜舉堯之天下而更翻之。伏羲八卦至文王，盡舉其舊序顛亂之。莊之滑疑，後之炮莊，不遇明眼，誰知其指所在？宗分五葉，至汾陽時，有十五家。今止二枝，齟齬日下，將任其攖而極自反乎？不塗炭，則優孟。世出世間，有不容不言而又不容言者。男兒自有衝天志，不向如來行處行。別傳又別傳，托孤漆園，消此粥飯，不亦可乎？浮山老人爍破古今，不忘夙願。時哉雉噫，難違蟪蛄。不如端木一句「何常之有」，豈不更爲孤兒作韓厥哉？

藥地學人興翱識。

刻炮莊緣起

先奉常作起信論解，聞子將先生序之曰：身在甕外者方能運甕，身在經外、論外者方能解經、解論。夫入甕不能運甕，人知之；依文不能闡義，人不能知也。施愚山先生曰：藥地大師，三教宗主，以無我爲過關，以因物爲適當，精義入神，殆不可測；而行處則平實，接人則春風也。伯升留錫三年，金蓮汋林得讀炮莊，請其大指，則與先奉常起信解固不可以同別言矣。大師曰：醫家用藥各異，惟水一味不在禁例。然江海井泉，入口自別；漁父兩濯，各當其分，條達而福持，豈可誣哉？莊子隱戰國，而化賢才以无首之遯；杖人感世出世之流弊，而借莊以彌縫之；愚者合古今而令其自炮。正謂千年以來，口不可禁，不如兩造具而中用昭然。雲居齊禪師曰：馬見自影而不驚，以斯知不斷分別，亦捨心相。何以故？心體本無，而事究竟堅固也。苟非超乎一切之外，而遊乎一切之中，馳殉固累，割截更累。即執塞上塞下者爲坳堂之膠盃，不更累乎？昔有老宿，于壁上書「心」字，窗上書「心」字。一老宿笑之，于壁上改「壁」字，窗上改「窗」字。又一老宿笑之，但爲洗去。然而火候反復，消息有時，寧坐無事也耶？自惜棼茸，不能深造，然一望崖，輒生勝氣，故亟爲流通，與起信論同作供養，又安得起先奉常快讀是篇，爲之捧腹也。

康熙甲辰，春浮園行者蕭伯升謹識。

炮莊後跋

道法舛馳，瞞頇莽蕩，豈盡庸醫誤之？而奇醫更誤之也！傷哉！百姓日用而不知耳。吾師藥地老人痛傷其心，發大悲憫，不忍坐視流毒，乃拈一莖草，爛燒冷竈，炮製君臣五味，殺活古今，因法救法，廣施針艾，用醫天下後世之誤中鉤吻、烏頭者，於是咀南華片而表裏之。竊笑近時專門畫狗，剽取皮毛，描寫裝潢，以當白澤，訔訔諱疾忌醫，又誰信有此通理萬法之靈樞哉？余小子炳不敏，流離多難，浪入空門，一向膏肓久矣。幸遇醫王，應症與藥，飲我上池，年來狂解少瘳。正恐鵾鵬神方，龍宫秘而不洩，願廣諸同病相憐者，亦可以作寬胸劑也。嗟夫！漆園之經正矣，藥地之心苦矣，誰其服之？又誰其信之？此書一出，九轉丹出，蜕化生死，下藥上藥，療盡世間瘨癔，又何拘于方之内、方之外乎？神而明之，存乎其人；精一用中，萬世無悖。噫，炮莊者是又余之一旦暮遇也夫！

閼逢執徐修禊暮春，鄧林舊徒嗒然慈炳謹跋。

作易者其有憂患乎！正爲君子謀耳。三陳九卦，巽稱而隱。炮莊者稱而隱矣。莊子生戰國，不可莊語，故爲賢智者引之，遯世無悶，何暇斤斤與愚不肖較耶？藥地吾師，集千年之讚者、毁者，聽人滑疑，何居？正爲直告之不信也。我叩其兩端而竭焉，彼自得之而用其中矣。藏密同患，緣不得已。時義一也，旁通兼中，巽稱而隱，寧無知恩者乎？

瀟瀧學人彭舉謹識。

三、四庫全書總目

藥地炮莊九卷。内府藏本。

明方以智撰。以智有通雅，已著録。是編乃所作莊子解。藥地者，以智僧號也。以莊子之説爲藥，而己解爲藥之炮，故曰炮莊。大旨詮以佛理，借滉洋恣肆之談，以自攄其意。蓋有託而言，非莊子當如是解，亦非以智所見真謂莊子當如是解也。